全球公共债务

IN DEFENSE OF PUBLIC DEBT

经验、危机与应对

［美］巴里·艾兴格林　　［美］阿斯玛·加奈尼
Barry Eichengreen　　　Asmaa El-Ganainy

［美］鲁伊·埃斯特韦斯　［美］克里斯·詹姆斯·米切埃内尔 — 著
Rui Esteves　　　　　　Kris James Mitchener

赵扬　王汉锋 — 译

中信出版集团 | 北京

图书在版编目（CIP）数据

全球公共债务：经验、危机与应对/（美）巴里·艾兴格林等著；赵扬，王汉锋译. -- 北京：中信出版社，2023.4
书名原文：In Defense of Public Debt
ISBN 978-7-5217-5389-9

Ⅰ.①全… Ⅱ.①巴… ②赵… ③王… Ⅲ.①国债－债务危机－研究－世界 Ⅳ.① F811.5

中国国家版本馆 CIP 数据核字（2023）第 046603 号

IN DEFENSE OF PUBLIC DEBT
Copyright © 2021, Barry Eichengreen, Asmaa El-Ganainy, Rui Esteves, and Kris James Mitchener
Simplified Chinese translation copyright © 2023 by CITIC Press Corporation
All rights reserved

全球公共债务：经验、危机与应对
著者：　　［美］巴里·艾兴格林　　　［美］阿斯玛·加奈尼
　　　　　［美］鲁伊·埃斯特韦斯　［美］克里斯·詹姆斯·米切埃内尔
译者：　　赵　扬　王汉锋
出版发行：中信出版集团股份有限公司
　　　　　（北京市朝阳区东三环北路 27 号嘉铭中心　邮编　100020）
承印者：　宝蕾元仁浩（天津）印刷有限公司

开本：787mm×1092mm　1/16　　印张：26.5　　字数：345 千字
版次：2023 年 4 月第 1 版　　　　印次：2023 年 4 月第 1 次印刷
京权图字：01-2023-1290　　　　　书号：ISBN 978-7-5217-5389-9
定价：79.00 元

版权所有·侵权必究
如有印刷、装订问题，本公司负责调换。
服务热线：400-600-8099
投稿邮箱：author@citicpub.com

推荐序

重视公共债务的作用

2022年起，中金研究院启动了季度宏观研讨会系列，邀请国内外学术界和政策制定部门相关人士，围绕中长期重大的宏观经济与政策议题展开深度讨论。2022年3月26日举办的首次研讨会聚焦于经济变局下的财政政策与政府债务问题，巴里·艾兴格林作为主讲嘉宾发表了演讲，这也成为中金研究院就翻译引进他的新书《全球公共债务：经验、危机与应对》展开合作的一个契机。

《全球公共债务：经验、危机与应对》一书从长期历史的视角回顾了政府借贷的起源和机制发展，包括主权借贷和违约的历史、债务偿付和执行安排的构建、现代国债市场的崛起等。基于以上梳理，这本书侧重于讨论公共债务的积极作用。伴随着各国公共财政的现代化进程，公共债务有力地促进了经济发展和社会服务供给，是财政发挥调节经济功能的重要载体。在经济周期下行或者经济遇到重大冲击时，财政可以通过举债来减税和增加转移支付，以促进总需求增长。比如，应对"百年一遇"的新冠肺炎疫情冲击，政府通过增加债务来支持受影响的企业和个人，既是社会保险功能的体现，也有助于防止经济陷入"休克"，损害增长潜力。

更进一步的是，该书作者还指出政府通过举债提供社会保险和转移支付，例如投资于校舍、图书馆和医院，为工伤保险、失业保险和养老保险提供资金,有助于社会大众适应市场经济的运行结果。换句话说,政府不仅是市场的守夜人,也是经济分配结果的调节人。借助公共债务扩张,经济增长的果实得以惠及大多数人,这对中国的现实问题具有重要的启示意义。

当前,中国正处于新发展阶段,高质量发展要求以创新促进经济增长,同时实现共同富裕。这要求财政增加转移支付、教育与医疗等公共服务和保障支出,是帮扶低收入群体、降低阶层固化风险、促进公平的一个重要方面,尤其是公共服务均等化,有助于缩小城乡差距和地区差距。同时,在知识经济日益重要的今天,增加研发等无形资产投资支出可以对私人企业产生正向的外溢效应,并提高整体的生产效率,育儿和早期教育投入有利于提升未来劳动力的技能、竞争力和生产力。

公共政策在市场经济中的角色可以归为两类:一类是通过法律、规则和政策规范市场主体在竞争中的行为;另一类是政府直接提供产品和服务,比如国防、研发、公共服务等。第一类是前述政策在市场分配环节的作用;第二类是财政,其资金来源有税收和发债融资,属于二次分配。调节收入分配是财政的一项重要功能,同时财政可以起到自动稳定器和逆周期调节的作用。因此,要发挥财政的功能促进创新和共同富裕,中国可以更积极并恰当地运用公共债务。

以中国目前相对突出的老龄化问题为例,公共财政和债务可以在解决养老问题、促进代际公平方面扮演重要角色。养老问题不仅涉及老年人,也和年轻人相关。养老机制的本质是一个财务安排,涉及代际问题,即老年人通过拥有的资产和权益参与分配年轻人生产的"蛋糕"。全球最流行的养老金财务安排机制是政府主导的现收现付制,由社会统筹,比如中国的社保体系。但几乎所有面临老龄化问题的国家都存在社保缺口,道理很简单,老龄化导致领取养老金的人在增加，但缴费的人在减少。

如何弥补养老金现收现付制下的社保缺口？中国、美国、欧洲和日本都面临这个问题。弥补缺口的方式有两种，具有不同的宏观经济含义。第一种是财政补贴，也就是通过扩大财政赤字和公共债务的方式来弥补养老金发放的缺口。这种方式有利于消费，可以促进经济增长，虽然带来物价上涨压力，会降低金融资产估值，但是能改善企业盈利。第二种是增加社保缴费或者降低社会保障条件，这种方式不利于居民消费，会导致经济和物价下行、企业盈利恶化，但金融资产估值得到支持。

应对社保资金缺口的不同方式还对收入分配有重要含义。首先，社会统筹的养老保障体系本身就带有转移支付的属性，有利于缩小收入差距。社保缺口越大，其调节收入分配的功能就越强。这也意味着，通过增加缴费或降低养老金支出来缩小缺口，可能导致社保调节收入分配的效果下降。换个角度，从资金来源的影响看，增加社保缴费是强制性的，会普遍性降低居民的可支配收入，这对中低收入家庭影响更大，而购买政府债券是自愿行为，一般来讲是机构和富裕家庭购买。因此，通过扩张财政赤字和公共债务的方式弥补社保缺口有助于弥合收入差距，增加社保缴费则会加大收入差距。

总的来看，从经济增长和促进公平的角度来讲，通过财政扩张的方式弥补社保缺口似乎是相对较优的方式。这与此书中所说的结论一致，市场经济运行的结果因此更能够被大多数人所接受。

当然，肯定公共债务的积极作用绝不是对其潜在危害视而不见。这本书也指出，如果政府对公共债务运用不当，则可能带来拖延财政改革、过度举债甚至是"挤出"私人部门生产性投资等不利后果。对政府债务常见的担心是规模过大、不可持续、不利于长远的经济发展，这也是部分人士对公共债务持偏悲观看法的原因。这意味着在积极利用公共债务达成政策目标的同时，也应注重降低其潜在负面影响，维持债务可持续性。

仍以公共债务扩张弥补社保缺口为例，债务可持续性可以通过代际分配的视角予以考虑。不仅在中国，在其他老龄化社会，比如欧美，社保缺口越来越大的预期已经成为反对当前财政扩张的最大立论点。但是，政府债务不同于私人部门债务，政府可以通过征税或印钞维持债务的有序滚动。简单理解就是，政府发行的债券是当代人的资产、下代人的负债，公共债务增多相当于代际重新分配。因此，评估公共债务增多是否可持续，关键在于增加下代人的还债负担是否公平。我们可以想象两个方式维持代际平衡。

第一个平衡的方式是技术进步，20年、30年后的科技可能使今天的债务不成问题，也就是说"蛋糕"做大了，两代人之间的分配不是零和游戏，因此公共债务扩张是相对可持续的。如果技术进步不足，第二个平衡的方式是通货膨胀，政府印钞稀释其债务，通货膨胀上升，利率抬升，金融资产估值下降。虽然老一代人通过社保在分配中获益，但其持有的金融资产价值下降，给下代人让利了，债务可持续性同样有所保障。需要注意的是，社保有利于中低收入阶层，而金融资产价值下跌主要影响富有阶层。从这个意义上来看，依赖公共债务扩张的平衡方式有助于缩小贫富差距，也是可持续的。

总结以上关于债务可持续性的讨论，一个综合的宏观视角是比较国债利率（i）和经济增长率（g），前者是财政的融资成本，后者代表税基的增长，如果 $i<g$，则给定的债务规模在未来收敛，或者说债务是动态有效的。历史经验显示，对于大部分国家来讲，融资成本小于经济增长率，中国也不例外。同时，有研究显示投入资本收益率（R），即 i 和风险溢价之和，大于经济增长率，导致劳动收入占比下降，是收入差距扩大的重要原因。

如果政府债务促进长远的经济增长，同时降低整个社会的风险溢价，既促进效率，又有利于公平。与前文的讨论类似，一个比较明显的例子是政府部门增加市场无法有效提供的公共品，比如教育、医疗、基础研究等。面对人口老龄化问题，公共部门增加债务用于鼓励生育，降低育儿负担，更多的小孩20年后成为劳动力，带来的经济增长可以还债。

另一个例子则与降低公共债务的潜在不利影响有关，立足于规范财政机制以降低风险溢价，降低不正常的高投入资本收益率。例如，我国诚投公司债的发行利率普遍高于国债和地方债的发行利率，把隐性转为显性的政府债务，可以有效降低融资成本，促进效率和公平。

综上所述，公共债务对于促进经济增长、社会服务供给和促进公平等方面的积极作用值得我们重视。尤其是动态来看，如果现在增加的债务通过促进生育和改善公共服务来提升未来的经济增长，则债务的可持续性增加。书中所探讨的公共债务历史经验和议题，对当前中国所面临的现实问题具有借鉴意义。希望此书的翻译出版能够激发各界对公共债务问题的思考，也能够对促进相关公共政策的研讨有所助益。

彭文生

译者序

巴里·艾兴格林教授写作此书的目的直截了当，正如这本书的英文书名（*In Defense of Public Debt*）所宣称的那样：为公共债务辩护。在我看来，他的辩护策略已经超越了新古典经济学和凯恩斯经济学关于财政政策的学派之争。艾兴格林教授运用他渊博的经济史知识，把我们带回公共债务和现代国家的源起之处。欧洲的各路君主通过战争奠定了现代国家的雏形，而打仗离不开借钱。债务帮助君主们渡过眼前的难关，同时也给他们套上了枷锁：君主不仅要面对纳税人，还要面对债权人。历史从不白打借条，君主的权力被人民公开讨论加以限制，国家的目标被重新设定，政府诞生，银行兴起，法币流行，经济学也从君主的家政理财术变为有关公共福利的学术。

掩卷而思，不觉慨叹，承平日久，人们似乎已经忘却了国家所从何来。国家从税收而来，国家也从公共债务而来。税收是古往今来国家的一个基本经济现象，在此基础上，公共债务则是现代国家的一个基本经济现象。不由想到，尽管在具体财政政策的争论中，古典经济学家李嘉图偏爱平衡预算而反对国家举债，但是他对于公共债务与税收等价的敏锐观察，恰恰从问题的本质为公共债务提供了最深刻的辩护。

值得回味的是公共债务与货币的关系。当法币逐步褪去了金属币的外壳，而将其国家信用的内核袒露无遗，现代社会的货币本质上就成了公共债务。公共债务是财政部的负债，货币则是央行的负债，对于货币持有人而言，二者的区别并不显著。国际货币更是如此。一国货币的国际化，实际上是该国政府的信用在国际上的推广；其货币国际化的能力，本质上是其政府管理信用的能力。

基于这个理解，财政政策与货币政策的区别似乎也没有那么重要了。无论是财政政策还是货币政策，宽松的本质都是宏观层面上国家对私人的经济救助。财政宽松是政府举债增加社会总支出，国家是债务人；而货币宽松则是央行借钱给商业银行，或者是放松监管条件鼓励商业银行借钱给私人部门以增加社会总支出，企业和家庭是债务人。但是，如果救助纯粹来自私人部门借贷（商业银行借贷给企业或者家庭）的扩大，而在货币政策传导不畅通时，私人部门又不能充分享受宽松带来的利率下降，那么政策又在什么意义上体现为宏观救助呢？货币政策如果没有财政协同，而纯粹依赖银行信贷量的扩张，与宏观调控的福利目标恐怕是南辕北辙。

以上所言，是译者掩卷后的几点心得，也由此感到这本书所讲的故事值得国内读者一读。感谢中金研究院组织的宏观经济季度研讨会提供了一个机会，使我能够与艾兴格林教授结缘，并联合中金公司研究部的同人，合力译出这本书。参加翻译工作的包括赵扬、王汉锋、王乃玺、齐伟、张卓然、徐恩多、薛皓月和魏冬，赵魏一提供了支持。赵扬和王汉锋承担了总的校译工作，对译文的质量最终负责。限于译者的水平和时间约束，译文难免存在错误和瑕疵，还请读者批评指正为谢。

赵扬
2023年2月27日于上海

目 录

推荐序　重视公共债务的作用 / I

译者序 / VII

1. 前　言 / 001
2. 为国家服务的债务 / 015
3. 不同的国家与借债的上限 / 035
4. 民主化与全球化 / 061
5. 购者自慎 / 085
6. 管理问题债务 / 105
7. 成功的债务整合 / 127
8. 从战争到福利 / 145
9. 债务周期 / 175
10. 水火不相容 / 203
11. 错失良机 / 223
12. 债务救援 / 245
13. 新冠肺炎疫情对债务的影响 / 269
14. 结　论 / 285

致　谢 / 305

注　释 / 307

参考文献 / 387

1
前 言

2020年12月21日，美国死于新冠肺炎的人数接近31.9万人。肯塔基州共和党参议员兰德·保罗在国会发表演讲，主题却不是当下紧急的公共卫生状态，而是对不断增加的政府债务的担忧。"我们的财政状况有多糟？"他说道，"联邦政府去年有3.3万亿美元的收入，却支出了6.6万亿美元，财政赤字达到创纪录的3.3万亿美元。如果你们要求更多的纾困资金来应对新冠肺炎疫情，我们没钱了。金库里空荡荡的！我们一分钱的预留资金都没有了，储蓄账户空空如也！国会已经花光了所有的钱。"

接下来，这位参议员话锋一转，开始了他的经济分析。"今天的钱已经花完了，"他解释道，"所以国会正在花明天的钱……所谓明天的钱，不仅仅是我们下个月所需要的资金，还是我们未来10年所需要的资金，更是我们未来一代、两代甚至三代人所需要的资金。这些资金要用于国防支出，用于基础设施。这是我们的子孙将来要连本带息偿还的钱，而这笔钱每年都要增加1万多亿美元。我们的子孙再也无法享受我们在这个国家享受到的财富和机遇，他们会困在我们欠下的债务陷阱里，还要承担利息。"[1]

参议员保罗的呼吁基于一个重要的认知，即政府是一国的"财务总管"。如果政府未能妥善管理国家财产，过度借债，将导致令人担忧的经济和财政后果。然而，他所引申的"政府应该量入为出，像家庭那样避免背债"的观念，却是大错特错的。事实上，如果一个政府在遇到致命的大流行病时拒绝通过负债提供实质性帮助，或者在遇到安全威胁时拒绝负债以支持国防，抑或是拒绝通过负债对生产性基础设施进行投资，那么这个政府就像保罗所说的那样会被指责为渎职，而且的确如此。这样的政府，如果继续用家庭的情况来比喻，则相当于父母拒绝借钱为孩子做手术来挽救生命。

如果政府不能妥善管理财政而让国家和后代背上无法偿还的债务，那么这个政府迟早会失去合法性。如果一个政府在需要对抗突发危机时，或是在出现大好投资机遇时仍然顽固地拒绝借债，那么这个政府同样会失去合法性。

公共债务（public debt）有其存在的意义。它使政府在收入下降时仍能提供基本的社会服务。它有助于进行生产性投资，在总需求需要的时候提供支持。它使国家在面临军事威胁时能够扩大国防支出，在金融危机肆虐时能够稳定银行体系，在飓风、地震、流行病，以及其他自然或非自然灾害侵袭时能够提供人道主义援助。

但是，公共债务也像其他工具一样，使用不善则会产生危害。发债的能力带来了一种诱惑，那就是拖延做出艰难的决定。立法者可以利用公共债务为赤字融资，而不必艰难地决定究竟要砍掉哪项支出或是开启加税。在任官员可以利用公共债务来操弄预算以获取政治利益，比如在选举前为了吸引中间选民而增加预算支出，或者在离任前扩大那些可以让其支持者获益的预算项目。由于未来世代无法发出政治声音却要承担政府债务，因此政府可能过度借债。那些屈从于上述诱惑而导致的沉重债务会带来问题。为了能借到更多的债而不得不推高债券利率，可能"挤出"私人部门的生产性投资，导致投资减少。对政府偿债能力和偿债意愿的怀疑可能导致信心受损，破坏金融的稳定性。如果政府债务被外国人持有，则情况更是如此。外国人在本国享受的法律保护较少，遇到风吹草动就会撤资，这反过来会导致债券价格崩溃。[2]如果债务由银行持有，情况亦是如此，在这种情况下，主权债务危机可以迅速演变成银行危机。

这些问题由来已久。王室或国家借钱的历史至少可以追溯到1 000年前，即加洛林王朝衰落之后，法兰克人和伦巴第人统治大半个欧洲的第一个千禧年。从那时开始，出于地理和政治原因，欧洲分裂成数百个城邦和王国。日益增加的边界冲突导致战争蔓延。统治者借钱不仅是为了扩大他们的疆域，还是为了对他们的领土和生存空间进行防御。专业化的借债人最初是意大利的家族银行，它们调动规模空前的资源，发展出复杂的合约，以满足国家的融资需要。债务为君主服务，这使君主得以维系权力。借债可以稳固王权，保护追随君主的附庸们。同样地，债务也为债权人服务，后者从其提供的融资服务中获得回报。即使不总是如此，至少大抵如此。

之所以说"不总是如此"，是因为情况可能变坏。不仅历史上如此，现在也一样。君主们借钱有时候只是为了随意地进行计划不周的军事冒险，或者单单就是为了受贿。由于君主们无法偿债，导致债权人承受巨大损失，甚至破产。意大利的一些银行家族就是这样破产的。

人们也许以为这段不太愉快的经历会导致主权债交易的终结。然而，如果得出这个结论，那就低估了债务对国家的重要价值，也小瞧了放债人的创造力。随着军事技术越来越复杂，也越来越昂贵，君主们再次求助于他们的放债人，借更多的钱去保护自己及附庸。当长途贸易变得重要时，君主们又需要借钱去保护他们的商船和贸易路线。为了能够偿付更多的债务，他们设计出新的税种和

（五花八门的）征收方式。

出于自身立场，放债人也设计出各种机制来保护自身利益。他们更加牢固地控制住专门用于偿债的税收，不仅监督征税过程，甚至直接提高税收。银行间形成了辛迪加这样的垄断组织，不仅可以放更多的债，而且可以对债权进行分散化持有以分散风险。他们把贷款证券化，组织起了二级市场，可以买卖政府债券。这使君主们的债务可以被更多的投资者持有，风险在更大范围内得到分散。同样地，事情不会总是如此顺利。债务违约时有发生，投资者要承担损失。但是，政府债券市场却一直存续下来，并且在过去500年的大部分岁月中都非常繁荣。这确实具有一定的启示意义。

17世纪和18世纪是转型的时期，公共财政开始向现代化转型。最初是英国和荷兰，然后是其他地区，投资者确立了一些针对君主独断行为的保障。他们建立了立法机关和议会，代表债权人的利益，对国家的财政政策进行建议和审批。当制衡机制建立起来后，利率开始走低，借债也更容易。由于可以获得更多的财政和行政资源，国家得以开疆拓土，由此出现现代国家体系。对于民族国家的崛起以及19世纪签订《维也纳条约》之后国家间冲突的减少，公共债务都发挥了巨大的作用。英国和荷兰这两个最早发展出国债市场的国家，在这一进程中处于领先地位，并不是巧合。

国债市场的进步同时促进了私人金融市场的发展。这主要得益于政府债券的流动性高。它们很容易出手，可以随时换成现金或其他金融资产。由于政府债券的流动性和安全性较高，它们成为放债人广泛接受的抵押物。借助于债券的标准形式，抵押物的可得性有所提升，并推动了贷款的增加。政府债券也是风险资产定价和贷款利率设定的基准。从这个意义上说，如果没有国债，就不可能发展出金融市场，而后者是18世纪和19世纪商业与工业革命的基石。就此而言，现代经济增长最早出现在西北欧——现代主权借贷的发源地——并不是巧合。

现代学者对国债的正面作用是有认识的，但是他们就像参议员保罗这样的21世纪观察家一样，倾向于强调国债的负面性。在《国富论》的第三章，亚当·斯密警告说，政府太容易以未来的税收作为抵押来借钱，积累的债务会给子孙后代带来难以偿还的沉重负担。[3] 斯密在解释主权债务的合理性时，强调了战争带来的迫切融资需要，这对他所处的时代而言是恰如其分的。随着现代军事技术引发了日益昂贵的军备竞赛，国家的生存能力与借债能力联系到了一起。但是斯密警告说，债务是一把"双刃剑"，带来的好处掺杂着潜在的危害。由于大大小小的君主和国家意识到自己有能力借钱，便不注意预先积累足够的储备，导致过度依赖债务融资。"政府……非常容易依赖它的负债能力和国民在非常时期的放债意愿，"斯密写道，"政府只看到借钱的好处，再也不愿承担储蓄的责任。"

斯密还说，等危机过去需要加税的时候，加税的努力将遇到有影响力的利益相关方的抵制，如果试图给那些反对加税的人提出忠告，则可能刺激他们进行更激烈的反对。即便这些利益相关方的反对被压制，政府为偿还债务不得不借出的新债或增加的税收仍然会对生产性投资构成"挤出"，并因此使经济受损。无论能否加税成功，斯密悲观地总结道，这些"巨大的债务在当前压迫着欧洲各大国，从长远来看则可能毁灭这些国家"[4]。

在公共财政专家中，斯密因发表这些悲观的预言被熟知，就像21世纪的皮特·彼得森因批评公共部门债务不可持续而闻名一样。[5] 当然，斯密也认识到了国债的积极作用。他承认，各国政府通过借债修筑道路、运河和桥梁。在最理想的情况下，各国政府的投资可能扩大市场的广度，从而产生足够的收入，使国家可以连本带利地偿还债务并获得盈余。[6]

不仅如此，斯密已经认识到政府债券可以在二级市场上再出售给其他投资者，确保债券始终留在乐意持有的人手中。"（政府）卖给原始债权人的证券可以转让给其他债权人，"斯密指出，"而且，由于大众对国家信用有信心，这些证券可以卖得比初始价格更高。"斯密观察到的政府债券的可转让性还带来了其他好处。尽管贸易商和制造商已经借钱给政府，但仍然可以从事生产性投资。储蓄者一直在为他们的资金寻找安全的去处，现在这些资金可以投资政府债券，储蓄本身也因此得到鼓励。这不仅带来了更多的储蓄和投资，最终还促进了金融市场的深化和发展。

关于公共债务的这种正面观点并没有得到足够的重视，毕竟这样的观点不如彼得森或斯密的末日警告那样耸人听闻。本书的目的是重新让人们注意到公共债务的正面作用，而不仅仅集中于公共债务的负面作用，从而对公共债务有一个平衡的理解。这里所谓的平衡，意味着相比一般的文献，我们会更多强调公共债务积极的一面。本书的主旨是，公共债务并非一无是处，与流行的论述和政治话术所描述的相反，公共债务并非总是，也并非在任何情况下都是具有危害性的。

接下来，我们集中讨论国债或中央政府债务，以区别州政府或地方政府的债务。这些债务也称为主权债务，其特殊之处在于偿付责任属于国家的最高权力——不能再归结到更高的权力所有者。[7] 主权债务的另一个特殊之处在于，它并不受制于任何法庭的司法权。[8] 在现代城邦崛起之前，君主或国王是国家的象征，拥有最高的世俗权力。随之而来的是这些君主制的政府也不受制于通行的司法原则下的法律判决。[9] 这使得借钱给君主要承担特殊的风险，同时，在抽象的意义上也享有特殊的利益。[10]

我们借助历史来说明公共债务的正面效应和负面效应。主权债务违约虽然不能说罕见，但毕竟不像其他金融负债违约那么常见，因此从历史的视角审视其负面效应能够说明很多问题。如果研究仅限于近代,则仅能观察很少量的违约事件,导致研究存在先天不足。回溯历史有助于扩大样本容量,当然我们也要告诫自己不同的历史环境会导致不同的结果。在后文中,我们将详细讨论这些差异。

同时,将主权借贷置于不同的历史背景下有助于理解与债务相关的更复杂的问题。比如,与其他债务人不同,政府是不受法庭强制执行的影响的,那么为什么政府仍会努力还债?又如,为什么债务合约的设计、强制可执行力,以及违约的成本和频率各有不同?

为了说明债务的正面效应,一个长期的历史视角同样重要。历史显示了国家如何利用借债来守卫边境、投资基础设施、提供社会公共品,这些举措如何帮助建立持久的政治实体并孕育经济增长。历史说明了当政府和投资者逐步增强主权债务的吸引力时,它如何演化为一项安全资产。历史还指明了这些举措如何帮助金融市场发展以及一般意义上的经济发展。历史更能显示政府如何利用负债能力抑制经济周期,降低经济衰退的频率,以及在此过程中增强自身的偿债能力。

如果说历史展现出公共债务的一些共性,那么它也记录了随着时间的推移,公共债务的发债原因和发债作用。毫无疑问,战争是历史上债务飙升的主要原因,比如 20 世纪两场世界大战带来的戏剧性债务增加。然而,时过境迁,政府也会出于其他目的扩大借债。借助于金融市场的发展,它们通过借债创造了银行,筹集了解决金融危机所需的资金。事实上,政府从之前借债提供国防这样的公共品,转变为借债提供金融稳定这样的公共品。同时,政府通过借债来为铁路、城市基建和对经济增长意义重大的社会资本进行融资。

基于债券市场的早期成果,欧洲各国政府继续努力发展和开拓债券市场。自然而然地,世界其他地区的政府也纷纷效仿欧洲,比如 19 世纪早期拉丁美洲新独立的那些共和国，最终成败不一。其中，有些国家尚不具备发展债券市场的先决条件，于是便利用欧洲国家这些先行者的成果，选择在主要的国际金融中心发行债券。它们通过外债创造了经济机遇，也带来了危险。比如，以外币计价的外债风险极大。偿还此类外债，不仅要求一国政府能够获得足够的税收，还要求特定的外汇收入。这将债务人置于全球商品市场和金融市场的不确定性之中。商品价格的下降会导致出口收入减少，本币汇率的贬值也会导致以外币计价的债务负担加重，这些都可能使原本可持续的负债变得不可持续。

此外，外国投资者可能对当地情况和政府的意图知之甚少。当他们缺乏信息时，便试图从其他投资者的行为中推断信息，这会造成投资者由于恐慌而同时大量退出。随着工业化和经济的增长，以及与早前公共债务市场的衍化相联系的种种经济发展，在西方与世界其他地区之间形成了一种经济、技术和军事能力的极度不平衡。这使外国投资者和他们的政府可以通过武力干预迫使债务人还钱，否则债务国可能失去财政甚至政治的主权。

炮舰外交是最后的解决方案。更多的情况是，投资者通过施加财务压力来执行合同和规范市场。在认购新上市的债券时，投资者看中那些有债券发行经验以及与外国政府有联系的投资银行，并将它们的参与视为该债券值得投资的信号。投资者们组织了证券交易所，将涉及外国的主权证券集中交易，并设计规则保护投资者——那些违约的政府将受到抵制，无法新发债券。投资者们还建立了债权人委员会，来代表他们与未能按时偿债的政府进行谈判。

这些机制虽然不完美，但是总体上作用良好，因此全球公共债务市场在 19 世纪下半叶持续扩张。尽管债务违约并不罕见，但主权债务的偿付足够合规，而且外国政府债券的收益率足够高，因此海外借贷带来了实际回报。对于欧洲投资者来说，贷款给外国政府的回报高于贷款给他们自己的政府。对于债务人来说，向外国借钱意味着投资和增长，虽然不是一直如此，但大多数会如此。借钱多的国家，投资也更多，经济增长高过平均水平，因此发债也有回报。[11]

然后，仍然是从欧洲开始，政府从借钱提供基础设施和社会资本转向借钱提供社会服务。尽管仍然投资于铁路、运河和港口，但它们现在开始建设校舍、图书馆和医院。它们提供国家赞助的工伤保险、失业保险和养老保险。从1880年到1930年的50年间，出现了后来20世纪福利国家的早期迹象。福利国家提供的社会保险和转移支付功能，缓解了城市化和工业化带来的不稳定性，使市场运行带来的经济活力更易于被接受。福利国家保护工人，帮助他们免受自身无法抵御的风险。在这个意义上，福利国家使工人和社会大众适应了市场经济的运作。[12]福利带给了国家新的合法性，国家现在不仅是市场的保障者，还是经济分配结果的调节者。

为什么公共部门的扩展和福利国家的探索与债务增长有关？这一点还不太清楚。原则上，社会保险和转移支付完全可以从当期收入中支出，即便存在对公共服务的额外需求导致支出增加，也可以通过加税来弥补。福利国家与债务相关，部分原因在于经济糟糕的时候对社会服务的需求也最大，比如失业率高企，社会混乱程度高，政府缺乏足够的收入来满足当下的紧急需求。第一次世界大战之后出现了经济动荡，政治机构试图阻止社会走向革命，要求增加社会保险和转移支付的呼声很高。20世纪30年代的大萧条时期，伴随着苏联的经济调整，市场经济的有效性受到质疑，要求提供社会服务的压力最为突出。第二次世界大战之后，社会混乱与经济困难相伴出现，同时，"铁幕"在欧洲降临，西方各国政府急于维持对民众的承诺和对市场体系的信心，这种呼声再次变得强烈。20世纪70年代，发达国家经济增长放缓，失业率上升，对提供社会服务的要求也更强烈了。在上述情形下，政府面临收入下降，不得不借钱来提供社会服务的状况。

当然，这个解释也引出了另一个问题：如果政府不得不在困难时期借债，那为什么不在顺风顺水的时候还掉债务？有时候政府是这样做的。在绝对或参照 GDP（国内生产总值）的相对意义上，一些债台高筑的政府曾经成功地减少了债务。19 世纪、20 世纪 20 年代、第二次世界大战以后都曾如此，甚至包括 20 世纪后期一些国家的例子。在某些案例中，例如第一次世界大战前的法国，债务重组事关生死存亡。只有减少债务、重建国家的借贷能力，才能保障国家在下一次生存危机中调动资源做出应对。

在另一些情形下，决定社会事务的特权阶层范围有限，反而有利于债务重整。如果投票权仅限于有财产的特权阶层，债权人在决策过程中就容易拥有过多的代表权，其偏好和意志便更能得到体现。当一个极权领导人把偿还外债当作绝对优先事项时，没有什么可以阻挡他。在 20 世纪 80 年代，罗马尼亚总理尼古拉·齐奥塞斯库就是如此，他认为对外负债会威胁到他的个人统治，所以没人能阻止他偿还国家的外债。然而，就在齐奥塞斯库以胜利者的姿态宣布罗马尼亚已经还清全部外债之后的短短 8 个月，该国就因经济匮乏发生骚乱，齐奥塞斯库政权被推翻，他和他的妻子也被处决。

当今政府常常债务高企，过度借债成为一个严重的问题，民主化也许是部分原因。在民主社会里，不同利益集团都拥有投票权，债权人只不过是其中之一。有代表权的利益集团数量越大，"公共池"（common-pool）的问题就越严重：每个利益团体都坚持将更多的公共支出花在自己偏爱的项目上，但没有一个能完全将负债的含义内部化。另外，随着民主化提升了国家的安全性，也可能导致政府觉得降低高债务的紧迫性有所下降。这并不是否认欧洲和日本这两个当今全球债务负担最沉重的地区仍然存在安全问题，但它们毕竟享受了 75 年的和平，至少在过去的 75 年，欧洲和日本没有爆发 20 世纪上半叶那样的全面战争。欧洲和日本的政府都认为减少公共债务是明智的，为此提出了各种理由，但对国家安全的威胁显然不是其中之一。

在 21 世纪，国家面临的紧急状况有不同的表现，往往是经济和金融的系统性危机，就像 2008—2009 年的全球金融危机或者 2020 年暴发的新冠肺炎疫情。全球金融危机和新冠肺炎疫情绝对是紧急状况，它们导致社会在经济、金融和人道主义方面付出了不可估量的代价。政府的公共支出大幅上升，以稳定经济和金融体系，并阻止危机蔓延和疫情扩散。在 2008—2009 年，为挽救银行和金融体系不得不大规模注资，代价高昂，但不这样做，银行和金融体系将破产。由于这些支出无法依靠当期收入来满足，它们必然导致政府债务大幅上升。在 2020—2021 年，为防止企业倒闭、保住工人的饭碗、保障孩子们三餐无忧，政府不得不大幅扩张支出和债务。批评者们抱怨不该实施这些救助项目，他们警告爆炸性增长的政府债务将带来可怕的后果。然而，如果不在危机中挽救银行和金融系统，不采取手段阻止致命病毒的传播，减少对经济和公民的危害，国家将在公众的眼中失去合法性。在这种情况下如果还拒绝借钱和负债，就意味着一个国家未履行其根本职能。

历史显示，管理因战争而背负的沉重债务是一个难题，尤其是政府必须降低债务、恢复借债能力以应对未来的类似威胁。同样的道理，对于因经济衰退、金融危机和疫情而背负的债务一样适用。毫无疑问，管理这个财务负担是一次艰巨的挑战，但这不等于说，当面对金融危机或大流行病时，政府不借债会更好。

2
为国家服务的债务

我们从债务在国家政权建设中的作用开始谈起：债务使国家有能力履行基本职能，能够抵御内部和外部威胁，并得以生存。要对这个话题进行探讨，我们首先需要了解主权债务的目的，还需要阐释以下几个问题：主权国家如何通过抵押担保品和授予贷方特权来获得信贷？过去主要由银行持有的债务如何被广泛交易？此类交易市场的出现是如何促进商业和经济发展的？

起　源

　　主权国家首次借款的确切时间很难确定。有两个标准可以帮助我们确定主权实体是何时开始使用有价债务工具的。其一，是否具备发行公共债务所需的法律和政治基础，包括稳固的城市、州和国家，承认政治实体有借债能力的法律，以及记录支付和偿还的账簿（如今被称为会计系统）。其二，是否存在必要的经济条件：在供给方面，是否存在拥有足够资源能够放贷的个体；在需求方面，是否存在一个支出需求有时超过其收入的政体。

　　文字记录表明，早在 2 000 年前就出现了公共借贷。[1] 一些希腊城邦，如锡拉丘兹等，经常向本国公民借款。亚里士多德的一本论著中包含了一系列与财政相关的短章，时间可以追溯至公元前4世纪。其中有一段记录了关于债务、贬值和违约的故事：

［锡拉丘兹的狄俄尼索斯（公元前432—前367年）］向公民借钱并承诺偿还。当公民要求其偿还时，狄俄尼索斯以死威胁，命令公民把他们所有的钱都交给自己。他将公民带来的钱重新铸造后再次发行，使一个单位的德拉克马的价值变为两个单位的德拉克马。通过这种手段，狄俄尼索斯偿还了最初的债务以及公民上交的钱。[2]

锡拉丘兹不是特例，其他城邦也有公共借贷发生。它们不仅向本国公民借钱，还向"宗教基金会"，也就是神庙借钱。这些神庙具备与银行非常相似的功能。神庙通过管理房产获取收入，这就要求它们的管理者具备会计技能。神庙管理者利用自己的金融头脑，为城邦国库提供存款服务。作为交换，神庙则允许借出它们积累的资金，并收取利息作为回报。

正如亚里士多德所述，并非所有的借贷都能顺利进行。提洛岛上的德里安神庙便卷入了一场历史记载中最早的国际债务危机。这座神庙以令人印象深刻的卧狮雕像而闻名，每年的宗教节日都会吸引成千上万的朝圣者（提洛岛被视为希腊岛屿从依靠农业转型为专攻旅游业的先驱）。与大多数希腊岛屿不同，提洛岛逐渐发展成为商业中心，并最终成为金融中心。

公元前4世纪，13个城邦从德里安神庙获得贷款。[3]英国剑桥菲茨威廉博物馆的一块大理石板上刻着一段铭文，对日益危险的贷款状况进行了详细描述。[4]公元前377—前373年，在借款的13个城邦中，有10个城邦拖欠部分利息未偿还，余下的3个城邦则从未支付过利息（见表2-1），总计近3/4的利息被延迟支付。尽管关于这些借款的最终命运没有确切记载，但一些学者认为这些借款的本金和利息最终并未被偿还。[5] 无论如何，这些早期的国际借贷先例显然无法达到债权人的期望。

表2-1 希腊城邦从德里安神庙贷款（公元前377—前373年）

单位：德拉克马

城邦	本金	利息	
		支付	延期
米克诺斯	4 200	1 260	420
锡罗斯	18 000	2 300	4 900
泰诺	21 000	6 000	2 400
基奥	24 000	5 473	4 127
塞里福斯	4 000	1 600	
锡夫诺斯	13 200	3 191	2 089
伊奥斯	2 000	800	
帕罗斯	72 000	2 970	25 830
伊卡里亚岛的欧伊诺耶	25 200	4 000	6 080
伊卡里亚岛浴场	2 000	400	400
纳克索斯	24 000		9 600
安德罗斯	30 000		12 000
卡里斯托斯	21 000		8 400
合计	**260 600**	**27 994**	**76 246**

注：260 600德拉克马=1 120.6千克银。
资料来源：Bogaert（1968）。

罗马共和国拥有更为复杂的金融体系。早期的借贷通常发生在熟人之间。当罗马的商人或绅士需要现金或信贷时，首先会求助于家人和朋友，然后求助于商业伙伴，同时会保留书面记录，一般一式两份。[6]

此外，金融服务是由合伙企业提供的。在这种企业中，两个或多个人将其资源整合在一起并分享利润。一些合伙企业在创立后坚持了下来,逐渐开始扮演银行的角色。然而,除了最大的几家合伙企业,所有向政府提供税收等服务的有限合伙企业都不具备法人资格,也不承担有限责任。换句话说,每个合伙人都要对合伙企业的全部经营义务负责,这就限制了合伙企业的扩张。[7]

从公元前 2 世纪开始,保管存款并代表客户付款的专业化罗马银行出现了。[8] 其中一些银行经营着多个分支机构,并为政府提供服务。甚至有证据表明,存在一个跨区域的银行同业市场,银行在这个市场中进行交易。这些银行间交易在一定程度上推动了罗马的金融一体化进程,使金融市场成为罗马高度一体化的产品市场的重要补充。[9]

最后,信贷由公共捐赠提供,同样主要来源于为了公民和宗教进行资源管理的神庙。这些神庙以出借闲置资金来创收,以支持它们的宗教和慈善活动。官方规定,神庙发放贷款的利率上限为 12%,以此保护资本不受损失。[10]

上述金融体系的设计可能十分精妙,但罗马政府对该金融体系服务的使用却十分有限。在军事活动期间,国家当权者和某些将军都会借钱。公元前 242—前 241 年,为了筹措与迦太基开战的军费,罗马共和国向公民银行借款。公元前 218—前 202 年,第二次布匿战争期间,罗马再次从国内外多方借款(主要是从锡拉丘兹借款);公元 70 年,韦帕芗请求元老院批准一笔 6 000 万塞斯特斯的贷款,以资助其与维特里乌斯的内战。[11]

除此之外,罗马似乎并没有其他借债。宗教阻止了那些雄心勃勃的领主通过借钱发动额外的军事活动以扩张权力。斯多葛学派强调了个人与共和国陷入债务的道德风险,这一学说与 21 世纪德国的黑零学说类似。黑零学说认为,在非极端状况下,预算应该保持平衡,这在经济上和道德上都是合理的。[12] 这个案例提醒我们,主权债务市场的发展不仅受供给限制，即是否存在能够提供资金的贷方，也受需求限制，取决于国家的借贷意愿。

罗马共和国能够避免陷入债务危机的一个原因是，它保持了对货币的垄断，这是它与希腊城邦的一个重要区别。在希腊城邦，不同政体的货币相互流通，即使最大的城邦也无法抑制不同货币之间的竞争。相比之下，罗马利用其行政和军事实力来确保货币的独家流通。如果支出超过当前收入与国库现金储备之和，由于公众没有其他的流通媒介，皇帝就可以通过"不受惩罚"地让货币贬值——皇帝可以减少铸造货币的金属含量、降低重量，或者提高货币的名义价值——来支撑其支出。

但这种"不受惩罚"也是有限度的。皇帝越来越多地诉诸货币贬值手段来应对麻烦，结果导致通货膨胀持续攀升，政府转而使用通货膨胀税来抑制通货膨胀。公元301年，戴克里先试图通过《最高价格法》规定固定的价格和工资，以遏制通货膨胀。但与其他时期、其他地区类似政策的实施效果一样，早期这次价格控制实验的效果并不好，结果只是引起了物资短缺和责任逃避。[13]

欧洲，世界债务人

从罗马帝国后期到中世纪鼎盛时期，欧洲都没有公共部门借贷的记录。但从公元第二个千年开始，主权债务重新出现。有学者指出，公元1000年至1400年是与主权国家和邦国签订借款协议与规范债务合同的关键时期。

在中世纪晚期，贷款的条款很严格，这反映了贷款存在风险。例如，意大利多家银行在百年战争期间（1337—1453年）向英国国王爱德华三世提供贷款，贷款期限不超过1年或2年，利率高达两位数。[14]高利率和短周期体现了贷款的风险。（爱德华三世在

1345年就有过违约记录，对贷款人造成了毁灭性打击。）此外，由于贷款来源竞争有限，托斯卡纳的银行家们鲜有竞争对手，因此利率也被进一步抬高了。

在欧洲以外的国家，借贷并不常见。中国封建王朝的统治者不进行借贷，而是通过征税，偶尔还会借助货币贬值来应对开支。[15]日本的封建领主也只进行有限的借贷。16世纪，奥斯曼帝国首先从国家内部借款，这些借款主要来自犹太人、亚美尼亚人和希腊金融家，19世纪则开始从外部借款，主要来自西欧。[16]

由于战争频繁爆发，在公元第二个千年，欧洲率先发展了公共债务。公元888年加洛林王朝覆灭后，欧洲大陆分裂为数百个诸侯国，其中许多不过是面积不大的城市。[17]欧洲大陆被山脉和河流分割成很多个区块，其地理位置对于形成更完整的领土国家构成了自然障碍。[18]这种多司法管辖区的划分使统治者尽可能地攫取领土和资源。正如社会学家和历史学家查尔斯·蒂利所说，从公元第二个千年开始，战争就是欧洲的常态。[19]

战争事关国家生死存亡，必须调动一切可用的资源，所以各国纷纷借债以筹措军费。随着封建时期服兵役义务的减少，各国借债更多是为了雇用有偿的民兵（雇佣兵）。激烈的竞争促使他们投资昂贵的军事装备。[20]他们购买了剑、长矛和盔甲，装备了火器、火炮和装载枪支的船只。同时，他们建造防御工事来抵御他国的军事进攻。攻防战变得越发昂贵，紧急借款也随之增加。

所有这些都是欧洲特有的，其地理位置为发展和投资精密的军事技术提供了独特的动力。地理环境和政治历史背景不同的其他大陆则不具备这样的条件。[21]随着欧洲战争支出急剧增大，借款的需求也迅速扩大。

上帝的召唤：教会债务与银行发展

教皇的融资需求是贷款激增的最初来源，罗马教会在地缘政治上的参与程度不亚于其他世俗统治者。教会在各地征收什一税，并接受所谓"捐赠"，如"彼得便士"。[22] 虽然收款名目繁多，但地理位置的割裂使这些收入和财产难以征收并运送到罗马。

这些问题由来已久，直到教会发现自己与神圣罗马帝国皇帝在1254—1302年陷入长期冲突，解决这些问题才变得紧迫起来。教会需要支付意大利盟友的军费。[23] 因此，与前文所述案例类似，军事方面的考虑也是教皇进行债务融资的动力。[24]

为了解决这些问题，教皇向托斯卡纳的银行家们求助。托斯卡纳人以商业活动起家，他们从事长途贸易代销，从中获得了巨额利润。[25] 这种商业上的成功为其带来了收入和财富，而且这种成功可以得到更广泛的利用。在贸易代销中，发放与商业利益无关的贷款、吸收更多资本和存款进行融资的过程是很快的。托斯卡纳人长期进行国际交易，对不同的货币都很熟悉。他们发明了汇票，作为不同地区之间转移资金的一种工具，并使用这种工具帮助教会进行资金转移。[26]（汇票是一种付款指令，发行人通过汇票指示另一个地点的人代为清偿债务。）掌握财政资源的托斯卡纳人可以帮助教会代征苛捐杂税，从这种事务中获得收入，并向教皇预付资金。

从13世纪早期开始，锡耶纳、卢卡、佛罗伦萨和皮斯托亚的商业银行家竞相为罗马教廷提供金融服务。[27] 卜尼法斯八世（于1294—1303年任教皇）偏袒佛罗伦萨人，佛罗伦萨人得以获取准垄断地位。[28] 这一优势地位意味着利润，也意味着能够获得其他人需要更多努力才能得到的资源。随着势力的扩张，佛罗伦萨人成了阿维尼翁教皇（14世纪教皇曾驻法国，在阿维尼翁居住了近70年）和英国国王爱德华三世的银行家。国际贷款有时被描述为一种现代特有的事物。但事实上，托斯卡纳的银行家早在 14 世纪就开始从事跨境主权贷款业务。

教会鼓励银行合并为股份公司以进一步提供信贷。因此，与早期罗马共和国的银行不同，这些银行公司具有独立于投资者的法人资格。它们有可以转让的股份，有合作伙伴负责监管不同地区的分支机构，同时在托斯卡纳的总部设有一个主账户。在组织形式上，它们效仿最早的客户罗马教廷。就像教皇向遥远的主教们发出书信指示一样，托斯卡纳各银行的总行也向它们的外国分行发出书面指示。

这种新的公司形式使最初的家族企业能够通过向更多投资者出售股份来增加基础资本。它允许银行从富人那里吸收存款，以扩大其放贷能力，而不会进一步稀释它们的控制权。[29] 随着时间的推移，这些托斯卡纳银行发展成中世纪和文艺复兴时期欧洲最大的经济组织。它们知道教会是自己的利益所在，所以继续向教会示好。

堆积如山的债务

随着时间的推移，意大利半岛上的其他城邦也发展出了类似托斯卡纳的商业模式。由于这些城邦大量参与贸易，所以它们必须保护自己的船只和贸易路线。它们在远航中融资，并且为其供应商和客户提供信贷业务。上述各项业务都需要拥有丰富的金融资源和敏锐的头脑。当然，在这些贸易中它们获得的收入和财富也是其放贷的资金来源之一。

热那亚和威尼斯便由此发展成与托斯卡纳相似的银行聚集地。热那亚和威尼斯的银行开创了新型金融合同和会计制度。复式记账法可能不是在威尼斯发明的，但一定是在威尼斯普及的。在复式记账法中，每一笔金融交易都要以相等的金额在两个账户中进行方向相反的记录（一个借方和一个贷方），而银行也从热那亚和威尼斯的政府部门中找到了现成的客户。

值得注意的是，与13世纪和14世纪其他的债务国相比，意大利城邦似乎能够获得更长的贷款期限。面对敌对势力，城墙的保护使政权得以更好地存续，而政权的存续是偿还债务的先决条件。为了保护自己免受强盗劫掠和入侵势力的侵害，商人向城市迁移，城市逐渐取代那些开设区域性集市的小城镇，成为当时主要的商业中心，城市的商业扩张反过来也为信贷提供了来源。

此外，与主权国家不同（主权国家拥有绝对权力，因此会独断专行），共和城邦对债务偿还的承诺更加令人信服。共和城邦由商人统治。[30] 如果城邦债务违约，就意味着这些商人违约。偿还债务是城邦应尽的义务，期限可能比任何人的寿命都长，包括拥有无限权力的君主。[31] 因此，与其他政体相比，长期债券在城邦中出现得更早，而且发展得更加成功。

特别是威尼斯、热那亚和佛罗伦萨等共和城邦实行代议制，债权人在议会中拥有发言权。尽管面临着高昂的交通成本，但地理上的紧凑性使议会能够成功召开。[32] 由于这些城邦的地理面积有限，因此地主在精英阶层中的数量并没有超过商人。作为国家信贷的提供者，商人显然希望贷款能够被偿还。

热那亚就是一个例证。从与十字军联手，到确保贸易路线和殖民地的安全，热那亚需要不断为军事行动提供资金。早在1149年，为了提高借贷能力，热那亚就把直接税的控制权移交给了一个银行财团。之后的远征需要将额外的税收分配到船舶建造和相关成本上，在此背景下发行的债务一部分被偿还，但还有一部分一直被展期（旧债到期后，新债立即发行），从而形成了永久债务存量的基础。[33]

意大利其他城邦效仿热那亚的做法，通过将特定收入分配给债权人来筹集贷款。在威尼斯，总督在参议院选出的高级地方法官的建议下，通过贷款多次为国家战争筹资。1164年，总督用长达11年的里阿尔托市场的商贩租金控制权作为交换，向12个大家族借款。

然而，这种向债权人分配收入的做法有其局限性。如果走到极端，国家可能没有资金应对紧急情况。鉴于此，威尼斯政府改变了策略。从1172年开始，威尼斯政府以强制贷款的形式要求富有的公民捐款。[34] 威尼斯分为6个区，每个区都有官员收集财产申报表。[35] 虽然市民需要以申报的财产为基础认购贷款，但可以获得4%的利率。里阿尔托市场中商贩摊位缴纳的税款再次被用于支付利息，对商品进行称重和评估的称重室的收入也是如此。尽管收入仍由政府控制，但相应的记录由圣马可检察官、总督任命的杰出公民以及大议会（债权人代表参加的公社大会）保管。[36] 这些制度安排被视为国际货币基金组织（IMF）《财政透明度守则》的前身，该守则旨在为"立法机构、市场和公民提供所需要的信息，以使政府对财政绩效和公共资源的使用负责"[37]。这些安排旨在提高还款承诺的可信度。

虽然最初的期望是威尼斯共和国能够在第一时间偿还债务，但事实证明能够进行借贷是很诱人的。与热那亚类似，威尼斯政府的债务一直被展期。随着债务积累得越来越多，关于能否偿还债务的问题也逐渐出现。1262年，威尼斯的债务被合并到称为"蒙蒂"（意大利语中的"大山"）的长期债务中。蒙蒂可以在非正式的二级市场上进行交易，其价格会根据国家军事行动的成败变动（这一模式对我们的论述很重要）。

蒙蒂的收益率为5%，低于合并之前的债务回报。但可以肯定的是，5%总比没有要好得多。商人和其他富有的公民通过大议会将其持有的债务整合到蒙蒂中，毕竟如果国家早期的债务是不可持续的，国家在债务重压下崩溃，那么这些债权人将一无所获。但是如果所有债权人都同意降低贷款利息，那么国家可能仍然会进行航海活动或发起军事行动，且债权人不得不同意这些行动，强制性转换随之产生。实际上，这是集体行动问题的一个早期案例。集体行动问题经常困扰着国家的债权人，就整个历史而言，该问题通过不同的方式得到了解决。[38]

为了管理蒙蒂，大议会创建了一个与商业精英有联系的特殊委员会。成员被要求宣誓，在扣除了 36 000 里拉的基本市政服务费用后，他们将用余下的城市收入来支付蒙蒂的利息。[39] 有人认为，将权力下放给在债务偿还中有利害关系的个人，是国家在 17 世纪和 18 世纪获取借贷的一种机制。[40] 威尼斯的历史表明，早在 5 个世纪前，各城邦就已经采取了这种做法。

在基奥贾战争（1378—1381 年）中，当威尼斯卷入与竞争对手热那亚的生死对战时，威尼斯债券的价格在二级市场上大幅下跌（见图 2-1）。这不仅反映了战争的变幻莫测（威尼斯最终获胜），也体现了贷款性质的复杂性。紧急时刻需要采取紧急措施。为了筹集资金，威尼斯政府强制要求公民将自身资产的 40% 用于认购政府新发行的债券。由于战争结果的不确定性，部分债券以低于票面价值的价格转手，受限于形势而被迫出售债券的公民可能只能得到 8 索尔迪（用里拉换算，相当于 40 美分）。而与之相反的是，如果威尼斯在战争中获胜并能够继续支付 5% 的票面利率，购买这些债券的投机者（相当于跟踪 21 世纪主权债务市场的秃鹫基金）将获得巨大收益。

由于投机者获得的回报高达两位数，因此威尼斯当局单方面降低利率，这是另一个早期非自愿重组的例子。[41] 1382 年，威尼斯当局将票面利率从 5% 降到 4%。1386 年，政府将在二级市场购买其债券的投资者的票面利率从 4% 降至 3%，然后在 1444 年进一步降至2%。二级市场投资者（未在政府最初发行时认购，因此没有对政府战时融资做出贡献）持有的债券的价格，也相应低于最初认购战争贷款的威尼斯公民手中仍然持有的债券的价格。

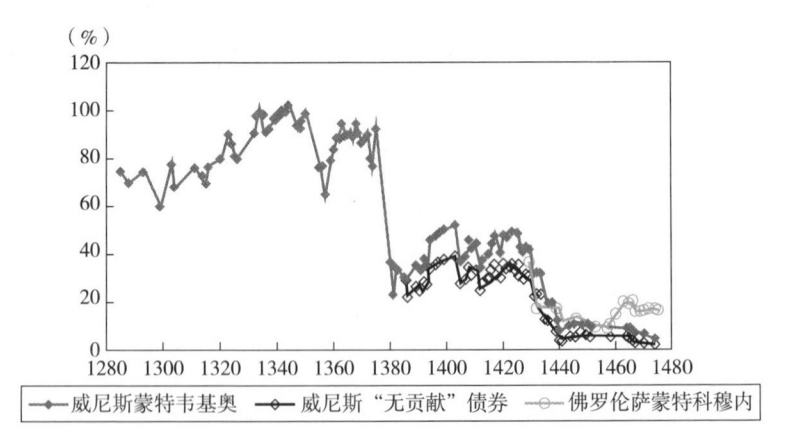

图 2-1　1285—1475年威尼斯和佛罗伦萨的债券价格（票面价格的百分比）

注：威尼斯的蒙特韦基奥和佛罗伦萨的蒙特科穆内都是长期债券（分别发行于1262年和1343年），合并了过去的债务和新的强制贷款。这些债券的初始票面利率为5%，可以自由交易。从1382年开始，对于在二级市场上从强制认购的公民手中购买蒙蒂的债券持有者，威尼斯向其支付更低的利率。这些"无贡献"债券的市场价格相应较低。
资料来源：Luzzatto（1963）和Conti（1984）。

到16世纪早期，为了应对花费日益增多的战争，威尼斯当局筹集了一系列强制贷款，但也无力再向公民发行更多强制性的蒙蒂。[42]因此，当局开始培养公民的自发购债需求。许多新的债券申购人来自较不富裕的阶层，他们选择购买年金。年金的利息由国家铸币局支付，具有市场收益率，并且交易活跃。[43]每一期的发行都由专门用于这一目的的国家财政收入进行担保。事实证明，这一举措是成功的。就这样，一个更大的威尼斯国债市场诞生了。

1573年失去塞浦路斯后，威尼斯换回了很长一段时间的和平。在此期间，当局试图对其债务进行重组。通过延长原定于只在战时征收的新税种征收时间，在1577—1584年，政府能够偿还国家铸币局的大部分债务，每年为自己节省50万达卡金币的利息。正如我们将看到的，债务整合并不总是那么快，政府也没有追求这一目标的决心。

后继者佛罗伦萨

佛罗伦萨共和国的公共财政与上述国家的发展路径完全不同。从1201年开始，国家行政部门依靠直接税收实行严格的现收现付制度。与热那亚和威尼斯不同，佛罗伦萨并不是一个需要保卫海上贸易路线或具有向海外扩张的野心的海上强国。在13世纪的大部分时间里，直接税收都能满足国家的支出需求。[44]

然而，随着商业的扩张，佛罗伦萨与邻国的矛盾也随之而来。到13世纪后期，佛罗伦萨军费的增长速度超过了财政收入的增长速度。与威尼斯一样，佛罗伦萨最初依靠强制贷款筹资。与威尼斯相似，佛罗伦萨对家庭财富进行官方评估，并以此为基准，对强制贷款份额进行分配。为了进行财政管理，城市被划分为多个行政区。但与威尼斯由公民进行财富自我评估后自行申报不同，佛罗伦萨在每个地区都成立了5个委员会，对每个家庭的财富进行独立评估。去掉5个值中的最大值和最小值，取中间三者的平均值作为家庭财富评估的基础。正如一位历史学家所说，设计这个程序是为了"减少财政负担评估中的腐败和偏袒"[45]。

由于贷款被公民广泛持有，佛罗伦萨变成了一个由公民债权人组成的共和国。为了保护自己的利益，这些公民债权人推动了多项制度安排。[46]被委以国家行政责任的执政官有固定的执政期限，且在生活上基本"与世隔绝"，以限制政治庇护和包括金钱在内的其他世俗诱惑。债务的偿还和摊销由主要债权人所在的委员会监督。

委员会成员对社区议会负责，从而对大议会负责，而债权人又是大议会最积极的参与者。

1315年，以富人为缴纳主力的税项——"直接税收"在"一项由富商和资产阶级做出的符合其自身利益的政治决定"中被废除。[47]这些商人和资本家希望对消费品征收更高的税，如葡萄酒、橄榄油和生猪肉等。这类税收主要由社会中较贫困的阶级承担，在为国家带来足够收入的同时，也能使富人阶级从税收负担中解脱出来。但税收总收入却随着税率的提高而下降。[48]与此同时，佛罗伦萨与神圣罗马帝国的支持者——卢卡的吉伯林势力发生冲突，其面临的军费支出日益增加，这使其不得不付出一些代价以支撑军费支出。因此，佛罗伦萨政府打算效仿威尼斯实行强制贷款。但是，考虑到强制公民提供更多贷款可能引发叛乱，佛罗伦萨共和国转而向大型银行——巴尔迪和佩鲁齐——寻求帮助。银行家们知道借钱给一个贫穷的国家是有风险的，因此，要求其支付15%的贷款利率。

面对如此高的利率，佛罗伦萨显然难以履行偿还义务。[49]因此，1343年，佛罗伦萨官员对债务进行了重组。[50]他们将公共债务转化为集体性质的蒙特科穆内，对本金进行减记，同时将余额的利率降低了5%。[51]

鉴于曲折的还款历程，想要让后续发行的债务实现自发认购并不是一件容易的事情。1424年，佛罗伦萨当局针对投资大众的需求推出了一种新型金融工具——嫁妆基金（Monte delle doti），这是一种承诺在7.5年到15年内偿还家庭认购金额的基金。与蒙特科穆内不同，这种新型金融工具并不会定期支付利息，而是在到期时一次性还本付息。这种设计是为了满足父母提前为女儿的婚礼以及嫁妆做准备的需求。与早期贷款信用取决于国家当前的财政状况不同，嫁妆基金是社会生活不可或缺的一部分，不太可能被拖欠。公社的主要公民，尤其是他们的妻子，也不会容忍其被拖欠。

申购者可以用之前的蒙特科穆内债券来购买嫁妆基金，这减轻了早期贷款的负担。此外，由于嫁妆基金只在合同结束时支付利息和偿还本金，佛罗伦萨政府的偿债义务被推迟了。这些条款减轻了当前国家的利息负担，从而稳定了国家债务性证券的价格。[52]

在联合治理的安排下，政治精英与金融精英的联盟得到巩固，使意大利城邦能够更早地借入长期且廉价的资金。债权人代表及其拥有的权力阻止了国家过度借贷，并在出现问题时阻止国家强制执行过高成本的利息和本金削减（现代金融专家称之为"削发"）。但缺点是，由于外国人在这些城邦的管理议会中没有代表，他们不愿意购买意大利证券。因此，在17世纪之前，意大利城邦能够吸引和使用的外国资本并不多。[53] 在政府权力有限的时代，开拓本地市场就足够了。但是从长远来看，不进入地区、国家和国际市场并不是一种成功的发展模式。

二级市场的发展

君主的权力由神赋予，不受议会的监督。这意味着要阻止他们违约并不容易。为了从银行贷款，这些君主不得不将有价资产作为抵押。王冠上的珠宝是终极抵押物，如果失去它们，会给君主的声誉造成致命损害。[54]

一个更加谨慎的君主可能会像共和城邦威尼斯和热那亚那样，把盐业的垄断收入、关税和通行费等转让给银行，并授权银行直接征收这些税款。因此，作为向英国国王发放贷款的条件，意大利银行家们有权直接向治安官、法警和其他地方官员收取款项。[55] 这不仅是确保偿还贷款的一种方式，也使银行家能够得到关于主权国家收入更加充分的信息。它防止国王申报的收入少于实际所得，从而解决了无法确定是客观无力支付主权债务还是主观不愿支付的问题。伴随这种模糊的解决方式，重新进行债务谈判变得更加容易，这对维持债务人和债权人之间的关系具有重要意义。

但是君主通过法令授予的，也可以通过法令收回。皇家客户拒绝偿还债务，摧毁了意大利一批最大的商业银行。前文中，我们已经讲了爱德华三世的违约是如何使巴尔迪和佩鲁齐在1345年破产的。

因此，要继续进行主权借贷，就必须找到更好的办法。一种方法是分散化。通过分散化，各个贷款机构对于任何一个借款人的风险敞口都是有限的。有些分散化可以通过银团来实现，银行通过银团将部分贷款分配给其他银行。但更常用的分散化是以二级市场的发展为前提的，在二级市场上，债务合约可以按股份出售给散户投资者。

这些股份合约被称为公共债务，它们规定持有人可以在其一生中（终身公共债务）或永久地（永续公共债务）获得利息支付。公共债务由法国北部的市政当局首创，然后传播至佛兰德、神圣罗马帝国和西班牙等地。[56]第一个有记载的公共债务发行案例发生在特鲁瓦，这是主办香槟集市的城镇之一，拥有固定的收入来源。特鲁瓦在1228年成功出售了终身公共债务，购买方大多是来自阿拉斯、圣昆廷和兰斯等附近城镇的金融家，他们随后将证券转卖给附近城市的散户投资者。我们可以从这里看到二级市场的雏形，一级交易商（金融家）先对发行人（政府）进行审查，再向最终投资者（其他城市的居民）推销证券。公共债务在市级政府层面获得了成功，并被迅速推广到更高级别的政府。

在此发展过程中，当地的金融市场逐渐衍化为全国性市场甚至国际市场。这与意大利城邦贷款截然不同，后者将贷款主体限制在公民群体中，因此也只能在当地进行交易。

永续年金具有更多优势。与终身年金不同，永续年金的支付对象是合约的持有者，而非最初的购买者。因此，永续年金更便于交易，对投资者更有吸引力。[57]这一点在低收益率永续年金中表现得很明显。[58]永续年金不会到期，只有在借款人筹集了足够的资金来偿还本金时才能赎回，但这种情况几乎不可能发生，因此永续年金构成了债券市场永续债务存量的基础。

永续年金的另一个优势是，使贷款人可以避开宗教关于禁止高利贷的教义。永续年金不会自动到期，因此神学家将其视为一方从另一方购买未来收入现金流的合法合约，而不是作为需要偿还的高利贷。[59]这使永续年金能够以市场出清的利率进行交易，进一步增加了它的交易量。[60]

公共债务发展带来的影响超过了国家财政本身。由于这些工具具有流动性和可转让性，投资者在向其他借款人贷款时可以接受它们作为抵押品。[61]这种国家背书的抵押品的存在，为非政府部门的借贷提供了保障和便利，也扩大了银行放贷的客户范围并增加了客户数量。[62]通过这种方式，主权债务证券转化成一种金融公共产品。

政府公共债务作为可接受的抵押品，增加了信贷的可得性，也增加了二级市场的流动性。支持商业信贷的短期货币市场因此最先出现在欧洲，也在欧洲得到了最活跃的发展。主权债务还在商业革命（本地和长途贸易的扩张）中发挥了重要作用，为工业化和现代经济增长奠定了基础。

此外，接受政府债务作为抵押品增加了有价证券的兑现可能，从而降低了主权债券的利率。当然，由于借款者有可能拒付债务，投资于政府债券仍然存在风险，投资者仍会要求风险补偿。然而，投资者可以通过多元化配置，避免将所有鸡蛋放在同一个皇家篮子里。同时，具有流动性的二级市场使厌恶风险的投资者能够在风险出现时减少风险敞口，这进一步减少了主权金融市场中的摩擦。反过来说，由主权债务作为担保而得到发展的短期货币市场也鼓励了投资。[63] 金融发展带来了更健康的经济制度，反哺了政权的稳定性并提高了债务的可持续性。[64]

一个成为焦点的市场

到了 16 世纪，主权债务市场已经具备了运作的先决条件。一方面，信贷对于军事成功和国家生存至关重要，市场中并不缺少融资需求。另一方面，投资者已经建立起包括抵押、质押等在内的债权保障机制，放贷意愿越来越强。流动性良好的二级市场、专业的银行家和金融家充当做市商，现代主权债务市场逐渐成为焦点。同时，这些促进主权金融发展的工具和制度也活跃了私人资本市场，对商业和经济发展产生了更广泛的影响。

当然，这些机制并不完美，主权债务市场也经历了阶段性的违约和重组。但是，这些问题并没有阻碍市场的扩张和发展，随着现代民族国家体系的出现，各类新型借款人出现在市场中，主权债务市场历久弥新。

3
不同的国家与借债的上限

财政发展的下一个阶段与民族国家的兴起有关。1648年的《威斯特伐利亚和约》结束了"三十年战争",缔造了欧洲国家的规模和稳定性,为新的更有效的税收形势创造了条件,也带来了更广泛的公共借债。同时,公共债务的增长激发了债权人参与财政的行为,他们在财政事务上赢得了更大的话语权。在一些情况下,那些债权人逼迫君主承诺为了遵守财政规范而放弃领土野心。在最好的情形下,这些承诺也给君主带来了好处,降低了他们的借债成本。

由于对现代军事技术的利用,政府的统治得到了加强,国家的边界也更为明确,于是欧洲的政治地理逐渐发展成民族国家主导的体系。随着国内关税和各种商业限制的消除,国内贸易日益扩展。可流通的政府债券可以作为抵押物,这对金融市场起到了支持作用,使其随着生产和贸易一同发展。生产能力的扩大造就了更强大的国家,强大的国家能获得更多的税收,从而使政府有能力背负更多债务。人们可以从中看到那种支持现代财政和现代经济增长的正向反馈机制。

伴随政治集权而来的是更强大的内部管理和平衡。议会在国家层面上组织起来，交通成本从威尼斯时代就已经下降。因此，地主和商人们能够更好地反抗君主的独断专行。虽然税收的集中使统治者可以获得更多资金，但是政治精英们要求那些资金中首先要有一部分用于偿还债务，其次还要有一部分用于提供公共品，而不是被君主的军事冒险挥霍掉。

当然，这种向有限政府的转型对各国而言是不平衡的。英国和荷兰比法国和西班牙更早完成这一转型。然而，转型的方向是很清晰的。

荷兰的方式

在荷兰具有典型意义的转型过程中，政治体制造就了对君主的约束制度，要求君主分享国家的财源。荷兰的转型始于16世纪，即7个省份宣布从西班牙独立出来并建立尼德兰联省共和国（俗称荷兰共和国）之际。从那时开始，财政大权交给了三级会议（States-General），一个由各省代表组成的议会，对中央政府的财政进行监督。大部分省级议员都是商人和投资者，他们听从那些对本省治理负责的人的指令，而那些人多半也是商人和债权人。因此，三级会议里有强烈的要求政府遵守财政规范的声音。[1]

中央政府在关税中有一个直接的收入来源，可用于海军，包括5个地区海军部。[2] 这种对于关税收入的使用是合理的，因为海军可以使海运航线保持畅通，并且他们还要与海盗作战。对一个海权国家来说，这是两项关键的国家职能。[3] 中央政府的其他职能由各省管理的税收来提供资金，其中一部分根据从西班牙统治时期继承下来的规则而定。[4] 实践中，大约80%的中央政府资源依靠这种收入分享机制获得。[5]

为了确保进口关税被征收并依照公式配置收入，三级会议任命了一个总财税官保管账簿。来自不同省份的代表组成了国务委员会，三级会议与国务委员会一起工作。[6] 国务委员会主要负责管理国家的军事事务，并且每年都要向总财税官做公共支出汇报。设计这种透明的制度，是为了加强负责征税和花费税收的官员的可靠性。这项制度并非毫无缺陷，这一点我们很快就会看到。但是这项制度为在某种程度上仍然分散的国家政体提供了统一性。

每个省都独立尝试实施类似的制约与平衡。在荷兰，债权人同时也是政治决策制定者。[7] 他们参加荷兰的三级会议，代表18座市镇的利益。负责人是议长。议长的任期固定为5年，拥有自己的预算工作人员。然而，三级会议要达成决定，必须达到符合规定的多数，因此负责人必须与其他代表合作。[8] 这尤其意味着要与其他商人和债权人达成谅解。约翰·德威特是17世纪一位名声在外的议员，他本人既是政府债券的投资者，也是一位数学家。他的著作《以可赎回债券来衡量终身年金的价值》(*The Worth of Life Annuities Compared to Redemption Bonds*) 提出了一个比较年金回报和可赎回债券的公式。[9] 我们在第2章提到了终身年金，相对而言，它们的流动性较差，因此一般投资者要求更高的利率。德威特利用他发现的公式将各省的大部分终身年金转化成了长期的可赎回债券，降低了荷兰的债务负担，提高了荷兰的借债能力。

到了17世纪下半叶，这套体制使荷兰的各个省份取得了此前只有最稳定的城邦才能取得的成绩：只需要3%~4%的利率就能发行长期债券。这些债券的利率在17世纪上半叶高达5%，更早时期则是6%~8%，而当时其他的政权仍然需要为它们的借债支付高利率。[10] 图3-1是荷兰的一些省份为长期借债支付的实际利率，这充分显示了荷兰的财政成就。[11]

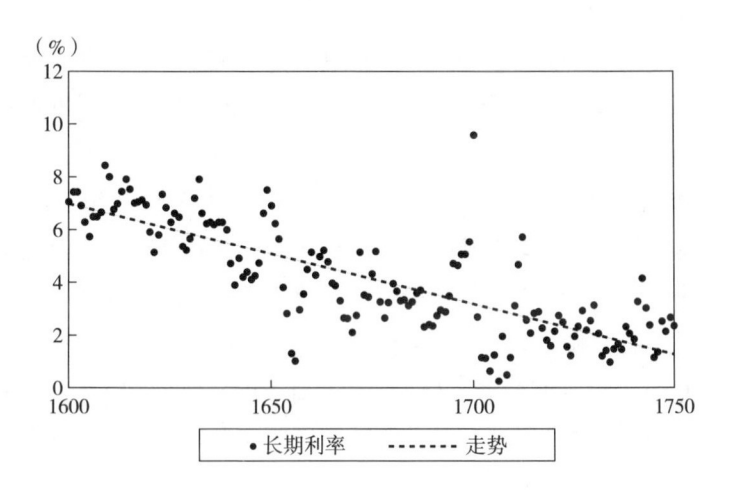

图 3-1　1600—1750 年荷兰的长期借款成本及实际利率

注：通胀预期是来自荷兰物价通胀的 ARMA（1, 1）GARCH（4, 1）模型的超前预测。
资料来源：Schmelzing（2020）。

伴随着这样聪明的金融设计，聪明的金融市场也得到了发展。为了将债券分销给分散的投资者，政府在每个城市都设立了政府收入办公室。负责这些办公室的税收官员有权根据当地投资者的偏好针对性地设定他们的发债条件。[12] 这些制度安排，加上庞大的中产阶级和国家在金融规范方面的信誉，共同帮助荷兰成为第一个成功大规模销售国债的国家。这样的市场能力反过来创造了有利于财政自律的体制。正是由于这种合力，荷兰共和国的各个省份才得以在三十年战争（1618—1648 年）的最后阶段以不断降低的利率发行大量新债，这与一般情况下利率随着债务的累积而上升的预期完全相反。

从成功走向失败

荷兰模式还只是一种过渡形态，因为它仅仅集中了一部分财政权力。各个海军部在它们各自的港口征收关税。[13] 这些海军部对走私的容忍度各不相同，因此征收关税的力度也不相同。而且，由于积极征收关税可能导致商务活动转移到其他税收较低的港口，征税力度有下降的趋势。[14] 较小的省份也倾向于偷懒，对于将它们的收入份额转移到中央并不尽心尽力，故意将实际收入往低了报。荷兰省是最大的省份，因此"搭便车"的空间有限，虽然有时候也假报亏空，但比小省份的财政谎报少了不少。

荷兰体系限制了政府乱花钱，同时也限制了政府的收入。这在正常情况下是一种良性的平衡，但是在一些特殊情况下可能造成麻烦。1701—1714年的西班牙王位继承战争就是这样一种特殊情况。随着军费支出剧增，荷兰的借债能力受到挑战。当利率从惯常的3%~4%升到6%甚至更高时，省一级再次引入了德威特多年前已经消除的高成本年金。

虽然提高利率使政府能够继续通过市场发债，但高利率也会放大问题。到了1713年，荷兰的偿债支出已经超过正常的税收收入，虽然在发生战争的情况下可以理解，但毕竟是不可持续的。政府只有通过发行新债才能支付利息，但其显然即将失去发债能力。议会除了宣布降低利率别无选择，这事实上等同于宣布债务违约。

显然，伴随着"搭便车"的问题，荷兰的这套部分集权的财政体制存在局限性。由此带来了18世纪一系列旨在解决这些问题的改革，但没有一项建议具有政治推动力。各省和各海军部相互嫉妒，竭力维持各自的特权。完全的财政集权要到一个多世纪以后才建立起来。

同时，中央政府和各省政府被迫压缩支出，导致荷兰共和国被经济历史学家扬·德弗里斯和阿德·范德沃德描述为"无从隐藏的军事无能"[15]。由于缺乏资源，荷兰深思熟虑之下选择了中立的外交政策。荷兰曾经在长达40年的时间里主导遏制法国的国际联盟，现在只能小心翼翼地在法国-奥地利联盟和英国-普鲁士联盟中间摇摆，结果两头不落好。荷兰陆军和海军在与英国和法国的战争中都不敢放开手脚，表现糟糕。与英国的战争由于荷兰支持美国独立而引起，与法国的战争则由于法国大革命而爆发。

荷兰作为军事和海洋强国衰落的原因是复杂的。荷兰最重要的商业公司——东印度公司，面临着来自外国贸易公司日益增长的竞争。荷兰在海外殖民方面不如英国成功。煤炭短缺导致它在向蒸汽动力和工业革命转型的道路上步履维艰。但是，在财政集权改革中行动迟缓，并由此导致借债和偿债能力受限，是关于荷兰衰落的叙事中重要的方面。

因此，荷兰早期在国家的公共财政现代化方面的成功最终被失败所取代。荷兰的经验提醒我们，公共债务的历史与其他历史一样，不是呈线性发展的。

财政的光荣革命

在英国，著名的光荣革命限制了国王的特权，加强了债权人在议会中的影响力。在一篇著名的论文中，诺贝尔奖得主道格拉斯·诺思和他的合著者巴里·温加斯特提出，1688年光荣革命不仅是政治革命，也是财政革命。[16]他们表示，光荣革命通过创建君主立宪制，使君主偿还债务的承诺变得可信。这带来了君主借债成本的大幅下降。

后来的修正主义表明，对王权成功施加立法意义上的制衡以及借贷成本的下降，更多是漫长的演进，而非革命一日之功。早在13世纪，国王征税的能力就受到由教会长老和富有地主组成的大议会的制约。[17]1362年，英国议会通过了一项法令，自作主张地认为议会有权批准各项税收，而征税的一个主要目的就是偿还国家的债务。1407年，国王亨利四世同意将这项税收批准权归于下议院，下议院也是商人和债权人话语权最大的议院。当查理一世试图强行从富人那里借钱时，议会认为这是非法的，由此为后来的英国内战埋下了种子，问题的实质还是谁在税收和借债问题上说了算。英国议会的看法最终导致了光荣革命，也就是诺思和温加斯特所赞赏的历史转折点。

君主的借债成本事实上是在一个很长的时期中缓慢下降的，从而显示了这些变化的演进特征。图3-2显示了借债成本从16世纪的两位数水平下降到18世纪只有3%的长期过程。截至17世纪50年代，在光荣革命之前，这种下降已经完成了2/3。

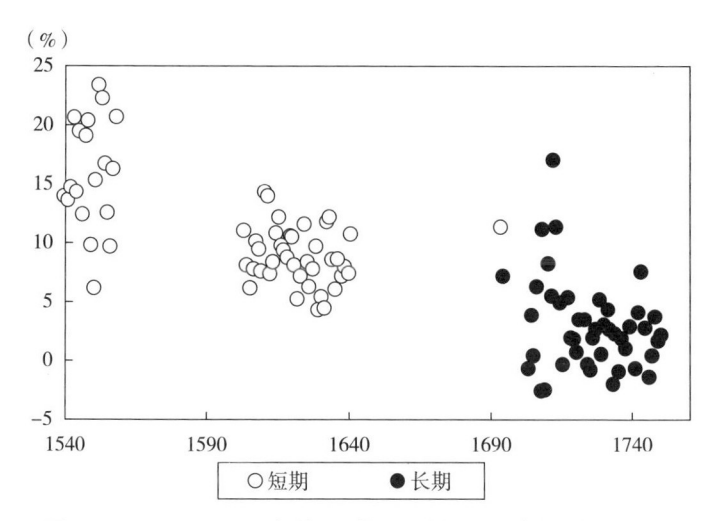

图3-2 1540—1750年英国/英国王室的借债成本及实际利率

注：通胀预期是英国物价通胀ARMA（2，4）模型的超前预测。
资料来源：Epstein（2000）的短期利率，英格兰银行数据库"英国千年宏观经济数据"（英格兰银行，2017）的长期债务收益率和价格。

但是，光荣革命在某种意义上仍然形成了一个重要的节点。君主的承诺和义务在历史上第一次被准确无误地置于议会的控制之下；之前国王通过大臣们绕过议会的种种漏洞都被堵上了，大臣们现在必须直接回答议会的问题，从技术上来说，大臣们现在对议会负责。[18] 君主现在能够放心地发行长期债务，避免了此前总是需要依靠短期债务解决问题的情况，利率也更为稳定。英国国王开始定期发行永续债券，也就是著名的统一债券。（这一名称来源于"统一年金"，随着9个单独的政府债券在1751年合并为一个利率为3%的债券。）光荣革命真正的财政遗产并不是利率的突然下降，而是得益于长期债券的新的财政稳定性。

专制君主和他们的债务

权力不受制衡的专制君主们会发现，他们借钱更困难了。比如1556—1598年在位的西班牙国王费利佩二世，只能从欧洲的银行借短期债务来为其军事行动融资。这些银行是那个时代的"发薪日借款人"。[19] 虽然这些短期贷款经常出问题，费利佩二世自己就曾经4次贷款违约，但这位国王的热那亚银行家们还是成功说服他实现了债务重组而不是彻底赖账。他们利用现代金融体制中的贷款合并来组建联合的卡特尔以防止债主们相互竞争。这个卡特尔是通过"血脉和姻亲的关联"以及交织的商业联系而捆绑在一起的。[20] 这些关系使银行家们可以威胁费利佩二世，一旦他不满足他们的条件，他就会被永远踢出市场，再也不能借钱，这对于靠借钱续命的国家来说可是无法承受的灾难性后果。我们会在后文看到，随着金融市场的进一步发展，大量没有血缘关系和婚姻关系的债权人参与进来，这时候债权人想要达成联合就困难多了，也难以用踢出市场对违约的债务人形成实际有效的威胁。显然，金融的发展，虽然不无收益，但也会产生问题。

尽管费利佩二世有一系列中止偿还债务的举动，但热那亚的银行家们还是通过收取足够高的利率为他们的贷款赢得了不错的回报。[21]这也解释了为什么他们愿意在费利佩二世反复中止还债后继续借钱。换句话说，费利佩二世的权力不受制衡，因而不具备做出受人信任的承诺的能力，从银行的角度来说，除了将其踢出市场，没有其他选择，这导致国王为了借钱不得不支付更高的利息。[22]

与西班牙一样，法国也未能成功进行荷兰和英国那样的政治改革，因此君主的借债能力也很有限。名义上，法国也有一个代表性的议会——三级会议，来批准国王开征新税和政府性基金的请求。然而，与其他定期召开的议会不同，法国的三级会议由国王召开。实践中，法国议会召开的频率是当时欧洲各国中最低的。[23]不仅如此，法国的三级会议中占支配地位的是地主，而不是政府的债权人。各省拥戴的议员对巴黎的一小群精英并没有太多崇敬之意，而后者才是大量政府债务的持有者。这些都限制了债权人的政治代表性和影响力，反过来也限制了法国国王的借债能力。

由此带来的政治真空被以巴黎高等法院为首的网络所填补。看名称就知道，这些法院不是议会。虽然国王拥有广泛的行政权和司法权，但是他的布告和敕令必须经过这些法院的登记才能获得法律效力。[24]法院里大部分是受任命的法官，他们可以拒绝执行国王的法令，包括那些产生新税收的法令。[25]1655年，路易十四在与巴黎高等法院的冲突中说出了那句名言："朕即国家。"1673年，他极端地废除了法院的登记权，给自己赋予了前所未有的凭借敕令统治国家的权力。[26]路易十四死后，王位传给了他年仅5岁的曾孙，王室为了获得巴黎高等法院对王权的支持，归还了这项权力。总之，教训就是国王给予的权力也可以随时收回。

另一个问题是财政安排的分散化。较晚被法国吞并的地区仍然保留它们陈旧的税赋体系。教会、贵族和其他特殊利益团体不用缴税，只为了获得他们的政治支持。[27]这是荷兰混乱的财政分权特征的升级版，造成的不稳定后果也是类似的。

这些限制所导致的法国税制的低效，使国家难以征收足够的税款来偿付其债务。于是国家将针对消费品征收间接税的工作下放给了包税人，这些包税人大部分是由会计师和公证员组成的大型财团或理事会。[28] 国王拿到一笔固定数额，其余的税收都归包税人。现实中，法国经济规模大且复杂性高，包税人对经济的了解更接地气，因此他们对于潜在的税收比国王有更好的把握。而且，由于组建一支私营的队伍从事税收征管具有挑战性，包税人在获得包税合同方面基本没有竞争对手。[29] 假如国王想就分税比例进行谈判，也许会提高他的收入份额，但也会导致收入的波动性增加。对于一个很难借到钱来平滑支出的王室而言，收入的波动性是具有潜在危害的。[30]

只有主要的直接税，即按照土地征收的人头税，是由王室直接征管的。但是很不幸，这项税收因为各种基于特权和社会地位的赦免而充满漏洞。其中一个最主要的漏洞就是，教会和贵族所拥有的土地是免税的，而后者控制了全国40%以上的土地。[31] 为了维系这个体系，国王和财政大臣试图创设新的税种，但是由于利益集团的反对，这些努力均以失败告终。[32]

虽然在16—18世纪，法国实际征收的税款增加了6倍，但这不足以让其跟上敌对国的脚步。英国的国民收入比同期的法国少，人口只有法国的1/3到1/2，却能够征收更多税款，偿付更多债务，在需要的时候也可以借更多的债。[33] 统一的税制、定期召开的议会和法权治理，显然使国家在竞争中处于更为有利的态势。

还有一个制约法国财政能力的因素，那就是其君主对现代借债方法反应滞后。荷兰和英国向大量中产投资者推销长期年金与统一债券，相比之下，法国的长期债务工具不仅复杂，而且毫无流动性。与西班牙国王一样，法国国王以高利率、短久期的方式从富人那里借钱。但是不同于西班牙国王从热那亚银行家那里借钱，法国国王向本国的大财主借钱。主要贷款方是包税人和负责征收与转交各项税赋的官员。国王试图动用这两类掌握了大量资本的人的资金。

但是和西班牙一样，法国国王扩大税基的能力远小于他们的军事野心。考虑到这个情况，放债人只好缩短债券的久期作为一种惩戒手段。王室发行的短期国库券虽然可以背书、流通和交易，但是它们会到期，到期后必须再次发行。这要求国王必须采取可见的措施来支撑投资者的信心。[34]

这种经常性的借新还旧并不能完全保护债权人。在17世纪和18世纪，紧随战争而来的债务违约不下10次。结果法国国王被迫以比对手更高的成本借钱，与西班牙国王类似。

长期公共债务到期了

为了避免这个问题，法国的君主利用了其他机构的商誉。国王向教会和拥有自治权的巴黎市政府而不是个体投资者借钱。这些债主都有自己的收入，而且，一旦国王违约，它们会成为国王可怕的敌人。[35]巴黎市政府掌握在商人而不是主导三级会议的土地贵族手里。那些商人，通常也是债券持有人，非常在意他们的债务能否得到及时而完全的履行。为此，他们要求债务应由安全的抵押品来保障。这反过来强化了国王偿债的承诺。

从1522年开始，自治的市政当局开始向本地的投资者出售永续的长期公共债务，将收入转手借给国王。国王则签署合同，将未来的特定收入用来偿还债务，最开始是在巴黎城内和周边的消费税。市政府充分了解巴黎的商业环境，因此可以确信王室对于收入的核算。巴黎市议会是收税单位，所以它可以直接将税收用于还债。由于为国王额外发行的长期公共债务是由参议会批准的，因此这帮人是不会轻易向王室屈服的。事实上,参议会扮演了把关人的角色,以防止国王过度借债。[36]

只要王室从巴黎借的钱在一定的额度内,这个体系是可以运行下去的。但是后来,战争的压力导致王室请求巴黎在其他城市也推销长期公共债务。为了偿还这些债务,王室承诺以全法国的税收来抵押。然而,跟踪核算诸多其他城镇的税收要比仅仅跟踪巴黎的税收复杂得多。最终,消费税收入跟不上要偿付的公共债务利息,导致16世纪70年代偿付中止。[37]

最后一个间接的借款来源是出售公职。这类操作可以追溯到14世纪,覆盖了各类公职,从管理国家财政的会计员到市政要员、律师、公证员、法官,甚至不可思议地包括了假发商。国王将这些职位上的收入转让,以获得贷款,这种贷款是类似英国的统一债券那样的永续债,这项债权可以和职位一起传给后代。虽然王室可能会付利息,但债权人的收入主要来自担任公职期间执行职能所获得的收入。既然公职可以买卖,它们就变成了一项受欢迎的投资。[38]它们的价格经历了大幅上涨,反映出公职人员的收入不断上涨,直到法国大革命时才终止了公职买卖。[39]考虑到债权的预期价格不断上涨,因此这项债权的利率比较低。

甚至雅克·内克尔——受雇来挽救法国君主免于破产的精明的热那亚银行家,也建议把出售公职作为获取收入的一种方式。内克尔于1778年组织编写了一份报告,计算出通过出售公职借债的实际利率只有0.75%。该报告作者的结论是,"没有其他形式的借债……比出售公职对国家来说更有利"[40]。但是作者没有意识到,或者至少没有强调的是,出售公职是将王权的未来抵押了出去。虽然国家取得了低利率的贷款,但是放弃了可以和经济一同增长的收入来源。[41]这种短视最后在1789年害惨了法国王室。

到了"旧体制"末期,法国王室对销售债券的渴望与日俱增,因此尝试了多种金融创新。为了扩大市场，他们为各类投资者（比如荷兰投资者）量身定制债券。用近似于销售彩票的方式，他们大规模销售终身年金（那种熟悉的支付固定利率直到购买人生命终止的金融工具），也销售聚金养老法①的产品（那种集中购买只向幸存者分期支付年金的产品）。其他国家也销售聚金养老法产品，但法国对它的依赖是最严重的。幸存者可以获得丰厚的回报，但要承担风险，因为这个回报完全依靠着一个收入不靠谱的政府所承诺的债务。[42]

结果，当王室由于美国独立战争（1775—1783年）带来的成本再次遭遇财政危机时，国王和他的债权人之间的关系发生了质变。那些债权人不再是由税务官和包税人组成的金融团体。由于债务违约牵扯到了更多国王的附庸，因此在政治上带来了更大的风险。为了扭转乾坤，内克尔向法国国王建议取消三级会议。1788年8月国王照着做了，但事与愿违。不到一年，"旧体制"被法国大革命冲击得灰飞烟灭。

既不神圣也不罗马

神圣罗马帝国，主要包括今天德国的大部分地区，是另一个在向现代财政转型方面落后的国家。它由170个教区和136个教会采邑以及83个帝国城市组成，警惕地保卫着它们的独立自治。君主由享有财政特权的亲王们选出。那些亲王和地方司法官一道负责征收帝国税款，然后和君主开会就他们的份额讨价还价。当君主试图加强中央的特权时，他们就把税收捏在自己手里。他们不露富，隐藏财政能力，以免引起帝国法庭的注意。[43]

---

① 聚金养老法始于17世纪，是意大利银行家通蒂倡导的一种养老法。——译者注

结果是，帝国缺乏一个国家应有的基本配置，包括一支常备军，一个集中统一的税制和一个首都。[44] 在 17 世纪上半叶，这种不稳定的均势被打破，导致了三十年战争，其间信奉天主教的哈布斯堡王朝和信奉新教的亲王发生了内讧，而不是保卫他们共同的国境，更不要说建立贸易盈利能力了。

在中世纪和近代早期，神圣罗马帝国的大城市里发展出了一套相对复杂的财政管理体制、税收结构、会计准则和账簿系统。与意大利城邦的例子类似，这些成就是从它们的商业贸易中心以及相对内聚式的治理经验中发展出来的。这些城市能够发行永续债券和终身年金。早在 14 世纪，它们的债券就已经可以流通了。相比之下，亲王们的采邑和领地管理严重落后，于是城市开始借钱给他们。而且，城市居民扮演了领地顾问的角色，试图帮助他们将财政体系现代化。一个例子是莱比锡的商人雅各布·布雷斯巴尔格，他在 1487—1490 年重组了萨克森公国的财政事务。

从根本上说，城市在带领各个领地前进。受三十年战争的影响，亲王和领主为了维持常备军，对财政事务进行了巩固和重组。由于皇帝没有这么做，他的现金流仍然紧张。帝国的领土在 14 世纪和 15 世纪被抵押，一代又一代的皇帝为了获取短期贷款而拿土地、珠宝和税收进行担保。[45] 一位历史学家写道："德国财政史的核心特征就是，一旦皇帝在中世纪后期失去了他的领土和封建权利，他发现根本无法通过发展帝国其他收入形式来弥补这一损失。"[46]

完全现代化

尽管存在着诸多问题，但欧洲国家的债务到了 17 世纪中期已经完全和现代水平相当，占 GDP 的比例高达 60%。[47] 债权不再掌握在少数联系紧密的银行家手里，而是被社会各界广泛持有。同过往一样，政府偿债的信用并不完美。但是，这样大规模的债务被越来越多的大众投资者持有，意味着偿付信用比过去显著提高了。

荷兰诸省率先开始这种扩张模式。7个省份和大部分主要城市利用慈善业、学校和不断扩大的中产阶级对固定收益资产的需求，发行短期的银行本票、长期的债券和终身年金。作为一项重要的创新，荷兰人向境外销售他们的证券，搅动了国际局势。[48]

英国是荷兰的死敌，两国在渔业管辖权和亚洲贸易中存在冲突。英国通过开征间接税动员了更多的财源，也就是对几乎所有商品征收消费税，从啤酒、烈酒和葡萄酒到皮革、肥皂和蜡烛。间接税比作为政府早期财源的土地税更有弹性，因为税收可以随着商业活动一同增长。[49]与历史上的其他国家类似，这些财政的发展是对军事紧迫性的回应。由于英吉利海峡的天然防护功能，英国自己在组建常备军方面是滞后的。它主要依靠临时的征兵，要求符合条件的男性作为后备军（更准确地说是军事后备力量）随时可以应召参军。[50]随着英国在欧洲大陆上的军事扩张，这种节约成本型的军事实践就显得捉襟见肘了。然后发生了查理一世与议会的内战，一项遗产就是在英国国土上出现了永久性的常备军。[51]这支军队的存在导致需要征收更多的税款，为征收消费税提供了合法性。

财政体制需要集中化，这一点英国走在了其他国家的前面（见表3-1）。[52]消费税是由国家层面的税收委员会征收的，其成员的主要工作是轻松愉快地对啤酒、烈酒和葡萄酒进行抽样检查（"品尝"的官方表述），以确定适用的税则。不那么轻松愉快的是，他们自己需要将所负责征收的税收预先缴纳一部分，实际相当于国家从他们这里短期借款。这可能导致征税官员的心态变得复杂：他们征税的效率越高，需要借给政府的钱也就越多。这种复杂心态与苏联计划体制下鞭打快牛的工厂经理没什么本质区别：提高生产效率会导致生产指标提高。

表3-1 1650—1815年国家人均收入和财政机构收入（以克黄金计的人均收入）

国家	分散化 绝对	分散化 有限	集中化 绝对	集中化 有限	集中化日期	有限的日期
英国			2.61	9.89	1066—	1688—
法国	3.32		6.45		1790—	1870—
荷兰		12.15	11.52		1806—	1572—1795
葡萄牙	0.69				1832—	1851—
普鲁士	3.66		2.78		1806—	1848—
西班牙	0.93				1844—	1876—
瑞典	2.78				1840—	1866—

注：分散化的国家是由地方当局筹集收入，集中化的国家是由中央政府筹集收入。集中化政府不受议会等反制政治机构的制约，而分散化的政府则受到制约。

资料来源：Dincecco（2011）。

但不管怎么说，经过税收委员会的一番操作，征税地区被扩大到伦敦和周围各郡以外，不限于传统意义上主要贡献税收的地区。某种意义上，这个税收委员会开创了英国历史上独立自主且由精英主导的公务员体制的先河。英国常被称为代理机构组成的网络。[53]若果真如此，那么这个财政机构的创设可谓对现代英国国家体制的发展至关重要。

这项改革使英国可以获得更多的税收和更高的债务偿还能力，高于财政体系破碎的荷兰，由此改变了国家间的权力平衡。它把基于君主个人信用的皇室债务转化为由议会的税收征管监督权所支持的国家债务。消费税，以及把特定消费税与特定债务相匹配，还有一个常设的消费税委员会的创设，都增强了政府的借债能力，而英国政府紧紧抓住了这个机遇。英国历史学家约翰·布鲁尔写道："（英国）借债的水平达到如此高度，假如18世纪的英国人去拜访现在的国际货币基金组织，一定会有人为他们引路。"[54]

为公共债务创造了更大可能性的金融创新，也孕育了私人部门金融市场的发展。伴随着消费税产生了以消费税为抵押的债券，即公信债券，使国家可以预支未来的税收。政府将这种未来的税收提前发售给公众，降低了其对于税收委员会预缴收入的依赖。这些债券被卖给个人投资者，那些从金匠起家的银行家在当中提供了很大的帮助，这些人实际上是现代投资银行的先行者。很重要的一点在于，公信债券的发行需要议会的授权。在下议院中对会计、报告和文件的展示与讨论，为投资者提供了为债券定价的信息，大部分投资者本身就是议员，但也有其他人。在伦敦交易所这样的二级市场上买卖这些证券也随即展开。公信债券被用来当作其他金融交易的抵押品，扩大了第 2 章所描述的佛罗伦萨银行的抵押行为。[55] 这是公共债务促进金融发展的一个最典型的例子。

为市场提供支撑

财政体系并不总能够满足国家对资金的需求，尤其是出现灾难性的军事变故时，比如当威廉三世在"九年战争"（1688—1697 年）中被路易十四不断打击的时候。威廉三世的信用在 1694 年已经消耗殆尽。为解燃眉之急，他开启了或许是最富有成效的金融创新：设立英格兰银行。威廉三世允许英格兰银行的创始人以有限责任的股权方式加入并获得银行执照，而且拥有在伦敦发行银行券的权力。作为回报，银行以 8% 的利率借给他 120 万英镑。简单来说，威廉三世立刻获得了所需的现金，但把他的发钞权抵押了出去。[56]

与法国出售公职的操作比起来，威廉三世为了获得现金而出售银行执照的行为，对经济和金融发展具有更好的效果。当英格兰银行开始在伦敦交易所买卖政府债券时，这一点显露无遗。银行的操作有助于稳定这些债券的价格。[57] 价格的稳定性确保了投资者可以以面值或接近面值的水平，将政府债券换成现金。于是这些债券便被更广泛地当作抵押品接受。以这种方式，政府债券的可抵押属性得到了一家愿意维持市场秩序的银行的支持，给信用市场的发展注入了额外的动力。

英格兰银行接下来以保险库里的政府债券为抵押发行了它自己的银行券。这样做使它能够为其他银行提供流动性并给非金融部门提供贷款。[58]英国当时深陷一场花费巨大的战争中，政府背负着高额债务，而公共债务的发行可能导致对于私人投资资金的挤出效应，因此英格兰银行的这些金融服务是很有价值的。英格兰银行成功地为信贷市场提供了流动性，减小了当时发生的挤出效应的影响。[59]而且，英格兰银行的银行券从一开始就被接受为货币，用来进行商业结算，同时也用作价值储藏的手段。

设立英格兰银行本是威廉三世在信用丧失的情况下的一个绝望举动，却赋予了英国一个活跃的信用市场，外加可靠的货币供给。这是公共债务对商业和金融发展做出的又一项贡献。

法律之上

其他的金融创新相对来说不那么值得称道。18世纪前10年法国和英国都经历了金融投机和市场操纵。1716年，苏格兰有名的金匠、银行家和赌徒的儿子约翰·劳，遵照法国摄政王的旨意创办了通用银行，摄政王是奥尔良公爵，当时的法国国王路易十五还是一个孩子。劳同时还控制了密西西比公司——一家国家设立的贸易公司，他将其改名为西部公司。该公司获得了密西西比河谷周围的大片区域25年期的贸易垄断权，这片区域接近今天半个美国大陆的面积。作为回报，劳的银行以对政府优惠的价格购买了王室的债券，购买债券的钱则通过发行股票来筹集。

摄政王已经承诺用在这片土地上获得的收入来偿付债务。于是，投资者手里的债券被换成通用银行潜在盈利的权益，某种意义上相当于债转股。[60] 就像我们在本书的其他章节看到的一样，君主们只有在他们不能完全偿债的时候，才会将他们的债务转换成股权，单方面改变债主的权益。债转股把持有人的收益与未来的经济条件挂钩，一般债主的权益会打折扣，或者部分减值。然而，劳却没能成功地进行减值，其实这已经表明他的计划的可持续性存在问题。

政府需要当下的收入，但密西西比贸易权的收入只有在未来才能实现。对劳来说，这不是障碍。劳继承了他父亲赌徒的特性，他发行更多的股票来完成债转股。但这么做给股价带来了下行压力，当然无法吸引更多的投资者。于是1720年1月，劳开始利用通用银行的信誉发行更多的银行券给自己，然后他用来低价回购股票。结果必然是银行券贬值，这些银行券之前可以按照固定比价转换成贵金属，但很快在几个月之内便损失了2/3的价值。后来，劳尝试用多种更有创意的方式推升股价：宣布银行券是唯一的法定货币，把黄金库存国有化，说服当局禁止资本流出。这些措施只会发出负面信号，没有一项取得了预想效果。

密西西比公司和通用银行显然正走向破产倒闭。看到危机紧迫的征兆，劳逃离了法国，把芳登广场和21座庄园丢给了他的债权人。他很会跑路，这其实是他第二次逃离英吉利海峡。他在1694年往反方向跑过一次，为了逃脱因为在决斗中杀死对手而被判处的绞刑。

在同时代的英国，有人因为震惊于劳在法国的早期成功，也动起了同样的脑筋，狂热推销南海公司的股票。这同样涉及政府债券和新兴公司股权的置换，由西班牙的美洲殖民地的贸易垄断权来担保。[61] 这项计划最后比劳的公司更不靠谱。与西班牙的美洲殖民地之间的贸易主要是从非洲贩卖奴隶。而且，公司与拉丁美洲的贸易垄断权所依赖的与西班牙王室的良好关系压根儿不存在！推销者一度将股价成功炒高，宣称国王乔治一世已经将自己的 10 万英镑投入公司，而且通过为买股票的人提供信贷，允许人们只用 20% 的首付就可以拿到股票。[62] 然而，没过多久，人们反应过来南美洲贸易的扩张速度不太可能为这些高价股票提供足够的分红。1720 年 9 月，泡沫破裂了，把用股票作为抵押发放贷款的银行也拖下了水。政府向英格兰银行施压，要求它帮助控制危机带来的后果、稳定市场。英格兰银行确实向南海公司的实控人提供了资金。

虽然南海公司事件带有一定破坏性，但它并没有阻止英国政府继续借债。作为对比，通用银行破产导致法国政府大半个世纪无法重返债市，二者截然相反。我们在英国的例子中看到的是，政府为了阻止破产，说服英格兰银行出手支持南海公司的股价。银行以做市商和流动性提供者的方式作为最后借款人出手，为稳定市场提供了一些帮助，为英国政府保留了借款的能力。由于法国政府没有类似英格兰银行的机构，情况一直没能好转。半个世纪之后，另一家合资公司——凯撒公司，终于在 1776 年再次获得银行执照。这家银行和法国政府的财务纠缠也是不了了之。由于深度介入了政府财政，1793 年，这家银行在大革命的混乱中被迫停业。[63]

早在 18 世纪，一家能够为市场提供坚强后盾的中央银行就已经构成财政稳健性和政府债务可持续性的前提。最终，更多的国家认识到这一制度对于保持公共信用的重要性，并建立起类似的体制。

建立在债务基础上的共和国

理解公共债务在政治权力统一和国家意识建设过程中发挥的作用，美国给出了一个终极案例。这个国家从诞生的那一刻，就伴随着独立战争欠下的各州负担不均的债务。虽然各州联合发动了战争，但是马萨诸塞州的债务比康涅狄格州、纽约州和新泽西州的债务总和还要多。于是马萨诸塞州的农民抱怨为了偿还债务本息而背负沉重的税赋。他们向州议会陈情，要求单方面进行债务减记。1786年，北安普敦法院对拒绝纳税的农民做出不利判决，丹尼尔·谢斯领导一群武装农民对该法院进行暴力威胁，这种场景通常只会在边境冲突中看到。[64] 可见，财政不平衡已经威胁到新生国家的内部关系。如果置之不理，国家就会不稳定。

这完全不是美国联邦主义者所憧憬的稳定的民族国家。但是这个新生的国家有亚历山大·汉密尔顿，他是一位具有远见卓识且能够解决这一问题的政治家。汉密尔顿认为，联邦政府应该承担各州债务，并将其整合为新的联邦债务。前提是，联邦收入足够支付本息。早前的联邦条例已经将征税权给予各州，无论是为了州事务还是联邦事务而征税。基于我们之前关于荷兰的讨论，这会出现熟悉的"搭便车"难题。

纠正上述问题的第一步发生在1788年3月4日，美国宪法得到了修正。[65] 这次修正得益于汉密尔顿在《联邦党人文集》中的言论，增加了授权国会征收所得税、关税和间接税的条款。这不仅仅是财政规划的成功，更是政治体制设计的壮举。此举给予联邦政府免除州政府债务的权力，保护了国家统一免受威胁。由于南方各州债务较轻，因此这里追随托马斯·杰斐逊的共和派反对一个强大的联邦政府，而战胜杰斐逊这样的政治对手并非易事。这需要各方同意将联邦首都从费城迁至弗吉尼亚州与马里兰州交界的波托马克河岸。这需要说服反对派，使其认识到包括债务轻的州在内的所有州，都会从向联邦政府的权力转移中获益，因为联邦政府现在获得了额外资源，拥有从国外借更多债的能力，这对于可能置身战争的新生国家来说至关重要。

1789年7月4日（注意这个日子），乔治·华盛顿总统签署了授权联邦政府征收进口关税的法令。四个星期后，美国国会设立了海关来征收这些关税。由于进口肯定会增长，这确保了政府能够获得足够的收入，与不断增长的经济所要求的支出水平相称。因此，联邦政府在行使其核心职能时无须向各州伸手要钱。

为了维护投资者和公众对债券市场有效运行的信心，美国国会设立了财政部负责管理债市，并任命汉密尔顿为财政部长。汉密尔顿提议设立一个由联邦管理的偿债基金，用联邦邮政服务提供的财政盈余来进行政府债券的二级市场回购或偿兑，美国国会通过了这一提议。事实上，政府在承诺对其债务付息的同时，也承诺支持其债券价格并按时赎回。[66] 为了让投资者相信偿债基金会得到负责任的管理，该基金将部分国家高级官员纳入了管理委员会，包括副总统、国务卿、财政部长以及最高法院的首席大法官。

这些步骤增强了新发行的联邦债的信贷信用，取得了预想效果。采纳了汉密尔顿的建议还不到一年，纽约、费城和波士顿的做市商就开始在咖啡馆外做起了生意，交易联邦政府的各种证券。在纽约，交易最早开始于1791年12月，一个叫威廉·杜尔的投机商创立了"百分之六俱乐部"（Six Per Cent Club），此人刚好也在汉密尔顿的手下做过助理财政部长。这显然存在着利益冲突，并没有使杜尔本就可疑的信誉得到改善。[67] 但即便如此，仍不能阻挡市场上升的势头。后来的纽约证券交易所，最初不过是华尔街22号的一间小办公室，也在1792年3月8日成立了。

在这个全新的市场里，并非所有事都很顺利；全新的市场很少会一帆风顺。杜尔很快就在利率为6%的美国政府债券市场上囤积居奇。他资金不足，又赶上债券价格跳水，随即因欠债入狱。由于担心市场的恐慌情绪，汉密尔顿动用偿债基金的钱干预市场，并稳定债券价格。这里，我们再一次见识了流动性提供者和最后贷款人的作用是不可或缺的。

但是偿债基金的钱是有限的。于是，汉密尔顿提议参照英格兰银行的模式建立合众国银行，来提供更广泛的流动性。与英格兰银行不同的是，这家银行部分归政府所有。汉密尔顿允许投资者对合众国银行追加投资，允许他们用新发行的美国政府债券来购买银行股份。这间接地支持了债券价格，并且将政府的财政收益与银行股票销售者的利益绑到了一起。合众国银行一拿到执照就开始向政府贷款，又是学习了英国模式。

在最后一项改革中，汉密尔顿监督完成了用单一的美元取代独立战争之前流通的名目繁多的殖民地和州货币。汉密尔顿花了好几年才成功完成任务。1793年，美国成立了国家铸币局，总部位于费城，在其他城市设有分支，铸造新的以美元为单位的金币和银币。统一的货币促进了统一全国市场的发展，包括但不限于公共债务市场。整个计划如此成功，不禁令人想为之谱写一部百老汇歌剧。

向前看

主权债务的历史和君主一样悠久，因为国家的统治者经常需要借钱。但是主权债务作为一项定义清晰的资产类别，适用标准的发行和交易条件，只能随着稳定的供给和需求的出现而发展起来。稳定的供给以城市、州和国家的存续为前提。它要求王国演进为民族国家，使偿债的义务归于一个超越了任何个人生命期限的实体对象。它曾经有赖于政权具有守卫边境的能力，这意味着借债的主要目的一度是满足成本超过当前收入的军事需要。同时，对债务义务的稳定需求则以适当的商业环境为前提，其中，交易商首先互相贷款，然后贷款给客户，最后贷款给政府，在这一演进过程中，交易商不断积累关于信贷的专业知识。

这些观察有助于我们理解主权债务市场是在何处以及何时发展起来的。它们在欧洲发展起来的一个很大原因，在于欧洲的地理和历史使战争很常见。因此，借钱为紧急的军事需要融资也变得很普遍。至于主权债务市场出现的时间，是在公元 1000 年以后，当时欧洲正分裂成交战的各国，军事融资的迫切性达到了高点。

另外，主权债务在欧洲的发展，还因为意大利城邦主导的香槟集市和黎凡特贸易，留下了一个商人银行家社团，能够提供投资主权债务所需的金融洞察力和利润。欧洲并非唯一拥有商人的大陆，但只有欧洲的商业活动与历史、地理和迫切的军事需要以特定的方式结合了起来，产生了主权债务。

这个资产类别的出现，也需要金融工具、会计实践和契约传统的发展。债券交易要想广泛传播，需要一个二级市场，允许投资者对其债权进行分散化组合和处置。大量的交易需要标准化的合约和充分发展的法律体系，因此，对主权债务的债权确认可以不依据最初的发债人，而可以依据合约的持有人。

最后，主权债务的发展还需要相关的制度安排，以让投资者有理由相信君主会偿债。这种理由可以基于将特定税收指定用于偿债，或者给予债权人某些可以获取收入的特权和领土，而且要以很难取消的方式来这么做。政治改革最终锁定了上述进程，给予了债权人优势地位，限制了君主的优先权。这一进程的顶点是依赖君主个人信用的王室债务转化为国家债务，而税款的征收和监管权相应地被授予一个代表性的议会。

借钱的能力和公共债务的金融化经历了漫长的演进过程。到了 18 世纪末，欧洲各国所积累的债务，相对于国民收入而言，已经和当今许多国家相当。戏台已经搭好，债券市场的全球化和民主化的双重进程即将拉开大幕。

4

民主化与全球化

国家及其统治者为确保边界、扩大领土和生存而做出努力，一个国家的财政能力也随之发展起来。为了追求这些目标，更大、集权程度更高的国家逐渐采纳了相应的财政机制。1650年以后，欧洲大陆逐渐形成一个具有稳定边界和民族认同感的领土国家体系，减少了国家之间冲突的发生。[1] 发债能力和国家体系的稳定性相辅相成，两者相得益彰。

　　此后，政府支出从资助战争转向提供公共产品和服务。这种演变符合如下模式，即国家在获得征税、监管和抵御非国家行为体挑战的能力后，会在公共产品上花费更多。[2] 随着城市人口规模的扩大，对清洁水、下水道和电力的需求也随之增加。为了应对这些需求，政府发行债券，为交通基础设施、电力和卫生设施融资。从经济角度看，这种做法是合理的，因为建设成本是预先产生的，但回报只会随着时间的推移而产生。从政治角度看，这种转变再次阐明了公共债务作为国家建设工具的作用——是国家通过满足选民需求从而获得合法性的一种机制。

　　在储蓄少、金融市场不发达的地方，政府无法为这些项目提供本土资金。希腊和西班牙在1820年革命后成立的新政府就是如此，拉丁美洲各国在它们的独立战争后也是如此。[3]因此，需要通过全球资本市场为军队和公共项目提供资金。例如，在拉丁美洲，一些政府几乎完全依赖外国投资者。就投资者而言，他们在基础设施项目的债务投资中寻求收益。

正如我们在前几章中看到的那样，在国外发债可能是有风险的。相对于全球金融市场而言，单个国家的规模很小，它们就像波涛汹涌的海面上的小艇。资金流和可得的外国资金可能被它们无法控制的原因扰乱，比如外国金融中心发生危机的时候。当债务以外币计价时，商品价格或汇率的变化可能影响政府的偿债能力。并且，当问题出现时，中央银行和政府由于缺乏印制外汇的能力，几乎无计可施。[4]

没有经验的借款人在进入国际资本市场时需要支付溢价。[5]它们缺乏过去（海外发行）的表现记录，关于它们的经济和政治的信息较为不足。因此，它们依赖能够代表自己声誉的中介机构，以及声称了解国家及其领导人的宣传者。[6]这种依赖使中介机构掌握了权力。正如拜伦在《唐璜》中所说的，巴林兄弟和N. M. 罗斯柴尔德是"欧洲真正的领主"。[7]由这些有名望的机构之一组织的贷款被认为是稳健的，不仅因为组织者有接触政府官员的特权，而且因为银行的声誉有过去积累的积极成果作为后盾。

除了这些声誉良好的公司之外，还有"更积极的银行家，他们不太受传统稳健金融的约束，以及……成群的发起人、中间人和认识'关键人物'的人"。[8]最轰动的故事当然是格雷戈尔·麦格雷戈，这位苏格兰冒险家秉承同胞约翰·劳的传统，声称自己来自虚构神话中的中美洲波亚斯王国，代表这个王国在伦敦证券交易所发行了20万英镑的债券。[9]麦格雷戈1822年的贷款是由约翰·佩林－肖－巴伯公司组织发行的，这是一家在伦敦金融城拥有豪华办公室的银行，但在其他方面的声誉有些可疑。更普遍来说，当时不乏具有机会主义和投机取巧心理的银行家，他们组织发放贷款以赚取丰厚的佣金，但（这些债务人）向不幸的投资者还款的机会渺茫。同时，英国政府急于让拉丁美洲开放工业产品市场，乐于看到拉丁美洲商业发展的证据，但在遇到问题时则选择视而不见。

麦格雷戈成功的融资表明，投资者对当时所谓的新兴市场（位于西欧以外的后发经济体）有更广泛的热情。曾经由少数几个主权国家主导的小众市场，当时已经超过几十个。这标志着一个新资产类别的诞生，也是市场民主化的一大进步，因为越来越多的散户投资者被公众宣传吸引，蜂拥而来参与投资这一新类别证券。哈弗福德学院的教授弗兰克·惠特森·费特（奥地利学派经济学家弗兰克·艾伯特·费特的儿子）的总结非常精湛："只有英国在拉丁美洲新兴国家的政治利益、英国狂热投机的投资群体、一群以利润为重要交易动机的贷款承包商，以及最后似乎愿意同意任何条款的拉丁美洲财政部长（无论多么离谱，只要能给备受压力的国库带来流动资金）的结合，才能解释 19 世纪 20 年代发生的交易。"[10] 奥地利学派的经济理论家强调信贷繁荣–萧条周期，年轻的费特的观点显然受到了他父亲的影响。

此外，就在新兴市场投资潮开始的时候，英格兰银行和英国财政部正在压低国内证券的利率，从而鼓励投资者到国外去寻求更高的收益。财政部向银行出售短期国债，并将收益用于偿还长期债务，从而压低了长期利率。[11] 因此，寻求更高收益率的散户投资者抢购新兴市场的债券，不仅有新成立的拉丁美洲共和国的债券，还有西班牙、葡萄牙、希腊和其他欧洲外围国家的债券。

英格兰银行终于对这种投机行为有所警觉，于 1825 年开始削减其信贷供应。随着信贷的减少，泡沫破裂了。用研究这个市场的早期历史学家之一利兰·詹克斯的话说："投资者突然意识到，他们收到的唯一利息来自连续贷款的本金。"而南美洲的国家，从它们的角度，"突然发现它们的借贷已经超出了偿还能力"[12]。在这10年结束时，除了少数几笔，所有提供给拉丁美洲新兴国家的贷款，以及给葡萄牙、西班牙和希腊的贷款都已违约。

这是一个常规模式的早期例子：货币中心中央银行的紧缩导致资本流动突然停止，进而引发新兴市场的金融困境。[13]在这个事件中，就像其他案例一样，几十年后事件的余波才会完全消退。

国际借贷的全盛期

在1950—1975年，拉丁美洲回归了市场。大哥伦比亚的继任国——哥伦比亚、厄瓜多尔和委内瑞拉——一致同意分摊其前任的债务，并就它违约的债务重新进行谈判，它们的新政府就寻求再次借款。它们取得了超乎想象的成功。

该地区著名的金融历史学家卡洛斯·马里沙尔将1850—1873年这一时期描述为"重新探索拉丁美洲"[14]时期。19世纪50年代的第一批贷款是再融资发行，由银行家及其客户借出资金，以便政府能够继续偿还对这些银行家和客户的部分欠款。违约债务被规范后，新的债务发行就开始组织起来。随着全球经济和国际贸易的加速增长，拉丁美洲的前景逐渐变得光明。1850—1873年，英国在该地区的进口量增加了3倍。拉丁美洲的进口部分由外国资金资助，增加了两倍多。中美洲和南美洲政府试图通过建设铁路、公路和港口来实现经济现代化，而所有这些都需要现金。

表4-1显示了拉丁美洲政府的支出重点是如何从国防转向公共工程的。尽管现在为解决过去的违约问题增加了更沉重的债务负担，但在19世纪70年代，用于公共工程的贷款收入份额上升到外国借款的60%。更多的基础设施意味着更多的贸易，这使政府可

以收取更多进口关税，从而获得更多外部资金。[15]

表4-1 1850—1875年拉丁美洲政府发行的外国贷款

时间	贷款数量	名义价值（百万英镑）	用途（占总数的百分比）		
			军事	公共工程	再融资
1850—1859	9	10.9		32	68
1860—1869	20	56.7	4	12	47
1870—1875	22	73.3		60	40

资料来源：Marichal（1989），表3。

第一次世界大战前的40年是向主权国家、铁路公司和其他借款人提供海外贷款的全盛时期。外国资产占世界GDP的比重从1870年的7%上升到1913年的18%。[16] 在整整40年中，英国作为主要的资本输出国，平均每年将GDP的4%以上用于海外投资。[17] 到1913年，英国32%的净民财富都在国外。在第一次世界大战前夕，外国人持有的政府债务占世界GDP的5%以上，几乎占外国资产总量的1/3。

当地资源有限的殖民地政府同样利用了欧洲资本市场。在第一次世界大战前的40年中，殖民地（包括自治和附属）吸收了英国40%以上的海外投资。[18] 殖民地发行对法国和德国投资者的吸引力较小，部分是因为它们的帝国较小（特别是移民殖民地更少），它们分别将6%和14%的海外投资分配给殖民地。[19] 由于缺乏主权豁免权，殖民地支付的利率低于主权国家，而且（在移民殖民地的情况下）不付款意味着拖欠同胞的钱。殖民地的借款人有一个明确的排序：相比于本地人口占多数的领土，有大量欧洲人定居的殖民地可以获得更优越的市场准入条件，它们发行的债务占GDP的比例更高。[20] 1883年，外国和殖民地政府债券合计占伦敦证券交易所所有证券（股票和债券等）价值的1/4以上。[21] 到1913年，外国和殖民地政府债券占到21%，甚至超过了国内公共债务的份额。[22]

殖民或统治地位并不能保证不出现问题，在某些情况下甚至会使问题复杂化。澳大利亚就是一个例子，在联邦制之前，借款必须由各个殖民地（后来的州）完成。在伦敦借入的资金用于投资铁路、住房和城市基础设施，主要是在墨尔本。在19世纪80年代末，每年资本净流入占GDP的8%，对于我们现在所说的新兴市场来说，这是一笔非常大的资金。[23]

这时，阿根廷－巴林危机爆发了，澳大利亚通过新的发行获得资金的机会也随之消失。[24]（澳大利亚次大陆当时被兔子瘟疫笼罩也是另一个消极因素。这些兔子是被进口到当地，为富有的定居者提供娱乐的，而且在当地没有天敌。）资本流入突然从占GDP的8%下降到1%。

在金融资源减少的背景下，房地产崩溃了。墨尔本所在的维多利亚州的银行被迫关门。如果历史数据可信，那么实际GDP在1892—1893年这段时间内下降了整整17%。[25] 幸存的银行随后在政府的帮助下进行了重组。但殖民地政府不愿意对母国英国的同胞违约。[26] 结果，澳大利亚经受了10多年痛苦的去杠杆过程，家庭、企业和政府都为了偿还债务和修复资产负债表而减少支出。

这是除第一次世界大战外，澳大利亚人均GDP下降的唯一时期。其他出口许多相同大宗商品的移民经济体，如加拿大、新西兰，甚至阿根廷，在19世纪90年代中期已经从阿根廷－巴林危机引起的低迷中恢复过来。相比之下，澳大利亚经济直到1904年才开始恢复增长。[27]

正如澳大利亚的这一经历所表明的，虽然本书的重点是主权债务，但是我们不应忽视次主权债务的重要性。次主权国家和城市的借款不是为了征服领土或确保边境安全，而是为了投资基础设施和在金融发展的过程中竞争。同时，由于次主权债务不受主权豁免的约束，有时可能被视为更安全的资产。

然而，这是一种误解。[28]尽管债权人可以向法院提起追索，但根据判决进行追偿仍然很难——地方官员会尽可能地使这个问题变得难以解决。19世纪70年代，美国堪萨斯州的一个县卷入了债券诉讼，该县选举官员的条件之一是他们需要在任期内躲起来，在隐秘的藏身处处理所有公务，从而避开债权人。阿肯色州一个县的委员们在完成紧急事务后通常选择辞职，以避免被起诉，但共识是，当出现新的业务时，他们将被重新任命。[29]

此外，债权人很难对次主权借款人实施贸易和军事制裁，因为违约的州或城市通常是更大经济体的一部分。切断来自国外的贸易信贷是无效的，因为一个州或城市的贸易和信贷很大部分来自本国的其他地区。而且，债权国政府没有理由对次主权借款人所属的国家采取军事行动或金融制裁。

19世纪初，美国各州的债务尤其臭名昭著。在1820—1839年，19个州以及佛罗里达和威斯康星地区都发行了债券，为建立银行、运河、高速公路和铁路融资。[30]北方各州关注交通改善，南方各州关注为庄园主提供营运资金的土地银行（见图4-1）。[31]这些债务中的很大一部分是由外国投资者通过他们的代理人（美国的或是国外的）持有的。这一时期结束时，美国各州本身发行的和担保的债务达到约2亿美元，而美国的名义GDP只有16亿美元。[32]

1839年，英格兰银行担心为购买美国证券而流向美国的金币可能会危及英镑与黄金挂钩的体系，于是收紧了信贷。[33]在这种情况下，借贷狂欢戛然而止。[34]由于铁路和运河网络仍未完成，加上南方新成立的银行无法抵御经济衰退，美国大多数州政府都陷入了违约。[35]一些州直接拒偿它们的债券，而外国债权人则迫使联邦政府承担债务责任。

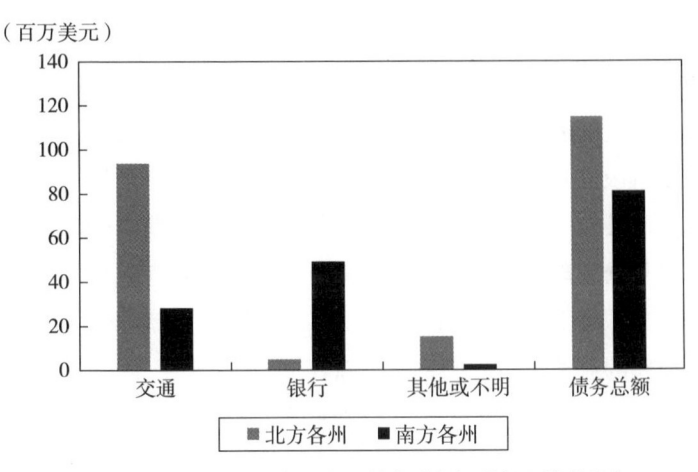

图 4-1　1941 年 9 月美国各州债务（根据发行目的分类）

资料来源：English（1996），表 1。

与 1790 年不同，这一次美国国会拒绝了。在 1790 年，正如亚历山大·汉密尔顿所认识到的那样，重点是如何让新国家团结起来。这一点在当时救济债券持有人——外国债券持有人——的时候，就不那么友好了。[36] 尽管联邦政府的借债能力可能受到州政府违约的负面影响，但联邦当局的责任有限，也没有面临紧急军事情况。各州本身无法再借款，并且它们已经债台高筑了。正如佛罗里达的一家报纸对外国投资者会对放贷犹豫不决的看法所做的回应："好吧，谁在乎它们放不放贷呢？"[37]

美国的情况很特别，因为该国的开国元勋（尽管有亚历山大·汉密尔顿）为联邦政府设想了一个作用有限的角色，但类似的模式在其他地方也很明显。[38] 例如，新近独立的阿根廷获得的唯一一笔公共贷款，不是由共和国本身，而是由布宜诺斯艾利斯省签订的。这笔贷款是 1825 年英格兰银行收紧后引发的违约潮中的一笔。

就阿根廷而言，30 年后，布宜诺斯艾利斯省与债权人和解。（阿根廷）共和国本身于1866年才进入（主权债务）市场。[39]它依靠惯用的承销商巴林兄弟公司，继续借款20多年。（如一位历史学家所说："从1870年起，阿根廷开始向国外公开借贷。"）[40]这些外国资本大部分用于"开辟"潘帕斯地区（开垦土地和设置围栏，并修建通往海岸的铁路）。但是，正如往常的情况一样，利息到来的比出口更快。同时，广受沉重抵押贷款所扰的土地所有者青睐的一项扩张性信贷政策，加剧了通货膨胀和货币贬值，使阿根廷政府更难维持对英镑计价的债券的还本付息，因为阿根廷的税收是以比索计价的。

到了1890年，利息支出占用了政府收入的40%。当年11月，政府派出一个代表团前往伦敦，寻求巴林兄弟公司的帮助，以重新安排其付款时间并获得新的贷款。这个时机并不合适；英格兰银行刚刚介入拯救巴林兄弟公司，它的财务状况因其未能为先前阿根廷发行的债券找到买家而受到打击。[41]由于惯用的金融代理人被排挤，并发现自己被市场拒之门外，阿根廷共和国暂停了债券的还本付息。

阿根廷共和国与其债权人在1893年达成和解，但解决阿根廷各省市的违约问题花费了更长时间。各省和联邦政府一样，都是用外币借款，但其创造外汇的能力更差。有几个省和市借钱是为了根据1887年的《担保银行法》设立相当于省级开发银行的机构。由于没有什么实质性进展，在1890年的危机发生后它们出现了违约。[42]

这种情况与美国南方各州在19世纪30年代的借款情况并无不同，它们也是为了给开发银行提供资金。但与美国不同的是，阿根廷联邦政府选择承担这些省和市拖欠的贷款。美国政府在19世纪40年代没有重大赤字，也不需要借款，但阿根廷政府有高额赤字，急需新的资金来支付给债权人，并为其持续的支出提供资金。[43]现在由罗斯柴尔德而不是声名狼藉的巴林兄弟担任主席的阿根廷债券持有人委员会，将联邦政府承担这些次主权债务作为安排新资金的条件。[44] 省级精英在阿根廷议会，特别是参议院有比较大的影响力，所以克服了来自其他方面的反对意见。根据1896年8月通过的一项法律，联邦政府用一笔新的外债取代了未偿还的省级和市级债券，使国家债务增加了20%。[45]

这些事件说明了次主权债务的债权人至少可以通过一种方式拿回他们的钱，即由更高级别的政府来承担责任。

不同等级的贷款人

英国虽然是提供借款的主要国家，但并不是唯一的。1880—1913年，英国的年均资本输出占GDP的5.2%，而法国和德国的资本输出分别占GDP的2.7%和1.4%。[46] 除了伦敦之外，巴黎、汉堡、柏林、布鲁塞尔、阿姆斯特丹和苏黎世都是后来重要的国际金融中心。在第一次世界大战前的几十年里，英国、法国、德国、比利时、荷兰和瑞士共占所有海外投资的近90%。

细心的读者可能注意到了美国的缺席。正如《商业杂志》（*Journal of Commerce*）在1905年观察到的那样，"在纽约证券交易所上市的外国证券可能不到十几家，即使是这些证券（除了墨西哥和加拿大的铁路公司），也很少有交易"[47]。贝尼托·华雷斯在19世纪60年代试图在旧金山和纽约借款，为建立墨西哥第二共和国提供资金，但没有成功。魁北克省、温尼伯市和蒙特利尔市比较幸运，成功在纽约和圣保罗推销了债券。尽管美国投资者在世纪之交认购了英国政府（当时正在进行布尔战争）和日本政府（与俄国交战）的贷款，但这些情况是例外。[48]

对金融力量聚集的长期怀疑，减缓了纽约成为国际金融中心所需的基础设施的建设。国家银行被禁止在国外开设分支机构，而州立银行缺乏资源和关系。[49] 代理行制度，即国家银行将其流动余额存入区域储备中心的制度，促进了金融资源在多个城市的分散，而不是集中在一个中心。国家银行被要求持有美国政府债券来支持其负债，而不包括外国公共债务。J. P. 摩根公司和库恩－洛布公司等私人银行与国外有联系，但它们能够调动的资源仅限于合作伙伴的资本。[50]

还有一个尴尬的事实是（至少从建立国际金融中心的角度来看），联邦政府很少发行债券。实际上，正如我们将在第 7 章看到的那样，它在这一时期偿还了大部分内战债务。它的职能是有限的，反映了杰斐逊式民主制度和国家分权政治制度的持久影响。没有负债可能是一个令人高兴的财政状况，但它意味着政府债券的交易有限，因此在这方面的专业性不如伦敦、巴黎和柏林。

最后，美国缺乏一个中央银行来确保市场的流动性。结果是出现金融动荡且反复发生危机，这使美国成为一个不太可靠的国际资金来源。直到 1913 年，随着美国国会通过《联邦储备法案》，美国才建立了中央银行，并授权国家银行在国外设立分支机构。第一次世界大战爆发后，各国政府开始向美国寻求资金。然而，在此之前，国际借贷几乎完全是欧洲的事情。

一个全球化的市场

表 4-2 总结了第一次世界大战前欧洲主权债务投资的地理分布。前三列显示了 28 个独立国家的各级政府新发行的外债。[51] 这些数据来自在伦敦、巴黎和柏林上市的证券。

该表显示，欧洲内部的债务流动仍然占据新发行债务的最大份额，欧洲经济体首先转向主权借款和贷款。再度兴起的拉丁美洲在前三列中也很突出：该地区在 19 世纪 80 年代几乎占了所有新发行债务的一半。此后，日本和中国作为重要的借款人出现。美国和加拿大也在国外发行证券，尽管人口和经济的快速增长以及强劲的财政状况意味着它们对外债的依赖程度较低。

表4-2 1880—1914年主权债务的地理分布

	新债发行			累计债务存量		
	外国 1880—1889年	外国 1890—1899年	外国 1900—1913年	外国 1913—1914年	外国 1913—1914年	总额 1913—1914年
欧洲	36.8	48.5	37.4	47.3	48.9	73
北美洲	7.9	10.6	9.3	2.4	2.3	4.3
拉丁美洲	47.8	12.3	21.3	9.2	9.8	5.1
非洲			0.4	7.8	7.4	2.6
亚洲	7.5	28.6	25.9	26.1	24.9	9.6
大洋洲			5.7	7.1	6.7	5.3
备忘录：总计（百万美元）	957.6	1 284.5	4 398.6	12 729.1	13 453.1	40 171.8
主权国家数量（个）	26	26	29	29	45	45

注：单位是%，除非另行标出。每一列百分数相加为100。本表只考虑独立主权国家。最后一列的总额是本地和国外债务的总和。
资料来源：Bent 和 Esteves（2016），United Nations（1946）。

表4-2的后三列来自联合国对第一次世界大战前夕主权债务存量的统计报告。这个表格包括外债和内债，并且包括了更多经济体的数据。它显示，1914年的总债务达到400亿美元（占全球GDP的16%），其中135亿美元是外债。虽然地理覆盖范围更加广泛，但是各地区之间的分布并没有什么变化。这个表格突出了国内债务的重要性，同时强调了主要是欧洲国家能够在国内借贷。[52]

一本名叫《芬恩的英国和外国资金汇编》（*Fenn's Compendium of English and Foreign Funds*）的当代金融手册指出，5个欧洲国家发行的内债和外债最多，依次是法国、英国、意大利、奥匈帝国和西班牙，它们共负债29亿英镑（或140亿美元）。根据同一资料来源，这占主权国家及其殖民地总债务的54%。[53]

与拉丁美洲的债务国一样，这些欧洲债务国的支出重点随着时间的推移而变化。表4-3将欧洲的公共支出分为传统国家职能（国防和行政）、新型经济和社会职能（提供基础设施、教育、医疗和社会保障），以及偿还债务。[54]尽管传统职能的占比仍然是最大的，但在第一次世界大战前的几十年里，社会和公共品所占的份额明显增加。[55]

表4-3 欧洲政府支出结构（占政府支出总额的百分比）

	传统职能（%）	新型职能（%）	偿还债务（%）
1850年	63.1	19.5	20.7
1870年	53.8	17.1	29.2
1890年	48.4	28.9	22.8
1910年	45.9	34.2	21.9

注：传统职能包括国防、公安和司法支出以及一般行政。新型职能包括经济服务、交通/通信、医疗、教育以及社会保障。

资料来源：Flora 等（1983），Mata（1993），Carreras 和 Tafunell（2005）。

外国借款对于投资来说非常重要。在加拿大、阿根廷、巴西，当然还有澳大利亚，有1/3~1/2的投资是由外国资本资助的。[56]在20世纪和21世纪，很少有经济体能够通过海外借款为如此大的投资份额提供资金。自1960年以来，很难找到外国借款与投资之间或是外国借款与经济增长之间的相关性。但在1913年之前的几十年里，这种相关性更为明显。[57]早期的差异反映了外国资金用于投资的程度，以及大部分投资对经济生产有推动作用。[58]

可以肯定的是，这种对外国资金的依赖性意味着资本流动的突然停止可能会破坏投资和经济的稳定。这种情况发生在1873年，当时危机席卷了柏林和维也纳，影响了其他欧洲金融中心，导致流向新兴市场的资金枯竭，多个违约事件随之发生。[59] 它和 1890—1891 年的阿根廷 – 巴林危机同时发生，当时其他拉丁美洲国家和澳大利亚都受到了影响。

市场宏观结构

什么时候债务是可持续的？答案部分在于利率（r）和经济增长率（g）之间的关系。如果 r 小于 g，政府的利息将比其偿还债务的能力上升得更慢。如果经济增长较快，则政府收入将会增长得更快。如果收入增长快于利息的增长，债务将更容易偿还。

因此，支持 19 世纪主权和私人债务数量增长的一个重要因素是新工业技术的传播。最近的学术研究强调，最初只在有限的几个部门采用新的机器和技术，这些部门必须重组才能加速增长。[60] 然而，到了 1850—1875 年，新技术已经渗透到越来越多的部门和行业，必要的重组已经能很顺利地进行了。全球经济增长的速度已经从 16 世纪到 18 世纪的每年 0.3% 增加到 1820—1870 年的每年 1%。然后在 1870—1913 年翻了一番，达到每年 2%。与此同时，主权债务市场也在逐渐全球化。[61]

此外，在全球经济增长上升的同时，利率也在下降（见图 4-2）。金融市场和机构正在通过开发新的金融工具来盘活储蓄，这一点在第 3 章有详细介绍。各国政府通过政治改革或将主权特权下放给银行家和外国势力来彰显其信誉。可以肯定的是，这两个过程都不会太顺利。像 1821 年的意大利和 1823 年的西班牙一样，政治改革可能会被政变或反革命推翻，把对收入的监督权交给外国人则可能引发政治反弹。[62] 各国的利率和增长率的演变是不同的。然而，从宏观经济的角度来看，利率 – 增长率差的有利演变对于支持借贷进程至关重要。

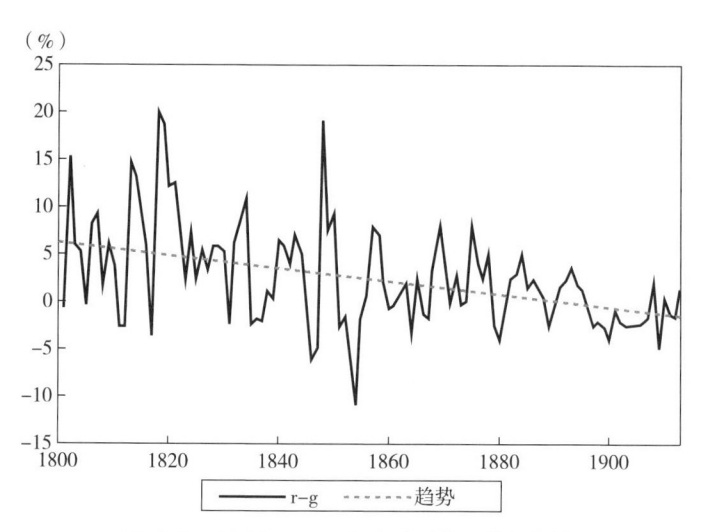

图 4-2　1800—1913 年全球利率－增长率差

注：全球数据是 r-g 之差的 GDP 加权平均数，包括 8 个经济体，分别是法国、德国、意大利、日本、荷兰、西班牙、英国和美国。Schmelzing 计算的是通胀调整后的实际利率和实际经济增长率（由于他使用同样的通胀数据序列调整了名义数据，所以用名义数据作图会十分相似）。

资料来源：Schmelzing（2020）。

当债务出售给外国人时，出口与经济一起扩张是很重要的。出口产生的硬通货收入需要用来偿还同样以这些货币计价的债务。政府不能只通过印钞票让以外币计价的债务贬值，它必须通过出口商品和服务来赚取外汇。

因此，支持主权借款的另一个因素是扩大国际贸易。1870—1913 年，全球出口的增长速度达到全球 GDP 增速的一半。如图 4-3 所示，尽管在欧洲开放的商业和定居地区发展最为强劲，但是繁荣的贸易蔓延至所有大陆。这种贸易扩张是工业革命的另一个必然结果。随着铁路和蒸汽船的发展，再加上钢制船体、双螺旋桨和制冷技术，贸易成本从 1870 年到第一次世界大战前夕下降了 1/3（见图 4-4）。[63]

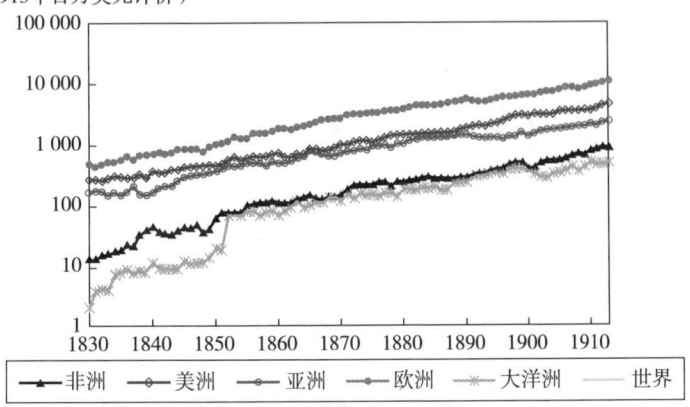

图 4-3　1830—1913 年全球出口的增幅

注：数据以对数刻度计。
资料来源：Federico 和 Tena（2017）。

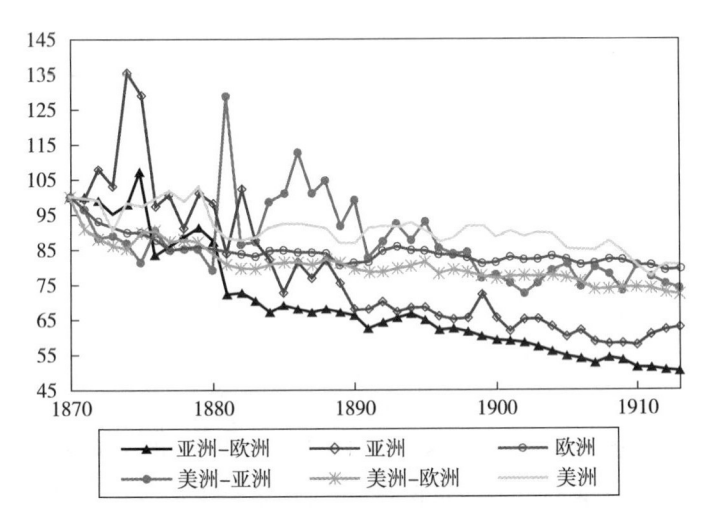

图 4-4　1870—1913 年贸易成本指数（1870 年 =100）

注：贸易成本估量源自国际贸易的引力模型，隐含贸易成本与这段时间观察到的双边贸易流量一致。
资料来源：Jacks、Meissner 和 Novy（2011）。

关税的降低进一步促进了贸易的发展。英国在19世纪40年代取消了农业关税，标志着农业利益集团的政治力量减弱，而工业的影响力在增强。伦敦和巴黎在1860年谈判达成了第一个现代贸易协定，即《科布登-舍瓦利耶条约》。其他各国在贸易协定中加入了最惠国条款，使它们能够分享（贸易）伙伴达成协定的利益。

金本位制的推广也促进了贸易。这种制度并不普遍：中国从未采用金本位制，从1868年的革命中继承了沉重债务的西班牙也没有采用。日本和多个拉丁美洲国家在19世纪末才开始采用金本位制。1875年，只有10个（如果包括澳大利亚等英国领地则是10个）国家采用了金本位制，到1895年，有20多个国家采用了金币本位制和金汇兑本位制。金本位制的汇率稳定性和可预测性鼓励了企业和商人出口。[64]反过来，这也使政府有能力借款。

在固定的国内货币价格下保持黄金的可兑换性，需要严格的财政法规和金融监管，因为入不敷出的政府可能会损失黄金。正如在1885年后的希腊和阿根廷以及1889年后的巴西所发生的那样，如果它们的储备下降，就可能被迫暂停兑换国内货币为黄金。加入黄金俱乐部并不能消除风险溢价，因为就像黄金可兑换性可以被启用一样，它也可以被放弃。[65]不过，采用金本位制至少给国内外投资者提供了一定程度的保证。

市场微观结构

将欧洲的储蓄引入主权债券涉及专业机构，如投资银行和有组织的二级市场。在伦敦证券交易所的隔壁，一个独立管理的外国证券市场于1823年开业，它是外国债券的主要市场。[66]现代证券市场的许多监管措施，如上市要求、存款托管和处理违约的程序，也是在此期间从伦敦发展起来的。[67]

在19世纪20年代，向新成立的拉丁美洲共和国提供贷款时，国外的贷款是非正式的和临时性的。[68]代表政府行事的代理人，无论是官员还是接受委托的个人，都会与积极安排贷款的银行联系。[69]承包商将与代理人就贷款金额达成一致。然后，承包商将鼓励他"狭义的朋友和家庭小圈子"购买债券。[70]如果这些个人和家庭关系的贡献低于预期，承包商就会承担差额。佣金一般超过贷款金额的6%以上，这不仅反映了承包商动员朋友和家人的能力，还反映了承包商吸收剩余贷款的义务。[71]

随着主权贷款规模的扩大，风险变得更大。到19世纪60年代，发行人开始组建联合贷款（或称银团贷款），承包商与其他金融机构签订书面协议。银团成员同意分担配售债券的任务，同时收取佣金。这样一来，不太正式的做法（如伦敦罗斯柴尔德家族写信给巴黎罗斯柴尔德家族请求帮助）让位于没有家族关系的金融机构之间签署的合同。[72]

在19世纪80年代，签订贷款合同的任务与保障资金来源的责任分开了。一组机构负责推销，另一组机构承诺购买未售出的份额。通常情况下，谈判合同的银行依靠与之合作的证券经纪人来组织投资者购买剩余份额。第二类投资者不仅包括银行，还包括保险公司、商人、感兴趣的个人和证券经纪人。通过这种方式，向市场提供大量贷款的风险被广泛地分散。[73]

谈判合同的银行和保障资金来源的机构容易被混淆，因为两者都被称为承销商。但牵头银行或签约银行是关键的代理人。在任何这样组织发行的证券中，它一般会保留一部分担保，并购买和持有发行证券的一部分，以确保它在发行中与投资者利益共享、风险共担。作为债券发行的发起者，它有名声受损的风险。将部分担保资金联合起来的能力取决于银行的声誉，而这一声誉来自早期发行的表现。由于牵头银行的声誉及其投资组合的表现都取决于债券的表现,所以它被期望干预市场,在疲软时期支撑债券价格,并为市场提供流动性。[74]

因此,当一个信誉良好的银行组织了一次证券发行时,它的参与是一个积极的信号。债券价格和利率也会相应地做出反应。[75]

随着时间的推移,从专门提供主权债务分析的金融手册,到总部位于伦敦的外国债券持有人公司(投资者代表机构)的出版物,更多的信息来源应运而生。在电报、电话和印刷技术的帮助下,金融媒体对市场进行了更及时的报道。[76]《泰晤士报》和《纪事晨报》发表了关于外国债券的"货币专栏"和"城市文章"。除此之外,这些大报也得到了专业报刊的补充,如1843年开始发行的《经济学人》和1844年开始发行的《银行家》杂志。除了这些杂志之外,还有外国主权最新数据手册作为补充,其中最主要的是前文提到的"芬恩汇编",它在1837—1889年出版了14本,以及《政治家年鉴》(*The Statesman's Yearbook*),该书出版于1864年,至今仍在发行。[77]

随着这些创新丰富了信息环境,牵头银行的信号功能变得不那么重要。[78]以前,银行承销贷款会将良好的声誉作为赌注。现在,承销商除了宣传和推销证券,不承担任何责任。正如同时代的一个人所描述的那样,"以前的金融公司称自己是贷款的承包商,而现在赚佣金的公司称自己是代理人",强调"它们与贷款没有任何原始联系,对筹集贷款的国家一无所知,在那里没有任何影响力,而是让其他人(发行人和投资者)去满足条件"。[79]这一趋势仍在继续。一个世纪后,在20世纪90年代,当新兴市场债券再次发行和交易时,有关证券的信息来源变得更加复杂和多样化。这时,牵头银行的身份几乎不重要了。[80]

虽然伦敦率先行动,但它面临着来自欧洲大陆其他国家日益激烈的竞争。1872年,在伦敦上市的外国主权债券的数量超过了巴黎和柏林的总和。[81]相反,到1900年,巴黎的发行数量已经超过了伦敦。[82] 直到 19 世纪 70 年代，在伦敦报价的价值，即债券在那里连续不断地定价和交易，是被普遍认可和需要的。它使英国投资者和其他国家的投资者都能接受。在随后的 40 年里，随着其他欧洲市场在相关方面与伦敦竞争，伦敦报价的特殊性也相应降低。

与这些供应端变化相辅相成的是投资者群体的变化。在 1800 年，大多数主权债券仍然由相对富裕的个人持有。在 19 世纪，越来越多的中等投资者加入这个行列。此外，机构投资者，如银行和保险公司，增加了它们的持仓，使持有银行股票或保险单等机构债权的小额储户能够间接地接触外国债券市场。

一个相关的发展是管理型投资基金的崛起。荷兰人从 18 世纪就开创了这种模式，当时他们设立了基金，投资于新建立的美利坚合众国的证券。[83] 通过共同基金进行投资，是荷兰投资者在多元化组合中获得稳定收益的一种方式。英国的基金从 1868 年成立的外国和殖民地投资信托基金开始，投资于"精心挑选的政府股票"（19 世纪的债券被称为股票），这是一个全球多元化的投资组合，最终投资于殖民地政府和美国铁路公司的证券。[84] 正如招股说明书所描述的那样，该信托基金旨在"为中等收入的投资者"提供投资于有股息的外国股票（债券）的机会。随着 19 世纪 60 年代中期英国政府债券收益率的下降，散户投资者被其他投资方式吸引。在 1866 年的恐慌之后，投资者也更加认识到拥有多元化国际投资组合能更好地应对波动。[85]

到 1875 年，超过 20 家总部设在伦敦的投资信托基金开始运营。[86] 到 1890 年，在阿根廷 – 巴林危机发生前夕，共有超过 50 家投资信托基金。[87] 几位学者发现，从 1872 年到 1907 年，活跃在伦敦的投资基金每年的总收益率为 3.4%，这个数字超过了英国政府债券的收益率（平均为 2.7%）。[88] 虽然投资信托业没有超过 4% 的股票收益率，但它为中等收入的投资者带来了收益，这些投资者本来无法复制股市指数并获得完全多样化的 4% 的收益率。而且，由于投资基金持有不在伦敦上市的证券，它们为英国投资者提供了更多元化的投资组合。

今天，新兴市场共同基金无处不在。它们使非专业人士能够涉足主权债券，并从国际多元化投资组合中获益。回顾 19 世纪就会发现，历史正在重演。

创造一个现代市场

主权债务长期以来具有国际性，可以追溯到佛罗伦萨的巴尔迪家族、佩鲁齐家族、斯卡利家族，以及热那亚和威尼斯的借贷活动。随着时间的推移，这些名字被阿姆斯特丹和伦敦等地的 N. M. 罗斯柴尔德和巴林兄弟等人取代。这些银行的做法与早期的现代银行类似。在政府和银行就合同达成一致后，银行家们就像早期的意大利人那样，联系家庭成员和熟人购买份额。在主权债务市场的运作中，家庭和个人的关系仍然至关重要。

几个世纪以来，随着法国城镇开始出售终身用益权和永续年金，这个市场有所扩大，法国政府后来又开始零售终身年金。但是，大多数散户投资者坚持在国内投资。他们投资于自己所在的城市或邻近城市的债券，或是本国债券，因为他们对这些债券比较熟悉，所以有信心。19 世纪是市场首次全球化和民主化同时发展的时期，这是第一次有越来越多的散户投资者将他们的储蓄投资于世界各地主权国家发行的债券。

正如经常出现的创新，尤其是金融创新一样，这种新趋势点燃了人们的热情，吸引了雄心勃勃的经营者（运营商）借此寻求利益。在 19 世纪 20 年代的贷款热潮中，出现了许多无视金融资质，寻找对最新的政府债券感兴趣的投资者的新实体。这些投资表现糟糕，外国主权债务市场花了数十年时间才恢复。

当外国主权债务市场在19世纪五六十年代恢复时，它呈现出一种更成熟的状态。蒸汽船和电报让人们更及时地了解到有关国外的情况和经济政策的信息。专业的服务有助于投资者消化和传播这些信息。在英国和其他地方的投资者开始使其持有的资产多样化。投资者从保险公司购买保单，从银行购买股票，认购管理投资基金，以代表他们有选择地投资于政府债券的组合。

到19世纪末，全球主权债务市场已经呈现现代面貌。然而，当时和现在一样，向主权国家提供贷款是有风险的。当一个政府不再履行在国外签订的贷款合同时，就会给外国投资者带来损失。并且，因为这些外国投资者不是国内的政治选民，这使他们难以获得政治让步。长期以来，投资者一直在寻求建立一种机制，以阻止主权借款人的机会主义行为。现在，伴随着市场的民主化与全球化，他们想要进一步发展这些机制也面临挑战。

5
购者自慎

投资者对外国政府债券的热衷反映了他们的信念，或者至少是希望，他们认为外国政府通过借贷资助的项目可以带来硬通货收益以支持其如约偿还债务。在世界经济扩张的背景下，许多外国资金都被用于基础设施投资，因此这一判断通常是正确的。但结果并不总是如此。历史上也出现过糟糕的状况——由于投资项目构思不当，银行和项目发起人（债券发行中介）无法兑现对债券持有人和借款人的承诺，导致资金被挥霍，甚至更糟。

从大西洋到太平洋

洪都拉斯——格雷戈尔·麦格雷戈的老家——就是一个典型的例子。洪都拉斯在19世纪60年代重新进入市场，然后在1873年陷入违约。用早年一位评论员的话来说，"在伦敦和巴黎筹划了这些贷款的无良发起人，对投资者和洪都拉斯政府做出的欺诈行为的大胆程度几乎是无可比拟的"[1]。这就是市场参与者对此次违约造成的损失的评价。

洪都拉斯从19世纪20年代起继承了沉重的债务。19世纪60

年代，洪都拉斯试图修建一条横跨地峡的铁路以连接大西洋与太平洋，并开发毗邻的地区，包括对所在区域的桃花心木森林的开采。为了达到这些目的，政府首先必须发行新的债券，以规范其未偿债务以及长达 40 年的利息拖欠。为此，政府请来了伦敦的比肖夫海姆和戈尔德施密特（Bischoffsheim & Goldschmidt）公司，该公司并不是当时最著名的投资银行之一。[2] 它以洪都拉斯当地的铁路和林业企业的预期收入为担保，以 10% 的利率，按照仅 60 英镑的价格发行债券，将收益率推高到两位数。[3] 它所筹资金的 1/10 作为佣金和费用，由比肖夫海姆和戈尔德施密特公司保留。

即使有这般诱人的收益率，该债券的认购者也不多。正如洪都拉斯驻英国领事唐·卡洛斯·古铁雷斯所说："洪都拉斯的第一笔贷款在伦敦完全受到冷落……除了比肖夫海姆和戈尔德施密特公司认购了大约 1 万英镑，几乎没有任何其他认购。"[4] 这笔贷款的余下部分是在一个叫查尔斯·乔基姆·勒菲弗的人的帮助下私下投放的，而这个人曾经因金融犯罪被指控，在监狱里服刑了两年。

修建一条穿越洪都拉斯高原的铁路并不容易，且当地政府对施工的监督也很松懈。由于资金不足，洪都拉斯政府在 1869 年和 1870 年又发行了新的债券。1870 年的债券实际上不是由比肖夫海姆和戈尔德施密特公司发行的，而是由勒菲弗本人推销的，他招募了证券经纪人巴克莱，以虚高的价格购买和出售债券，营造出有一个庞大市场的假象。比肖夫海姆和戈尔德施密特公司尽管没有直接投资，但仍通过信誉背书换取了额外的报酬。[5] 显然，银行家们从他们 1867 年的债券发行中吸取了教训。

然而，到了 1872 年，仍然急需资金的洪都拉斯政府和勒菲弗试图为想象中的"跨洋船舶铁路项目"寻求一笔更大规模的贷款，以便使满载的货船通过地峡。当他们无法找到新的认购者时，勒菲弗像之前的麦格雷戈一样逃到了法国。这使洪都拉斯政府再次陷入违约的状况。该国在此后又花了30年的时间来重组其财政，之后才重新获得市场准入资格。

最终，这一宏大的铁路建设构想只完成了不到53英里[①]。一个半世纪后的2019年，连接洪都拉斯大西洋和太平洋海岸的246英里长的"陆路运河"仍在建设中。这仿佛在向世人展示一些投资具有极长的酝酿期。

"权杖"交接

其他的政府债券案例虽然没有如此荒唐，但也并非一帆风顺。随着新的独立主权国家的诞生，如1864年的罗马尼亚，1867年的塞尔维亚，以及1888年的保加利亚，欧洲市场出现了新的借贷者。此外，德国的统一和意大利的复兴运动也通过政治融合创造了新的借贷者。[6]

正如我们在前文所看到的，奥斯曼帝国苏丹回避外部融资，害怕与外国发生纠葛。帝国转而依赖国内出借人，特别是君士坦丁堡[②]加拉塔区的非穆斯林私人银行家。[7]加拉塔银行家从传统的放债人开始，利用他们的关系在欧洲寻找短期资金，然后将其借给国家。[8]这一时期，加拉塔银行家在大部分时间都拥有自己的经营版图。直到19世纪下半叶，苏丹对外国商行的业务进行监管，因此，"在奥斯曼帝国境内，几乎没有一个平台可以让常驻的外国商行转变为外国银行"。[9]

正如往常一样，军事需要改变了局势。1853—1856年进行的克里米亚战争，最终消除了"苏丹和保守派大臣对在西欧货币市场

[①] 1英里≈1.6千米。——编者注
[②] 君士坦丁堡就是如今的伊斯坦布尔。——编者注

筹集长期贷款的抵制"[10]。1854—1855年，奥斯曼帝国在英法政府的担保下筹集外部贷款，并与英法结盟共同对抗俄国。[11]奥斯曼人把半自治的埃及省每年的贡品作为抵押。[12]英国的那一部分贷款由英格兰银行管理，该银行将资金转给奥斯曼政府而没有收取任何佣金。[13]法国的那一部分由总部设在巴黎的比肖夫海姆和戈尔德施密特公司承销，该公司按惯例收取10%的费用。[14]

尝到了从国外融资的甜头，奥斯曼人的债务在此后迅速增长，而美国内战造成"棉花饥荒"使棉花价格高涨，这对奥斯曼帝国越发庞大的债务规模形成了有效支撑。回顾历史，19世纪60年代是外部贷款的另一个繁荣时期。这一时期，拉丁美洲国家重新进入市场，欧洲投资者也将注意力转向海外的投资机会。但是，如果没有法国和英国的进一步担保，奥斯曼人并不一定能像这样维持沉重的债务。奥斯曼帝国的经济以自给自足的农业为主导，除棉花外，帝国的出口很少，而棉花的高价也并非常态。帝国财政十分依赖农业税收，而其相关的效率又十分低下。作为首都和经济中心，君士坦丁堡的大部分地区享有传统的免税待遇。为了吸引外国投资者，帝国与外国政府签署协议，让外国商人和他们的国内伙伴同样享有税收优惠。[15]

不过，影响奥斯曼帝国借贷金融活动发展的唯一先决条件似乎是建立相关的金融基础设施，除此之外，其他因素都不是不可逾越的障碍。奥斯曼银行是一家私人银行，于1856年成立。这家银行表面上是英国利益集团、巴黎银行以及奥斯曼政府的合资企业，实际上，外国人拥有该银行98%的股权。利用其与英国的关系，该银行在1858年组织了另一次外部贷款。1863年，在更名为奥斯曼帝国银行后，它负责管理纸币发行。在法国的动产信贷银行（Crédit Mobilier）和格林-米尔斯公司（Glyn, Mills & Co.）的帮助下，它在巴黎和伦敦筹到了资金。奥斯曼帝国银行收回了克里米亚战争期间注入流通的纸币，这一举措稳定了汇率，使奥斯曼帝国能够获得更多的外国贷款。这标志着奥斯曼帝国的经济从国内向国际明确过渡。正如菲利普·科特雷尔所说，奥斯曼银行的创建及其作为奥斯曼帝国银行的重建代表了"奥斯曼银行的'权杖'从当地人手中传递到了伦敦和巴黎的银行家手中"[16]。

随着时间的推移，奥斯曼帝国银行进一步承担起中央银行的职能。除了监管纸币发行之外，它还向国家行政部门提供短期贷款，并向其债权人进行转移支付。政府相当于有了一个做市商和最后的流动性提供者来支持信贷和债券市场。（尽管所谓的"权杖"传递给了外国银行家，但国家仍有一半的债务来自加拉塔银行家和本国的国债持有者。[17]）然而，奥斯曼帝国银行的业务是由其在伦敦和巴黎的双重董事会监督的。[18]因此，该银行的任务是为外部融资提供桥梁并获得盈利，还是为国内市场提供支持，取决于询问的对象是谁。在实践中，该银行更多是在为政府获得外部资金提供便利，而非为国内金融的稳定和发展提供支持。

外部融资中仅有一小部分被用于帝国在欧洲各省的铁路建设，而大部分则被用于经常性支出。然后，在1873年，由于维也纳和柏林爆发金融危机，奥斯曼帝国借新债还旧债的计划搁浅。[19]为了解决这个问题，奥斯曼政府又将收税和控制政府支出的重任移交给奥斯曼帝国银行。[20]然而，这种为巩固帝国财政所做的尝试几乎立即淹没于保加利亚和波黑的叛乱中。对于奥斯曼帝国而言，其内部团结本就存在不安定因素，当务之急便是不惜一切代价镇压这些叛乱。

1875年9月，由镇压叛乱产生的政府巨额赤字被揭露，债券价格因此崩溃。6个月后，由于融资渠道被切断，奥斯曼帝国拖欠了超过1.9亿英镑（9亿美元）的外债，在当时，这是最大的一次国债违约。[21]

在这次破产之后，经济的疲软注定了这个幅员辽阔的帝国难以维系。克里斯托弗·克莱在写到土耳其对外金融纠纷的地缘政治后果时认为,这次违约是"历史上奥斯曼帝国后期的关键事件之一,也可以说是整个现代历史的关键事件"[22]。他总结说,这次违约及其影响是第一次世界大战时巴尔干半岛的重要背景,进而决定了现代中东的政治格局。

地缘政治的深远影响需要时间来酝酿;回到19世纪70年代,奥斯曼帝国的当务之急是让政府的财政事务正常化。当时政府将印花税、烈酒税、渔业税、丝绸税以及盐和烟草垄断的收入用于偿还债务,对国内债权人的欠款在1879年得到解决。违约之后,政府再次求助于加拉塔银行家,但从这些银行家那里获得的贷款也很快被拖欠。如果政府不偿还加拉塔银行家的贷款,就会威胁到这些银行的偿付能力,并扰乱其信贷的提供。因此,这对于维持经济的正常运转至关重要。[23] 除此之外,国内债权人还是重要的政治支持来源。因此,对于奥斯曼政府而言,重新开启与国内债权人债务问题的谈判成为第一要务。

对外债问题的重新谈判所需的时间更长,但却在1881年成功解决。政府急于重新进入国际市场,而外国银行家则在奥斯曼帝国的基础设施建设和烟草种植的新贷款中看到了新的机会,这足以让双方达成共识。新的谈判将债务本金削减了一半,剩余部分的利息也有所减少。[24] 作为回报,奥斯曼帝国苏丹同意成立奥斯曼公共债务管理局。这是一个自治机构,控制国家1/4以上的收入,直接向欧洲投资者支付,并对新的借款具有否决权。[25]

显然,奥斯曼政府为达成谈判做出了巨大的主权方面的让步,付出了沉重的代价。早期的苏丹因担心国外纠纷而不愿从国外借款,这一点在当时和现在来看都是非常有道理的。

抛开主权方面的沉重代价,这一谈判也有一些好处。奥斯曼公共债务管理局后来发展成一个官僚组织,在20个城市有超过5 000名雇员。以当地标准来评价,它具有很高的效率。因此,从1888

年开始，政府让它额外负责征收那些未被指定用于偿还债务的税收。公共债务管理局促进了丝绸的织造和出口。它甚至还提供种植和栽培桑树的指导，并派代理人到印度推销从红海开采的盐。[26] 信用提高后，奥斯曼政府重返市场，为基础设施项目筹集资金，包括君士坦丁堡至巴格达的铁路。这是另一个公共债务刺激经济、金融和行政发展的案例，尽管是通过独特的、最终无法维持的渠道。

南北战争时期的美国与主权信贷

19世纪60年代进入市场的不仅有奥斯曼帝国和拉丁美洲国家，美国联邦政府和南方邦联政府也通过借款为南北战争筹集资金。共有4亿美元的联邦政府债券被出售给外国投资者。[27] 其中许多是由美国J. W. 塞利格曼公司（J. W. Seligman and Co.）购买，并转售给欧洲投资者的。[28] 尽管这些证券是以美元计价的，但根据1862年的《法定货币法案》，联邦政府债券的利息将以黄金或与黄金以固定比例兑换的美元支付，这使它们对外国投资者更具吸引力。外国投资者持有的这4亿美元，大约相当于联邦战时支出的7%，其余的债券则被卖给了普通公民，或者按照1863年《国家银行法案》的要求，由联邦特许银行作为储备金持有。[29] 这一国家银行系统诞生于联邦政府战时对公共债务的紧急追索，并在此后运转了半个世纪。

南方邦联最初将其债券出售给国内投资者。南方重镇新奥尔良本身是一个银行中心，同时也存在大批有收入和储蓄用以投资的棉花商人。但战争扰乱了棉花贸易。不仅新英格兰的纺织业被摧毁，南方邦联政府还下令烧毁250万包棉花，以胁迫对美国南方棉花产出重度依赖的英国加入邦联阵营。显然，当时的邦联领导人没有预料到这一举措会给债券的销售和流通带来困难。

鉴于新政府缺乏过往的业绩记录，南方邦联政府筹集外部资金的能力有限。1862年，总部位于巴黎的埃米尔·埃朗热公司（Emile Erlanger & Co.）同意为在5个欧洲金融中心出售1 500万美元的债券提供担保，并收取5%的佣金。这笔交易的达成具有一定的运气成分。德国出生的巴黎贵族埃朗热被路易斯安那州的商人和政治家，同时也是南方邦联驻法国大使的约翰·斯莱德尔的女儿所吸引，两人在几个月后结婚。

当贷款谈判开始时，南方邦联在战场上处于有利地位。然而，7%的利率和77美元的销售价格使债券收益率超过了12%，这也表明了围绕着南方邦联的不确定性。[30] 相比之下，北方的美国联邦政府债券的票面利率为6%，交易价格则超过了票面价值的90%，有时甚至超过了100%。[31]

埃米尔·埃朗热公司的首次配售是成功的：此次发行获得了5倍的超额认购，符合其提供的高收益率。然而，在一个星期内，债券便跌破了77美元的发行价（见图5-1）。南方邦联政府为了维护市场准入，不得不使用贷款收益来维持债券价格。结果，该政府只从1 500万美元的浮动资金中获得了300万美元。这个缺口使南方邦联政府偿还债券的可能性变得微乎其微。在散户投资者将其款项转给埃米尔·埃朗热公司的最后期限的前几天，美国联邦政府在伦敦的财务代理罗伯特·沃克散发了一份小册子，暗示包括杰斐逊·戴维斯在内的南方邦联政府官员正在讨论拖欠债务的可能性。沃克通过热气球空投这些小册子，使这一消息散布到了整个城市。

投资者还对南方邦联政府贷款提供的抵押品提出疑问。由于缺少黄金，邦联以棉花作为债券的抵押品，根据贷款合同，棉花可以以每磅[①] 6便士的价格兑换成英镑。这在正常情况下对投资者可能有一定的吸引力，但在战时则不然。自战争爆发以来，棉花的

---

① 1磅≈0.45千克。——编者注

价格一路上涨。1862 年,利物浦的美国棉花价格已经超过了 17 便士。[32] 此外,债券的细则规定,只要该地区仍处于战争状态,投资者就不能在利物浦赎回债券换取棉花,只能在南方邦联境内赎回,而且只能在距离铁路或可通向海洋的河流 10 英里以内赎回。[33] 当南方邦联军队的战场形势恶化,撤退的军队烧毁了政府的棉花仓库以防止棉花落入敌人手中时,投资者的处境便更加艰难。

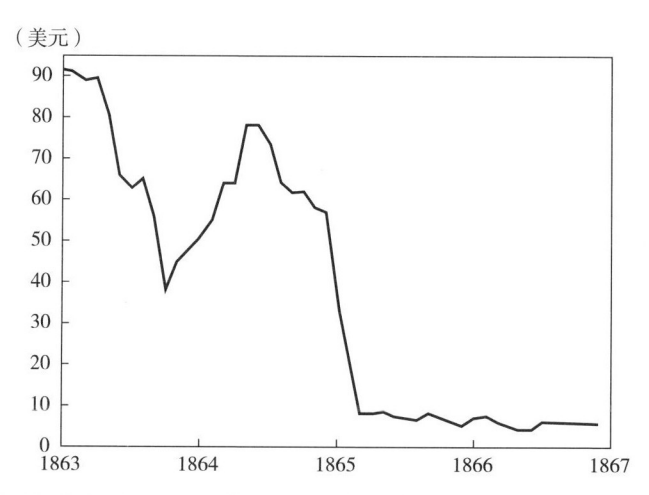

图 5-1　1863 年 1 月—1866 年 12 月南方邦联在伦敦的 7% 棉花债券月度价格
资料来源:彭博资讯。

因此,埃朗热的贷款不仅是南方邦联政府的第一笔外国贷款,也几乎毫不意外地成为其最后一笔贷款。南方邦联政府在战争中的总支出超过 20 亿美元,但外债的融资比例不到 1%。[34] 就像它的其他债务一样,这些债务"在邦联垮台时成为一沓废纸"[35]。

晚清时期的中国

欧洲和美国是主要的主权债务发行人,但它们并不孤单。尽管有一连串的问题，但清政府还是能够从伦敦借款。1853年，太平天国的太平军占领南京。[36] 1856年，英法联军占领广州，制造了一系列关于鸦片贸易的争端。在此过程中，俄国迫使清政府签订《瑷珲条约》，并进行赔款。1860年，第二次鸦片战争的失败使清政府被迫做出更多让步，包括延长之前签订的一项协议，将进口关税限制在5%。这一协议束缚了清政府的主要收入来源。

显然，当时的中国不是现代意义上能够吸引外国投资者的那种有足够能力控制边境与口岸的国家。尽管如此，清政府在19世纪60年代中期还是能够从国外借款。当时它从一家英国银行获得了140万英镑的贷款，用于向俄国支付战争赔款。清政府在1875年发行了利率为8%、以英镑计价的债券，1885年发行了利率为6%的债券，1896年以5%的利率筹集贷款。1898年，清政府又发行了利率为4.5%的债券，用于偿还中日甲午战争失败后对日本的赔款。[37]

这还不是全部。1900年，义和团发起了一场反对外国侵略者的武装起义。日本、俄国、英国、法国、德国、奥匈帝国、意大利和美国以本国民众伤亡为由纷纷派兵登陆，并要求清政府对起义造成的损失进行3.3亿美元的赔偿，清政府则再次通过借贷获得了这笔资金。这是一笔为期39年、利率为4%的贷款，使外债规模直接翻了一番。[38]

尽管已经有这样的负担，清政府还是能够在1900—1911年继续签订额外的贷款合同，为铁路建设提供资金，并建立和改善电报和电话服务。虽然清政府很软弱，且当时没有实行金本位制，但贷款仍然能达成。[39]

因此，近代中国的市场准入资格在实际中需要进行一些规定和解释。首先是一套专门用来保障外国投资者的措施。具体而言，19世纪50年代，外国领事担心为港口运营提供资金的贸易税被挪用，就在上海设立了总税务司署这一由外国人控制的税收管理机构。这种措施后来逐渐推行到了其他城市。

总税务司署被以英国人为主的外国人控制。外国人对其运作进行管理，而实际征收关税的事务由中国人处理。

起初，总税务司署的唯一收入是用于偿还债务的抵押品。然而，随着时间的推移，清政府的利息兑付总额超过了进口税的收入；清政府的其他收入来源，如盐和鸦片的税收，也被置于总税务司署的监督之下，这与奥斯曼人的公共债务管理经验类似。[40] 根据外国债券的附加条款，只要有关的证券尚未到期，上述规定就会一直有效。

与总税务司署相辅相成的是汇丰银行的做市活动。汇丰银行由一群大班（外国出生的商人）于1864年成立，起初主要为与日本和菲律宾的贸易提供资金。同19世纪的许多商业活动一样，这些贸易从伦敦获得信贷，汇丰银行在这一过程中建立了与英国的联系。在成立后的几个月内，它就与伦敦和威斯敏斯特银行建立了关系。不久之后，它就由英国经理人管理，并由英国人持有多数股权。它的总部设在中国香港，上海设有一个分支机构，伦敦也有一个分支机构。[41] 它发展了跨国资金流动的专业业务，这也是贸易融资的核心。它的职员管理着当时中国以银为基础的货币和英国以黄金为基础的英镑之间的波动给资产负债表带来的影响。这在为清政府的贷款（其中2/3是英镑）进行核销时起到了作用。[42]

从贸易融资到政府融资，从在伦敦寻找贸易信贷到配售政府债券，这只是一小步。汇丰银行支持一些债券的发行，同时抵制其他债券的发行，扮演着类似罗斯柴尔德或巴林银行那样的守门人角色。通过让海关专员为其债券背书，它得到了海关服务的安全性保障。

由于参与了债券承销，汇丰银行的高管意识到一个稳定的市场可以提高银行的声誉。因此，汇丰银行在二级市场上进行干预，在债券价格下跌时买入，在价格回升时卖出。汇丰银行一方面作为最后出借人，另一方面通过这些市场行为使其实际上具有一个准中央银行的地位，例如在1910年，它组织了一批外国银行向江苏省政府贷款以阻止银行挤兑。[43] 1928年，南京国民政府成立了中央银行。[44] 与此同时，汇丰银行以与奥斯曼帝国银行大致相同的方式进入了这个领域。

汇丰银行的守门人角色时常会出现失灵，例如其竞争对手就曾于1887年在德国投放一笔中国贷款。19世纪90年代，当法国和俄国的银行财团在其政府的鼓励下，联合起来向清政府提供4亿法郎（相当于1 600万英镑或8 000万美元）的贷款时，守门人角色再次失灵。[45] 撇开这些事件不谈，清政府仍然依赖汇丰银行，否则就可能失去汇丰银行带来的做市和最后贷款人的金融服务。就汇丰银行自身而言，它也直言不讳地提醒当局对其服务的依赖性。例如，1912—1913年，当北洋政府试图与来自日本的金融家达成协议时，汇丰银行威胁说要停止稳定市场的干预措施。于是，北洋政府的新任领导人迅速放弃了与日本方面的谈判。[46]

一些学者认为，这些制度安排使中国具有市场准入资格。[47] 但存在争论的一点是，当时总税务司署的实际税务仍由当地人员统辖，不在外国监督员手上。因此，有必要确保用于偿债的资金不被挪为他用。这个问题不仅包括总税务总署能够解决的信息问题，还涉及其无法单独解决的承诺问题。

支持中国满足市场准入条件的额外因素是显而易见的，那就是正漂浮在海上，将枪口时刻对准中国的军事力量。1900年，当义和团反抗外来的文化和金融影响时，外国政府派出军队登陆以保护他们的公民和金融利益。大家都明白，债务违约可能引起同样的反应。

1911年的辛亥革命印证了这一点。临时政权的不稳定性，使英国趁机夺取了对关税的控制权。英国领事不允许清政府官员征收关税，而是立即控制了收据并将其存入汇丰银行。[48] 用海关总税务司安格联的话说，这样做是为了使这些资金"不被革命政党用来资助他们的军事力量，而是保留下来偿还外债"[49]。英国和其他外国势力在长江沿岸停靠的炮舰进一步施加了阻力和压力。

令人惊讶的是，虽然 1911 年的辛亥革命使中国的政权格局发生了翻天覆地的变化，但在外国势力的武力压制下，中国在伦敦的债券价格几乎没有变动。事实上，新政府及其继任者能够于 1917 年、1918 年和 1922 年在伦敦筹集更多贷款。外国炮舰持续在长江巡逻直至 1941 年，打着的旗号是保护外国企业，但实际上是想要持续向中国政府施压以保证债务的偿付。就中国政府而言，尽管这一时期内出现了各种动荡，但债务的偿还始终没有停止。[50]

明治时期的日本

日本明治政府在 1873 年发行了第一份国内债券，以解决大名（封建时代统治日本大部分地区的大领主）的未偿债务。新政府承担了他们的债务，并有效地实现了权力的集中，这与亚历山大·汉密尔顿 1790 年在美国取得的成就类似。接下来要处理的事务是专门用于支付武士阶层的世袭津贴。若这些军事贵族和军官没有收到世袭津贴，他们可能对新政权的巩固提出挑战。新政府以债券的形式代替定期付款，一次性发放了世袭津贴。

然而，武士们还有其他投资想法。他们需要更多的现金，而不仅仅是定期获取债券的利息，因此他们出售债券以提高流动性，同时也有一些武士阶层试图建立银行——他们购买债券来为他们的新存款机构提供资金。这两种交易都需要一个二级市场来促成。因此，1878 年，也就是债券交付给武士的同一年，东京和大阪的证券交易所成立了。[51] 政府债券在这两个交易所的交易中占了一大部分。一个当时的交易账户所有者解释说:"虽然交易所本身和银行的股票后来也上市了,但在很长一段时间内,公共债务占据了大部分交易。"[52] 1882年,政府建立了一个有能力支持债券市场的中央银行。利用这些交易提供的流动性,日本仿照美国国家银行系统发展出了一套商业银行系统。

这些发展金融市场的举措促进了债务的配售和二级市场的交易。反过来,基准资产的存在,即可以在标准条件下定价和交易并因此用作抵押品的政府债券,进一步刺激了这些市场。公共债务和私人融资相互促进,齐头并进。[53]

在接下来的25年里,明治政府定期为铁路建设和其他目的发行国内债券。它还于1870年和1873年在伦敦组织了贷款。[54]这可以理解为一个全新的政权对国内缺乏基础设施以支持债券发行和二级市场交易做出的反应——正如我们所看到的,这一缺陷很快得到了弥补。一旦国内市场建立并运行起来,就不再需要进入外国资本市场了,所以也就没有了外国借款。[55]

日本于1870年和1873年组织的外国贷款的利率甚至高于其他高风险借款人,如埃及和罗马尼亚,这反映了市场对明治政府的权力和建立一个正常的税收制度所需时间的怀疑。[56]这些高收益率表明了问题的新颖性,这是日本第一次出现在外国金融市场上,而这个国家"对许多西方投资者来说……是完全陌生的"[57]。实际上,日本是一个新兴市场,只能通过在国外以高利率借入外币来获得公共信贷,因为它既没有业绩记录,也没有在国内借贷的金融基础设施。与其他新兴市场的不同之处在于,日本在不到10年的时间里脱离了这一"原罪"。[58]

随着1894年中日甲午战争的爆发,日本财政压力加剧。日本政府继续依赖国内债务的发行,但军事需求最终超过了居民的筹资能力。1897年,日本当局试图在伦敦转售国内债券。这就是

1895—1896年的战争贷款债券,重新包装成1897年利率为5%的日本帝国债券。日本政府在1897年初才最终决定实行金本位制,而新的货币法也在这一年的年底生效。但这对市场准入没有什么影响,因为日本银行以恒定的黄金计价单位保证本金和利息。利率为5%的债券取得了440万英镑的销售额。1899年,日本政府又在伦敦发行额度达1 000万英镑的债券,并在汉堡和纽约发行了额外数额的外债。这些贷款表面上是为了投资铁路和电话系统,但实际上是为了准备日俄战争。这些债券的利率为4%,发行价为90,但由于该债券有55年的超长到期时间,收益率仅略高于4%(见表5-1)。[59]

表5-1 在伦敦发行的日本债券

发行年份	总价值(百万英镑)	利率(%)	到期年限(年)	资金用途
1870	1.0	9	13	铁路建设
1873	2.4	7	25	杂项
1897	4.4	5	53	军事
1899	10.0	4	55	铁路建设、通信网络
1902	5.1	5	55	军事、通信网络
1904	22.0	6	7	军事
1905	60.0	4.5	25	军事
1905	25.0	4	25	杂项
1907	23.0	5	40	杂项
1910	11.0	4	60	杂项

注:表中加灰底阴影的数据表示在两期条件相似的债券中筹集的总收益。
资料来源:Sussman和Yafeh(2020)。

当日本在1870年和1873年进入外国资本市场时,它被要求支付10.8%和8.7%的利率。对比如今日本融资的低利率,这一反差令人印象深刻,这一对比也反映了日本的经济进步,特别是出口增长(尤其是丝织品)。它证明了金融机构建设的成功:包括股票和债券市场、商业银行系统,以及建立中央银行。[60]另外,这些成功还受益于政治治理和政府机构的建设。

1904年日俄战争爆发后，外国贷款人对日本政府的债券增加了违约风险溢价。战争贷款由日本海关收入作为担保，利率为6%。它的到期时间为7年，收益率为7.2%。相比5年前仅仅是小幅提高。鉴于该国正进行对外战争，这样小的利率上升令人十分惊讶。

对此的解释也要部分归结于运气。1904年发行的债券有一半是由美国投资银行库恩-洛布在纽约发行的。美国投资者对外国政府债券普遍缺乏兴趣，但由库恩-洛布投资银行发行的这批债券是例外。日方贷款谈判代表高桥幸之助在伦敦的一个晚宴上偶然坐在了库恩-洛布的高级合伙人雅各布·希夫旁边。[61] 希夫十分关注沙皇对犹太人的压迫，并希望俄国在日俄战争中失败。因此，希夫联合库恩-洛布与国家城市银行、国家商业银行结盟，为日本政府的债券提供担保，并向美国投资者推销。[62] 战争过后，俄国爆发了革命，只是新成立的政府并未如希夫所愿。

当1904年日本在战场上取得胜利时，日本政府甚至也能够吸引外国投资者参与最新的国内债券的发行。尽管这些债券以日元计价，并且仅以国家的一般信用作为担保，但它仍然成功发行了。[63]

因此，通过巩固权力、发动战争和实施金融改革，明治政府在短短30年内就从一个"西方投资者完全不了解"的新奇借款者，过渡为一个经验丰富的主权借款者，获得了以本国货币向国外借款的能力，而这一能力当时很少有其他新兴市场具备。[64]

小　结

对日本来说，发行公共债务是有回报的。持有公共债务的投资者也得到了回报，他们拥有多样化的债券组合。但公共债务的发行也有可能面临糟糕的情况：资金被用于低回报的用途，政府停止支付，投资者遭受损失。在本章中，我们已经看到这几种情况。我们还看到其他一些干预手段，从军事入侵到财政管理，投资者和政府在寻求收回资金时都会求助于这些手段。在下一章中，我们将对其进行进一步探讨。

6
管理问题债务

19世纪，各国政府加大了债务融资。许多国内金融市场状况不佳的国家选择在外国金融中心发行债券。从拉丁美洲新兴国家，到加拿大和澳大利亚等英联邦成员国，以及埃及等政治独立实体，每一个新独立或准独立的实体在获得财政自主权后，就会转向国际债券市场。

在此过程中存在很多问题，例如政府停止偿还债务。投资者建立了一系列处理违约的机制，包括成立债券持有人委员会来组织谈判；与证券交易所合作，防止违约债务国发行新债券；游说本国政府实施经济和政治制裁，并在极端情况下争取外国金融控制。

图6-1展示了1800—1910年的新违约数量和违约国家的百分比。[1]尽管这110年间都存在违约现象，但在重大国际债务危机发生的19世纪20年代、70年代和90年代，违约事件数量激增。19世纪20年代，违约概率上升到每年5%；至19世纪20年代末期，接近1/3的独立国家都在拖欠偿还债务。[2]直到19世纪60年代，这些债务才正常化，违约国家的占比降至1/4以下。然而，即便这种正常化，也只是昙花一现，随后的贷款热潮在1873年就已经崩溃，维也纳和柏林的银行业问题（第4章和第5章提及）也扩散至

欧洲其他金融中心，无条件违约的概率飙升至2.5%。[3]

19世纪80年代，在又一次贷款热潮之后发生了第三波违约。1890年，阿根廷的金融问题对巴林家族造成巨大冲击，并蔓延到其他国家，经济开始下行。[4]违约率上升至4%，为19世纪20年代以来的最高水平，阿根廷、巴西、哥伦比亚、多米尼加、厄瓜多尔、希腊、危地马拉、利比里亚、尼加拉瓜、巴拉圭、秘鲁、葡萄牙和委内瑞拉等国暂停偿还债务。

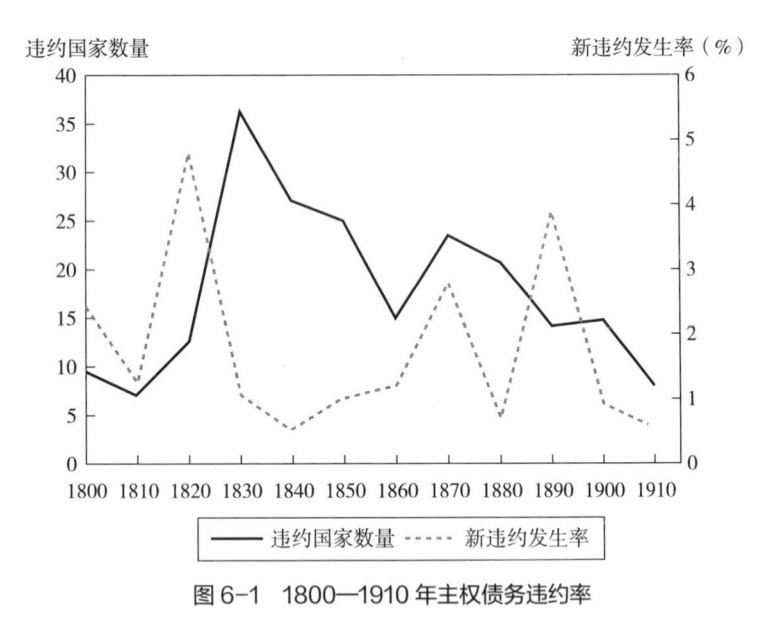

图6-1 1800—1910年主权债务违约率

注：样本覆盖范围为1913年前独立的47个国家，包括新兴经济体和发达经济体。违约国家数量是指某一年内存在违约行为的独立国家数量。新违约发生率是指无条件发生违约的概率，即在给定时间内每年（新）违约的独立国家数量占同时期独立国家总数的比重。该数据为外债。
资料来源：Reinhart 和 Rogoff（2009），作者计算。

然而，这次新违约发生率下降得更快，达成和解的速度也更快。到1907年，除了危地马拉，在19世纪90年代违约的所有国家都已与其债权人达成和解。违约的平均持续时间从 1870 年前的 14 年，下降到 19 世纪 70 年代和 80 年代的 8 年。此后，违约平均持续时间下降到 2 年。[5] 债券持有人委员会、证券交易所、投资银行和债权国政府都在这一更为顺利的调整过程中发挥了作用。

发生违约的原因有很多种。一些学者指出借款国存在的问题包括：政治不稳定、财政体系薄弱以及内战。[6] 其他人则认为贷款国的动机存疑。[7] 尽管一些承销商筛选出了可疑信贷并阻止过度借贷，但另一类承销商更重视预先赚取的佣金，而非贷款的表现。[8] 投资者并不总是能够区分这两类承销商。

尽管处于困境的借款国有获取市场准入的想法，但这也不会阻止其违约。对于政府不稳定、任期短的国家来说，情况也是如此，这些国家可能会将失去市场准入视为继任者将面临的问题。当投资者好了伤疤忘了疼，并迅速向违约债务国重新开放市场时，情况更是如此。经济历史学家彼得·林德特和彼得·莫顿的结论——"投资者似乎很少关注借款人过去的还款记录"有点言过其实。[9] 尽管如此，他们的观察表明，许多主权国家会通过协商和解以及进行债券交换来安抚债权国。这样一来，它们可能会相对较快地重新获得市场准入。

但对一些国家来说，重新进入市场意味着更多的问题。1800—1913 年，哥伦比亚、墨西哥、西班牙和委内瑞拉都曾五次违约。当计算图 6-1 中的违约发生率时，我们发现违约是一个长期状况：国家的违约概率取决于先前违约的次数。对于之前违约次数不超过一次的国家，其违约概率相对较低，每年为 1.5%；在经历两次违约后，违约概率上升到每年 2.2%；在经历三次违约后，违约概率上升至 4.7%。

债务的重新谈判

无论问题的根源何在，协商对违约债务的解决方案都符合借贷双方的共同利益。对投资者而言，支付一部分总比没有好；而对债务国政府而言，偿还部分债务以恢复市场准入的机会是可以接受的。原则上可以达成这样的协议：将拖欠的利息添加到现有债务中，将旧债券换成新债券，并提供新的贷款。[10]

但双方都不清楚对方可能会做出哪些让步。债务国政府越是急于重新获得市场准入，就越有可能提出优厚的条件。但是，如果债务国政府官员猜测投资者的耐心更加有限，那么政府就有动机坚持到底，看债权方是否会接受成本更低的条款。相反，如果投资者认为债务国有可能急需重新获得市场准入，那么他们就有理由提出异议，看债务国政府是否会做出让步。

因此，不确定性越大，推迟协商以获取额外信息的动机就越强。事实上，借贷双方陷入了一场消耗战中，这种消耗战可能会拖延，甚至是无限期拖延。[11]

更好的信息获取是19世纪债务违约持续时间下降的原因之一。投资者了解其他国家和政府的情况，债务国也了解投资者的态度。专门的金融出版商和机构也有助于减少信息不对称，甚至之前的违约也提供了信息。讽刺的是，同样的国家不止一次违约，这本身就是帮助打破最新僵局的一个因素。

虽然投资者寻求建立统一战线以对债务国施加压力，但债券持有方的情况各不相同。债务国可以在某一方面向投资者提供更为优厚的条件，并声称这构成了该国重新进入市场的充分理由，从而分解压力。[12] 即使大多数投资者认为债务国已经提出了可接受的条件，后者也仍有必要向反对方施压。否则，多数人的意愿可能会受挫，其他债权人或政府可能不得不以高昂的代价说服反对方。

包括伦敦法院在内的普通法法院坚持主权豁免的司法原则，拒绝审理针对政府的案件。[13] 政府官员也不愿介入私人金融事务。因此，投资者有动机调整贷款合同，以解决集体行动中存在的障碍。1879 年，英国律师弗朗西斯·帕尔默提出了第一条多数诉讼条款，根据该条款，债券持有方的多数票可以迫使持异议的少数投资者接受该协议。这些多数诉讼条款通过剥夺持反对意见者的权利来促进债券违约后的和解，但也与其他法律条款相平衡，例如要求平等对待所有债券持有方的平等权利条款，该条款在 1872 年被纳入玻利维亚债券后得到广泛使用。[14]

债券持有人委员会

鉴于协调的优势，债券持有人成立了委员会，作为达成内部协议的工具。早期的委员会是临时设立的，并且是按照国家路线组织的。一个例子是希腊债券持有人委员会。该委员会于 1826 年由聚集在伦敦金融城酒馆的投资者成立，由大卫·李嘉图的弟弟——雅各布·李嘉图担任主席，他还是 1825 年希腊一笔波折的贷款的共同组织者。[15]

并非所有委员会都由经验丰富的金融家担任主席。有些是由缺乏信用的运营商组织的，这些运营商更关心旧债券换新债券时获得的佣金，而非投资者的利益。有时代表不同投资者的委员会会互相竞争，削弱彼此的谈判地位。[16]

早期的英国债券持有人委员会与伦敦证券交易所及其董事会——通用委员会密切合作，通用委员会将重要的债券持有人列为成员。[17] 从 19 世纪 30 年代开始，通用委员会根据债券持有人委员会的申请，暂停违约政府的证券交易。[18] 只有当债券持有人委员会报告大多数成员已准备好接受债务国政府的重组提议时，它才允许该国的新债券上市和报价。这样一来，伦敦证券交易所提供了一定程度上的制度连续性。债券持有人委员会成员可能会来了又走，但通用委员会成员一直存在。交易所的交易禁令允许债券持有人向违约的政府施压。这也是一种向反对者施压的机制，当协议得到多数人的支持时，反对者可能会看到新发行的债券市场再次启动。

随着19世纪60年代贷款的恢复，人们努力规范这些非正常安排。1868年11月，英国投资者再次在伦敦金融城酒馆举行会议，这次会议由商业银行家、政治家和未来的财政大臣乔治·J.戈申主持，成立了外国债券持有人公司，这是一个由政府索赔人组成的常设委员会。由戈申担任合伙人的银行——佛吕林和戈申公司（Frühling and Goschen）曾帮助埃及组织1862—1866年的贷款。[19] 到1868年，这些贷款已陷入违约状态，债券持有人（尤其是佛吕林和戈申公司）对这些贷款产生担忧是可以理解的。

1873年，外国债券持有人公司重组为非营利性组织，并获得了贸易委员会颁发的注册执照。[20] 其董事会或理事会由债券经纪人和承销银行主导。其他成员表示反对，认为银行家和经纪人有动机尽快恢复承销，这将导致委员倾向于尽快接受和解提议。正如《经济学人》在1896年写的那样："发行机构对债券持有人施加了强大的影响，债券持有人发现在借款方违约期间几乎不可能与其开展新的业务。因此，他们自然希望达成某种和解，尤其是在和解之后……经常会有新的贷款发放。"[21] 债券持有人可以在大会上通过多数票决定是否接受和解提议，但该会议的议程由理事会控制。这些投诉导致该公司于1899年通过一项议会法案重组，理事会成员现在由伦敦商会提名，其中有债券持有人。[22]

除了组织债券持有人之外，外国债券持有人公司还协助提供信息。例如，组织公开讲座，在具有重大财务影响力的国家设有代理人，发布有关债务状况的报告，以及经营阅览室和图书馆，投资者可以在那里查阅报告、新闻简报，以及其他与市场相关的材料。[23]

与之类似的债券持有人委员会也于1876年在荷兰、1898年在法国和比利时以及1912年在瑞士成立，反映了这些国家逐渐成为主要外国贷款人。与外国债券持有人公司一样，这些委员会起源于银行和债券经纪人。一些机构，如法国国家债券持有人协会，是为了应对政府的压力而成立的。这是因为政府担心债券持有人如果缺乏代表权，可能会试图让政府官员成为他们的代言人。[24] 在德国，市场由少数几家银行控制，投资者继续依赖由银行承销商组织的特设委员会。[25]

尽管外国债券持有人公司与伦敦证券交易所合作密切，但与外国同行的合作却并不理想。这可能是因为与外国证券交易所和债券持有人委员会的协调不足。因为当政府与某一个国家的债券持有人委员会达成和解，并重新开始在对方国家的市场发行债券时，它可能会在与其他国家的委员会的谈判中采取更强硬的路线。不同国籍的债券持有人对谁将首先获得偿付存在分歧，而债权人协调是此类分歧的牺牲品。[26] 因此，危地马拉能够在20世纪初的时候很快恢复在法国和德国的借款，而对英国的债务仍处于违约状态。[27] 同样地，英国债券持有人不得不在1902年与葡萄牙政府达成和解，因为葡萄牙早在一年前就与法国和德国的投资者达成了和解。[28]

虽然债券持有人委员会体系尚未成熟，但也带来了显著影响。当债券持有人由一个常设委员会代表时，谈判通常会更快结束。[29] 而当债券持有人代表来自多个委员会时，违约问题则需要更长时间才能解决。当由常设组织而非特设委员会进行谈判时，利率要再高出1/5。[30]

多年来，外国债券持有人公司等委员会一直致力于保护债券持有人的权益。在执政党否认沙皇债务的60多年后，该公司仍在寻求收取当年俄国拖欠的债务。[31] 违约持续的时间越长，对达成债务解决方案就越不利。此外，在20世纪30年代的违约浪潮后，国际债券市场处于停滞状态，因此没有新的债权交易需求，也没有债券持有人愿意支付会费。考虑到租金成本，外国债券持有人公司首先放弃了伦敦金融城中心的位置，搬往伦敦的远郊区。讽刺的是，1988年，在新兴市场债券发行和交易重新开始之前仅仅几个月，它就倒闭了。

债务金字塔

在极端情况下，债务管理不善不仅会使一国失去市场准入资格，还会导致财政和政治自主权的丧失。埃及的经验说明了这些风险。

埃及曾是奥斯曼帝国的一个行省，但在穆罕默德·阿里的努力下，埃及获得了一定程度的政治主权。阿里从1805年开始统治埃及；1841年，奥斯曼政府在一项政治方案中授予阿里及其继任者埃及总督（或称作"赫迪夫"）的头衔和财政自主权，以换取每年的贡品。[32]

这项方案虽然没有明确授权埃及发行债务，但也没有排除发行债务的可能性。[33]第二位埃及总督赛义德（1854—1863年）利用这种模糊性，开始发行短期国债。1860年，当市场作用有限时，赛义德从巴黎贴现银行①获得了一笔个人预付款。该银行在1848年革命后由法国政府赞助设立。[34]这笔资金的一部分用于资助对法国明显有利的苏伊士运河的建设，为苏伊士运河建设的开工提供了资金，但开工后不久该项目就需要更多的资金。

与埃及总督管辖下的个人贷款不同，现代埃及的国家金融时代始于1862年，彼时埃及政府在伦敦和其他欧洲金融中心一共发行了220万英镑的债券。这得益于美国内战导致的棉花价格走强。[35]

---

① 巴黎贴现银行现已与其他银行合并为法国巴黎银行。——译者注

这是佛吕林和戈申公司参与的命运多舛的贷款中的第一笔。赛义德只收取债券票面价值的60%，因为这些债券是由投资者以80%的价格购买的，且需要再支付20%的特别佣金和服务费（由佛吕林和戈申公司及其德国合作伙伴分摊，佛吕林和戈申公司最初是一家德国银行）。佛吕林和戈申公司显然明白该项目存在风险。

1863年，新任埃及总督伊斯梅尔·帕沙上台后承担了这笔债务。他没有对这笔贷款进行整合，而是借了更多的钱，用以资助从国家公路到歌剧院的所有工程项目。由于税收收入并没有相应地增加，所以政府必须增加贷款来支付利息。这位总督采取了更有创造性的措施，例如抵押其个人庄园与土地的收入，预先收取税款（以50%的折扣为优惠条件），并将苏伊士运河45%的股份出售给英国政府。到1876年，埃及的长期债务增至5 400万英镑，短期债务增至2 600万英镑，二者合计约占该国GDP的120%。这对仍处于经济发展早期的新兴市场来说，是一个非常大的数字。[36]

随着美国内战的结束，棉花价格可预见地下降了。埃及政府于1873年初签订了最后一笔外部贷款合同，但之后的欧洲金融危机和1875年奥斯曼帝国的违约使埃及失去了（对相关债务的）赎回权。[37]为了保护市场准入，伊斯梅尔将关税、烟草专卖税和省级税的收入交给了他的法国和英国债权人。[38]该计划是由乔治·戈申制订的，他主持了外国债券持有人公司的成立会议，他参与合伙的银行（即佛吕林和戈申公司）承销了埃及的债券。[39]

这是外国第一次对处于破产边缘的债务国进行财政控制，也是随后常见的干预模式，例如1882年奥斯曼帝国的干预。[40]债权人的特殊目的机构——公共债务基金——直接获得埃及政府分配的收入，并对新借款和税收变化决策行使否决权。[41]作为回报，它将外债整合为一笔利率为7%的贷款。[42]

可以理解的是，外国的财政控制在埃及表现不佳。它导致了

6
管理问题债务

115

1882年的示威和暴乱，有人在暴乱中丧生。英国政府的"适度"回应是轰炸亚历山大港、占领埃及并控制其财政。[43] 英国政府在政策中声明，不会为了商业利益干涉外国事务。但出于战略考虑，也会有例外，英国政府正因为苏伊士运河有战略意义才对埃及加以干涉。[44]

1885年，为了维持苏伊士运河的通航能力，英国和其他5个欧洲国家为埃及提供了担保。埃及的财政状况这才得以稳定，但还远不足以偿还早前的贷款。根据这一安排，任何预算盈余的一半都将用于偿还债务，另一半用于投资灌溉项目等以振兴经济。与之前的安排相比，这是一种改进。在此种安排下，控制人要求将全部新增的财政收入用于偿还债务。这消除了埃及当局采取措施来增加财政收入的动机，即经济学家所说的债务过剩。但现在，随着对灌溉项目的投资，埃及经济开始复苏，财政状况得到改善，债权人也通过减少短期收入而获得了更多长期回报。1882—1904年，埃及用于偿还债款的收入增长了50%。[45]

1900年后，一旦公共债务基金积累了足够的储备，债权人就放松了（对埃及的财政）控制。埃及政府利用其灵活性重返市场，将旧债务转换为新贷款，支付利率为以前的一半（见表6-1）。通过这些操作，未偿债务从1882年政府收入的10倍减少到1913年的一半。获得财政空间后，埃及政府再次开始借款，用于改善铁路建设和其他目的。

这是一次成功的债务整合，尽管相关经验并不值得其他国家学习。此外，获得了充足收入的公共债务基金极少鼓励埃及进行更为根本的财政改革。[46] 因此，在第一次世界大战前夕，埃及的财政能力仍是同类国家中最弱的。这使它重新获得完全政治和金融自主权的前景，比其他也在国际金融监管下的经济体更加渺茫。第一次世界大战后，这些经济体重新获得了些许独立，但埃及在第二次世界大战之后才恢复财政主权。这是经历过两次世界大战的埃及人难以忘记的待遇。

表6-1 财政控制前后的埃及外债

时间	外债规模（名义值，百万英镑）	实际利率（%）	人均外债（英镑）
1862—1876	69.0	8.5	7.2
1876—1913	55.0	4.5	7.5

资料来源：Tunçer（2015）。

制裁和国家主权

当然，埃及并不是唯一主权受到干预与挑战的国家。一项研究分析了1914年前通过施加军事压力或外国控制来应对债务问题的18个案例。[47] 与其他违约相比，制裁后的违约得到了更快的解决。[48] 随后发生违约的可能性也会降低，问题借款人能够更好地在国际市场上发行新债务。比较麻烦的是政治上的后果。事后来看，在经历了长期的外国金融和政治控制之后，埃及最终获得独立时求助于民族主义的领导人贾迈勒·阿卜杜勒·纳赛尔也就不足为奇了。

投资者也不一定依赖制裁。从乔治·坎宁到帕默斯顿[①]，英国历任外交大臣都坚持认为，英国债券持有人不应指望他们的政府提供帮助。[49] 正如坎宁总结的那样："政府没有任何义务干涉英国臣民向外国列强、国家或个人偿还贷款。"[50] 这并不是说债权人不敢提出要求。帕默斯顿抱怨道，他们坚持不懈，"无赖和厚颜无耻的

[①] 帕默斯顿指亨利·约翰·坦普尔，第三代帕默斯顿子爵。——译者注

程度令人无法忍受"。[51]

其他势力也参与其中。英国商人和制造商担心海上封锁会干扰贸易。因此，当英国的商业利益处于危险之中，例如外国政府可能以债务问题为借口夺取苏伊士运河时，商业、工业和金融的立场趋于一致，军事干预就更有可能发生。

英国介入时，经常与其他大国一起行动。这种合作往往使封锁更加有效。委内瑞拉就是一个例子，该国从1898年开始经历了一场革命，并停止偿还债务。德国在委内瑞拉有很大的利益牵扯，在干预中发挥了带头作用。英国外交部因此受到动摇，它意识到英国只用承担一小部分成本，担心德国单方面的封锁可能为德国投资者带来更优惠的条件。

因此，在1902年，英国和德国封锁了拉瓜伊拉港和卡贝略港，并占领了它们的海关大楼。德国轰炸了圣卡洛斯城堡以示武力威胁，并试图进入马拉开波湖。美国总统西奥多·罗斯福拒绝出面阻止，理由是门罗主义（美国的一种外交观点，认为欧洲不应干预西半球事务）适用于夺取领土，但不适用于债务合同的强制执行。最终，罗斯福失去了耐心，派遣了一支由海军上将乔治·杜威率领的美国舰队，迫使德国坐到谈判桌前。根据在华盛顿特区达成的条款，委内瑞拉同意将其在拉瓜伊拉港和卡贝略港的海关收入的30%用于支付所欠的美国和9个欧洲国家的利息。它几乎无力抵抗，因为在整个谈判过程中，封锁一直持续。美国驻加拉加斯大使赫伯特·沃尔科特·鲍恩代表委内瑞拉参加了与德国的谈判。[52]

这一事件为美国干预该地区奠定了基调。1904年，当圣多明各（现多米尼加共和国）停止偿还债务时，德国和意大利封锁了港口。然而，这一次，美国总统发布了被称为"门罗主义的罗斯福推论"的宣言。这是一个对欧洲各国政府和债务国的警告。该宣言表示："如果一个国家在工业和政治事务上表现尚好，保持稳定秩序并履行偿债义务，那么它就不必担心美国的干涉。"但同时也表示："野蛮的错误行为，或者导致文明社会的联系普遍松动的无能行为，最终可能需要另一些文明国家的干预，而在西半球，美国不能忽视这一责任。"[53]

美国随后派出一艘战舰，控制了圣多明各海关，在德国与意大利有所行动之前先发制人。投资者将这一行动视为一个信号，表明解决拉丁美洲债务国违约贷款的希望重新燃起，债券价格也因为该消息而上涨。《纽约时报》在1905年5月5日评论道："伦敦的证券经纪人正在推动南美洲的繁荣交易。罗斯福总统实际上已经为南美洲的偿债义务提供了担保，这使该地区成了一个活跃的投机目的地。"[54]

在接下来的一段时间内，美国用炮艇外交陆续威胁了几个拉丁美洲国家：1911年威胁哥斯达黎加，1912年威胁尼加拉瓜，1913年威胁危地马拉并控制其海关。这些只是效仿了欧洲列强在希腊、埃及、奥斯曼帝国和其他地区的做法。

违约的影响

违约对各国经济有何影响？回答这个问题最简单的方法是比较违约事件前后的经济增长。1880—1914年违约的19个主权国家的经验表明，违约后的GDP相较于违约前5年的GDP下降了10%，之后违约的影响逐渐减弱。

当然，违约国家和非违约国家在其他方面也有不同。主权国家之所以容易违约，正是因为它们在前一个时期过度借贷，并人为刺激经济，这在市场准入和信贷刺激被撤回时，会引起更大的崩溃。规避这个问题的一种方法是"叙事法"。[55]该方法使用当代的资料来源区分由这种过度借贷（所谓内生违约）引起的违约，以及非本国原因引起的违约（外生违约，由全球商品价格冲击或其他借款国或金融中心的问题引起）。图6-2显示了全样本和内生违约情况下GDP的变化结果。[56] 正如预期的那样，在外生违约的情况下，GDP损失较小，尽管仍有所下降。

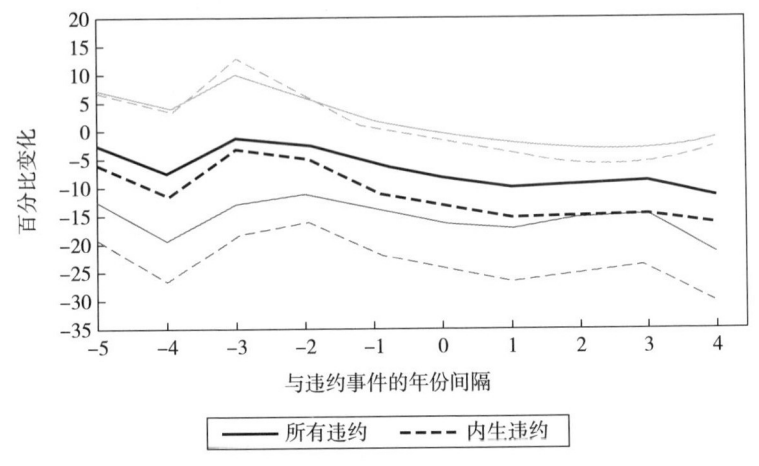

图6-2　1800—1913年主权违约的产值成本

注：GDP数据来自Bolt等（2018）。灰线表示95%的置信区间。
资料来源：作者计算。

图6-3显示了主权利差，即投资者为持有主权债券而要求的高于安全资产（如英国政府债券）收益率的额外溢价。该图表明，利差在违约后显著上升并保持在高位。在违约4年后，利差仍比危机发生前高出50%。两个样本的增幅相近，表明投资者并不总是能够清楚区分外生违约和内生违约。这一发现支持了如今仍然存在的一种观点，即当涉及国家风险时，市场并不像人们想象的那样具有歧视性。

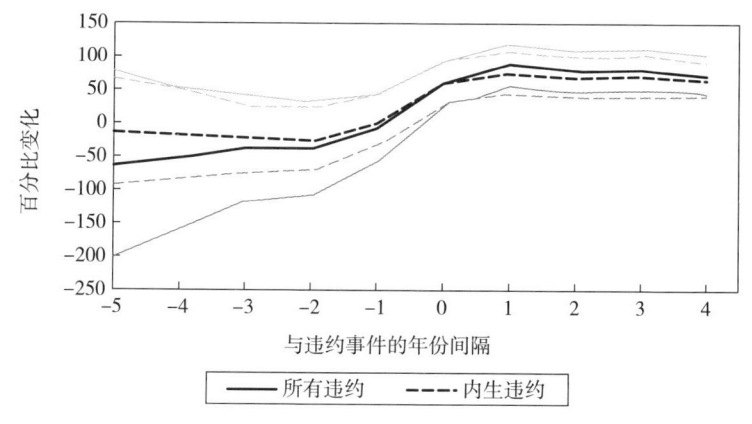

图 6-3　1800—1913 年主权违约对主权利差的影响

注：GDP 数据来自 Bolt 等（2018）。灰线表示 95% 的置信区间。
资料来源：作者计算。

实际收益率

投资者的回报如何？我们有大量关于欧洲主要金融中心发行外债的证据，但关于国内债务的证据较少。在前面引用的研究中，彼得·林德特和彼得·莫顿计算了 1850 年未偿且于 1850—1913 年发行的外国政府债券的投资者收益率。他们考虑了 4 个拉丁美洲发行国（阿根廷、巴西、智利和墨西哥）和其他 6 个主要借款国（澳大利亚、加拿大、埃及、日本、俄国和奥斯曼）。[57] 他们在表 6-2 中的计算显示，实际收益率从墨西哥的 -0.7%、加拿大的 4.8% 到埃及的 6.4% 不等。其他政府债券的收益率在 2%~3.5% 之间，与英国的政府债券基本相同。

这种分散提醒我们，债务发生和偿还的情况非常不同。墨西哥债券的灾难性收益率反映了 1910 年的革命导致政府暂停偿还债务。与国际银行家委员会就墨西哥问题的谈判于 1919 年展开，由 J. P. 摩根公司的托马斯·拉蒙特担任主席，但直到 1941 年墨西哥政府才开始零星付款。当时在美国国务院的施压下，债务以对墨西哥有利的条件进行了重组，因为第二次世界大战的爆发使美国希望修复自己与南部邻国的关系。[58]

埃及债券的表现则与墨西哥截然不同，这反映了前文所述的外国金融控制。加拿大发行的债券的收益率则表明，这位忠实的英联邦成员全额偿还了其以英镑计价的债务。[59]

表 6-2　1850—1914 年 10 个国家的政府债券实际收益率

借款国	债券数量	贷款金额（百万美元）	实际收益率（%）
阿根廷	113	928.1	3.5
巴西	79	841.8	2.3
智利	32	249.7	2.8
墨西哥 [a]	37	475.7	−0.7
总和	261	2 495.0	2.2
澳大利亚	232	1 525.2	3.0
加拿大	62	65.7	4.8
埃及	18	367.9	6.4
日本	32	914.9	1.9
俄国 [b]	48	3 340.9	1.3
奥斯曼	42	695.4	1.6
总和	434	6 910.0	2.1
以上全部合计	695	9 405.0	2.1

注："总和"是指分表内多个国家的债券总数、发行总额和平均收益率。"以上全部合计"包括了这 10 个国家的债券。收益率是通过从名义收益中减去贷款国的事后 CPI（消费价格指数）通胀率来计算的。资金流动额以贷款国 CPI 进行折算。贷款金额为扣除佣金和费用前数值，以现价计。a：包括 1915—1945 年墨西哥两笔未成功的转换贷款。b：包括 1916 年发放给俄国的两笔美元贷款。
资料来源：Lindert 和 Morton（1989）。

总体而言，4 个拉丁美洲国家政府的债券平均收益率为 2.2%，略高于购买英国政府债券的投资者收益率（1.7%）。因此，总的来说，投资者要求支付的溢价远高于4个拉丁美洲国家存在的违约风险。相比之下，其他6个债务人的债券收益率的平均绝对值几乎完全相同（2.1%），表现略逊于英国政府债券。[60] 总之，外国债券和英国债券的收益率分别为2.12%和2.26%，对于买入并持有的投资者而言，几乎没有什么区别。

这些收益是假设投资者有足够的耐心，基于债券的全部期限计算的。实际上，并不是所有购买债券的投资者都会一直持有债券。二级市场的存在允许投资者重新调整其投资组合，并在到期日之前清算、优化头寸。这就需要使用其他回报指标来衡量债券的表现，例如年度收益率。[61] 经济学家本杰明·沙博和克里斯托弗·库尔茨计算发现，1866—1907年，在伦敦上市的外国政府债券的平均收益率为8.4%，而英国政府债券的平均收益率为2.1%。[62] 由于风险和波动性，外国政府需要支付这些溢价。然而，即使在根据价格的波动性调整债券收益率后，相关数字也表明投资外国主权债券是值得的。[63]

对于为什么尽管国际借贷存在风险，投资者仍被主权债务吸引这一问题，这些计算结果提供了一种解释——风险溢价弥补了投资者因违约遭受的损失。这不是一个令人惊讶的结果，正如我们在本书第3章中看到的那样，这与早期尽管西班牙的费利佩二世连续违约，但外国银行家仍继续向他提供贷款的原因相同。高于常值的收益率也补偿了投资者对债券价格波动的担忧。这些投资者享受到了投资组合多样化的好处，即总体回报更稳定，因为国内外债券的利息支付之间相关性较小。[64]

国内债务

以本国货币发行债务的主权国家不仅要补偿投资者的违约风险，还要补偿货币风险，因为债券价值将随着货币贬值而下降。对于出口单一大宗商品的国家，该问题尤其令人担忧。许多处于金本位边缘的国家依赖单种或少数初级商品的出口：阿根廷的猪肉和小麦，巴西的咖啡和橡胶，智利的铜，哥伦比亚的烟草，秘鲁的鸟粪，委内瑞拉的可可。如果大宗商品的价格下跌，这些国家的国际收支和政府预算将出现赤字，外汇储备外流，当局可能被迫让本国货币贬值。[65] 利息支付的实际价值将相应下降。[66]

  投资者明白这种风险。平均而言，政府在发行国内债券时需要额外支付 220 个基点，以补偿货币风险。[67] 即使在采用金本位制之后，它们仍需继续支付这一溢价，因为金本位制也可能随时被废除。

  我们有两份关于国内债务的简要概况，一份是 1883 年的，另一份是 1914 年的。经济历史学家马克·弗朗德罗和内森·苏斯曼研究了 1883 年伦敦和巴黎的所有未偿债券，并按面值货币进行分类。[68] 他们发现，只有少数欧洲国家（英国、德国和荷兰）仅以本国货币发行债券。法国也可以算在内，如果忽略其于 1871 年在普法战争后的赔偿贷款。[69] 比利时和瑞士也可以包括在内，如果忽略其发行的以法国法郎计价的债券，因为法郎实际上是拉丁货币联盟成员国的共同货币。

  即使按照这种模糊的解释，最终的名单也仅限于少数相对发达的欧洲国家。在大多数情况下，它们的货币在国际上广泛使用，这允许其债券在流动市场上买卖。它们同时生产制成品和初级商品，稳定了贸易条件。债权人在其政治体系中有发言权。拉丁美洲国家缺乏这些先决条件，因此主要以外币发行债券，或将债券的付息与外国货币挂钩。讲英语的领地和英国其他殖民地也是这样做的。[70]

  欧洲以外的一些国家能够向当地投资者发行本币债券。上一章讨论的日本就是其中之一，美国是另一个。然而，在其他情况下，主权国家只能发行象征性数额的国内债务。对一些国家而言，制约因素是缺乏富有的投资者、金融市场欠发达、政治机构软弱；对另外一些国家而言，制约因素则是出口的波动和货币的不稳定。

表6-3简要说明了1913年的政府债券组成情况。欧洲和北美洲与其他地区形成了鲜明的对比，欧洲和北美洲的国内债务几乎占政府借款的80%。这些数字也掩盖了大陆内部的巨大差异。正如我们在前一章看到的，在建立了有效的税收体系和流动性良好的二级市场之后，日本能够吸引外国投资者投资国内以日元计价的债券。到1914年，几个拉丁美洲国家（通常是较大的国家）与英属领地和斯堪的纳维亚半岛的国家一起，获得了发行额外国内债券的能力。[71] 但希腊、埃及、奥斯曼、墨西哥、秘鲁和其他国家几乎没有变化，它们继续依赖海外发行的外币债券。

表6-3 1913年政府债券组成情况

	政府债券（百万美元）	
	外债	内债
欧洲	6 576	22 752
北美洲	311	1 419
拉丁美洲	1 314	743
非洲	991	69
亚洲	3 355	520
大洋洲	906	1 216
总计	13 453	26 719

资料来源：United Nations（1948）。

现代市场，现代问题

尽管有违约和延迟恢复付款的情况，但购买外国政府证券的投资者获得了不低于持有国内政府证券的回报。他们得到了对波动性的补偿，并享受了投资组合多样化的好处。实际收益率是有利的，这解释了投资者不顾风险也要放贷的原因。

这种做法不仅对投资者有风险，对借款国也有风险。1890年阿根廷-巴林危机之后，伦敦证券交易所二级市场的主权债券价格说明了这一点。[72] 向拉丁美洲各国政府收取的风险溢价（当前收益率减去无风险利率）急剧上升，在1890—1891年上升了840个基点，到1895年整整上升了1 600个基点。这些都是非常大的数字。不足为奇的是，它们导致了明显的衰退。这不仅对拉丁美洲产生了影响，我们之前还叙述了这些起源于拉丁美洲的事件是如何导致澳大利亚经济停滞10年的。此外，声称拥有税收收入所有权的投资者可能会迫使政府在财政、商业和政治上做出艰难的让步。在最坏的情况下，国家主权本身可能会成为牺牲品。

但借贷也有积极的影响，这也是政府坚持这种做法的原因。各国利用借来的资源加强国防和边境安全。因此，在1815年至第一次世界大战爆发期间，反常的国界变化要少于前几个世纪。除了国防之外，政府还投资港口、铁路和其他能够支持额外出口的基础设施，以帮助其顺利借贷和管理债务。即使出现违约，相关借款也留下了铁路、港口、下水道和路灯等遗产，这与20世纪90年代末互联网泡沫破裂后留下的光缆遗产不谋而合。

7
成功的债务整合

政府债务出事的消息总是非常吸引眼球,但其实并非所有的政府债务都会出事。历史上,包括在第一次世界大战之前,常有高债务被成功化解的例子。我们在本章将介绍三个案例:拿破仑战争之后的英国、南北战争之后的美国,以及普法战争之后的法国。我们之所以对这三个案例感兴趣,是因为它们涉及 19 世纪最大的三个经济体,它们的债务也是最沉重的。[1]

在这三个案例中,高公共债务占 GDP 的比例都有所下降。但是,减少债务的方式并不同于我们之后所讨论的 20 世纪采取的方式,它们没有像新兴市场和发展中国家那样被迫进行债务重组或重新协商债务,也没有采取任何措施来人为地压低利率。同时,债务问题并没有随着通货膨胀而消失。相反,债务占 GDP 的比例是以"古老的手段"降低的,即增加预算盈余和加快经济增长。我们好奇的是:这些国家是如何做到的,以及类似的做法在今天是否可行?这些债务整合的案例,对于刚刚摆脱新冠肺炎疫情的重债经济体是否有正面或负面的启示?[2]

战争的遗憾

法国拿破仑战争、美国内战（南北战争）、普法战争是19世纪代价最大的三场战争。法国大革命和拿破仑战争从1792年到1815年，持续了20多年。美国内战作为工业时代的第一场重大冲突，对战争物资方面的投入是空前的，它使用了工业时代的技术——如铁路和蒸汽船——来部署军备和部队。[3] 美国内战涉及一个工业势力（南方邦联主要涉及农业），而普法战争涉及两个。

在这三种情况下，政府和银行都被迫暂停货币与金银的兑换，并将筹措资金诉诸货币扩张。然而，事实上，额外的货币扩张（经济学家称为"铸币税"）并不是战争经费的主要来源。这与第一次世界大战期间主要参战国的战争经费来源形成了鲜明的对比。

相反，战争经费主要通过征税和发债来筹措。例如，英国政府为法国战争提供资金的主要方式是借贷，并随着战争的进行而增加税收。这种方式是符合经济逻辑的（如经济学家所称的"最佳税收平滑理论"）。这一理论表明，一场短期战争的成本可以在一段时间内被分摊，例如通过借贷的方式。但是处于半永久性战争状态的政府，则不得不通过提高税收来分摊战争成本。[4]

在1797年终止纸币对黄金的兑换后，财政部门同时依靠英格兰银行购买政府债券，其中主要为短期国债。但银行持有的政府债务的增加是有上限的。英格兰银行持有的政府债务从1797年的2 100万英镑增加到1815年的3 400万英镑。尽管50%的增长不是小数目，但它经历了近20年的时间。对比美联储对新冠肺炎疫情的政策应对，在疫情暴发的头4个月，美联储就将其持有的美国政府债券增加了71%。

英格兰银行最重要的战时角色不在于直接为财政提供资金，而是确保支付系统和经济正常运转。为实现这一目标，银行为商家和制造商提供短期融资。银行为它们的应收账款提供信贷,即所谓的私人票据。1797—1816年,该银行持有的资产几乎增加了4倍,从500万英镑增加至2 400万英镑。[5]

言下之意是,英国政府发行的大部分债务性证券都在个人投资者手里。为了培养投资者的信心,政府表明了对保持债务价值的决心。同时,政府继续向1786年小威廉·皮特设立的偿债基金支付资金。[6] 偿债基金是一种特殊的账户,其收入被指定用于偿还债务。[7] 可以理解的是,投资者因其存在和持续的资金转移而感到安心。当局进一步重申,无论何时,一旦紧急情况过去,它们打算按战前的平价恢复纸币兑换黄金。[8] 英国已经有一个相对有效的税收管理体系,即本书第3章所述的消费税。当战争显然会持续很长时间时,皮特首创了该国的所得税。[9]

皮特被证明是一位精明的债务经理。在战争期间,他面临抉择:是应该以3%、4%还是5%的利率发行债券呢?他知道5%的利率会要求政府在战争期间支付更多的债务,因此他选择了3%的利率。然而,这意味着战后债务负担加重,因为利率为3%的债券必须以更高的折扣出售,但最终要以票面价值赎回。因此,在每一分钱都至关重要的时候,这样的权衡取舍是值得的。[10]

物价走势也会影响债务水平。金价水平在1791—1813年上涨了90%,1821年回落至1791年水平的10%以内。这使纸币兑换黄金如承诺的那般恢复到战前的平价。[11] 如前所述,当局早就表明了这一意图,并假设战争可以获胜。这可以被认为是另一种巧妙的金融手段,有效地将政府债券转变为状态依存证券。一方面,如果英国从与法国的战争中获胜,那么当局将能够兑现恢复战前平价的承诺,债券持有人将享有资本收益。另一方面,如果英国被击败,则很可能会放弃战前的平价。在这种情况下,债券持有人将蒙受损失——富人理应在财产上或其他方面为战败付出代价。[12]

美国内战期间的公共财政大体不变。如本书第 5 章所述，北方联邦政府的大部分战时支出是通过发行债券和提高税收来筹集资金的。1861—1865 年，银行持有的债券和公众持有的低面额中期债券从 6 500 万美元增加至超过 20 亿美元。这显然是美国金融界的一场革命。尽管税收在 1861—1862 年仅占联邦政府筹集资金的一小部分，但随着战争的拖延、关税和消费税的增加，以及 1861 年美国首次征收所得税，其份额有所增加，这也符合税收平滑定理的逻辑。[13] 然而，建立所得税管理体系需要时间，在此期间，联邦政府迫切需要资金。财政部长萨蒙·蔡斯通过向纽约、波士顿和费城的银行出售额外的国债获得收入，以弥补这一缺口。

最具争议的一点是发行美钞（没有黄金支撑的纸币），其占战时政府支出的 15%。发行美钞导致价格水平累计上涨 75%。这一数字略低于法国和拿破仑战争时期的英国。直到 1878 年，价格才恢复到战前的水平，而纸币兑换黄金直到 1879 年才恢复，这比英国的恢复过程更加缓慢。[14]

尽管普法战争比法国的战争和美国内战的战时支出要小，但也需要解决战后的赔偿问题。当代统计学家和金融记者罗伯特·吉芬估计，法国与战争相关的支出总额为 30 亿法郎，约占 GDP 的 15%。[15] 相比之下，英国在法国战争中的军费支出则是国民收入的 5 倍，美国北方联邦政府和南方邦联政府的战争支出总额则占美国 GDP 的 75%。[16]

法国政府的战时支出约一半由税收支付，另一半由债务支付。[17] 法国银行在 1870 年暂停了硬币支付。然后，它以国库券为抵押，向政府提供直接预付款，这些预付款占战时借款的 1/3。[18] 1871 年，银行还向巴黎公社——该市短命的革命政府——提供预付款。巴黎公社将这些资金用到军人身上并支付战争相关的其他费用。作为回报，它们没有接管银行，但为此受到马克思和恩格斯的批评。[19] 即使在资助公社的同时，银行也继续向凡尔赛的保守派梯也尔政府提供信贷。这就是所谓的双头下注。[20]

战后法国对德国的赔偿金达到了50亿法郎，占法国GDP的25%。这也超过法国一年税收收入的两倍，因此政府必须想办法筹集资金。[21] 政府是通过发行两笔大额债券来实现的，其中一半债券是由外国人认购的。[22] 考虑到法国被打败并且仍然处于动荡之中，6%的收益率是相对较低的。第一笔贷款获得了两次超额认购。对于一个刚刚经历了战争失败和国内革命的国家来说，这一点极不寻常。正如法国金融历史学家安德烈·利斯所说："这发生在1871年6月，当时战争刚结束不久，巴黎的纪念碑还在被公社起义者的大火烧得冒烟。"[23] 投资者的热情证明了他们对当局将稳定价格、恢复黄金可兑换性以及履行义务的信心，事实上他们也是这样做的。

债务整合的会计核算

一些简单的债务核算可以帮助我们了解这些债务是如何成功合并的。我们可以把债务占GDP的比例的变化分为三个部分。第一部分是累计的基本预算余额，也就是不包括利息支付的预算盈余（有时被称为财政努力——一个国家为偿还债务所做的努力）。第二部分是继承的债务占GDP的比例，以及债务的名义利率和名义GDP增长率之差的乘积。这一项反映了债务在GDP中所占的比例将如何随着利率的上升而上升，因为偿还额外的债务需要通过增发债务进行融资（假设不做其他事情），同时，这一项也反映了该债务在GDP中所占的比例如何随着经济的增长而下降。[24]

第三部分涵盖了其他影响债务占GDP的比例的因素，也被称为存量-流量调整（SFA）。[25] 存量-流量调整的因素包括因汇率变化导致的外币债务的收益和损失，减记原有债务价值的债务重组，以及其他特殊的金融业务。[26]

无论在何种情况下，我们均以债务占 GDP 的比例的峰值作为计算起点，终点是第一次世界大战前夕。计算结果如表 7-1 所示，它印证了英国是债务占 GDP 的比例下降幅度最大、时间跨度最长的国家。英国债务占 GDP 的比例从 1822 年的 194% 下降到 1913 年的 28%（见图 7-1）。[27] 法国公共债务占 GDP 的比例从 1896 年的 96% 下降到 1913 年的 51%。此后，随着战争的爆发，结束了债务整合（见图 7-2）。这个案例虽然在规模上排名第二，但在速度上排名第一，法国的减债努力持续了不到 20 年。[28] 美国内战结束时，北方联邦政府的债务比法国政府的债务要低，但随后的整合速度却更缓慢。但这个案例值得注意的是，它在第一次世界大战前夕就基本消除了债务（见图 7-3）。

表 7-1　1914 年前大规模债务整合的分解

国家	时间	债务占 GDP 的比例（%）			对债务减少的贡献（%）		
		开始水平	结束水平	减少	基础财政收支	利率-增长率差	存量-流量调整
英国	1822—1913	194.1	28.3	165.8	299.3	−158.5	25.0
美国	1867—1913	30.1	3.2	26.9	40.6	−12.5	−1.3
法国	1896—1913	95.6	51.1	44.5	44.7	−0.8	0.7

资料来源：作者计算。美国：Carter 等（2006）；法国：Flandreau 和 Zumer（2004）；英国：英格兰银行数据库，英国千年宏观经济数据（英格兰银行，2017）。

如表 7-1 所示，与第 9 章即将讲到的第二次世界大战后的债务削减相比，利率-增长率差在这些案例中都没有对减债做出实质性的贡献。事实上，由于名义利率大于名义 GDP 增长率，这一项减缓了债务整合的速度。[29] 这种负面影响在法国体现得并不明显，因为减债时间跨度最短,且19世纪90年代的物价上涨推升了名义GDP。

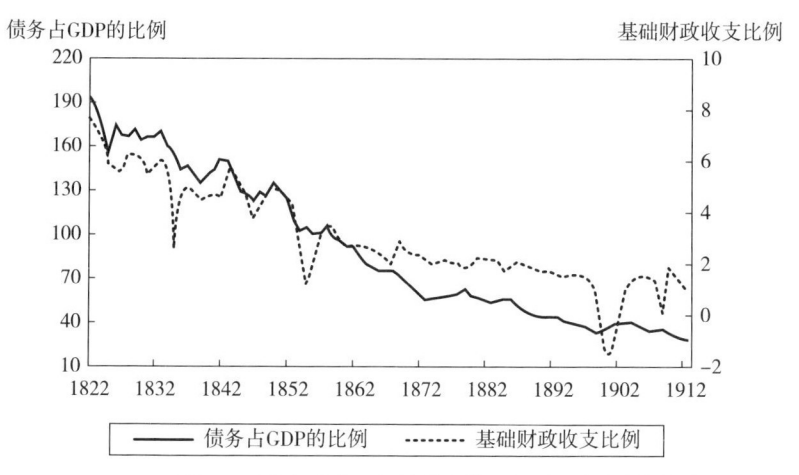

图 7-1 英国的公共债务和基础财政收支(占GDP的百分比)

资料来源:英格兰银行数据库,英国千年宏观经济数据(英格兰银行,2017),作者计算。

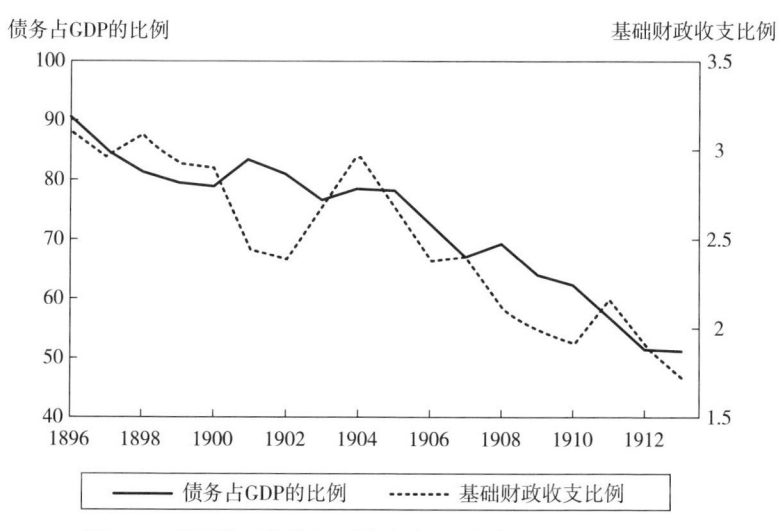

图 7-2 法国的公共债务和基础财政收支(占GDP的百分比)

资料来源:Flandreau 和 Zumer(2004),作者计算。

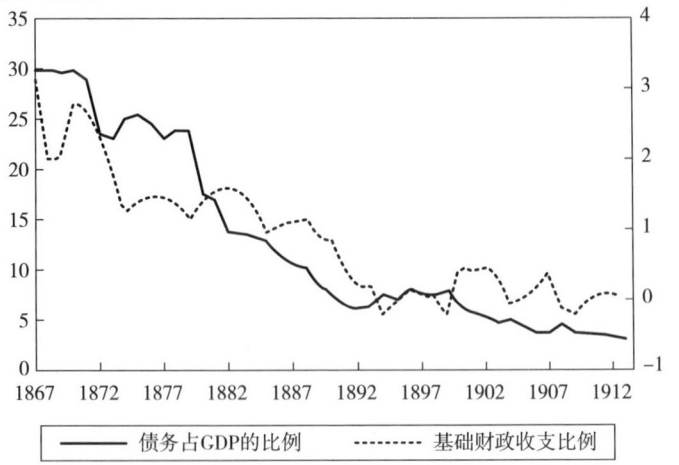

图 7-3　美国的公共债务和基础财政收支（占 GDP 的百分比）

资料来源：Carter 等（2006），作者计算。

　　利率 – 增长率差对债务整合的拖累，不仅反映了战时债务的高票面利率，也反映了相对缓慢的经济增长。如第 4 章所述，学者们指出，按照现代标准来看，工业革命期间的增长率是缓慢的，因为机械化带来的生产力增长只限于小范围产业。正如我们的计算所表明的那样，对英国来说，减少债务并不单纯取决于经济增长，而要看利率 – 增长率差。这个差值表明增长并没有减少债务。[30]

　　法国同样没有享受到利率 – 增长率差对债务的缩减效果，因为法国生产率和 GDP 增速仅出现缓慢增长。众所周知，法国饱受低人口增长率的困扰。1871—1911 年，其人口增长率不到 10%。相比之下，德国的人口增长率为 60%，英国为 54%。

　　相反，美国的人口在该国的债务整合阶段增长了两倍多，促进了经济的增长。然而，即使在美国，利率 – 增长率差也没有对债务整合做出贡献。一个普遍的误解是，美国之所以能够摆脱债务国的地位，是因为移民——人口的增长使经济规模扩大，以至于美国能够轻松摆脱债务。表7-1显示实际情况要更为复杂：尽管经济增长率可能很高，但是债务的利率更高。[31] 美国在这一时期更应被划分为一个新兴市场。在政治上，美国内战刚刚平息。在财政上，美国直到1879年才恢复金本位制。而在1900年通过《金本位法案》之前，美国继续使用黄金的态度并不明朗。

同样，通货膨胀对减少债务的实际价值影响不大。从1873年到1893年，物价水平呈下降趋势。紧接着开始上升，到第一次世界大战前夕，基本回到最初的水平。总体来说，在债务整合时期，这些国家基本没有通货膨胀。同时，政府几乎没有采取任何在国内抑制储蓄，或利用监管或立法来压低收益率的措施。简言之，金融管制的措施很少。英国政府没有阻止对外投资；相反，它们鼓励对外投资，并将这作为英国软实力的一种工具。在法国，虽然外国投资规模较小，但政府官员也积极地鼓励其作为建立和巩固联盟的一种手段。[32]

我们现在都是维多利亚人

由于政府不能简单地将债务消除，因此需要使用财政手段来整合债务。这些债务整合的案例告诉我们，大量并持续的基本预算盈余足以抵消利率–增长率差的负面影响。近一个世纪以来，英国取得了令人瞩目的成就。它保持了GDP的1.6%的平均基本盈余。如图7-1所示，英国政府唯一的赤字出现在布尔战争期间，因为当时的财政需求非常大。皮尔和格拉德斯通的政治遗产之一就是预算盈余、低税率和有限的政府支出的稳健财政理念。[33] 稳健财政是维多利亚时代自由贸易、和平和财政紧缩战略的组成部分，因为贸易促进和平，而和平限制军事支出。它使政府能够偿还债务并减少负担，从而使财政部门在未来的冲突中能够筹措更多资金，同时又有助于阻止侵略。在维多利亚时期，人们有时会说，公共信贷对国家安全的重要性不亚于英国皇家海军。

在政治方面，这一结果体现了利益和制度的平衡。19世纪20年代开始的预算改革使议会能够控制支出，并允许将限制支出带来的盈余用于稳定债务。选举权仍然只限于2.5%的英国人口，主要为拥有等价超过40先令的永久产权或土地的居民。[34]这使公共债权人与选民和议会成员之间产生了相当大的重叠。[35]用一位历史学家的话说："英国对其公共债务做出的坚定承诺，显然是因为公共债权人在政治体系中占据主导地位。"[36]在1832年和1837年的改革法案之后，情况仍然如此。这些法案虽然扩大了选举权，但即使在那时，也很难找到一个不是政府债券投资者的议员。

这种政治结构限制了为被剥夺权利的群众提供福利的救济支出。在改革法案之后，这种限制甚至比以前更加严重。因为获得选举权的新选民更认同大地主而不是工人阶级，他们反对更慷慨的福利救济。作为回报，缴纳收入税的选民减轻了非选民的直接税收负担。预算盈余使关税和税收的进一步削减成为可能，这也缩减了工人阶级的生活成本。[37]

这就是近一个世纪以来，英国负债率稳步下降的秘诀。直到19世纪80年代的选举改革，城市和农村的穷人才获得议会中的代表权。随着政治改革和非技术工人工会成员无力承担费用（无力将自己组织成互助会），早期的政治平衡达到临界点。这导致政府在军费激增的同时，对社会支出的需求也在不断增多。幸运的是，当这些压力在19世纪末、20世纪初出现的时候，英国沉重的债务负担已经大大减轻。无论如何，由于选举权的普及，今日的政治格局已经截然不同，表明这不是一个容易复制的减债策略。

美国内战之后，由于（白人男性）选举权的普及，政治平衡发生改变。不过，债权人的影响还是相当大的。这在1879年恢复金本位制的决定中是显而易见的，尽管这一决定引发了通货紧缩。这也在民粹主义者对有权势的银行家和信托公司的抱怨中，以及抱怨者无力对抗权力约束中有所体现。

最后，政治格局在联邦政府对关税的依赖中有所体现。关税是一种累退税，是美国联邦政府主要的收入来源。所得税在战争结束后被取消，该税在战争期间主要向富人征收。相比之下，较高的进口税得以保留：关税收入在进口金额中的比例在1861—1871年增加了两倍，并保持在较高的水平。从债务整合的角度来看，这并不算糟糕。在这个贸易扩张的时期，由共和党倡导的关税为政府提供了一个具有弹性的收入来源。农民们认为关税有利于制造业而不是农业，对此并不感到满意。但从全国范围内来看，农民中的民粹主义起义只获得了有限的成功。

美国政府奇迹般地开始减少财政支出。南方各州的人反对扩大联邦支出，因为他们并不能享受社会福利的优先待遇。转移支付和拨款仅限于支付内战时期的战争抚恤金。由于国家的收入分配相对平等，中位数选民的收入与富人的收入接近，这进一步减轻了重新分配税收和额外转移的压力。[38] 因此，在美国卷入第一次世界大战之前，联邦政府的支出仍低于 GDP 的 5%。由于收入随着经济的发展而增加，所以联邦政府能够保持基本盈余。虽然这些盈余随着1893年的恐慌、随后的经济衰退以及美西战争的结束而结束，但之后的赤字仍然很少。

在法国，债务的减少又一次通过维持基本盈余来实现。大革命期间，废除了贵族、神职人员以及某些省份的公司的特殊税收待遇并扩大了税基。19世纪下半叶，法国对房地产和股票市场的投资收入征收了新税。[39] 执政的精英认为，如果德国再次发动战争，税收可以使国家的财政状况更加稳定。[40] 从七年战争到普法战争，法国领导人将国家的连续失败归于财政疲弱，他们现在正试图弥补这一问题。[41] 在第一次世界大战之前的 20 年里，法国基本预算盈余甚至超过了英国，平均占 GDP 的 2.5%。[42] 从 19 世纪和 20 世纪之交开始，特别是在 1905 年第一次摩洛哥危机之后，新的紧张局势增加了军事支出的压力。此时，基本预算由盈余转为赤字，债务稳定在一个较低的水平。

最后，这三个事件中都没有出现非自愿重组，正如我们分解式中的最后一项所示。只有英国使用了存量－流量调整，且这种调整在债务削减中占据了明显的份额。其 15% 的份额反映了英国将永久债务的存量从 3% 转换为 2.75%，然后再转换为 2.5%——这是 1888 年由戈申主导的。[43] 利率下降后，永久债务的交易价格高于票面价值。戈申根据债券契约的规定，向债券持有人提供转换为 2.5% 的新证券或立即按票面价值赎回。大部分发行在外的证券都被转换了，其余的则用国库盈余全部付清。一些表格将这种转换归类为违约或非自愿重组。但我们认为这是一个常规的债务管理操作，并将由此产生的债务减少视为自愿。

总之，英国、美国和法国的政府不遗余力地偿还债务。这在一定程度上是由于债权人阶层拥有选举权和政治影响力，以及大多数债务是由相对富裕的、有政治影响力的公民持有的，部分原因在于普遍存在的有限政府概念，以及对公共项目、权利和转移支付没有强烈的压力。它反映了对保持信用的重视，以此在未来发生冲突时增强调动资源的能力。最后，它也反映了好运气——在债务整合期间，没有发生太多的主要战争、危机和其他动乱。

债务整合的可能性

债务危机是充满戏剧性和多姿多彩的，这就是为什么它们吸引了如此多的关注。在公共财政史上，稳定债市并降低公共债务占 GDP 的比例的例子值得人们关注。19 世纪，许多经济体都实现了债务整合。不仅是英国、美国和法国，加拿大和意大利也是如此。[44] 与危机相比，债务整合没有那么耸人听闻。它们表明沉重的债务是可以成功降低的。即使是债务负担重的主权国家，当预见未来的情况需要利用资本市场时，它们也能恢复借债能力。在第一次世界大战前，许多国家都做到了这一点。问题是，在新冠肺炎疫情暴发后，是否有可能出现类似的情况？

19 世纪的债务整合并不是通过通货膨胀来消除债务的，经济体也不是简单地通过经济增长来减少债务。相反，债务整合是通过基本预算盈余来实现的——法国经历了 20 年，美国经历了 40 年，英国经历了 50 年以上。

政治环境使基本预算盈余成为可能。在英国，选举权在很大程度上向拥有财产或者政府债券等其他资产的人倾斜。虽然美国和法国男性公民有普选权，但在这两个国家，债权人拥有不成比例的影响力。由此产生的政治格局意味着通货膨胀和拒付债务是不可能的。

在支出方面，当代有限政府的概念意味着对转移支付和社会支出的需求发展缓慢。19 世纪并不是一个和平的年代，但直到 1914 年，涉及这些国家的额外冲突相对较少。因此，军事支出的压力并没有压倒债务整合。在战争冲突严重的地方，政府一直处于战备状态。英国依靠维多利亚时代的战略，用商业关系代替军事恫吓（有时被称为"自由贸易的帝国主义"）。它降低了债务占 GDP 的比例，以此来保持借贷的能力，并确保在需要时有能力增加军事支出。法国也同样降低了债务比率，以保障当再次与德国发生紧张的政治和军事冲突时的借债能力。就美国而言，它基本消除了自身债务，为美西战争等国际冲突做了准备。因此，政治——包括国内政治和国际政治——对债务整合有着重大的影响。

当然，没有什么能如战争时期那样更好地突出政治格局的核心作用。它打破了当时的政治平衡，并为公共债务创造了一个崭新的环境。

附录：债务分解的细节

在本附录中，我们提供了本章使用的债务分解的细节。具体来说，我们将债务变化分解如下：

$$d_T - d_0 = \sum_{t=1}^{T} p_t + \sum_{t=1}^{T} \frac{i_t - \gamma_t}{1 + \gamma_t} d_{t-1} + \sum_{t=1}^{T} sfa_t \tag{1}$$

公式（1）表明，债务占 GDP 的比例（$d_T - d_0$）的变化可以分解为三项。第一项是基本预算余额（p_t），即不包括利息支付的预算盈余。这反映了财政政策对债务动态的影响。第二项是滞后的债务占 GDP 的比例与债务的名义利率（i_t）和 GDP 的名义增长率（γ_t）之差的乘积。[45] 这一项反映了内生的债务动态。它显示了债务占 GDP 的比例如何随着利率的上升而上升，因为假设不做其他事情，额外的偿债将不得不通过增发债务来融资，而债务占 GDP 的比例将随着经济的增长而下降，这将增加该比率的分子。这个差值乘以滞后的债务占 GDP 的比例，因为其影响的大小取决于滞后的债务水平。[46]

第三项涵盖了其他因素，被称为存量-流量调整。这是为资助当前政府支出而发行的新债务与报告的债务存量增加所需的调整。影响存量-流量调整的因素包括：汇率变化导致的外币债务的资本利得与损失，债务整合和交换以减记以前发行的债务，以及其他特殊的金融业务。存量-流量调整反映了估值效应（例如，因汇率变化导致的外币债务估值变化）、时间效应（赤字以权责发生制衡量，而债务是一个现金概念）、政府对非政府实体债务的承担、债务重组、私有化和银行资本重整成本。它可能受到其他旨在支持金融部门的措施的影响，这些措施增加了债务但并未增加赤字，它可能还受到任意政府存款的减少或增加、金融资产的交易，当然还有计量错误的影响。

根据目前的惯例，旨在支持金融部门的措施既影响财政赤字，也影响债务。除非这些措施由现金储备提供资金，否则它们将增加总债务。它们也可能影响预算平衡，这取决于该举措是否会给政府带来明显的损失。如果是，它们将被归类为资本转移——例如，通过以高于市场的价格收购金融资产并注入资本以弥补银行的损失。然而，如果政府收到的银行股份或债务性证券的价值与注入的资本相等，则支持措施被归类为金融操作，只影响政府的总债务（而不是净债务）。[47] 将实体从金融部门重新分类为一般政府部门（例如银行国有化），也会增加政府债务，但不会增加赤字。[48]

对存量－流量调整的解释，取决于它的符号以及分解工作是针对债务积累还是债务减少的情况。在债务积累的情况下，正的存量－流量调整会增加债务。在债务整合的情况下，负的存量－流量调整意味着债务下降的幅度低于利率－增长率差和基本盈余之和。换句话说，如果在合并过程中，存量－流量调整是正的（意味着它有助于债务的减少），那么假设基础财政收支和利率－增长率差的贡献相同，债务的下降就会比观察到的更大。

虽然大量的存量－流量调整往往在债务激增期间很常见，但它们也可能发生在债务整合时期。[49] 它们反映了一系列具体的国家因素，包括机构（如影响预算编制透明度的机构）和政治（选举有时会影响支出入账的时间）。这种差异的规模也取决于预算编制过程中的透明程度和其他因素。

8

从战争到福利

前几章提到，在 19 世纪，国家发行公共债务有了更多的理由。此前，政府借债主要是为了调动资源保卫边境或发动军事行动，因此债务的发行主要集中在战争时期。后来，政府还会为了投资基础设施而借债，以增强经济的凝聚力，促进经济增长。公共债务的发行日益常态化和持续化。

到了 21 世纪，发债目的再次演化，这次是为了社会服务和转移支付。人们要求政府提供这类服务，这是民主化的结果。满足这一需求是政府和领导人合法化的一种手段，也是他们应该做的。要求国家提供社会服务和收入支持的呼声总是不可避免地在最困难的时候出现，恰恰也是在这个时候，国民收入下降，政府开始借债来弥补缺口。

可以肯定的是，战争融资十分重要：第一次世界大战和第二次世界大战是债务积累的主要动机。同时，相较战后的情况，战时的社会支出也是有限的。随着时间的推移，福利国家的出现赋予了公共债务更深刻的意义，对公共债务产生了深远的影响。

不断演变的福利国家

福利国家的标志是它的再分配、保险和维持收入的功能。针对福利国家最简单的解释是，将社会服务和收入保障的支出与人均收入的提高相联系。随着19世纪末、20世纪初收入的增加，人们对社会和收入保障的需求也随之提高，而这种保障只有国家可以提供。

19世纪的民主化进程有助于调动人们对带有再分配成分的社会项目的支持。取消对获得特许经营权企业的财产要求，将投票权扩大到工人阶级的做法，加强了人们将自己视为潜在转移支付接受者的政治影响力。[1] 这些依靠工人阶级支持，并强调社会团结和再分配的社会主义和社会民主党派的形成，再次放大了这类群体的声音。

表8-1显示，直至1930年，各国用于养老金、住房、医疗、收入维持和失业补偿的公共支出份额占GDP的比例逐步上升到5%。根据21世纪的标准，5%的比例并不惊人（时至今日，许多发达国家的社会支出占GDP的比例已经超出了20%），但这在当时也是不容忽视的。

大部分的政策行动主要发生在1920—1930年的欧洲。收入增长和民主化的假设（时间点）是一致的，在这期间，工业化和日益提升的生活水平已经扩散到了欧洲大陆的大部分地区及其海外殖民地，因此也产生了收入增长和民主化假说，选举权在第一次世界大战前后也被放宽。其中，社会支出水平最高的是德国。德国在19世纪开创了健康保险、事故保险和养老保险，奥托·冯·俾斯麦也通过推动这些项目使工人阶级不再激进去极端化。鉴于1918—1919年的革命动荡，去极端化在当时更加紧迫。

表8-1还强调了社会支出在国际上的差异程度。在老年人口

抚养比高的国家，社会支出最大，因为老年人重视养老金和医疗服务。[2]在妇女有投票权的国家，社会支出比例最高，虽然我们尚不清楚这是由于妇女自身对福利项目的支持，还是源自那些支持妇女参政的社会、政治和经济的因素加持。[3]

表8-1　1910—1930年社会转移（支付），包括福利和失业救济、养老金、医疗和住房（按当时价格计算的占国民生产总值的百分比）

	1910年	1920年	1930年
澳大利亚	1.12	1.66	2.11
奥地利	0	0	1.20
比利时	0.43	0.52	0.56
加拿大	0	0.06	0.31
丹麦	1.75	2.71	3.40
芬兰	0.90	0.85	2.97
法国	0.81	0.64	1.08
德国	+	+	4.96
爱尔兰	ns	ns	3.87
意大利	0	0	0.10
日本	0.18	0.18	0.22
荷兰	0.39	1.10	1.15
新西兰	1.35	1.84	2.43
挪威	1.18	1.09	2.39
瑞典	1.03	1.14	2.60
瑞士	+	+	1.20
英国	1.39	1.42	2.61
美国	0.56	0.70	0.56

注："+"表示有公共支出，但数额未知；"0"表示该国家当年无公共支出；"ns"表示该年年初该国不是一个主权国家。

资料来源：Lindert（1994）。

最后，在存在城市和工业劳动力的地方，社会支出比例更高。在困难时期，农村的"慢性病"在于就业不足而非失业，因为工人们转向农场工作以维持生计。这意味着老年人对失业保险和养老金的需求减少。[4]但是，城市的工业无产阶级不能靠土地生活，他们便会抗议，有时是暴力抗议，反对国家支持力度的不足。当工人们通过工会和政党被组织起来，游说公共支出用于失业保险、贫困救济和对老年人的支持时，政府也就顺应了这种压力并采取帮扶措施。

如果说1880年到1930年这半个世纪见证了福利国家的诞生，那么随后的半个世纪则见证了它的成熟。在发达经济体中，用于社会转移支付的公共支出在1960年上升到GDP的10%，1970年上升到GDP的12%，1980年上升到GDP的17%。[5]与此同时，生活水平不断提高，说明社会保险是一种正常商品或高档商品（意味着社会支出随着收入的增加而增加）。[6]工会、社会民主党和基督教民主党都敦促国家来补充宗教和民间团体的慈善工作。20世纪30年代的政治动荡和经济困难，强化了基于社会团结和反革命的公共财政转移支付的论点，而失业凸显了个体自我保障困难。

那么，为什么福利国家及其再分配、保险和收入维持不应该完全由当期收入来提供资金？一种答案是人口老龄化。随着剩余寿命的减少，老年人在决定当前的社会支出和转移支付时，不太会担心未来的偿债负担。另一种答案可能是政治分化。每个政治团体，尽管认为某些社会项目是不可或缺的，并有足够的权力阻止对自己征税，却没有足够的权力去对其他人征税。然而，还有一种答案可能是选举的不确定性，这导致政治家在执政时主张在自己青睐的项目上增加支出，因为此后他们可能会在推动这类支出项目中处于弱势地位，而且今天产生的额外债务，明天会成为别人的问题。[7]

这些理论表明，在当时的民主国家中，在政治不稳定时期和执政人员迅速更替时期，过度负债可能是尤其需要关注的问题。第一次世界大战后正是这样一个时期。

图 8-1 展示了战时发达经济体的债务占 GDP 的比例的变化趋势。其中，欧洲的交战国债务尤其沉重：1920 年法国的债务占 GDP 的比例是 170%，意大利是 160%，英国是 140%。而德意志帝国的债务要少一些，占 GDP 的比例为 100% 左右。[8] 德国政府把普法战争后从法国人那里得到的一箱箱黄金预留出来，用于预付军事支出。其他国家在 1919—1920 年采取了措施来阻止通货膨胀，而德国的通货膨胀却在不断蔓延，致使债务占 GDP 的比例不断上升。与欧洲国家相比，美国的债务占 GDP 的比例相对较低，为 28%，美国参战较晚，所以当时联邦政府几乎没有债务。

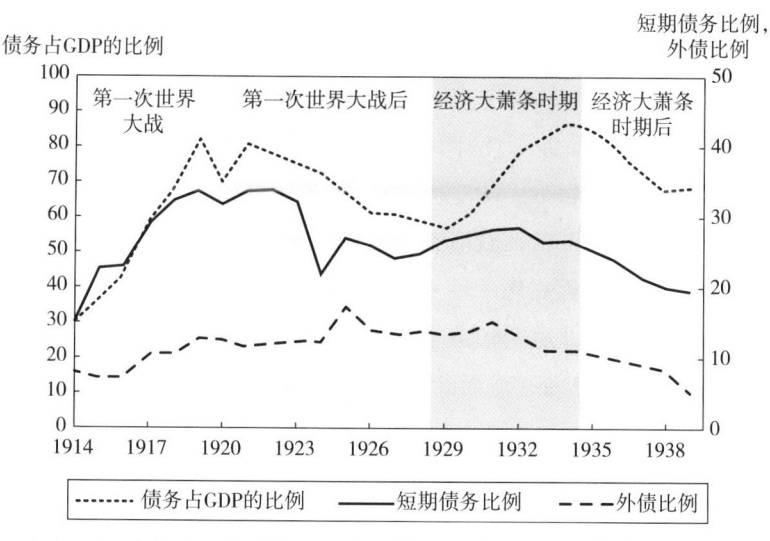

图 8-1 发达经济体的债务占 GDP 的比例、债务期限和债务的货币构成

注：债务占 GDP 的比例以百分比计。短期债务比例和外债比例以总债务的百分比来衡量。样本包括澳大利亚、比利时、加拿大、法国、德国、爱尔兰、意大利、日本、荷兰、西班牙、瑞典、英国和美国。爱尔兰的数据从 1924 年开始。采用购买力平价（PPP）–GDP 作为权重对各国计算加权平均数。

资料来源：Abbas 等（2014b）。

20 世纪 20 年代，经过经济增长、基本盈余和通货膨胀，各国继承的债务负担有所减轻。但这种情况并没有持续下去，在 20 世纪 30 年代，随着大萧条中收入的崩塌，债务水平再次上升。20 世纪 20 年代的经济增长带来的债务负担减轻是不可持续的——它是通过构建信贷繁荣，以私人债务替代公共债务来实现的。当高通货膨胀被用来清偿债务，就会使社会两极分化，在大萧条来临时则无法应对。因此，在 20 世纪 20 年代下降的债务比率在 20 世纪 30 年代又上升了。

战争的财政后果

第一次世界大战的金融遗产不仅仅是更多的债务，更是特别多的短期债务。到战争结束时，德意志帝国及其各州有 42% 的流动债务（指短期债务）。法国、意大利和俄国的情况类似：它们的短期债务份额为 44%、43% 和 48%。[9] 各国政府发行短期债务用以满足战时的紧急需求，然后在条件允许的情况下用长期贷款来替代。但条件在不断变化，且安排长期贷款也需要时间。而军事需求是持续的，所以短期债务一直在发行。短期债务的风险可能会因为流动性高而增加。[10] 而欧洲各国政府很快就会从中得到惨痛的教训。

在参战国中，美国几乎可以用长期贷款为其整个战时借款提供资金。正如我们所看到的，长期贷款帮助美国在加入战事时承受了最少的债务。[11] 此外，政府可以通过监管和道德劝说相结合的方式强制银行系统购买政府债券。[12] 美国作为大型、多部门公司的发源地，拥有像美国钢铁公司这样有自己的财政部门并大量投资于政府债券的公司。针对美国财政部如何发行面向工人阶级的小面值"战争储蓄券"，有许多种说法。事实上，只有 20% 的自由贷款债券是面向散户投资者的小面值债券。

英国也能够进入美国市场销售自己的债券。长期以来，在 J. P. 摩根和国家城市银行这样的纽约代理银行的帮助下，伦敦的银行已经在美国销售了一定数量的英国债券。英国保持着金本位制的表面形象，是为了让美国投资者放心。[13]1915 年 12 月在美国发行的法英贷款，则是法国政府搭了英国债券的"便车"，找到了一个现成的市场，这个市场包括那些向盟国销售商品的美国公司，因此法国对其购买力感兴趣。[14]其他无法进入美国市场的国家只能在国内发行债券，而当这也变得很困难时，就只能依靠短期债务了。[15]

一旦美国参战，美国财政部根据《自由贷款法案》赋予它的权力，可以直接向盟国提供贷款。从 1917 年参战到两年半后停战，这段时间，美国的政府间贷款总额为 80 亿美元，约占 1918 年美国 GDP 的 10%。随后，美国在第二年又发放了 20 亿美元贷款，其中包括对非战时同盟国家的贷款。

还有一个明显的变化是，银行系统持有的公共债务份额增加（见图 8-2）。[16]美国商业银行持有的政府债务在 1917 年 6 月—1919 年 6 月增加了 233%。中央银行持有量的增长没有那么引人注目，但仍然值得注意的是，在战争年代，美联储持有的美国政府证券增加了 1.22 亿美元，达到 3 亿美元。英格兰银行在战争期间持有的政府证券几乎翻了两番。纸币流通和广义的货币供应（不仅包括货币，还包括银行存款）都增加了近 150%。除了在阿姆斯特丹的有限借款，德国无法在外国借款，它甚至更多依赖中央银行的融资，其货币供应量在 1913—1918 年翻了两番。[17]在法国，中央银行的贷款也为政府战时资金贡献了很大一部分，法国银行的票据发行在 1914—1919 年增加了 5 倍。[18]这些都意味着当战时管制被解除时，通货膨胀的压力得到了释放。

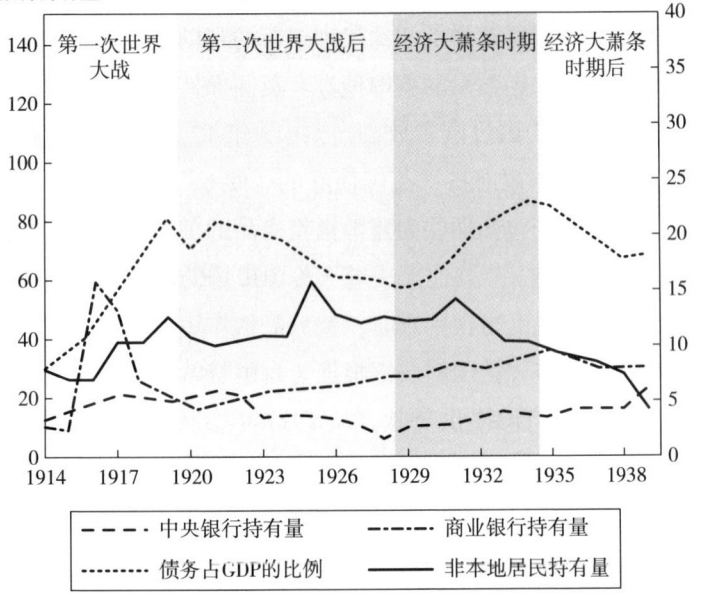

图 8-2　发达国家的债务构成

注：债务占 GDP 的比例以百分比计。中央银行、商业银行和非本地居民持有的债务均为总债务的百分比。对于中央银行的债务持有，样本包括澳大利亚、比利时、加拿大、法国、德国、爱尔兰、意大利、日本、荷兰、西班牙、瑞典、英国和美国。对于商业银行的债务持有，样本包括意大利、荷兰、英国和美国。法国的数据始于 1936 年，英国的数据始于 1920 年，美国的数据始于 1916 年。对于非本地居民的债务持有，样本包括澳大利亚、比利时、加拿大、法国、意大利、日本、荷兰、西班牙、瑞典、英国和美国。爱尔兰的数据始于 1924 年，英国的数据始于 1920 年。采用"PPP-GDP"作为权重对各国计算加权平均数。

资料来源：Abbas 等（2014b），Ferguson、Schaab 和 Schularick（2014），以及作者的最新数据。

因此，发达国家的政府在第一次世界大战后背负着更沉重的债务。其中更多是外国债务，造成了政治上的复杂化。债务期限较短，加剧了债务挤兑的危险。债务在更大程度上由银行持有，这意味着如果债务出现问题,金融系统就会出现问题。

债务整合:虔诚的呼喊

对20世纪20年代的财政状况,人们通常没有正面评价。唯一有建设性的是,采用债务占GDP的比例的下降来衡量债务整合。[19] 但正如我们前面所讨论的,这种债务整合并不持久。

表8-2显示,减少债务是通过调配基本预算盈余和保持有利的利率-增长率差来实现的,两者的贡献程度大致相同。基本盈余的作用与第7章讨论的19世纪英国、美国和法国的情况相似。但利率-增长率差的积极贡献与19世纪形成鲜明对比,当时它的贡献是负向的,甚至是可以忽略不计的。

表8-2 20世纪20年代发达经济体大规模债务整合的分解

国家	时间	债务占GDP的比例(%) 开始水平	债务占GDP的比例(%) 结束水平	减少	对债务减少的贡献(%) 基础财政收支	对债务减少的贡献(%) 利率-增长率差	对债务减少的贡献(%) 存量-流量调整
加拿大	1922—1928	75.6	53.2	22.4	19.7	8.2	−5.6
法国	1921—1929	237.0	138.6	98.4	24.7	118.2	−44.5
意大利	1920—1926	159.7	89.4	70.3	0.1	44.3	26.0
葡萄牙	1923—1929	67.7	42.5	25.2	2.1	32.7	−9.6
英国	1923—1929	195.5	170.5	25.0	52.2	−25.6	−1.7
美国	1919—1929	33.3	16.3	17.0	18.8	−2.7	0.9

续表

国家	时间	债务占GDP的比例（%）			对债务减少的贡献（%）		
		开始水平	结束水平	减少	基础财政收支	利率-增长率差	存量-流量调整
简单平均数		128.1	85.1	43.1	19.6	29.2	-5.8
加权平均数		82.4	51.9	30.5	21.1	11.7	-2.3

注：根据1919—1929年债务减少至少占GDP的10个百分点的标准来定义每一段时期。从高峰到低谷（每个国家的年份不同）。最初的数据集包括19个发达经济体，包括澳大利亚、奥地利、比利时、加拿大、芬兰、法国、德国、希腊、爱尔兰、意大利、日本、荷兰、新西兰、葡萄牙、西班牙、瑞典、瑞士、英国和美国。该样本因数据缺口和用于识别债务整合时期的标准而缩小。例如，希腊、爱尔兰和瑞士在1919—1929年没有数据。澳大利亚、奥地利、德国、希腊、爱尔兰、日本、荷兰、西班牙、瑞典和瑞士的债务比率上升，且德国、希腊、爱尔兰和瑞典的数据缺口很大。比利时情况特殊，其债务比率的下降符合标准，但只有部分年份的数据。

资料来源：IMF历史公共债务和历史公共财政数据库（IMF 2010，2013），作者计算。

然而，利率-增长率差并非在任何地方都能起到积极的作用。例如，英国的利率仍然很高，因为继承的债务很重，当到期的债务需要再融资时，需要高收益来吸引投资者。英格兰银行保持高利率以吸引海外资本并重建其黄金储备，目标是回到战前黄金平价的金本位制，这一目标在1925年得以实现。凯恩斯警告说，如果恢复第一次世界大战前对美元的汇率，英镑的价值就会被高估，英国将经历长期的收支困难。虽然他在争论中败下阵来，但后来的事件证明他是对的——英格兰银行被迫保持高利率，防止黄金流向国外。这些高利率不仅提高了偿债成本、抑制了投资，并通过这一渠道抑制了经济增长。

但是，英国在1923—1929年成功地将债务占GDP的比例减少了25个百分点，这体现了预算盈余的重要性。10年来，债务偿还平均占GDP的7%。由于总体预算处于平衡或略有盈余，说明基本盈余的数额相同。

在经济增长缓慢、失业率长期居高不下的时期，保持大量的基本盈余并非易事。保守党政府在这10年的大部分时间里掌控英国的政治，这极大地帮助了英国的发展。保守党的财政政策以维持英镑平价为目标，此举是为了恢复英国在国际金融市场的地位。为此，保守党在1923年的《财政法案》中加入了一项条款，规定每年向专门用于债务清偿的偿债基金提供5 000万英镑的预算，比战前水平提高了10倍。[20]

1924年昙花一现的工党政府有着不同的政治色彩，但其财政和金融政策仍与之前保持一致。这个有史以来第一个工党政府的首要目标是，表明它将负责任地进行治理，也就是实现基本盈余。[21] 冷酷无情的财政大臣菲利普·斯诺登因对平衡预算的信念而闻名，而不是因为任何进步的社会价值观。然而，斯诺登在1924年的预算计划中，降低了对进口茶叶、咖啡、可可、菊苣和糖的关税，推出了该党珍视的"免费早餐桌"的想法。此外，该计划将失业救济金从26周延长到41周，并提高了领取国家养老金的资格条件，斯诺登是在现有的预算范围内实现这一切的。尽管工党、自由党和保守党的优先事项不同，但无可争议的是，英国的选举政治没有其他欧洲国家那么两极分化，这有助于财政整顿。[22]

这一事实在1927年科尔文委员会（官方称呼为"国债和税收委员会"）报告的结论中被进一步证明。组建这个包含各党派成员的委员会，是国王任命工党政府的一个条件。[23] 其报告的结论是支持债务清偿，并建议为偿债基金筹集资金以加快这一进程。甚至由4名工党成员签署的少数派报告也没有对这一建议提出异议。[24]

在委员会做证的约翰·梅纳德·凯恩斯提出了最为激烈的反对意见。凯恩斯反对委员会提出的"对支持偿债基金的虔诚赞美"，并批评了报告中关于债务清偿的两个理由。[25] 对于偿还债务将降低政府再次需要借款时所需的利率这一观点，凯恩斯反对说，利率是由世界市场决定的，而不是由英国的情况决定的。这种反对意见并不具有说服力。凯恩斯还没有习惯于这样一个世界：英国政府的信用并不那么无懈可击，投资者要求的风险溢价随着债务占GDP的比例上升。对于委员会的第二个论点，即在未来的紧急情况下，债务整合将使额外的债务发行成为可能，凯恩斯反对说："大量和非常大量的内部债务之间的区别应该是微乎其微的。"[26] 历史将检验凯恩斯的第二个反对意见。当下一个紧急情况以第二次世界大战的形式出现时，政府仍然有非常强的借债能力。尽管在第二次世界大战期间，政府更加负债累累，但它实际上能够以比第一次世界大战期间更低的利率借款。

法国的悖论

法国在政治上更加两极分化，在预算问题上的分歧更加严重。同时代的人将法郎的惊人贬值归咎于这些争端，并指出预算赤字是罪魁祸首。[27] 然而，如表8-3所示，财政账户的重建表明，财政预算在1921年已经实现基本盈余，并且在这之后的10年里都有基本盈余，即扣除债务后的预算是平衡的（只有1923年除外）。[28] 这种财政的正确性反映了法国知识分子，无论是左派还是右派，在很大程度上接受了与英国同行相同的意识形态——恢复金本位制，让时光倒流到战前的黄金时代。

事实上，法国的债务和汇率动荡来源于方式手段的分歧，而不是目标的分歧。左派政党主张提高商业和财富税以资助社会项目，而右派政党则反对征税。导致分歧的核心问题归纳为是否会对债券持有人进行立法减税，使分配给偿债的资源得以重新部署。每当这种所谓的资本税出现的时候，例如1924年的选举让左派上台之后，投资者们就会对滚动到期的短期债券和认购长期债券感到焦虑。[29]

于是，政府被迫向法国银行申请预付款。法国银行所做的远不只是施以援手；它向政府提供了信贷，即使这样做意味着要超过法定的预付款限额并篡改账户。[30]

可以预见的是，这样做会带来货币贬值和通货膨胀，通胀率上升到了两位数。在1925年4月—1926年7月的"华尔兹投资组合"（Waltz of the Portfolios）期间，法国出现了6届左翼和中左翼政府以及10位财政部长，他们都无法明确地决定是否征收资本税。1926年7月，随着债券持有人罢工，价格水平以惊人的每月13%的速度上升。在这种情况下，实际上预算是否平衡并不重要。

随着物价的失控，法国公众和议会代表最终承认"受够了"。他们联合起来支持由战时总统雷蒙·普恩加莱领导的中间派联盟。在以前的右翼反对派和部分左翼的支持下，这个政府成立了，也标志着资本税最终被取消。在几个星期内，汇率恢复了，价格也稳定了。[31]

具有讽刺意味的是，对征收资本税的担心实际上加速了债务整合的进程，因为两位数的通胀率侵蚀了法国政府的那部分长期债务的实际价值。[32] 这并不是政策的本意，但却带来了这样的效果。收入的增加和国际竞争力的提高，使法国的债务占GDP的比例在这10年间持续下降。

表8-3 法国预算盈余及组成部分（占国民收入的百分比）

年份	收益	支出	其中：偿债	盈余	扣除偿债后的盈余
1920	20.5	36.0	9.2	−15.5	−6.4
1921	20.5	28.5	9.4	−8.1	1.3
1922	29.7	38.0	10.4	−8.2	2.2
1923	19.8	28.6	8.8	−8.8	0.0
1924	22.8	27.4	8.0	−4.6	3.4
1925	20.2	21.1	10.3	−0.9	9.5
1926	20.7	20.2	10.8	0.5	11.3

续表

年份	收益	支出	其中：偿债	盈余	扣除偿债后的盈余
1927	22.0	21.9	9.6	0.0	9.7
1928	21.2	19.5	8.7	1.7	10.4
1929	26.2	24.2	10.8	2.0	12.8

注：表中偿债是估计值，减号（−）代表赤字，1922年不寻常的高收益和高支出反映了预算中可收回费用的大量支出和收益，1929年的数据是15个月的预算。

资料来源：Prati（1991）。

强制转换

政治也推动了意大利的债务发展，尽管意大利采取了与法国和英国不同的方式。

意大利的选民划分为不同政治派别，有左派的社会主义者和共产主义者，右派的法西斯，以及两派中间的孤独的天主教党。和法国一样，根本问题是谁的税收将为公共项目提供资金，是那些工薪族还是富人。同样，左派主张征收资本税。在1919年11月大选之后，它成功地推动了适度的财富税。但是，家庭财富是自我报告的，且纳税人被允许在20年内分期付款。这就导致该税种的收入很少，只是激起了公众舆论。其后果还包括通货膨胀和政治动荡、议会联盟的崩溃，以及街头暴力。

正是在这种困难的情况下，维托里奥·埃马努埃莱国王迈出了毁灭性的一步，要求贝尼托·墨索里尼组建政府。从那时起，意大利开始走下坡路。1923年的选举法将2/3的议会席位给了赢得不超过25%的选票的政党或联盟；在一名领袖议员被暗杀后，社会党议员退出了议会；更多的专制法律接踵而至；1926年，总理被授权成为唯一可以制定议会议程的人。当时墨索里尼能够不受反对派抵抗的影响减少预算赤字，比如削减支出、将电信等公共服务移交给私人部门。[33]

虽然这些措施消除了预算赤字，但它们并没有为减少债务做出实质性的贡献。相反，如表8-2所示，债务整合归因于利率-增长率差。1922—1926年，在意大利摆脱了战后的动荡后，实际GDP增长了15%。此外，墨索里尼的早期任期被一系列危机打断，当时投资者对重新购买到期的短期债券犹豫不决，导致了像法国那样的货币铸造和通货膨胀的爆发。通货膨胀降低了政府债券的实际价值，但它并没有增强投资者未来对持有政府债券的热情。

1924年，意大利财政部提出将短期债务转换成长期债务，但未能找到市场。在无法安排自愿交换的情况下，墨索里尼采取了强制转换的方式，将期限在7年以下的政府债券——约占总债务的1/3——转换为新的、合并发行的、利率为5%的债券。1926年，转换工作刚刚完成，新的债券就跌到了面值的80%，这表明对投资者进行了现值减损。[34] 这是独裁者通过不可抗力来整合债务的方式。

强制整合是否可持续是另外一个问题。即使意大利在1927年恢复了金本位制，利率仍高于没有采取非自愿措施的法国。[35] 意大利政府发现，鉴于其先前对债券持有人的处理（强制转化），很难投放国库券。因此，它求助于银行和米兰、罗马等市政当局的贷款，并收取了溢价。利率-增长率差对政府不利，从1927年开始，债务占GDP的比例又开始上升。

债台高筑

一个极端的例子是德国，其通过恶性通货膨胀清偿了债务。这就是利率-增长率差的报复性运作方式。[36]

这一事件特别戏剧性地说明了政治两极化带来的不稳定的财政后果。从根本上说，德国的过度通货膨胀是左翼和右翼在谁应该承担社会项目费用的问题上存在分歧的产物,并且在谁应该承担赔款的财政负担问题上也存在分歧。[37] 陷入这种恶习的历届德国政府都无法实现预算平衡,由此产生的赤字被迅速地、完全地货币化。

随着通货膨胀的螺旋式上升,它对经济和财政的破坏性越来越大。最后,在1923年底,该国各个政治派别达成了妥协,工业家同意缴纳更高的税款,同时劳工组织则同意放弃一些更激进的要求。这一折中安排加上国际贷款(道威斯贷款),使德国的赔款得以重新计算,预算得以平衡,汇率得以稳定,通货膨胀得以停止。

投资者并没有忘记这段历史。随后,他们在向德国政府贷款时要求获得溢价,甚至比向意大利贷款的溢价还要高。随着利率高于经济增长率,债务占GDP的比例又开始上升。这一比例可能比其他欧洲国家要低(在图8-3中与英国比较)。但算上以不受通货膨胀侵蚀的金马克计价赔款,在20世纪20年代末经济下滑时,整个德国仍然面临着令人痛苦的政策选择。

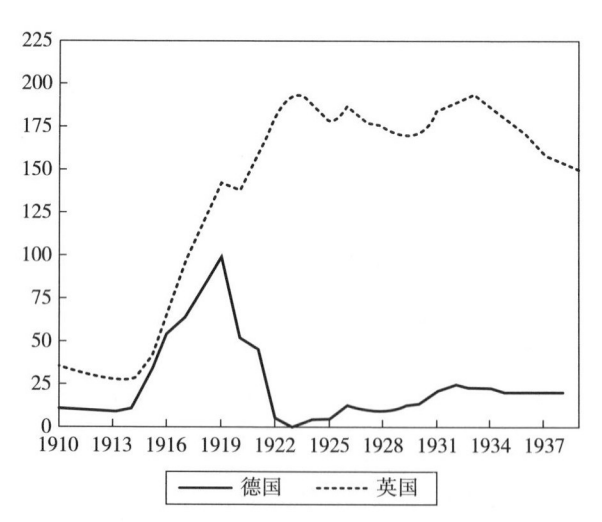

图8-3 1910—1938年德国和英国的公共债务比率(占GDP的百分比)

资料来源:IMF历史公共债务数据库(IMF 2010),作者计算。

咆哮的 20 世纪 20 年代

最后一个对比案例是美国，在 20 世纪 20 年代，美国联邦政府的债务占 GDP 的比例减半。按照欧洲的标准，美国政治两极分化的程度已经很低了，且在这 10 年间进一步下降（见图 8-4）。由此产生的共识使财政妥协和预算盈余成为可能。

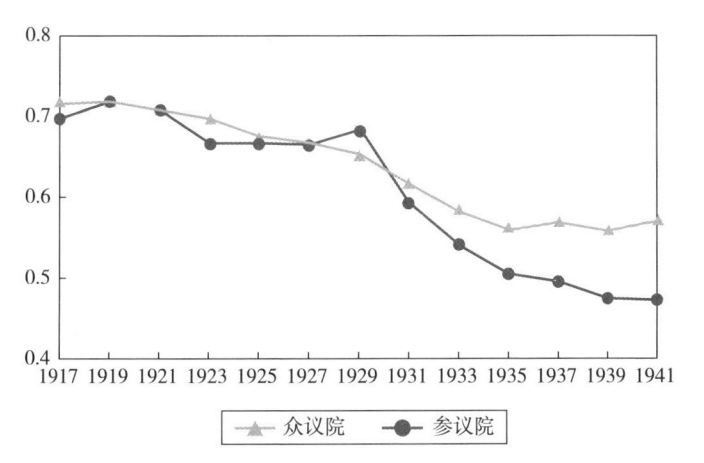

图 8-4　1917—1941 年美国众议院和参议院的政治两极分化（政党之间的距离）

注：国会议员按保守 / 自由程度打分，范围从 –1 到 +1。纵轴表示民主党和共和党议员之间的平均差异。

资料来源：Poole 和 Rosenthal（2007），数据来自 Voteview 官网，参见 https://voteview.com/articles/party_polarization。

美国在 1920—1921 年经历了一次经济衰退，但除此之外经济都在稳定地增长。尽管如此，利率 – 增长率差在 20 世纪 20 年代的债务整合中没有发挥任何作用，都徘徊在低到中等的个位数。总的来说，这一差额实际上对债务的减少起到了负面作用，主要是受 1920—1921 年的经济衰退和通货紧缩的影响。[38]

随后，美国的实际 GDP 年均增长 4.2%，略微超过了实际利率。[39]假设经济增长是可持续的，时间允许的话，这种强劲的增长会降低债务比率。然而，20世纪20年代的增长得到了信贷繁荣的支持，也使土地价格膨胀（首先在种植玉米的中西部，然后在佛罗里达州，最后在纽约和底特律）。信贷同样促进了华尔街的繁荣。私人信贷有效地替代了公共信贷，支持了财政支出并推动了经济的扩张。[40]税收收入不断增加，而因为实际工资在增长，失业率很低，对公共支出的需求也很低。这些因素使维持基本预算盈余和进行债务整合成为可能，但完全依赖于信贷繁荣所推动的经济扩张能够持续。

美国的经济繁荣在1929年结束，这拖累了GDP，导致债务比率再次上升。此时，政策制定者面临着一个不愉快的选择：是允许预算赤字扩大——这将进一步提高债务占GDP的比例的分子，还是主动寻求平衡预算——这会加速分母的下降。在胡佛执政时期，他们平衡预算的本能赢得了胜利。1929—1931年，名义GDP下降了25%以上，债务占GDP的比例急剧上升，扭转了先前的成果。1933年就任总统的富兰克林·德拉诺·罗斯福对赤字更加宽容，但更重要的是他监督了GDP的恢复。具有讽刺意味的是，胡佛执政时期的赤字率比罗斯福第一任期的赤字率上升得更快、更多，这反映了当时产出和价格崩溃的严重性。[41]

因此，20世纪20年代的情况表明，高额债务可以通过各种方式减少。但要可持续地降低债务，需要建立一个稳定的政治联盟来支持必要的政策。在德国和法国这样的国家，长期的政治冲突和金融混乱所带来的后果使支持性的联盟能够被拼凑起来。但这并不意味着这种联盟是稳定的。

成功的债务整合还需要以一种与维持经济和金融稳定相一致的方式进行，以降低负债。20世纪20年代的捷径和权宜之计——通货膨胀、强制整合和优先信贷扩张——并不符合这些先决条件。于是，在几年之后，债务问题又出现了。

国外借贷再起

如同1914年之前金融全球化的黄金时代一样，债务融资也同样有国际化维度。然而如今，金融全球化和债务融资的情况在一些重要方面有所不同。

首先是纽约作为一个国际金融中心的崛起。第一次世界大战给美国市场带来了外国借款人，而此前很少有人愿意去开发这个市场。通过对美国在外国投资的战时清算和美国对其他国家的债权积累，美国从一个净债务国变成了一个净债权国。在20世纪20年代，美国国际收支的经常账户处于盈余状态（意味着储蓄超过投资），使美国人能够在美联储不损失黄金的情况下到国外投资。美联储可以在不危及美元稳定的情况下保持低利率，低利率反过来鼓励美国投资者到国外寻求收益。1927年，当美国的资本外流达到顶峰时，美国长期政府债券的收益率为3%，低于4.5%的英国储蓄银行收益率和5%的法国永久收益率，更低于6%和7%的意大利债券和德国债券收益率。

其次是新成立的国际联盟的作用，国际联盟整合了各成员国的长期债务，包括奥地利、保加利亚、爱沙尼亚、希腊和匈牙利。[42] 联盟为这些国家的稳定发展进行了规划，并为其方案提供了可信度。它确保了英国人对这些国家的政府在伦敦发行债券的支持，监督它们对贷款收益的使用。[43] 它在借款国设立了受托人、永久代理人和中央银行顾问，是战前外国金融控制做法的一个更文明的变体。

争取联盟帮助的国家比回避联盟帮助的国家以更优惠的条件获得了金融市场准入。[44] 尽管联盟的贷款总额为9 000万英镑，只占20世纪20年代欧洲主权国家跨境贷款总额的一小部分，但它们为经济和金融的稳定提供了激励，而这对于贸易的恢复是必要的。更多的贸易意味着更多的出口收入，这进一步照亮了外国借款的前路。这种对无担保借款人的多边支持是没有先例的，是主权债务市场迈向全球化的新的一步。[45]

再次是德国和法国等国家转向国外借贷，这些国家以前几乎只在国内借债。现在它们加入了拉丁美洲和东欧的行列，在美国市场借贷。它们的债务重建费用超过了国内储蓄，这种不平衡表现为高利率和由国外借款资助的经常账户赤字。这是美国低利率和经常账户盈余激励了美国投资者到国外寻求收益的反面教材。

就德国而言，赔偿金支付的规则，加上根据道威斯计划提供的稳定贷款，为政府借款创造了额外的动力。商业贷款，包括为道威斯贷款本身提供资金的债券认购，优先于赔偿金。实际上，道威斯贷款的投资者和其他德国债券的购买者优先于享有赔款的各国政府。只有当德国支付了商业债务的利息后还有外汇剩余时，才会轮到赔偿金的支付。这一安排是为了确保道威斯贷款这一商业债务有充足的资金。但是，该计划是由同一批美国银行家制订的，这并非偶然。如 J. P. 摩根公司的托马斯·拉蒙特，他在商业贷款中持有一定股权。尽管如此，这样的安排对投资者的激励是明确的：在考虑向德国政府提供贷款时，无须考虑赔款也是安全的。对德国政府的激励也同样明确：它借得越多，赔款被重新安排或取消的可能性就越大。[46]

最后是市场的进一步民主化。美国银行试图在其销售自由债券的经验的基础上，向散户投资者推销外国政府债券。国家城市公司是国家城市银行的承销和经纪附属机构，在 51 个城市开设了分支机构，其中许多机构位于一层，以方便投资者办理业务。

承销银行在寻求组织贷款时，以及散户投资者在决定认购时，会关注新进入市场的政府是否采用了熟悉的制度安排。他们询问各国是否建立了自主的中央银行，并在普林斯顿大学的埃德温·凯默勒或英格兰银行的奥托·尼迈耶等专家顾问的指导下走上了金本位制。他们从债券发行是否得到 J. P. 摩根或库恩 – 洛布等知名投资银行的支持来做判断。这些经验法则远不是万无一失的——事实证明，非常不安全，在 20 世纪 30 年代，投资者承受了灾难性的损失。[47]

债务违约的根源

综上，主权债务市场的稳定取决于美国投资者的热情，而这又取决于美国的低利率水平。这意味着一切都取决于美联储——一个全新的、专门针对国际金融的新机构。

到了 1928 年，华尔街的繁荣通过刺激资本收益的预期，减少了美国投资者在国外寻求收益的动力。美国股票在 1927 年达到了惊人的 38% 的收益率，并有望在 1928 年达到更惊人的 44% 的收益率。在这种环境下，外国政府债券的收益率即使为 6% 或 7%，也没有什么吸引力。此时，美联储的联邦公开市场委员会开始出售美国国库券，吸收市场上的现金从而抑制投机行为。在 1928 年初，一个又一个储备银行提高了贴现率。紧接着，在 4 月迎来了第二轮加息。离华尔街最近的纽约联邦储备银行在 5 月进行了第三次收紧。这些措施的目的是使投资者用保证金购买股票的成本更高。一个附带的影响是，推高了国内票据和债券的利率，从而使外国政府证券的吸引力降低。这说明当美联储推行政策时，国际金融管理带来的影响退居其次了。[48]

可以看到的是，美国的资本出口从 1928 年第二季度的 5.3 亿美元下降到第三季度的 1.2 亿美元。像德国这样的借款国，不仅是联邦政府，且各州、各市和各公司都依赖美国的信贷，因此被迫大幅削减支出，经济活力下行。[49]

随着世界经济跟随德国进入衰退期，商品价格暴跌。因在发展经济学领域的成果而获得诺贝尔奖的圣卢西亚经济学家 W. 阿瑟·刘易斯，描述了一连串困境："从 1929 年到 1930 年，小麦的平均价格下降了 19%，棉花下降了 27%，羊毛下降了 46%，丝绸下降了 30%，橡胶下降了 42%，糖下降了 20%，咖啡下降了 43%，铜下降了 26%，锡下降了 29%。从 1929 年到 1932 年，世界贸易的原材料价格指数下降了 56%，食品价格指数下降了 48%……"[50] 在某些情况下，出现如此困境的后果是灾难性的。到 1932 年，以美元计价的智利出口（几乎全是铜和硝酸盐）已经下降到 1929 年水平的 12%，导致国际联盟称智利是受经济下滑影响最严重的国家。[51]

偿还外债所需的美元无处可寻。因此，依赖商品出口的拉丁美洲国家除了暂停支付外债以外别无选择。到 1934 年，15 个拉丁美洲国家政府出现了违约。用哈弗福德学院的经济学家弗兰克·惠特森·费特（我们在第 4 章提到过他）的话来说："发生这段违约历史的基本背景是，可出售的公共债务几乎都在国外，在 20 世纪 30 年代经济萧条的情况下，维持全额支付会给一些拉丁美洲国家的经济带来沉重负担——这种负担远远大于公共债务都在国内，收入需缴纳地方税收，以及税后收入可用于国内支出和再投资后的情况。"[52]

阿根廷是一个例外，当国内各省违约后，联邦政府继续通过提取其黄金储备来偿还债务。[53] 阿根廷已从伦敦借款（反映了历史上的联系），而英国是其牛肉和小麦的重要市场。阿根廷的政策是由主导牛肉出口的牧场主和肉类包装商制定的。[54] 联邦官员曾发誓不会中断偿债，以促进《罗卡－朗西曼贸易协定》的成功谈判，该协定保证阿根廷在英国肉类市场的固定份额，并取消对阿根廷谷物的关税。经济学家指出，对一国出口进行报复和威胁是政府偿还债务的原因之一。[55] 20 世纪 30 年代的阿根廷就说明了这一点。

阿根廷还提供了一个实验，测试在这种紧张的情况下维持债务偿还是否有好处，也就是说，违约是否有成本。乍一看其他大中型拉丁美洲经济体（巴西、智利、哥伦比亚、墨西哥和秘鲁）做得更好。这些国家的GDP、工业生产，甚至出口都恢复得更快。[56]当然，其他因素也不尽相同，如"商品彩票"（一个经济体的表现取决于其出口什么商品）的影响不同。考虑到这些额外的因素，我们需要对更多的经济体进行分析。理查德·波尔特和本书的一位作者一起研究了大约20个国家，这些国家被划分为同等数量的违约国和非违约国。在对商品彩票、经济开放度和其他因素进行调整后，他们发现违约国的GDP增长率更高（见图8-5）。[57]

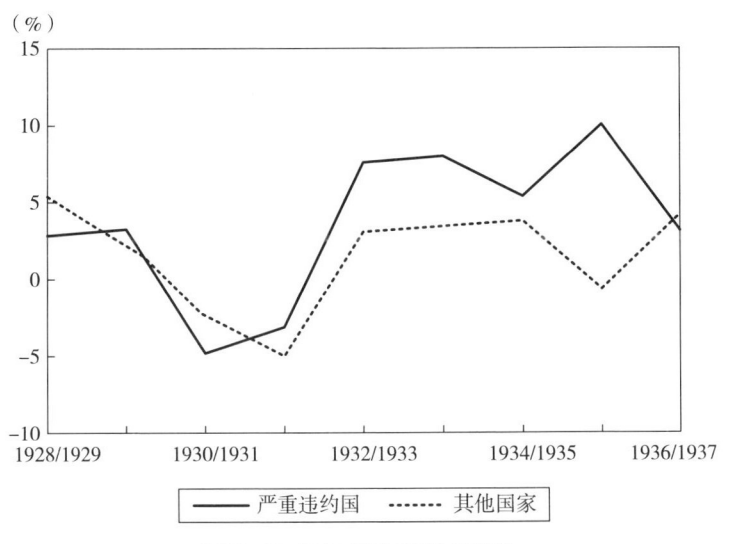

图 8-5 各年实际GDP的变化

资料来源：Eichengreen（1991）。

违约国的GDP增长率更高，这并不令人惊讶。当信贷市场不活跃的时候，进入信贷市场就没有什么价值。当世界各国政府都支持保护和进口替代时，进入出口市场也同样失去了价值。在这种情况下，重要的不是进入外国市场，而是本国自身的发展。这是由一国的财政、货币和汇率政策共同影响的。由于不必向国外支付利息，政府可以支持支出和投资，可以实行更多的扩张性货币政策。[58]

然而，这也并不是在辩驳政府的违约行为一定会带来好处。只是当全球商品和信贷市场低落时，违约最有可能获得回报，因为这时失去国外市场的成本是最低的。[59]

对于国内债务的处理

政治家更不愿意在国内债务上违约，因为这样是对自己的选民违约。[60]当这些债券由当地银行持有时，对债券的违约就会损害金融系统的运作。相比继续偿还外债，偿还内债对经济的损害并不大，因为正如费特所观察到的，债券持有人收到支付后就有额外的收入可供消费，也就可以缴纳税款。偿还以当地货币计价的债券并不以出口能力为前提，并不直接取决于全球经济状况。而这只需要争取货币当局为政府提供支付所需的货币，中央银行可以通过购买债券来做到这一点。可以肯定的是，债务货币化可能会带来价格上涨的压力，这在任何有通货膨胀历史的国家都是令人担忧的。债务货币化可能意味着货币贬值，有了汇率不稳定的记录，未来前景也令人担忧。因此，即使是有偿还国内债务的手段的政府，有时也会犹豫是否使用这些手段。

评估国内债务违约的频率（更不用说评估违约的影响）的工作是很复杂的，因为对究竟怎样才算构成违约存在分歧：是暂停支付利息和摊销，还是以面值的折扣价回购债务并以贬值的货币偿还？[61]卡门·莱因哈特和肯尼思·罗戈夫在他们的经典著作《这次不同》（*This Time Is Different*）中提供了一份国内违约清单，其中包括中国、希腊、秘鲁、罗马尼亚和西班牙在20世纪30年代的欠款、部分利息支付、暂停摊销以及强制转换。[62]西班牙和中国别无选择。

西班牙政府因国家内战带来的成本和破坏，从1936年开始拖欠债务。[63] 而为了应对日本入侵中国东北三省的危机，1932年的债务整合延长了中国未偿还的国内债券的期限，并降低了利率。银行是当时国内债务的最大持有者，这次债务整合对金融系统造成了严重的损害，也证明国民政府只有在极端情况下才会采取这种做法。[64]

莱因哈特和罗戈夫也将澳大利亚与英国在1931—1932年进行的债务转换归为违约和重组。在英国1932年的债务管理行动中，英国财政部以符合其契约的方式按面值回购了高于面值交易的战争债券，这些债券没有自愿转化为新的利率为3.5%的年金。这与戈申在19世纪80年代的做法是相似的。[65] 自1929年以来，1917年的战争贷款是可以赎回的，也就是说，最初的贷款合同规定可以用这种方式来偿还。因此，这种交易并不是被迫的或不规范的。同样地，在澳大利亚1931年的债务管理行动中，未偿付的债券被企业、银行和小投资者自愿转换为新的、低收益的债券和票据。[66] 莱因哈特和罗戈夫还将1933年美国国债中黄金条款的废除归为违约，当时财政部用现值美元而非恒定黄金含量的美元全额支付给债券持有人。将条款的废除归为违约并不是所有人都同意的一种做法，美国国债的价格实际上在做出这一决定后有所上升，似乎它使投资者的处境更好了。[67]

西班牙的案例告诉我们，尽管是在极端的情况下，国内债务重组确实发生过。另一个出现更晚的例子是希腊，它在2012年重组了其国内债务，我们将在第12章中讲到这一点。[68] 希腊和西班牙一样，也是别无他法了。作为欧元区的成员，它必须在放弃欧元和重新引入自己的货币（这将是混乱的和破坏性的）与重组其国内债务（尽管会带来恶劣的政治后果）之间做出选择。对于一个拥有自己的货币和中央银行来支持债券市场的国家来说，背后的利益权衡是不同的。

遗　产

大萧条给公共债务带来的影响喜忧参半。影响之一就是债务负担增加，但这不是反周期财政政策的结果：在前凯恩斯时代，政府基本上坚持平衡预算的理论。[69] 它们在20世纪30年代实现了少量的基本盈余（见表8-4），直接导致了负债率降低。[70] 但这些政策的间接效果是加剧了GDP的崩溃，而GDP是债务与GDP比率的分母。这在20世纪30年代利率–增长率差对债务比率上升的主导贡献中显而易见。[71] 显然，在经济衰退时期保持预算平衡并不是好事，这样做对稳定产出毫无帮助，甚至也不能稳定债务。

大萧条的另一个遗产是福利国家的进一步扩大。大萧条加强了国家能提供而个人无法为自己提供保险的论点。尽管20世纪30年代社会支出的实际增长仍然有限，但美国联邦资助的失业保险和《社会保障法案》等制度变化，为美国未来更雄心勃勃的增长创造了条件。转移支付和社会项目并不自然而然地意味着更大的赤字和债务。但是，根据本章开头所述的政治经济逻辑，它们带来了赤字和债务的可能性。

最后，大萧条结束了各国政府可以在国际市场上发行债券的第一个时代。20世纪30年代的违约事件着重指出了投资外国政府债券的风险。第二次世界大战后，投资者对此类债券没有表现出兴趣。立法者和监管者也同样对全球债券市场的运作持批评态度。当政府再次向国外借款时，它们转而求助于其他政府，求助于国际货币基金组织和世界银行等多边组织，自20世纪70年代起求助于货币中心银行。历史将再次证明，这次的结果也是有得有失。

表 8-4　1928—1933 年大规模债务积累的分解

	债务占 GDP 的比例（%）			对债务增长的贡献（%）		
	开始水平	结束水平	增长	基础财政收支	利率 – 增长率差	存量 – 流量调整
发达经济体							
简单平均数	61.4	83.7	22.4	−3.5	26.9	−1.0
加权平均数	46.7	69.3	22.6	−2.5	23.1	2.0
新兴经济体							
简单平均数	40.0	63.0	22.9	−2.1	25.5	−0.6
加权平均数	32.4	59.9	27.5	−4.4	27.7	4.2

注：根据债务增长至少占 GDP 的 10 个百分点的标准来定义每一段时期。债务增长由开始年份（1928 年）和结束年份（1933 年）之间债务比率的变化来计算。发达经济体包括澳大利亚、奥地利、比利时、加拿大、芬兰、法国、德国、希腊、爱尔兰、日本、荷兰、新西兰、西班牙、瑞典、瑞士、英国和美国。新兴经济体包括阿根廷、巴西、印度、墨西哥和南非。

资料来源：IMF 历史公共债务和历史公共财政数据库（IMF 2010，2013），作者计算。

9
债务周期

第二次世界大战及之后的几十年,世界经历了一轮超大规模的债务周期——1939—1945 年,政府发动战争,导致公共债务飙升;战争结束后,债务进入一段整合期,负担趋于下降。

第一次世界大战后,债务也曾得到整合,但债务负担下降的趋势并没有持续下去。1919—1929 年,发达国家债务占 GDP 的比例仅下降了 1/3,从 90% 降至 60%。相比之下,第二次世界大战后虽然债务规模更大,但经过 25 年的整合,发达经济体债务占 GDP 的比例再次下降到第一次世界大战后的一半;1945—1970 年更是下降了 2/3 以上,从近 140% 降至 40% 左右。

这一成就令人印象深刻,问题在于它是如何实现的。

部分原因在于经济增长带来了正向的利率 - 增长率差,并使政府能够协调社会支出与预算平衡。GDP 的成功提高反映了追赶增长的空间。20 世纪 30 年代,资本形成低迷,提高生产力的投资被普遍搁置。在美国,现代大规模生产方式的采用支撑了生产率的快速增长,但在欧洲和日本却并非如此,它们对电动机和装配线的使用与推广较慢。[1] 许多国家的工业生产在第二次世界大战后立即降至 1938 年的水平以下。

但是上述各国与美国的发展路径相似，一旦眼前的推广障碍得以清除，各国的增长就有可能（像美国一样）迅速推进。[2]新技术方案是免费提供的，欧洲、北美国家以及日本都很快采用了这一技术。

当然，这个浅显的答案引出了一个更深层次的问题。为何第一次世界大战后类似的调整受挫，而各国在第二次世界大战后却能够维持高投资、实施新技术，并将资源从农业转向工业，从而实现产业升级？第二次世界大战后的情况也并非在各方面都比第一次世界大战后更好。第二次世界大战后出现了住房短缺、外国占领、种族冲突等问题，以及大量流离失所者向西穿越中东欧的浪潮。随着冷战的到来，军费支出增加，国际经济和政治关系中断。这些扭曲广泛存在，但未能破坏战后复苏以及随后增长赶超的进程。

单一因素并不能完全解释这种差异，但在这样的背景下，一个值得强调的因素是债务管理和财政政策。例如，新成立的德意志联邦共和国通过免除对外国政府的债务，有效地增加了社会支出，缓解了住房短缺，安抚了公众的情绪。这帮助德国避免了第一次世界大战后阻碍投资和增长的劳动力断层以及政治分裂。债务减少使德国的经济增长成为可能。反过来，鉴于欧洲制造业对德国资本货物的依赖，德国的增长也使欧洲增长成为可能。更一般地说，发达国家政府成功地将教育、医疗和其他社会项目支出的增加与预算平衡相协调。它们的财政政策推动了国家的经济发展前景。

与此同时，利率仍低于增长率。名义GDP年增长率接近10%（6%的增长率+4%的通货膨胀率），而年度偿债额仅占未偿债务的3%。

尽管收益率如此之低，投资者仍持有政府债券，因为他们几乎没有其他选择。银行存款利率受到控制。[3]本可以像20世纪20

年代那样将目光投向海外的机构投资者,但又受到了资本管制的约束。

公正地看,这些金融抑制政策是否导致资源的低效配置?一种观点认为,通过干预市场而实施的金融抑制总是会拖累增长。[4]另一种观点认为,当存在技术积压和长达数十年的投资缺口需要弥补时,上述成本是不存在的,甚至是负的。当实物资本的收益率很高,且上游部门的投资对下游部门的生产力产生巨大的正向溢出效应时,限制政府债务的利率是迫使投资者寻找高回报机会的一种方式,反之亦然。这是一种在社会效益超过私人回报的行业中鼓励资本形成的方式。[5]即使这些政策的施行有代价,也无法阻止发达国家实现前所未有的增长,并将其维持25年之久。

对于发达国家之外的国家,公共债务比率起初较低,但在20世纪60年代略有上升。外债占总债务的比例保持稳定,低于15%(见图9-1)。外国资金在19世纪和20世纪20年代发挥的作用不同。当时只有少数外国债券在伦敦和纽约交易。[6]国际资本市场因20世纪30年代的违约名誉扫地。投资者和政府不愿信任早期为外国借贷提供中介服务的承销银行和评级机构。监管者也不再对这个市场抱有热情,在纽约州开展业务的人寿保险公司被禁止持有超过1%的外国证券资产。[7]日本和西欧使用控制政策来阻止投资者购买外国政府债券,无论其来自新兴市场还是其他国家。美国则使用税收政策——例如1963年通过的利息平衡税——来阻止民众投资外国证券。新兴市场和发展中国家向外部融资时,主要采取从发达国家政府和多边机构借款的方式。

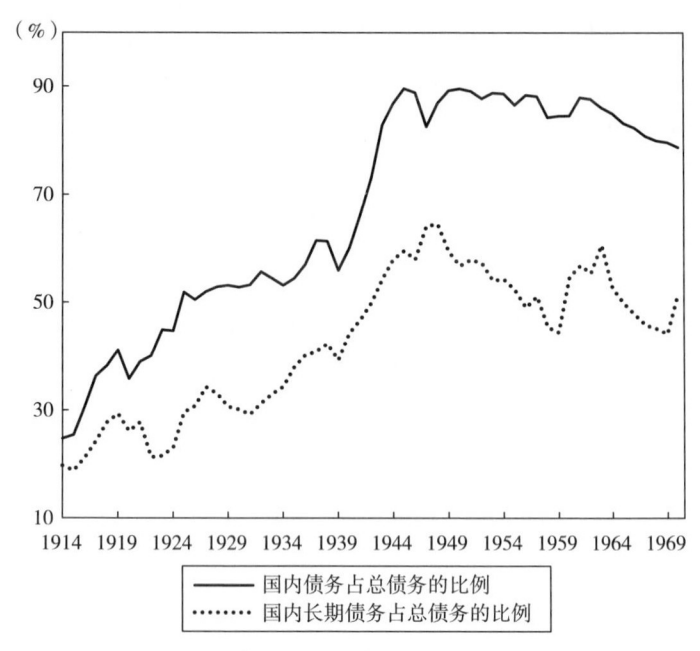

图 9-1　G20（二十国集团）新兴经济体的债务结构

注：国内债务指国内发行的债务，长期债务指期限超过一年的债务。国内债务数据涵盖了选定的 20 个新兴经济体，包括阿根廷、巴西、中国、印度、印度尼西亚、墨西哥和南非等。国内长期债务数据仅涵盖阿根廷、巴西、中国、印度、墨西哥和南非。数据为简单平均数，年度覆盖范围各不相同。

资料来源：Reinhart 和 Rogoff（2009）。

战争的经济后果

第二次世界大战的范围并不局限于欧洲和中东，它席卷了非洲和亚洲的大部分地区。参战国研发了昂贵的新武器和战斗机，从先进的飞机和雷达到原子弹，并在军事生产中获得了强大的制造能力。

我们将第 8 章中提到的对德国、英国、美国和俄国在第一次世界大战中的直接成本的估计，与对第二次世界大战动员费用占国民生产总值份额的估计进行比较后发现，第二次世界大战的成本翻倍了。[8] 其中，英国政府的支出几乎翻了一番，德国翻了一番多，美国涨了两倍多。

同早期战争一样，各国当年的收入仅能覆盖支出的一小部分：德国仅覆盖支出的32%，英国覆盖53%，美国覆盖46%。[9] 由于第二次世界大战的战争成本更高，为了填补同样的收入缺口就需要发行更多的债务。到1945年，美国的债务比率升至116%，英国升至235%，德国上升到令人震惊的300%。[10]

德国的国内债务随后从1945年开始因通货膨胀和货币改革被偿清，与1919年的情况类似。此外，其外债在1953年的《伦敦债务协定》中被减记。[11] 本金减半，还款时间延长了30年。[12] 拖慢贸易重建的战争债务积压和阻碍投资的财政不确定性在这一次均被避免。到1954年，联邦德国的债务占GDP的比例仅为21%，其利息支付占GDP的比例不到1%。

美国支持其盟友的方式也有所区别。1934年美国国会通过的《约翰逊法案》禁止未清偿早期债务的外国政府在美国贷款，包括从1932年开始拖欠的第一次世界大战债务。这意味着友好国家政府只能在"现购现付"的基础上购买美国物资。（它们必须用现金购买物资并运回国。）因此，罗斯福政府不得不寻求其他方式来援助盟友。它们的解决方案是租借，即美国向盟国提供粮食、燃料和物资，作为租借军事基地的回报。

交换条件还可以采取"旨在建立战后自由的国际经济秩序的联合行动"的形式。[13] 换句话说，债务可以通过合作建立国际货币基金组织、世界银行和构成全球增长框架的其他联合国机构来偿还。第一次世界大战后，破坏性的国际金融纠葛阻碍了贸易发展，其后果包括美国国会拒绝批准美国加入国际联盟。这一次（第二次世界大战后）则避免了踏入类似的泥沼。

中央银行的作用

政府采用与第一次世界大战相同的策略来营销债券：公开宣传、呼吁爱国主义、控制政策，以及禁止其他投资。由于第二次世界大战的成本更高，因此，中央银行在债务扩张中需要发挥更加重要的作用。图9-2显示了第二次世界大战后，中央银行资产在GDP中的占比和政府债务在中央银行资产中的占比，均远远超过早期战争时的水平。

以美国为例。1942年4月开始，美联储通过购买大量债券，将（3个月）国库券利率上限固定在0.375%，将（10年及以上长期）国债利率上限固定在2.5%。[14] 在实践中，美联储公开市场操作购买的主要是短期国库券。爱国的民众准备认购的则是收益率为2.5%的国债，而不是收益率仅为0.375%的国库券。[15] 因此，到第二次世界大战结束时，短期国债占美联储资产负债表的一半以上。

上述操作的结果就是，美国货币供应量的增长速度远远超过了第一次世界大战。[16] 但在有利于持有现金的低利率水平、家庭购买耐用消费品的资金有限，以及价格管制的共同作用下，物价的增长速度慢于货币存量的增长速度。

英格兰银行同样试图将借贷成本保持在较低水平。约翰·梅纳德·凯恩斯和英国财政部官员更希望像美国一样将长期利率水平降到2.5%；但蒙塔古·诺曼和英格兰银行则认为，鉴于财政困难的英国政府将发行大量债券，投资者期待的利率水平可能会更高，或许应为3%。[17] 实际上，英国长期国债收益率水平从1939年的3.7%下降到了1945年的2.9%。为了将长期利率限制在较低的水平上，英格兰银行对政府的贷款增加了4倍。第二次世界大战结束时，英格兰银行98%的资产都以政府债券的形式存在。[18] 没有什么比这种情况能更清楚地说明中央银行在为战争提供资金方面的作用了。

图 9-2 从 21 世纪的中央银行债券购买计划（将在第 13 章和结论中进一步讨论）的视角进行了展示。[19]

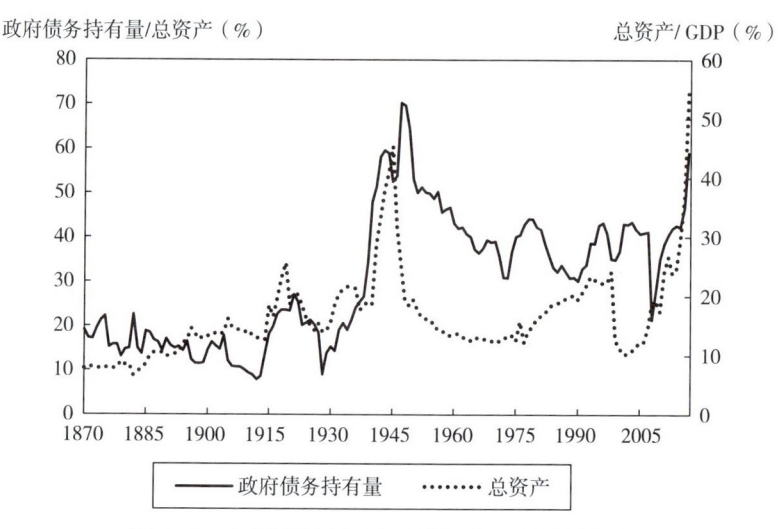

图 9-2 中央银行资产负债表规模和政府债务持有量

注：政府债务持有量按中央银行总资产的百分比计量。中央银行资产负债表规模以其总资产占GDP的百分比来衡量，包括澳大利亚、比利时、加拿大、法国、德国、意大利、日本、荷兰、西班牙、瑞典、英国和美国。

资料来源：Ferguson、Schaab 和 Schularick（2014）。

对德意志帝国银行来说，购买政府证券曾是一条红线，因为中央银行曾在德国 20 世纪 20 年代的恶性通货膨胀中扮演了"重要"角色。担任德意志帝国银行行长兼经济部代理部长的亚尔马·贺拉斯·格里莱·沙赫特在这个问题上一直与希特勒争论不休；直到 1939 年，新的《德意志银行法案》正式将中央银行置于元首之下，沙赫特也被解职。[20] 在这之后，政府债券在德意志帝国银行资产中的份额急剧上升，从 1939 年底的 3% 上升至 1941 年的 20%、1943 年的 40% 和 1945 年的 70%。[21] 相应地，货币流通量从战争开始时的 110 亿帝国马克增加到战争结束时的 730 亿帝国马克。[22] 同一时期，生活成本仅上升了11%。[23] 这表明全面的价格管制和背后无限制的政策权力。但如果控制措施被取消，在严重的货币供需错配下，价格将呈现爆发式增长。

缩小债务比率

同样值得注意的是，中央银行资产负债表在 GDP 中所占的比例随后有所回落。尽管盟军条约的限制使德国不可转让其债务，但货币改革削减了大量债务。因此，1948 年德国战后在双占区（美国和英国在德国的联合占领区）成立的第一家中央银行——德意志银行，实际上没有发挥任何作用。

其他国家通过 GDP 增长而非抛售证券恢复了收支平衡。[24] 对于图 9-2 中所示的 12 家中央银行，公共债务占中央银行资产的比例从第二次世界大战结束时的 60% 下降到了 20 世纪 50 年代的 40%。[25] 尽管如此，国内政府债务在中央银行资产中所占的份额仍然是早些年的两倍。[26] 这种新的高比例持续了整整一个世纪，是中央银行资产负债表的永久性变化。

因为中央银行现在同时持有短期票据和长期债券，它们可以通过调整短期-长期资产的持有结构来影响金融市场，并能利用此类操作改变收益率曲线，例如美联储在 1961 年的"扭曲操作"中购买长期债券并出售短期票据。购买债券压低长期利率、降低投资成本，而出售票据推高短期利率并鼓励储户转向美元存款，从而强化国际收支。[27] 美联储在 2011 年 9 月也采取了类似的做法，宣布了一项利用 4 000 亿美元到期国库券和票据的收益来购买政府债券的计划。上述证据表明，中央银行持有大量政府证券是有其用途的。

然而，持有巨额公共债务也可能限制货币政策。如果中央银行提高利率以抑制通货膨胀，债券价格就会下跌。进而，中央银行将对自身的资产负债表造成损害，并使购买战争债券的公民蒙受损失。[28] 提高利率还将增加财政部发行新债券的成本。[29] 这曾经引发了美国的一场冲突：1947年夏天，美联储首次试图提高长期利率上限，遭到财政部的强烈反对，美联储不得不退缩。这是一个非常鲜明的"财政主导"的例子，即中央银行被迫将货币政策让步于债务管理。

但是，由于将利率与公共债务挂钩，美联储失去了对物价的控制。当投资者要求的利率高于中央银行的国债利率上限时，投资者就会出售国债换取现金，从而助长通货膨胀。当投资者要求的利率低于美联储的目标利率时，如1949年的经济衰退，投资者就会进行反向操作，导致通货紧缩。在这一时期，消费价格波动剧烈，1947年上涨14%，1949年下降1%，1951年再次上涨8%。

当美国卷入朝鲜战争，但没有同步实施像在第二次世界大战期间那样抑制银行向消费者放贷的控制措施时，通货膨胀变得越来越严重。然而，美联储仍被维持美国国债上限的义务所束缚。激烈的谈判随之进行。在美国总统哈里·杜鲁门和美联储主席马里纳·埃克尔斯发生争执后，官员们终于在1951年3月4日宣布，他们已经就"确保成功地满足政府的融资需求，并尽量减少公共债务的货币化"的政策达成了"完全一致"，即美联储同意将5年期国债的价格再维持几个月，之后它们将自由浮动，由财政部独立负责债务管理。

随着协议的公布，美联储不再受制于债务管理。然而，从某种意义上说，自从罗斯福在1933年让美国脱离金本位制并掌握货币控制权以来，美联储本就不应再受制于债务管理要求。几乎近20年的时间，美联储才摆脱了这一限制，凸显了公共债务在推动国家经济从大萧条中复苏、修复第二次世界大战给金融带来的破坏，以及管理战后过渡等方面的重要性。

欧洲的中央银行与政府建立了更为密切的关系。这不仅是为了给公共部门提供资金，也是为了将信贷引导到战略性行业和部门。

中央银行和财政部对商业银行的信贷发放进行监管。除了传统货币政策的目标外，它们的目标也延伸到了工业和贸易政策上，例如为关键部门提供优惠的信贷条件。[30]最广为人知的案例是法国。在政府强有力的安排下，法国中央银行精心协调了公共机构和私营部门之间的关系。有人认为，这些政策鼓励了投资流向社会收益超过私人收益的部门，有助于克服协调问题，从而促进经济增长，并成功整合债务。[31]

外国融资

在20世纪40年代末和50年代，与战争期间一样，债务融资是家常便饭。在第二次世界大战后的第一个10年（1946—1955年），全世界向外国政府提供的私人贷款总额平均每年不到5亿美元，其中大部分来自美国。但这只是杯水车薪，不到全球GDP的0.1%。[32]政府间资金流量是全球GDP的5倍，也主要来自美国，这些资金以赠款和贷款的形式存在，主要流向欧洲和日本。1945—1949年，美国平均每年对外援助额达到60亿美元，占1947年美国GDP的2.5%，这些援助首先是通过联合国善后救济总署发放的，然后是"马歇尔计划"。政府间贷款相对于美国GDP而言显得数量巨大，但相对于全球经济而言却很少，这一事实提醒人们，其他国家对美国官方贷款的依赖程度极高。

马歇尔援助受到宏观经济政策条件的制约，这与此前国际联盟贷款附带的条件类似。受援国应该平衡政府预算，并确保债务的可持续性。然后，它们便能够稳定汇率，放松进出口管制，恢复经常项目的可兑换性。美国官员认为，这些目标不仅符合受援国的利益，也符合美国出口商的利益。

美国的援助是各国向着债务融资方向发展的诱因。通过补充预算，马歇尔援助缓解了政府紧缩支出的压力，从而减弱了利益集团为削减优惠项目进行长期斗争的动力，限制了战后的消耗。[33]此外，马歇尔计划要求政府公布详细的预算账目，这有助于克服信息不对称和混乱，避免严重的预算僵局问题。[34]

多边金融体系在战后初期几乎没有发挥任何作用。美国不鼓励国际货币基金组织和世界银行放贷，理由是相互竞争的资金来源会削弱马歇尔计划所施加的政策杠杆。世界银行的贷款规模很小，最初仅限于电力、铁路和港口改造项目。[35]它们仅按市场利率提供给具有商业可行性的项目。20世纪50年代，世界银行对发展中国家的贷款逐渐增加，但直到20世纪50年代末，世界银行才建立了软贷款窗口，以优惠条件提供融资。

类似地，在20世纪40年代后期和50年代前期，国际货币基金组织的贷款规模很小；1947—1955年，国际货币基金组织的贷款规模平均每年仅占全球进口额的0.06%。[36]在埃及总统贾迈勒·阿卜杜勒·纳赛尔将苏伊士运河国有化、以色列占领西奈半岛以及法国和英国控制苏伊士运河后，1956年，第二次中东战争爆发，这是一个转折点。第二次中东战争削弱了对4个参战国货币的信心。鉴于英镑在国际交易中被广泛持有和使用，是仅次于美元的第二大货币，这一事件给英镑带来了沉重打击。英镑在1949年已贬值过一次，而此次贬值被认为可能对1944年达成的布雷顿森林体系的存续构成威胁，甚至可能对国际货币基金组织本身构成威胁。

由于外国持有大量的英镑债券，因此英镑十分脆弱。这些债务都是英国的战时盟友积累起来的，它们主要是英联邦和帝国的成员，为英国提供了商品和战争物资，并为英国军队提供了物质和财政支持。这些以英镑计价的债务被称为"英镑余额"，它们为英国提供了与租借协议一样多的战时援助。到战争结束时，累积的英镑余额几乎是英国每年出口量的7倍。[37]

这些债务中有很大一部分被冻结了，这意味着它们无法将其转化为商品或其他资产。其中 1/3 通过英国与其债权人之间的正式协议被冻结，而另外 1/3 则由于实质上的经济封锁而被冻结。无论哪种方式，债权人都只能获得每年 1% 左右的适度回报。[38] 这种通过金融管制来保障的债务可持续性的操作，是为英国的需求量身定做的。

持有者中尤其重要的是埃及政府，它出售了持有的英镑，作为对 1956 年英国入侵的金融报复。作为回应，英国冻结了埃及在英国的英镑余额。由于不知道冲突何时会停止，并且担心（英国）进一步的制裁或英镑进一步贬值，其他政府也开始清算自己的英镑余额。这是一个令人信服甚至令人警醒的例子，证明了当外国持有大量本国政府债务时可能出现的金融和政治脆弱性。

美国反对外国政府干预埃及事务，阻止英国获得国际货币基金组织的帮助，以迫使英国撤军。当英国政府在别无选择的情况下同意美国的要求后，国际货币基金组织向英国提供了有史以来规模最大的贷款。这包括立即提取 5.61 亿美元以补充英国的外汇储备，另外还有 7.39 亿美元的"备用"贷款可根据需要提供。国际货币基金组织也向法国、以色列和埃及提供了规模相对较小的贷款。

对苏伊士运河危机的这一响应，使国际货币基金组织成为国际贷款人。随着越来越多的国家放松关税和配额，允许其货币更自由地用于与贸易相关的交易，国际收支平衡的问题也更加频繁地出现。以财政和调整国际收支平衡为目的的国际货币基金组织贷款，因此变得更加普遍。

增长和债务整合

有人可能会认为战后债务整合主要是金融抑制的结果。卡门·莱因哈特和贝伦·斯布兰西亚写道:"第二次世界大战期间过剩的债务通过金融抑制和通货膨胀得到了重要的清算……"[39] 此外,预算盈余发挥的作用也比人们普遍认为的更加重要。表9-1显示了第二次世界大战后基础财政收支的贡献:使债务比率下降了近40%。这样的贡献虽然比第一次世界大战后略小,但仍是可观的。上述证据表明,金融抑制带来的利率 – 增长率差,可能对第二次世界大战后的债务整合做出了最大的贡献。但这并不是故事的全部。

类似地,20世纪50年代中期(具体年份取决于国家),政府债务的实际利率急剧下降(通货膨胀率超过名义利率)的时代结束了。[40] 如图9-3所示,实际利率(经通货膨胀调整后的国债利率)一直保持正值,直到20世纪60年代后期,通货膨胀开始加速,实际利率出现下滑。

表9-1 第二次世界大战后发达经济体大规模债务整合的分解

	债务占GDP的比例(%)			对债务减少的贡献(%)		
	开始水平	结束水平	减少	基础财政收支	利率 –增长率差	存量 –流量调整
简单平均数	95.5	22.4	73.1	22.6	82.6	-32.2
加权平均数	112.0	26.2	85.8	33.3	80.2	-27.7

注:根据1945—1975年债务减少至少占GDP的10个百分点的标准来定义每一段时期。从高峰到低谷(每个国家的年份不同)。其中包括澳大利亚(1946—1975)、奥地利(1948—1957)、比利时(1945—1974)、加拿大(1945—1974)、芬兰(1945—1974)、法国(1946—1969)、希腊(1952—1958)、爱尔兰(1958—1973)、意大利(1945—1947)、日本(1946—1964)、荷兰(1946—1974)、新西兰(1946—1974)、葡萄牙(1945—1974)、西班牙(1945—1975)、瑞典(1945—1966)、瑞士(1945—1968)、英国(1946—1975)和美国(1946—1974)。德国之所以被排除在外,是因为其不符合1945—1975年债务比率至少下降GDP的10个百分点的标准。
资料来源:IMF历史公共债务和历史公共财政数据库(IMF 2010,2013),作者计算。

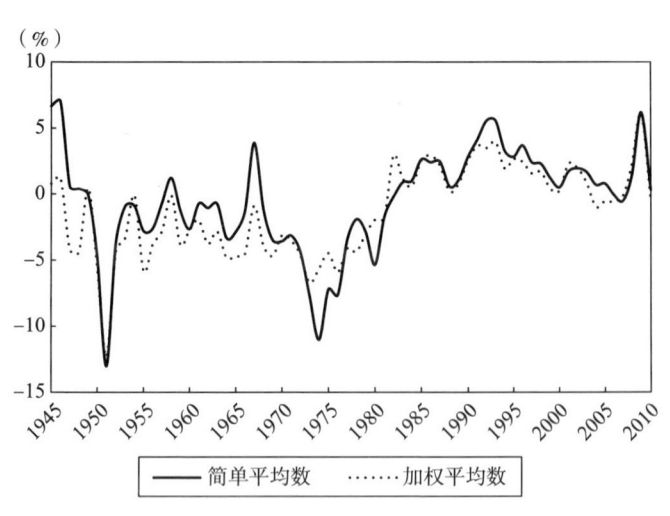

图 9-3　1945—2010 年 G20 发达经济体实际利率

注：图中所示发达经济体包括澳大利亚、加拿大、法国、德国、意大利、英国和美国。
资料来源：Abbas 等（2014a），作者计算。

如图 9-4 所示，利率－增长率差的贡献不仅反映了低利率，还反映了经济的快速增长。前面，我们描述了战后增长如何反映出在大萧条和第二次世界大战中未被利用的机会，这些增长空间在战后已成功实现。然而，正如第一次世界大战后的经验所表明的那样，这一赶超过程并不是不可避免的。第二次世界大战后实现赶超需要将资源转移到制造业并采用大规模生产的方式，这需要重新定义任务和工作岗位。在一些国家，工人们通过罢工、降低工作效率和损坏机器来抵制激进变革。[41] 第二次世界大战后的抗议则较少。[42] 20 世纪 30 年代的高失业率抑制了劳工激进主义，战时采用的劳资关系合作方式也一直延续到和平时期。

重要的是，社会（保障）项目让担心流离失所的工人心安。在劳动力流动存在重大阻碍、工人最担心失业的地方，社会支出的增长最为迅速。[43] 但支出增长是普遍现象。1945—1950 年，美国的社会支出占国民生产总值的比例翻了一番。[44] 战后，英国的工党政府通过了与国家保险和国家援助相关的法案。[45] 其他国家也有类似的发展。

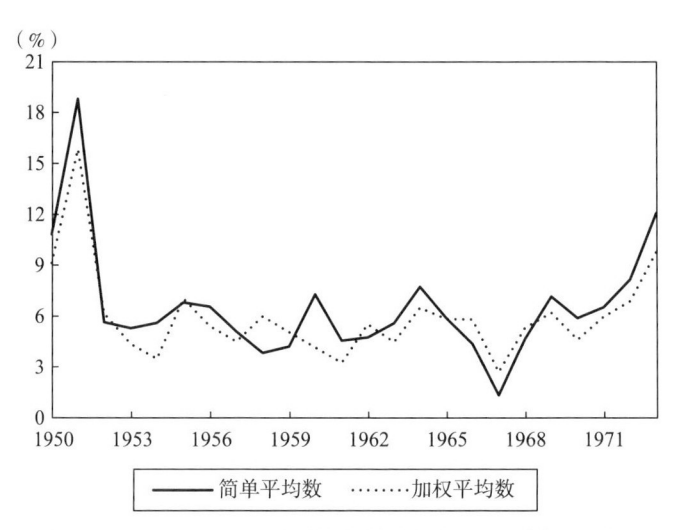

图 9-4　1950—1973 年发达经济体名义利率 – 增长率差

注：包括 G20 发达经济体，日本除外。名义 GDP 增长率使用《世界经济展望》数据计算，但部分经济体的数据除外：芬兰（1958—1960 年）和瑞士（1963—1965 年），其数据来自 Jordà 等（2018）数据库；希腊（1950—1952 年，1959—1960 年）和爱尔兰（1950—1960 年），其数据来自 Mitchell（2003）数据库。
资料来源：Jordà 等（2018），Mitchell（2003），IMF《世界经济展望》，作者计算。

经济增长使政府能够在现有预算范围内增加社会支出。20 世纪 50 年代，发达国家的预算赤字平均不到 GDP 的 1%。[46] 即使是这个适度的平均水平，也被希腊显著拉高了，彼时希腊刚刚结束一场导致国力衰弱的内战，其赤字率高达两位数。[47] 德国方面，如前所述，《伦敦债务协议》下的债务整合为社会支出腾出了资源。当 1953 年债务负担下降，为政府创造了财政空间后，德国在医疗、教育和其他社会服务方面的人均公共支出的绝对增长以及相对于其他欧洲国家的增长均有所加速。[48] 如果没有债务重组，很难想象德国应如何将资源大量转移到制造业，同时满足其公民对住房和其他服务的需求。[49]

此外，债务下降与银行业危机的减少也对政府财政有所帮助。中等收入和高收入国家的银行业危机记录显示，20世纪50年代和60年代各只有一场系统性银行业危机。[50] 显然，金融抑制有其优势。也就是说，对银行和金融市场的严格监管，不仅限于对利率的严格监管，这避免了解决危机时所需付出的高昂代价。[51] 同时，由于衰退较少发生，加上凯恩斯主义的"福音"还没有被广泛接受，各国没有采取太多积极的财政政策，因此债务未见显著增长。

尽管如此，鉴于政府在其他时候难以实现持续盈余，连续20年的基本盈余仍需要更多解释。第8章回顾的关于债务和赤字的政治经济学理论指出，政治两极分化和分裂会导致赤字支出。根据该理论，发达经济体立法机构中的左翼和右翼激进政党的比例在20世纪50年代和60年代达到了最低点这一事实，会给政府财政带来影响。[52] 这些理论指出了选举的不确定性，以及在政治反对派掌权前，为所在政党支持的计划增加支出的倾向。与此相关的是，20世纪50年代和60年代初期，发达经济体立法选举的平均胜率高于之前和之后的水平，从而限制了这种不确定性。[53]

借贷热潮

随后，发达国家的债务整合放缓，直至20世纪70年代停止。经济增长放缓导致预算赤字和债务增加。[54] 虽然增长放缓意味着在没有政策行动的情况下税收收入增长会更加缓慢，但支出的增长却并未相应放缓。随着实际工资增长停滞不前，失业率上升，政客们对维持社会支出感到有压力。立法机构需要时间就削减支出达成一致，尤其是随着政治两极分化和立法分裂开始加剧。[55]

然而，这个说法并不能令人满意，1973年后经济增长和生产力放缓的根源仍然模糊不清。上述理由是不完整的，因为这些令人不安的财政趋势在经济增长放缓之前就已经很明显了。事实上，在20世纪60年代后半期，即增长放缓之前的近10年，经济合作与发展组织（OECD）成员中的大部分，其政府支出占GDP的比例已经明显上升。[56]

美国就是一个很好的例子。为了平衡新社会计划（如医疗保险、医疗补助和教育援助）与越南战争的需求，各级政府的总支出占GDP的比例从1965年的27%上升至1973年的31%。在其他发达国家，社会计划导致的公共支出占比也出现了类似的增长。[57]增长幅度最大、政府支出最多的国家是丹麦、瑞典和荷兰。[58]这预示着北欧或斯堪的纳维亚福利国家的发展趋势。[59]

在这种背景下，石油输出国组织（OPEC，成立于1960年）的首次油价上涨和1973年后的经济增长放缓就显得更加棘手。政府将它们的声望押在了新的社会计划上。它们认为石油冲击和生产力放缓是暂时的，因此选择为这些计划提供资金，维持它们认为的只是暂时的赤字。它们采取了过渡性政策，而不是调整政策（方向）。它们指出，其预算赤字与实现充分就业的承诺相一致。[60]虽然增长放缓的迹象显而易见，但调整支出仍然十分困难，尤其是在比利时和意大利等国，多党联合政府的复杂性使其更难达成和维持共识。

随着通货膨胀率的上升，实际利率像第二次世界大战后那样转为负值，这促使政府继续借贷。为什么名义利率没有随着通货膨胀率的上升而上升，至今仍然是一个谜。由于缺乏1973年式的油价冲击和经济增长放缓的经验，投资者可能无法预期通货膨胀会持续下去。银行和市场充斥着石油出口国尚未花掉的石油美元存款。[61]接下来我们将讨论1973—1982年，石油美元循环在最不发达国家贷款中的作用。这里的重点是，这些资金以有利于借款人的利率，为发达国家的预算赤字提供了资金。

发展中国家的债务

发展中国家的债务在 1973 年后也开始增多。1971—1973 年，政府间贷款和援助、世界银行贷款和国际货币基金组织项目提供了非石油输出国组织最不发达国家总融资需求的近 2/3，商业银行仅占 20%。1974—1976 年，商业银行贷款占了大部分，反映了石油美元循环的繁荣。

银行贷款人被组织成银团，通常由位于不同国家的 100 多家银行组成。它们吸引了欧洲美元，即存放在美国境外的美元，并提供了高达数亿美元的"巨额贷款"。[62] 它们的贷款利率采取浮动制，每 3~6 个月重新定价一次。无论是由美国银行还是由外国银行提供的贷款，均以美元计价。[63]

在某些方面，这些安排类似于早期的债券融资时代。一家牵头银行担任银团经理，与借款人联络，安排贷款结构，并将其交给银团合作伙伴。现在的区别在于全部贷款都由银行保留，最不发达国家债券的散户投资者无处可寻。由于小银行只接受少量贷款，因此产生的债务主要集中在货币中心银行的资产负债表上。这导致了与 1931 年散户投资者陷入困境时截然不同的政治和经济动态。[64]

新兴市场和发展中国家拥有充足的借贷理由。20 世纪 60 年代，新兴市场和发展中国家的经济加速增长，政府也在吹捧经济奇迹的到来。[65] 随着经济增长放缓，这些政府不愿承认现实，因此它们通过借债来推迟清偿。

此外，有人认为从银行借款比外国直接投资更可取，因为这不需要放弃经济的制高点。正如一位经济学家所说："在 20 世纪 70 年代初期，外国直接投资的流入尤其臭名昭著：允许外国公司拥有制造能力似乎是对发展中国家自主意识的侮辱。相比之下，向国际银行借款似乎意味着国家自主权没有妥协。银行似乎乐于放贷而不问太多关于资金如何使用的问题,这一事实很好地强化了上述观点。"[66]

这段话的最后一部分提醒我们,一个巴掌拍不响。如果没有热情的贷方,拉丁美洲的债务(其中80%是主权债务)在1973—1979年不可能增加3倍。由于商业票据市场失去了大型企业客户,美国货币中心银行开始寻找海外客户。[67]此外,当银团成员向发展中主权国家提供贷款时,并不总是考虑到其他银团也在这样做。正如我们在前一章中所看到的,随着时间的推移,牵头银行的守门人功能变得不那么有效了。现在,没有任何人阻止它们,银行蜂拥而上。

有人警告向拉丁美洲主权国家放贷的风险。[68]据了解,美国货币中心银行向最不发达国家提供的贷款是银行资本的两倍或更多,这意味着主权违约可能会使这些具有系统重要性的金融机构破产。[69]

但有关这方面的警告却无人理会。部分原因是缺乏经验,毕竟向最不发达国家提供银团贷款是一种新现象。距20世纪30年代的主权违约已经过去了半个世纪,只有年长的银行家亲身经历过这一事件。20世纪50年代和60年代几乎没有银行倒闭,这让银行策略师可以忽略利用短期存款为长期贷款融资的风险。就政策制定者而言,他们主要关注的是允许石油美元闲置在银行资产负债表上所带来的不良宏观经济后果;与其闲置,他们更愿意用石油美元支持美国出口。正如杰拉尔德·福特总统的经济顾问威廉·塞德曼所说:"包括我在内的整个福特政府都告诉大型银行,将石油美元循环至欠发达国家的过程是有益的,甚至可能是一种爱国义务。"[70]

从1979年第二次石油冲击开始,一直持续到1982年最不发达国家爆发债务危机时,银行及其最不发达国家客户将赌注加倍。1978—1982年,主要的最不发达国家的总债务占GDP的比例再次翻了一番。[71]拉丁美洲国家的赤字仍然较大,其中一些国家是因为石油进口费用较高,另一些国家则是因为美国利率较高。[72]银行持有第二批石油美元,它们再次将其作为给最不发达国家的贷款进行循环。针对银行过度承诺的警告已经发出，但没有引起共鸣。银行利润保持强劲，这得益于早期贷款的利息收入和新贷款的费用收入——一些国家利用新贷款来支付早期贷款的利息。

事后看来，这是一个极易彻底倒塌的纸牌屋，但当时的金融市场并不这么认为。银行股价保持稳定。1982年，货币中心银行的公司债券评级也保持稳定，尽管银行对拉丁美洲主权国家的承诺越来越表示怀疑。

表9-2显示了1973—1982年主权债务的增加。在中等新兴市场和中等发达国家，新借款主要为预算赤字提供资金。基本预算赤字（扣除利息支出）的贡献几乎完全匹配新增债务占GDP的比例。除此之外，名义GDP增长率超过利率这一事实也减缓了债务增长。然而，这种影响几乎完全被存量-流量调整对债务的影响抵消，反映了货币贬值和随之而来的美元债务负担的加重。鉴于最后两个影响被抵消，该表反映出1973年之后主权债务的增加是由财政驱动的。

表9-2 1973—1982年大规模债务积累的分解

	债务占GDP的比例（%）			对债务增长的贡献（%）		
	开始水平	结束水平	增长	基础财政收支	利率-增长率差	存量-流量调整
发达经济体						
简单平均数	24.8	46.3	21.5	12.5	-14.2	23.2
加权平均数	28.2	46.9	18.7	14.8	-8.8	12.7
新兴经济体						
简单平均数	23.1	38.2	15.1	10.0	-48.5	53.6
加权平均数	25.4	38.0	12.6	9.5	-42.1	45.2

注：根据1973—1982年债务增长至少占GDP的10个百分点的标准来定义每一段时期。债务增长由开始年份（1973年）和结束年份（1982年）之间债务比率的变化来计算。发达经济体包括奥地利、比利时、丹麦、芬兰、法国、德国、希腊、冰岛、爱尔兰、意大利、日本、荷兰、新西兰、葡萄牙、西班牙、瑞典、瑞士和美国。新兴经济体包括阿根廷、巴西、印度、韩国、马来西亚、秘鲁、菲律宾、泰国和土耳其。
资料来源：IMF历史公共债务和历史公共财政数据库（IMF 2010，2013），作者计算。

动摇市场

1982年8月12日，墨西哥财政部长赫苏斯·席尔瓦·赫尔佐格决定关闭该国的外汇市场，并表示墨西哥政府无力偿还其债务，这一消息震惊市场。阿根廷、巴西、委内瑞拉和另外十几个拉丁美洲国家也发布了类似的公告。它们将借来的资金用于消费而非投资，用于为进口融资而不是建立出口能力。[73] 它们将本国货币与美元挂钩，以降低外国贷款人的经济风险。叠加通货膨胀，这些行为恶化了本国的国际竞争力。[74] 鉴于债务以美元计价，货币贬值进一步增加了偿债成本，进而导致不可避免的债务拖欠问题。[75]

对危机国家政府的净贷款从1981年的600亿美元下降到1983年的接近于零。[76] 这种突然停止挤压了本就资金紧张的最不发达国家，并给货币中心银行带来了威胁。如果最不发达国家不仅仅拖欠利息，而是彻底违约，发达国家监管机构会要求银行将其贷款归类为不良贷款。这将使银行资本蒸发，迫使监管当局介入，并为此付出相当大的代价。

鉴于此，想象危机会转瞬即逝是一种诱惑，甚至是不可抗拒的诱惑，就像1973年想象石油冲击会转瞬即逝一样。人们的希望是，一旦（货币价值）高估被消除，陷入困境的债务国将提振其出口水平，恢复债务偿还能力，从而消除对银行的威胁。[77]

因此，首要任务是避免墨西哥政府彻底违约。在赫苏斯·席尔瓦·赫尔佐格发表声明后的周末，美国谈判代表利用美国财政部的外汇稳定基金，并创造性地通过美国农业部提供的信用担保，安排了18.5亿美元的短期贷款。[78] 然后，又利用两周时间从十国集团（G10）中央银行再筹集了9.25亿美元的信贷。[79] 这些紧急措施提供了通往最终目的地的桥梁，即一项国际货币基金组织计划。1982年12月23日，国际货币基金组织执行委员会批准了一项发放给墨西哥的为期 3 年的 37.5 亿美元贷款，前提是墨西哥政府承诺进行全面的宏观经济和结构改革。

对其他陷入困境的国家的援助也遵循同样的模式。到 1983 年底，3/4 的拉丁美洲国家已经就国际货币基金组织计划进行了谈判。[80] 银行同意将墨西哥的本金还款推迟，并给予其他拉丁美洲国家类似的让步。国际货币基金组织总裁雅克·德拉罗西埃坚称，上述做法是国际货币基金组织提供官方资金的先决条件。这也是国际货币基金组织朝着新的负担分担政策（也称为"银行纾困"）迈出的第一步。

扩展和伪装

通过这种方式，一场全球崩溃得以避免。当然，这并不是说结局就是圆满的。由于市场准入受到限制，以及财政部受到国际货币基金组织的监督，拉丁美洲各国政府被迫大幅削减公共支出。用外需替代流失的内需并不是一件容易的事。墨西哥让其货币贬值以促进出口是一回事，但 16 个拉丁美洲国家同时这样做则完全是另一回事，因为它们的出口几乎都运往相同的市场。随着美元进一步升值，偿还美元债务变得更加困难，拖欠银行的债务也持续增加。

这是一段延长（偿债）和假装（平静）的时期：延长期限并将欠款资本化，以期有一天，贷款可能以某种方式得到偿还。[81] 实施这种方法需要三点。首先，需要持续宽松的监管环境，这样银行就不需要为减值的主权贷款留出准备金。1984 年，监管机构自由放任，银行开始了新一轮的展期谈判。[82] 这些措施在总债务未减少的情况下将贷款偿还期限推迟了 14 年，从而使银行避免承认损失。其次，需要新的资金，以帮助陷入困境的国家逐步增加还款，重新开始增长并获得市场准入。在当时，由于国际货币基金组织现金不足、名声不佳,实践中的新资金主要来自银行。[83] 最后,更加强调结构改革,欠债的最不发达国家被要求扩大出口并改善财政状况。

美国财政部长詹姆斯·贝克在1985年的国际货币基金组织和世界银行会议上宣布的这一方案,后来被称为"贝克计划"。最后,人们承认冲击不仅仅是暂时的,有必要为扩大调整提供资金。

宽松的监管环境相对容易实现,尤其是在美国,如果监管机构迫使银行进行资本重组,它们将付出高昂的代价,甚至会遭到政治抨击。[84] 调动新资金则更加困难,因为银行开始质疑借款人愿意为改革付出的努力。危机使它们警觉,让它们认识到主权借贷的曲折历史,以及政权更替时过往债务不被新政府承认的风险。[85] 此外,还有大家熟悉的集体行动问题,因为每个银行都希望由其他银行来提供新资金。持有的头寸小的地区性银行拒绝出资,给大型货币中心银行增加了负担。因此,曾经促进贷款发放的银团模式现在成了障碍。

由此产生的停滞持续了两年。银行指导委员会与政府的谈判没有取得有效成果。[86] 国际货币基金组织将其备用贷款展期。债务国在宏观经济调整和结构改革方面取得了进展。银行也在努力修复资产负债表。

到1987年,花旗银行的资本状况已经足够强大,可以承认贷款损失的现实,并留出33亿美元作为准备金,以应对其对最不发达国家贷款的未来损失。花旗银行的股价实际上因此消息而上涨,证明这样的操作并不会带来可怕的后果,于是其他银行也紧随其后。到1989年底,货币中心银行已为最不发达国家风险敞口的一半留出了贷款损失准备金。

重回债券

这些事态的发展并不能保证负债累累的发展中国家重获市场准

入并实现经济增长。这些问题最终被1989年开始施行的布雷迪计划解决，该计划以后来的美国财政部长尼古拉斯·布雷迪的名字命名。布雷迪承认，应对危机不仅需要为拖欠的贷款提供准备金，还需要从银行的资产负债表和借款人的国民账户中清除不良贷款。他的方案是为负债累累的最不发达国家减少债务，以调整结构、启动增长和提高偿债能力。增长实际上是否会启动还有待观察，但在经历了近10年的危机之后，这样的方法至少值得一试。

最不发达国家的政府利用从国际货币基金组织、世界银行和其他捐助者那里筹集的资金，将其银行贷款转换成了价值50~70美分的债券。[87] 银行之所以这样做，是因为过往经历迫使它们认识到债务被全额偿还是不可能的，但新的债务似乎是安全的；债务国利用国际货币基金组织和世界银行的资金购买了30年期零息美国国债，这些国债被用以保证30年后的债务偿还。[88]

墨西哥是第一个采用布雷迪计划的国家，因为它是第一个屈服于危机的国家。紧随其后的是阿根廷、巴西、保加利亚、哥斯达黎加、多米尼加、厄瓜多尔、科特迪瓦、约旦、尼日利亚、巴拿马、秘鲁、菲律宾、波兰、俄罗斯、乌拉圭、委内瑞拉和越南。这份名单的长度提醒人们注意最不发达国家债务危机的严重程度。

布雷迪计划抹去了这18个国家至少1/3的债务，为参与国提供了一个新的开始，使它们的市场准入得以恢复。此外，将银行贷款转换为证券还带来了有趣的新可能性，也是一种非常古老的可能性，即主权债券的国际市场。

最贫穷的国家没有接受商业贷款，而是继续拖欠官方债权人的债务。它们的政府间债务由债权国政府组成的巴黎俱乐部解决，就像第二次世界大战后的情况一样。[89] 多年来，巴黎俱乐部对一系列发展中国家主权债务进行了重组。现在，它被要求进行一次大重组。鉴于全球债务危机的存在，其最初的让步被批评为不够充分。[90] 这导致了1988年的"多伦多条款",为最贫穷的国家提供更慷慨的债务减免。

1988年10月,马里成为第一个根据"多伦多条款"进行重组的国家。1989—1991年,大约20个低收入国家获得了多伦多式的债务减免,平均占继承债务存量的33%。[91]

至于利用"多伦多条款"的国家是否会与新兴市场国家一起进入活跃的国际债券市场,世界很快就会发现答案。

10
水火不相容

人们很容易将2008—2009年全球金融危机前的20年视为暴风雨前的平静时期。这20年内，没有一个发达经济体经历严重的债务和金融问题。但这一观点只是从狭隘的富国的角度出发。对于新兴市场国家而言，这更像是暴风雨前的暴风雨。从墨西哥、巴西、阿根廷，到韩国、泰国、土耳其，一个又一个国家在这段时期经历了严重的偿债问题，甚至债务危机。

这一连串困境让人们相信，主权债务和新兴市场就像水和火一样不相容。新兴市场对债务是"低容忍"的，它们只能安全地承担有限的债务。[1] 它们有着"原罪"；由于投资者不愿持有以新兴市场国家的货币计价的债券，为公共部门赤字融资的借贷风险很大。[2] 因此，实际上，主权债务发行很少能够带来成功的国家建设和经济发展。

但是，新兴市场债务危机为何在20世纪90年代如此普遍爆发还不得而知。诚然，债务在上升，但出口和产出也在上升（见图10-1）。在20世纪90年代的前5年，新兴市场和发展中国家的公共债务占GDP的比例实际呈下降的趋势，在后5年保持大致稳定或仅略有上升。债务偿付额占出口额的比例的变化稍显不利，但远未达到灾难的程度。

事实上，问题不在于债务过多或主权债务与新兴市场存在根本性的不相容，而在于政府未能坚持审慎管理公共债务的一些基本原则。其中的一些原则并不为人所熟知，因为它们源于相对较新且仍未完全被重视的金融结构性变化，例如国际债券市场的新活动。其他一些原则来自同样新的政策环境的变化，例如资本管制的放松。所讨论的原则并不是全新的，因为所产生的环境背景也不是全新的。实际上，其在主权融资方面已有先例。但对于没有经历过这段早期历史的官员来说，这些原则似乎是新鲜的。

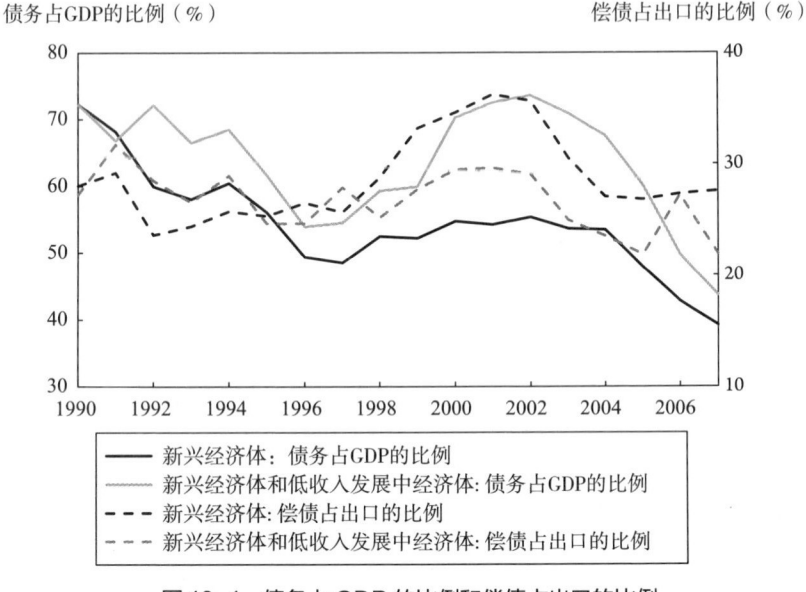

图 10-1　债务占 GDP 的比例和偿债占出口的比例

注：新兴经济体和低收入发展中经济体取简单平均数。国家分类采取 IMF《世界经济展望》标准。
资料来源：IMF《世界经济展望》，作者计算。

虽然看起来很明显，但一个简短的问题原则清单应该是这样的。首先，用短期债务为赤字融资是有风险的，因为对债券的需求可能会突然枯竭。随后，政府将不得不求助于中央银行发行新的债券，这将导致通货膨胀和货币贬值。正如我们在第 8 章中所看到的，这是法国和意大利在 20 世纪 20 年代吸取的教训。由于从银团贷款向债券市场中介融资的转变过于突然，许多问题债券的期限从 10 年缩短到了短短 30 天或 90 天，所以新兴市场的政策制定者还没有完全理解这一教训。

其次，外币债务具有风险。主权国家的偿债能力将取决于其获得外汇收入的能力，而外汇收入可能因无法控制而出现波动。上述观点也不是全新的：在早期的债券融资时代，绝大多数主权国家在寻求借款时都曾被迫发行外币债券，并承担相同的风险。同样，这是新兴市场必须从痛苦的第一手经验中重新吸取的教训。

这些关于短期外币债务风险的观察还产生了三个推论。第一个推论：有外币负债的政府应持有外币资产作为缓冲存量。应保持充足的外汇储备以确保其能够履行偿债义务，同时在难以获得外国的融资时，也应保持进口基本商品和服务的能力。

一个标准的经验法则是，外汇储备应足以偿还未来 12 个月内到期的所有外债，并为所有持续的经常账户赤字提供资金。这被称为"格林斯潘 – 吉多蒂规则"，扩展自美联储主席艾伦·格林斯潘和阿根廷财政部长巴勃罗·吉多蒂的建议。[3] 然而，在实践中，很少有新兴市场遵守这一经验法则。积累外汇储备需要放弃更有吸引力的消费和投资机会。此外，持有外汇储备的成本很高，因为作为主要储备资产的美国，国债的收益率低于政府借入资金的利率。

一旦经历了外汇储备不足的痛苦后果，即经历危机之后，新兴市场就会增加持有量（见图 10-2）。有人可能会说，亡羊补牢，为时不晚。在某些情况下，它们如此激进地增加储备，以至于先前那些警告储备金不足的批评者现在都警告储备积累过多。批评者认为，新兴市场正在放弃太多的消费和投资机会，并建议它们缩减外汇持有量。[4]

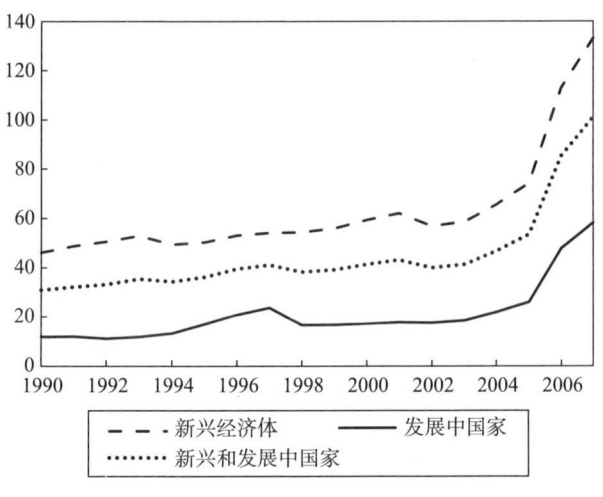

图 10-2　外汇储备（占外债的百分比）

资料来源：世界银行《世界发展指标》，作者计算。

第二个推论与第一个推论密切相关：政府应避免波动性的债务，例如非常短期的债务，如果市场条件发生变化，这些债务可能必须以更高的利率展期，或者根本无法展期。这一点可能看起来很简单，但它的实施却并非如此。当可以立即节省借贷成本时，增加短期债务是极具诱惑力的。（它提供了即时储蓄，因为收益率曲线通常会向上倾斜，即投资期限越长，要求的利率越高。）

同样，可能存在压力，要求放松管制和资本账户自由化的优先级顺序使金融市场向更不稳定的债务形式倾斜。比如在韩国，当局放开了短期资本流动，因为这样做有利于银行从外国银行同业那里借款，而无视国内银行同业拆借的变化。

最后，政府应培育长期债券的本地市场。一些国家依赖国外市场或短期债务，因为它们缺乏在国内长期借款所需的声誉。一些国家则被迫发行外币债券，因为它们缺乏购买本币债券的养老基金和保险公司，而本币债券可以为这些机构提供匹配的收入流，是这些机构的一种自然而然的投资。还有一些国家缺乏必要的中介、交易商以及清算和结算系统。历史经验表明，建立包括国内外个人和机构投资者的、具有深度及良好流动性的二级市场，是一项艰巨的任务。绝大多数新兴市场经济体在应对20世纪90年代的危机时，才缓不济急地走上这条道路。

第三个推论涉及当地银行。当债券市场疲软且借贷成本高昂时，迫使银行购买政府债券，要求银行持有国内债券以满足监管需求的做法变得很诱人。但是，当银行被要求——或者根据它们自身的选择——持有国内政府债券时，任何导致这些债券价格下跌的事情都可能威胁银行系统的稳定性。这反过来将恶化经济状况和政府自身的财政状况。此外，如果银行遇到问题而不得不抛售政府债券，这些抛售行为将使债券市场士气低落，同时限制当局支持金融系统的能力。

最终，这些负面反响影响恶劣，并因此获得了一个专有称呼：在2008—2010年欧元区债务危机中的恶魔般的操作之后，它们被称为"恶魔循环"。[5]然而，在此之前，这些危险的联系就已经在新兴市场显现——政府债券在商业银行投资组合中的份额，是经济合作与发展组织国家的两倍多——政策制定者和监管机构有很多机会看到其破坏性影响。[6]这一点预示着全球金融危机和欧元区债务危机的一个更为普遍的教训，即曾经被认为独特的新兴市场债务问题其实相当普遍。

债务管理经验教训

1994—1995年的墨西哥危机也被称为"龙舌兰危机"，这一事件在20世纪90年代关于新兴市场危机的叙事中占据了显眼的位置，反映了龙舌兰危机的优先地位（墨西哥是第一个发生危机的国家）、龙舌兰危机这一令人印象深刻的名字（并非每场危机都以一款酒命名），以及龙舌兰危机如何处理也令其他国家头疼的债务管理问题。

这个故事起源于1982年墨西哥政府暂停偿债，使墨西哥在之后的10年内被禁止进入资本市场融资。[7]对于一个依赖石油出口的经济体来说，1986年世界石油价格暴跌（见第9章）又给它带来了一次重大打击。比索暴跌，导致进口价格和工资飙升。

面对这场危机，墨西哥政府与劳工、农民和企业代表谈判达成了一项协定，旨在重新平衡经济并分散痛苦。《经济团结协定》要求货币政策和财政政策收紧以降低通货膨胀，并要求贸易自由化以振兴商业。劳工方面则同意控制工资和价格的收入政策。该协定的成功施行，使墨西哥的通货膨胀率从1987年的160%下降到1989年的20%。这一稳定且结构性的调整方案使墨西哥有资格参加布雷迪计划，其进入国际金融市场的机会得以恢复。

但该协定中还埋下了一剂"毒药"，即伴随工资和价格冻结的汇率冻结。（当工资和价格后来被证明没有完全冻结时，汇率制度转变为爬行钉住汇率制，在这种情况下，兑换美元的汇率每天下降大约一个比索。）稳定汇率是一个有用的权宜之计，它能防止进口价格上涨，并使国内工资和价格管制更容易执行。其打破了将货币贬值与价格上涨联系起来的恶性循环，并通过提前抑制通货紧缩，安抚了金融市场。但它没有附带的退出策略。换言之，目前尚不清楚汇率是否可以放松挂钩并重新引入更大的灵活性，同时又不会出现通货紧缩问题。

墨西哥这种基于汇率的稳定，像任何基于汇率的稳定一样，是很脆弱的。政府不得不将货币和财政政策置于稳定汇率的前提之下，无视其他需求和相关政治压力。此外，工资必须调整，不仅要随汇率变化，还要与劳动生产率保持一致。具体来说，劳动生产率增长越慢，允许的工资增长速度就越慢。

墨西哥在1993年全年都很好地遵循了这些条件。但从1994年初开始，墨西哥政府开始将其以比索计价的债务——主要是cetes（中期国库券），转换为与美元挂钩的91天债券tesobonos（与汇率密切相关的中短期外债）。这样做对政府债务管理者很有吸引力，因为tesobonos的利率只有cetes的一半。这是政府试图通过短期外币债务来节省利息成本的典型例子。对tesobonos的投资者而言，他们可以受到保护，免受比索贬值的影响，并在91天内收回他们的钱（假设没有发生任何不良事件）。也就是说，与美元挂钩的tesobonos的利率远低于cetes的利率的事实表明，投资者已将货币贬值的可能性和潜在的不利影响考虑在内。

tesobonos的存量从1994年初微不足道的水平，到8月达到了近200亿美元，超过了墨西哥银行的全部外汇储备。1993年底，外国投资者主要持有cetes，几乎没有人持有tesobonos；而到1994年底，他们持有的墨西哥政府债券中有近90%已经变成tesobonos。[8]这造成了一个明显的压力点：如果外国投资者对到期时购买新的tesobonos犹豫不决，中央银行将缺乏继续支持政府偿还债务，同时维持汇率稳定的外汇储备。很快，墨西哥就证明了违反格林斯潘-吉多蒂规则带来的痛苦后果。[9]

在那时，墨西哥官员的态度是"没什么好担心的"。他们指出，公共部门的基本预算盈余占GDP的3.6%。[10]公共债务仅占GDP的30%，外债占比不到20%。[11]这并不是说万事顺利；特别地，生产率增长缓慢正在削弱其国际竞争力。[12]但有人认为这不是一场"长期预算赤字导致债务爆炸"的教科书式危机。

从某种意义上说，墨西哥的问题更多是政治问题而不是经济问题。1994年是选举年，这使债务状况容易受到政治冲击的影响。

1994年1月1日，也就是《北美自由贸易协定》生效的同一天，萨帕塔运动在恰帕斯州以原住民和自给自足的农民的名义发动了一场起义。执政的革命制度党候选人路易斯·唐纳多·科洛西奥于同年3月被暗杀，这可能是党内竞争的结果。紧随其后，又一位重要的革命制度党成员何塞·弗朗西斯科·鲁伊斯·马谢乌遭到暗杀，这引发了公众对该党内部稳定性和执政能力的质疑。

政治周期也解释了为什么政府债务管理者选在此时从 cetes 转向 tesobonos。在即将到来的大选中，节省利息成本、将更多资源转移到其他项目，是政府的当务之急。

结果就是，1995年第一季度有一大批 tesobonos 到期，可见墨西哥在1994年对这类债券的依赖程度。投资者已经开始将资产转移出墨西哥，以应对恰帕斯州起义和暗杀科洛西奥事件，迫使墨西哥银行用美元购买比索，以防汇率走弱。随着1995年的赎回迫在眉睫，投资者担心政府是否有足够的美元来偿还债务，同时满足对其外汇储备的其他需求。

选举和新政府上任之间的过渡期总是充满不确定性——无论是在经济上，还是在其他方面。当时这一过渡期从8月延长到了12月，中央银行在此期间进行了广泛干预，以防止资本外流推高利率、减少信贷供应和削弱经济。[13] 墨西哥银行利用日益减少的美元储备购买比索计价的证券，希望防止其价格下跌和利率上升（见图 10-3）。

12月1日，墨西哥新任总统埃内斯托·塞迪略上台，他是耶鲁大学毕业的经济学家，取代科洛西奥成为革命制度党领导人。两周后，新上任的革命制度党财政部长海梅·塞拉·普切（另一位在耶鲁大学受过教育的经济学家）重申，政府永远不会采取货币贬值措施。然而，仅仅5天后，在被告知"橱柜"已经空无一物后，内阁承认货币贬值是不可避免的。可以理解的是，投资者会质疑新政

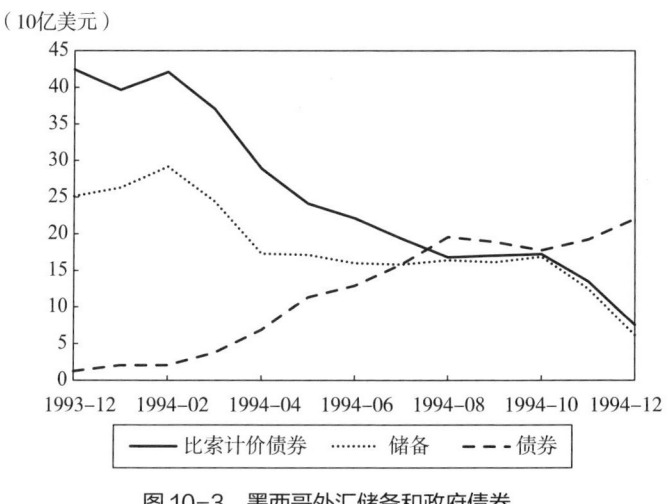

府是否有一个连贯的战略,以及它是否可以信守承诺。恐慌的比索抛售迫使中央银行将其剩余储备的一半用于支持跌至新低的汇率水平,然后在这种干预没有奏效的情况下,使汇率开始浮动。

图10-3 墨西哥外汇储备和政府债券

资料来源:Secretaría de Hacienda y Crédito Público,正如 Cole 和 Kehoe(1996)所引用的。

无奈之下,墨西哥官员与美国财政部、国际货币基金组织展开了紧急谈判。到 1995 年 1 月末,墨西哥从美国财政部获取了 200 亿美元的紧急资金,从国际货币基金组织获取了 180 亿美元,从国际清算银行获取了 100 亿美元,从商业银行获取了 30 亿美元。这些资金的一部分用于偿还到期的 tesobonos。然而,仅此一项措施还不足以阻止资金外流或让汇率回升。随着"恶魔循环"的启动,困境从政府债券市场蔓延到了银行系统。为满足资本要求而持有政府债券的墨西哥银行,见证了这些证券价格的暴跌。利率上升,汇率下降,银行借款人拖欠债务。[14] 雪上加霜的是,汇率疲软使它们无法偿还从国外借入的美元。[15]

因此，部分来自国际货币基金组织、国际清算银行和美国财政部的额外紧急贷款，也被用于支持具有美元资金偿还能力的银行进行资本重组。对于美国银行来说，这是一个不错的结果，但对于墨西哥和其他边境以南的国家来说则不然。对银行进行资本重组和重构的成本占墨西哥 GDP 的 14%，这反过来又使其公共债务增加了一半。[16] 与此同时，墨西哥的产出在 1995 年上半年下降了 10%。

如果政府债务管理者可以抵制短期外币债务融资的诱惑，所有这一切都是可以避免的，或者至少可以将影响降到最低。

隐性承诺

下一次动荡——1997—1998 年的亚洲危机——也不符合教科书的模式。这场危机于 1997 年 7 月在泰国爆发，并在年底随着韩国出现严重的资金问题而达到顶峰。[17] 尽管泰国的经济和金融的脆弱性已不是什么秘密，但危机的严重程度仍然出人意料。对于拥有看似强劲的出口导向型经济的韩国来说，其发生危机这件事本身就令人惊讶。

理论上，泰国和韩国政府的财政状况良好。泰国的预算（包括利息支付）盈余在 1994—1995 年占 GDP 的 3%，在 1996 年占 GDP 的 1%。[18] 外债仅占 GDP 的 10%，而国内债务则可以忽略不计。韩国的综合预算在 1994—1996 年也一直处于盈余状态。1996 年底，韩国国内公共债务仅占 GDP 的 8%，外债仅占 6%。这两个国家的通货膨胀也都是温和的，在那时都没有主权债务问题的历史。

然而，问题出在泰国与韩国的私人部门过度依赖短期外币债务上。尽管问题的根源（私人部门）与墨西哥不同，但其基本特征，即短期负债和长期投资之间的错配，是相同的。无论如何，始于私人部门的东西并没有留在私人部门，因为公共部门最终将私人债务社会化。亚洲各国政府从本质上对为了实现政府发展目标而借贷的银行和公司的投资活动进行了担保，甚至包括那些亏损的投资活动。从本质上讲，这些担保是隐性或变相的财政成本，这些成本在事前就已经存在，但仅在危机爆发时才出现在主权国家的资产负债表上。[19]

与墨西哥将 tesobonos 发放到世界各国的投资者手中不同，泰国和韩国等亚洲国家将本国银行作为对外借款的唯一渠道。这种差异反映了亚洲金融体系高度依赖银行的特质。银行筹集资金并贷款给政府认为具有战略意义的企业和部门，而这些企业和部门在政治上联系紧密。多年来，这种经济发展模式非常成功。亚洲奇迹并不是无中生有的。

银行通过批发型融资市场获得资金，即短期内从美国、日本和欧洲的银行借入了大量债务。20 世纪 90 年代，美国和全球的利率下降（见图 10-4），进一步鼓励了美国银行将闲置资金转向海外。[20] 泰国从 1990 年开始放宽对银行海外借款的限制。1993 年，泰国建立了曼谷国际银行设施（BIBF），几乎取消了剩余的所有限制，目标是将曼谷转变为亚洲金融中心，并将其银行转变为区域领导者。[21] 韩国的目标与其说是将首尔转变为地区金融中心，倒不如说是要让国内的大型企业集团或财阀拥有现成的资金来源，而不必要求它们与外国投资者分享控制权。

这导致了短期债务的普遍上升：截至 1997 年危机结束时，整个东亚的短期债务与储备的比率急剧上升。短期债务在总债务中的份额从 1990 年的 20% 上升到 1996 年的 32%；在外汇储备中的份额从 1990 年的 124% 上升到 1996 年的 153%，在 1997 年更是上升到 214%。[22] 同样，短期债务不应超过中央银行准备金覆盖率的规则仅在违反时才能被当局注意到。

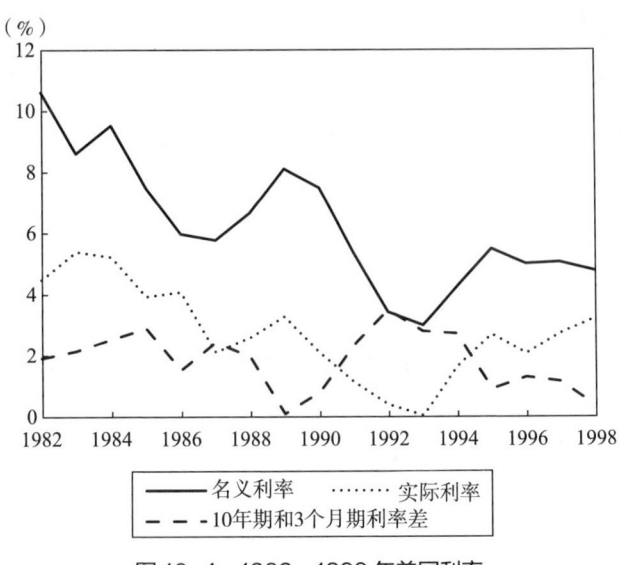

图 10-4　1982—1998 年美国利率

注：名义利率为 3 个月利率。实际利率是 3 个月名义利率减去通货膨胀率。
资料来源：彭博资讯。

随后，东亚的商业和投资银行转而将它们从国外获得的资金借给与其有联系的企业和房地产开发商。贷款以何种货币计价无关紧要。如果获得外国资金的渠道枯竭并且本币崩盘，那么以泰铢或韩元向当地客户贷款的银行将无法偿还借入的美元，因为当地货币的利息支付无法偿还债务。但如果银行借出美元，那么缺乏美元应收账款的建筑公司也无法偿债，银行的不良贷款将激增。

如果出现问题，官方部门将无法提供帮助。泰国银行承诺将其大部分外汇储备用于干预外汇市场以支持泰铢（而当货币崩溃时，这种干预被证明是徒劳的）。事实上，只有向中央银行提供咨询并为其外汇交易记账的外国投资银行才知道这些承诺的真实性。它们没有将这一事实广而告之，甚至没有提醒泰国当局注意风险，而是试图利用自己的专有知识做空泰铢。[23]

韩国的情况也好不到哪里去。到 1996 年底,韩国央行的可用储备资金不足 300 亿美元,甚至不到企业和银行业短期美元债务的 40%。随着压力的增加,韩国央行将美元存入韩国银行的海外分行,以便它们偿还美元借款。为了安抚市场,韩国央行只报告了包括这些存款在内的总储备,而没有报告可用储备。这样的信息一旦被隐瞒,就会有泄露倾向。这种安抚投资者的努力只会引发认为情况比看起来更糟的谣言。

国家债务

对于引发危机的确切原因,人们众说纷纭。促成因素包括三点。一是房地产的繁荣和萧条(曼谷 1992—1996 年建造的超过 40% 的住房公寓在 1997 年无人居住)。二是美元走强,损害了亚洲国家的出口竞争力(因为泰铢与美元挂钩,而韩元则钉住美元权重较大的一篮子货币)。三是全球半导体市场疲软,这是韩国重要的出口,并且是泰国的新兴行业。

更深层次的原因在于,传统的东亚发展模式已经走到了尽头。政府转变太慢了,难以从以银行为基础转向以市场为基础的金融体系,也难以从基于资本投资的增长转向基于创新的增长。按照这种观点,危机是不可避免的。

不管问题出在哪里,此前涌入亚洲的金融资本现在也纷纷流出。在银行同业批发市场获得融资的地方银行突然被拒之门外,迫使政府进行干预以防止其倒闭。偿还债权人的债务、对银行进行资本重组和重构,让韩国和泰国政府付出了沉重的代价。更准确地说,这让它们分别损失了 GDP 的 24% 和 35%。[24] 这些金额比墨西哥早期的资本重组成本高出数倍,反映了亚洲经济体对银行融资的严重依赖性。

在韩国，大约 1/4 的相关公共资金用于解决存款保险义务并为陷入困境的金融机构提供流动性，从而确保债权人能够收回他们的资金。其余的则用于资本重组和购买不良贷款。尽管泰国没有正式的存款保险制度，但政府在 1997 年 8 月暂停 42 家金融公司的业务时，为银行和非银行金融机构的所有存款及余额提供了全面担保，否则可能会引发恐慌。中央银行的独立机构——金融机构发展基金（FIDF）向这些陷入困境的机构提供贷款，帮助它们偿还存款人的资金。[25]

挑战在于，以不引起通货膨胀和货币崩溃的方式迅速完成这一切。鉴于国内金融机构资产负债表受损以及信心受到冲击，发行国内债务的可行性非常小。甚至在危机之前，偿还银行的外国债务就存在困难，因为韩国央行和泰国央行缺乏美元，而贷款到期的美国和日本的银行完全有理由削减和停止继续贷款。[26]

随后产生的大部分新债务是对国际货币基金组织的债务，国际货币基金组织动员了其 50 年历史上规模最大的一揽子救助计划（见图 10-5）。韩国的需求巨大，以至于除了得到国际货币基金组织提供的资金外，还得到世界银行、亚洲开发银行和提供所谓第二道防线的发达国家政府的救助。美国和日本的银行为了应对来自政府的压力，同意重组韩国客户的部分短期债务，采用惩罚性的利率推迟到期期限。

随着美元债务的解决，政府可以转向对银行进行资本重组，但却是通过扩大债务规模的方式。韩国资产管理公司（KAMCO）从银行购买不良贷款以换取担保债券，为银行提供流动资产以重建资产负债表。韩国资产管理公司在购买时支付了过高的价格，这不仅仅是对银行流动性的支持，也是隐形的资本重组，解释了为什么公共债务占 GDP 的比例会飙升。[27] 泰国也出现了同样的情况，该国成立了一个房地产贷款管理组织，从银行和金融公司购买问题房地产贷款，许多情况下其支付的价格都高于现行价格，并通过发行由财政部担保的债券筹集资金。

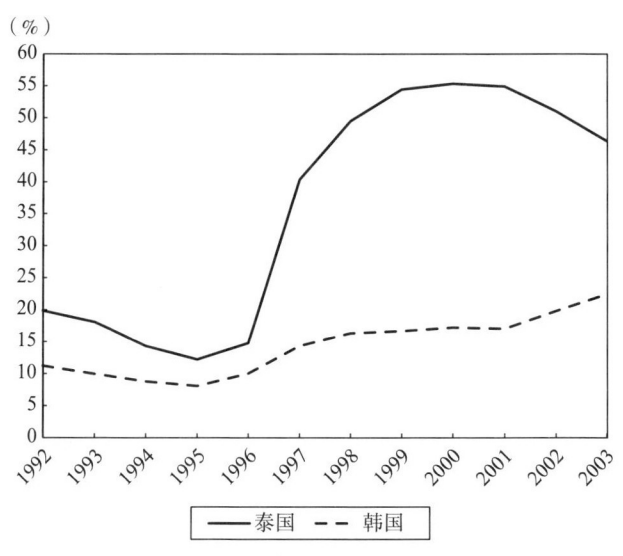

图 10-5　泰国和韩国债务占 GDP 的比例

注：一般政府债务为年度数据。
资料来源：IMF《世界经济展望》，作者计算。

有人批评两国政府放任这些问题的发生，并在随后的银行救助成本问题上大做文章。也有人批评国际货币基金组织将大规模重组公司和金融部门作为贷款条件，尽管这两个经济体都有成功增长的记录。在这些问题的重压下，韩国和泰国的经济在 1998 年分别萎缩了 5% 和 8%。但到了 1999 年，这两个国家的经济又开始恢复增长。当局迅速采取行动重组银行和金融部门，这在很大程度上解释了早期经济复苏的原因。

亚洲的经验很好地说明了债务是一把"双刃剑"。私人部门为了实现自身目标和国家目标而过度举债，为韩国和泰国的金融危机埋下了伏笔。随后，发行债务的能力发挥了关键作用，使它们的政府能够恢复企业和金融部门的正常运作，从而使经济重新开始增长。运用债务有失有得。

作为政策响应的本地市场开发

20世纪90年代，新兴市场重新融入全球金融体系。拉丁美洲各国政府凭借其在布雷迪债券上的经验，再次涉足国际债券市场，而以银行为基础建立金融体系的亚洲国家，则进入了全球银行同业市场。两种尝试都没有获得成功。对于墨西哥、巴西和阿根廷来说，外国资金涌入后最终又外逃了。在泰国、韩国和其他亚洲国家，原本可以进入银行同业市场的渠道突然枯竭，导致金融体系和经济随之崩溃。

这些事件提醒我们，即使债务水平适度，也必须谨慎管理。应延长期限，避免存在展期风险的短期债务。外币债务应该通过出口或持有充足的外汇储备来对冲。允许银行在境外借入短期外币是风险最大的做法，因为这会让银行以及政府和经济暴露在脆弱的组合中。特别是，银行债务使政府面临巨额或有负债，因为银行实际上是在执行政府的命令，也因为当局为了经济的健康不能允许银行体系崩溃。

在经历这些不愉快之后，亚洲和拉丁美洲的政策制定者齐心协力发展本币债券市场，以此补充外币借贷和银行中介。艾伦·格林斯潘将本币债券市场称为"备胎"的比喻被亚洲官员牢记在心。[28] 2002年，东南亚国家联盟与韩国、中国和日本一起发起了亚洲债券市场倡议，寻求合作发展本币债券市场、统一监管措施并整合区域基础设施。拉丁美洲、东欧、非洲和中东行动缓慢，在尝试协调区域层面的监管和基础设施方面没有那么雄心勃勃，但它们在提升发行本币债券的能力方面取得了进展。特别是，它们形成了更好的货币政策和更强大的中央银行,使通货膨胀的威胁降低,让本币更具吸引力。

但发行本币债券并不能解决所有问题。在缺乏多元化投资者基础的情况下,二级市场流动性(以买入价差或成交量衡量)很低。如果一部分投资者试图平仓,债券价格可能会大幅波动,从而产生不稳定的后果。

在当地市场由单一类型的投资者(例如土耳其的银行或印度的非银行公司)主导的地方,当该单一类型的成员发现大家的利益一致时,可能会同时寻求退出,再次破坏稳定。在银行是政府债券主要投资者的国家,当局实际上并没有摆脱向银行借贷的依赖性。相反,银行的问题可能很快就会变成政府的问题,特别是当前者被迫出售投资组合以提高流动性时。同样,如果银行大量购买政府债券,债务问题可能很快就会变成银行的问题。[29]

新兴市场政府也没有通过发展本地债券市场来降低对外国投资者的依赖。它们的债券现在可能正以本国货币计价并在本国市场上出售,但购买者中仍有大量(在某些情况下几乎完全是)外国机构投资者,这反映了发展国内投资者规模的持续挑战。(图10-6显示了在全球金融危机前夕,外国投资者在部分新兴市场的债务中占据主导地位。)政策制定者长期以来一直担心,对本国经济状况不够了解的外国投资者可能试图从其他投资者的行为中推断其状况,而它们的"羊群行为"会加剧市场波动。如今,债务是以新兴市场国家的货币计价的,这个问题就更加严重了。如果出现任何风险,外国投资者将面临债券价格下跌以及汇率下跌的双重打击。[30] 汇率下跌使债权价值进一步降低,这只会加剧外国投资者的担忧,刺激他们在见到第一个负面信号时就仓促退出市场。

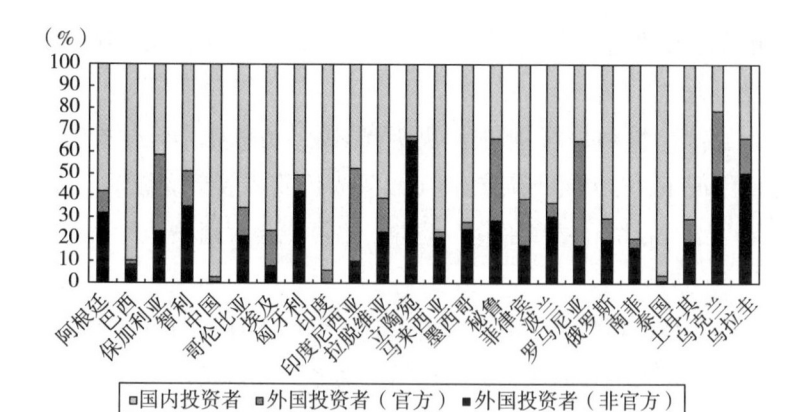

图 10-6　2007 年第四季度末新兴市场一般政府债务的投资者构成

资料来源：IMF 新兴市场主权投资者基础数据集（IMF 2021）。

这意味着从外币债务转向本币债务所提供的保护低于预期。政府只有避免令人担忧的经济和金融状况，才能确保安全。但这说起来容易做起来难。

11

错失良机

与新兴市场在历史上爆发的一系列债务危机相比，发达国家的债务问题没有那么引人注目，但在跨越世纪之交的几十年内依旧发生了深刻变化。对于受经济衰退和通货紧缩危机困扰的日本，在1992—2007年的短短15年内，中央政府债务占GDP的比例从不足50%，迅速攀升至接近140%。[1]如此快速的债务攀升速度，发生在日本这样传统的低负债型国家是十分惊人的，这也是除了战争时期，可观测到的以15年为跨度的最快速的债务增长案例之一。[2]如此高的债务给日本政府带来了严峻挑战，也刷新了人们对于债务可持续性的传统认知。

与日本不断刷新历史新高的债务负担相比，美国的债务压力却一度出现缓解。1993—2001年，美国政府债务占GDP的比例不断下降。尽管现在看起来不太可能，但当时人们已经开始广泛讨论美国政府债务清零，以及国债市场逐渐消失的可能性。《纽约时报》2001年4月报道，美国国债市场的参与者认为，"未来美国国债的终结——至少是暂时的——是不可避免的"[3]。但考虑到国债本身具有一定的市场职能，债务清零反而会引发一系列棘手的问题，例如需要为公司债券、机构债券、抵押贷款和其他抵押支持证券找到新的定价基准，因为这些市场现在的定价都是基于被视为无风险资产的国债，且需要找到其他可以对冲风险和发挥避风港作用的流动性资产。[4]

我们现在知道这些担忧有些杞人忧天：美国政府债务在20世纪90年代下降之后，在2001年开始回升。但这反而引起更多思考：为什么进入21世纪后，那些曾经推动政府债务下降的政治经济力量发生了变化？或者这样说，究竟是什么因素支撑了早期美国政府债务的缩减？是否因为当时的政治环境出台了相关的政策？或者仅仅是一种巧合吗？如果答案是因为政策推动，那么这些政策后来又发生了什么变化？

与此同时，20世纪90年代的欧洲正在筹划欧元体系。一些前期准备工作包括降低政府债务和赤字，目的是使新成立的欧洲中央银行不必受到"财政主导"的约束，即不会因为需要降低成员政府的赤字和债务负担，而面临保持低利率的压力。因此，削减债务和赤字成为一个国家加入欧洲货币联盟的先决条件。由于加入欧盟具有政治和经济价值，随后欧洲地区的政府债务和赤字确实逐渐降低。但问题是进入21世纪后，当这些国家已经获得欧盟的成员资格后，政府债务是会保持之前的下降趋势，还是会发生逆转？

直至2007年，发达经济体整体债务没有大的变局，但并不是没有隐患。美国和欧洲的经济扩张是通过用私人部门债务取代公共部门债务而维持的，因此债务风险并没有消除，只是改变了所在位置。具体而言，如果金融市场出现问题，政府可能面临将私人部门债务公有化的压力，进而导致公共部门债务激增。这种情况与20世纪90年代的东亚类似，当然，这也正是2008年开始时发生的事情。

债台高筑之地

作为对"广场协议"（1985年法国、德国、美国、英国和日本达成的旨在控制美元过度走强的协议）的响应，日本政府同意干预外汇市场让日元升值。[5] 这一政策的效果远超人们想象。

截至 1986 年底，日元对美元升值将近 50%。[6] 可以预见的是，货币急剧升值重挫了日本出口和 GDP 的增长。作为补救，日本央行随即将政策利率下调了 100 个基点，并维持低利率水平。[7] 日本政府为了刺激经济发展，鼓励商业银行进行放贷。但当时日本银行的资本水平低于其他发达国家，少量的贷款违约就可能影响到银行自身的偿付能力。[8] 这就是国家依赖银行体系来落实政策的危险之处，许多其他亚洲国家对此也感同身受。

日本这样做的结果是，信贷规模和资产价格大幅飙升。这实质上与 1994 年的墨西哥或 1997 年的泰国和韩国没有什么不同，即依赖廉价信贷保持经济扩张。但这一切后来发生了转折。20 世纪 80 年代中期，日本监管机构放松了对公司债券的发行限制，银行因此失去了可以带来丰厚利润的公司客户，开始在购房者和房地产开发商中寻找新客户。1985—1989 年，房地产行业的信贷增速是银行向私人部门信贷增速的 2 倍，这导致土地价格上涨了 3 倍，其他资产估值也相应上涨。

从 1988 年开始，人们开始注意到这一"泡沫经济"。[9] 作为应对（有评价说是过度反应），日本央行在 1989 年将银行贴现利率提高了 3 倍，1990 年再次提高 2 倍。在这种政策下，日本泡沫破裂，支出锐减，导致银行贷款出现坏账。日本内阁府经济社会综合研究所认为，日本从 1991 年 2 月开始陷入经济衰退。

如果监管机构及时对银行进行结构和资本重组，日本的经济前景会更加光明，相反当时日本银行的状况却越来越糟糕。由于陷入"增长奇迹"的假象中，与政府关系密切、人脉广泛的日本银行家拒绝接受破产重组。这导致日本的一些银行没有做实损失并进行资本重组，反而是被授权可以将不良贷款进行展期（"长青"贷款），但由于其资产负债表没有得到改善，所以已经没有办法发放新的贷款。

在这种背景下，财政政策成为支撑经济增长的动力。由于早年间的货币政策刺激并没有发挥作用，决策者们现在担心新一轮的货币宽松政策可能催生一个新的泡沫，然后导致另一次破裂。他们同时也担心货币政策刺激会导致日元贬值，并再次恶化与美国之间的贸易关系。他们并没有忘记，上次贸易关系的恶化导致了悲剧性的"广场协议"。因此，日本国会批准了从1993年开始实施的持续性财政刺激方案。到1996年，一般政府预算赤字规模已达GDP的5%（最近一次预算收支平衡发生在1992年），公共债务总额占GDP的比例上升至接近100%。

随后，日本政府开始担忧不断增加的政府债务。作为应对，日本政府将消费税税率从3%提高到5%，这中断了日本经济的复苏进程。[10]这一轮政策路径，预示了日本在接下来的25年内呈现出的政策特点：危机、财政刺激、复兴、财政紧缩和新危机。[11]如此反复循环。

如表11-1所示，从会计意义上讲，政府预算赤字是1991—2007年负债率增长2/3的原因。然而，日本并非因为过度依赖财政政策而导致负债率激增，事实恰恰相反。每次当经济表现出复苏迹象时，日本政府就会关闭财政刺激的阀门，导致经济增长下滑、国民收入下降、政府赤字率上升。[12]然后，日本政府会以更大的力度再次打开财政刺激的阀门。最终，这样的刺激方式反而使负债率高于相对平稳的财政扩张政策。

与上述讨论一致的是，20世纪90年代日本政府支出并没有加速扩张，与前15年相比，增速几乎没有变化。[13]变化的是一般政府预算项目中的收入端，政府收入曾经与支出一同增长，如今却下降了，增长陷入崩溃。[14]

表11-1 1991—2007年日本债务积累的分解

	债务占GDP的比例(%)			对债务增长的贡献(%)		
	开始水平	结束水平	增长	基础财政收支	利率-增长率差	存量-流量调整
总债务	63.5	175.4	111.9	66.6	38.1	7.2
净债务	17.6	97.6	80.0	66.6	13.5	−0.2

注：债务增长由开始年份(1991年)和结束年份(2007年)之间债务比率的变化来计算。
资料来源：IMF《世界经济展望》数据库（IMF不同年份），作者计算。

令人惊讶的是，虽然债务在增加，但日本政府债券的利率却在下降。这与人们预期中的当国家债务达到历史水平时所发生的现象恰好相反。日本政府债券收益率从1990年的7%下降至1994—1995年的3%，在进入稳定期前，1997—1998年低至1.5%。[15] 利率水平的下降保障了日本当时沉重债务的可持续性。如表11-1所示，这就是为什么尽管经济增速大幅下滑，但利率-增长率差仅对1991—2007年债务增长的一小部分有影响。[16]

那么问题是，为什么利率没有升高？部分原因是总债务和净债务之间的区别（见图11-1）。机构投资者十分清楚，日本政府持有超过200万亿日元的证券（相当于2万亿美元，占日本GDP的比例超过40%）。[17] 它还持有40万亿日元的现金，以及可以出售或租赁以偿还债务的房地产。[18] 在表11-1中，这些资产收入解释了在1991—1997年，增长120%的总债务和增长80%的净债务之间的差异。[19]

高储蓄率进一步解释了日本低利率的原因。尽管20世纪90年代居民收入的增长速度相较以前下降了许多，但私人支出的增长速度下降得更多，结果是储蓄规模进一步扩张。1990年后，日本国际收支中的经常账户扩大了，它衡量了储蓄超过投资的部分。[20] 虽然家庭储蓄率相较历史高位呈小幅下降趋势，但越来越多的企业管理层变得谨慎，选择缩减投资和建立金融资产缓冲以应对经济衰退，企业储蓄率的上升弥补了家庭储蓄率的下降。

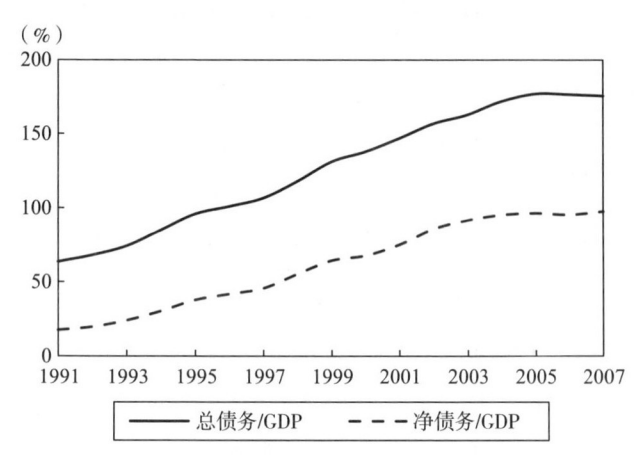

图 11-1　1991—2007 年日本总债务和净债务占 GDP 的比例

资料来源：IMF《世界经济展望》。

至于这些储蓄会流向何处，日经 225 指数在 1990—1999 年损失了 60% 以上的市值，自然是没有吸引力的，公司债券在营商困难的环境中吸引力也不大。因此，只剩下了政府债券。日本政府债券存量中有超过 95% 的部分被国内持有，投资主体包括直接投资，或通过共同基金和投资信托基金间接投资的个人、国有银行、公共和私人养老基金，以及由本币计价负债的保险公司。日本投资者持有本国政府债券的意愿也与社会人口老龄化以及债券投资者年龄结构老龄化相关。老年人口不仅青睐固定收益证券带来的未来利息收入的确定性，也改变了投票结构。这意味着选民会投票罢免不能保持债券价值稳定的政府，这与前几章的普遍模式相似，即给予债券持有人发声的权利，以支撑主权债务市场。

在讨论大萧条的过程中，我们看到了疲弱的财政刺激和断断续续的政策是如何延长衰退期，并最终导致债务率上升而非下降的。我们看到了这些政策是如何产生债务上升和利率下降的特殊组合的。20 世纪 90 年代的日本是这一现象的另一个实例。这些令人头疼的债务上升趋势将会持续，甚至有所加速。在进入 21 世纪后，债务不断上升，利率进一步下降，这首先发生在日本，然后是其他国家。

鲁宾经济学

图 11-2 展示了美国一般政府债务占 GDP 的比例，以及收入中用来偿还债务的比例。图中显示美国债务占 GDP 的比例经历了 20 世纪 70 年代和 80 年代的上升阶段后，于 1993 年达到峰值，并开始回落。这一比例在 2000—2001 年达到相邻期的低点，是 1984—1985 年以来的最低水平。正是在这一时点，经济学家开始讨论美国政府债务清零后的金融影响。

在 1993 年美国债务比率达到峰值的同时，威廉·杰斐逊·克林顿就任美国总统，对于克林顿总统及其国家经济委员会主席，也就是后来的美国财政部长罗伯特·鲁宾而言，让财政收支重回平衡的信念更坚定了。事实上，如第 9 章所述，自 20 世纪 60 年代以来，人们对于预算赤字的担忧一直在增加。随后的发展加剧了这种担忧：医疗保险费用进一步上涨，社会保障信托基金状况出现恶化，因为几乎所有达到退休年龄的人口都在其工作阶段完整缴费，需要领取更高的退休福利。[21] 成立于 1981 年的负责任联邦预算委员会作为控制债务和赤字的提议机构，开始表现出与日俱增的担忧。

虽然有政策压力，但罗纳德·里根总统及其支持者拒绝增加税收，而国会民主党人则不同意将社会保障去指数化，反对缩减医疗保险福利和其他社会性支出。1985 年的《格拉姆－拉德曼－霍林斯平衡预算和紧急赤字控制法案》(简称《格拉姆－拉德曼－霍林斯法案》）试图打破这一政治僵局，该法案提出，如果党派双方未能就平衡预算达成一致意见，则需要统一削减支出。如果可支配的财政支出超过了所允许的上限水平，必须全面削减支出（"预算封存"）。[22] 令人反感的预算封存是被有意设计的，这样可以迫使各方就相对较小的削减方案达成协议。参议员沃伦·拉德曼称之为"时机已到的坏主意"[23]。

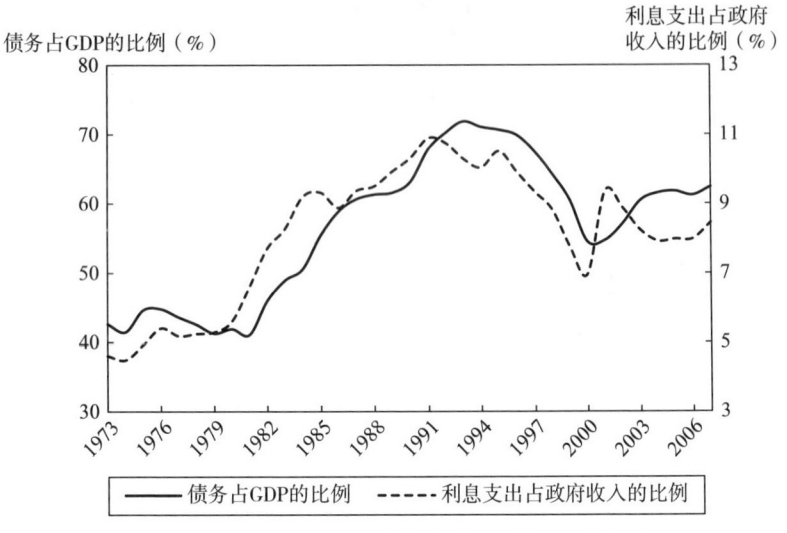

图 11-2　1973—2006 年美国债务和利息负担指标

资料来源：IMF 历史公共财政数据库（IMF 2013），作者计算。

起初为规避《格拉姆－拉德曼－霍林斯法案》，政客们采取对经济增长假设过度乐观的花招。如表 11-2 所示，从该法案通过到 1992 年克林顿当选，在这段时间，债务占 GDP 的比例继续上升。基本赤字仍然存在，利率依旧高于经济增长率。这两个因素都助推了债务的上升。

但随着 1990 年的经济衰退和随之而来的收入锐减，之前的花招已不再够用。民主党人仍然不喜欢全面削减支出，而共和党人则反对增加税收。此时，任何一方都不希望发生预算封存，这可能会发挥一定的作用。因此，老布什总统和国会领导人起草了一份预算，将有限的支出削减与有限的增税相结合（需要老布什放弃其"看我的嘴型——不再加税"的竞选承诺，并导致他在1992年的选举中输给克林顿）。

表11-2　1984—1992年美国债务积累的分解

时间	债务占GDP的比例（%）			对债务增长的贡献（%）		
	开始水平	结束水平	增长	基础财政收支	利率-增长率差	存量-流量调整
1984—1992	50.9	70.7	19.8	11.4	9.6	−1.1

注：债务增长由开始年份（1984年）和结束年份（1992年）之间债务比率的变化来计算。
资料来源：IMF《世界经济展望》数据库（IMF不同年份），作者计算。

然而，以众议员纽特·金里奇为首的保守派共和党人却反对增税，并否决了该法案。由于缺乏预算支持，美国联邦政府于10月被迫关门。面对这场危机（政府停摆，伊拉克战争迫在眉睫），双方最终于11月达成妥协。共和党同意增加税收，但只限于对高收入人群，而民主党则同意限制政府支出，以承诺限制未来社会性支出为条件，避免了对当前社会性项目的削减，这对于民主党来说是一次尴尬的让步。后者规定了支出增长的目标，即允许其增长速度慢于通货膨胀增速。支出的进一步增加受到"现收现付规则"的制约，需要在其他项目中增加税收或进行补偿性削减。

1990年的《预算加强法案》比《格拉姆-拉德曼-霍林斯法案》更有效。1990年的法案规定了应遵循的规则和应采取的行动，而不是在要求美国国会遵守一系列数字的同时，却又允许窜改细节。它将预测增长和赤字的责任委托给了无附属党派的国会预算办公室和管理与预算办公室。国会预算办公室预计，1990年的法案将在5年内减少5 000亿美元的联邦赤字，这一预测被证明基本正确。

因此，克林顿政府削减赤字是继承了该法案所带来的效果，而非其独有政绩。

新经济

如果说1990年的预算法案在20世纪90年代前半期帮助缩小了政府赤字，那么生产率的快速提升则在20世纪90年代后半期发挥了作用。经济学家斯蒂芬·奥利纳和丹尼尔·西奇尔记录了1995年后生产率增长是如何加快的。[24] 根据他们的研究，全要素生产率的增长率从1990—1995年的每年1.2%上升至1995—1999年的3.1%。在20世纪90年代的前半期和后半期，生产率解释了GDP增长的3/4以上。[25] 这就是所谓的"新经济"：计算机、其他信息技术产品生产部门的效率得到提升，耐用消费品的生产效率得到小幅提升，最先利用信息技术进步的行业，如批发贸易、零售贸易和金融服务业也实现了效率提升。

随着经济增长的提速，预算赤字进一步缩减。GDP增长每提升1%，联邦政府收入就增加1.2%。[26] 与此同时，政府支出仍受到1990年的预算法案相关规定的限制，因此支出增速慢于收入增速。1996年后财政状况的改善大部分归因于更快的经济增长，以及面临高边际税率的高收入人群的贡献。[27]

多少成就应该归功于克林顿和鲁宾？"鲁宾经济学"涉及以财政紧缩换取更加宽松的美联储政策。包括罗伯特·鲁宾本人提供的回顾性报告认为，这种政策组合促进了对新技术的投资，刺激了增长，从而降低了债务占GDP的比例。[28] 根据这种解释，1995年后生产率增长的提速并非偶然，这是克林顿和鲁宾将财政约束与有利于投资的利率水平相结合的策略所带来的副产品。

并非所有的证据都与这种说法一致。在克林顿的第二个任期内，美国国债的实际利率确实低于20世纪80年代（回想20世纪80年代是一个高利率时期，当时美联储主席保罗·沃尔克正努力遏制经济中的通货膨胀），但与私人融资和投资决策相关的公司债券利率却并非如此。事实上，投资只是有限增加，可能比20世纪80年代商业周期可比阶段的增加幅度要大，但比20世纪70年代商业周期相同阶段的增加幅度要小。[29] 如表11-3所示，反映鲁宾经济学效应的利率-增长率差（低利率对鼓励投资和经济增长的影响），对这一时期的财政紧缩基本没有贡献。

在1994—1996年，克林顿政府的举措有助于缩小预算赤字和减缓债务增长。政府在1993年的税收立法中将最高边际个人所得税税率从31%提高到42%，并扩大了高收入者缴纳的替代性最低税。因此，1996年实现的预算赤字比国会预算办公室1月的预测少了2 000亿美元（占GDP的2.5%）。[30] 在随后的修订中，国会预算办公室将大部分改进归因于1993年的预算相关法案。

表11-3　1993—2001年美国债务缩减的分解

时间	债务占GDP的比例（%）			对债务减少的贡献（%）		
	开始水平	结束水平	减少	基础财政收支	利率-增长率差	存量-流量调整
1993—2001	72.4	54.7	17.7	15.6	-3.3	5.4

注：债务减少由开始年份（1993年）和结束年份（2001年）之间债务比率的变化来计算。
资料来源：IMF《世界经济展望》数据库（IMF不同年份），作者计算。

"饿死野兽"

从事后来看，上述这些成就所引发的人们对于美国政府债务清零的担忧，似乎有些杞人忧天。从2001年开始，联邦政府债务再次大幅上升，2007年达到GDP的62%。小布什政府在执政的前3

年内，通过了 3 项主要的税收立法，进而增加了债务。2001 年的减税包括分阶段降低所得税税率，减少并最终废除了遗产税，增加了储蓄、教育、有子女家庭和已婚夫妇的税收减免。2002 年通过的法案，削减了对于新业务投资的税收，2003 年的减税降低了对于股息和资本利得的税收。[31]

在支出方面，2002—2005 财年，政府实际支出增长了 10%。[32]虽然福利性支出贡献了一部分，但更重要的是可支配支出，其间累计增长 28%，增速比林登·贝恩斯·约翰逊以来的任何一届总统任期都要快。国防支出的增长速度超过了包括在越南战争期间入主白宫的约翰逊在内的任何一位总统。[33] 非国防可支配支出增长 21%，自尼克松政府以来没有出现过类似的增速。与克林顿执政时期相比，这是一个巨大的变化，在克林顿的两届总统任期内，非国防可支配支出基本持平。[34]

小布什政府降低最高收入和遗产税率迎合了选民的自身利益，在收入水平前 20% 的人群中，共和党人在党派认同方面占据了 10 个百分点的优势。[35] 减税使政府可以自食其力的想法在共和党人的心中根深蒂固，具体而言，是在小布什政府中根深蒂固。1974 年，经济学家阿瑟·拉弗在华盛顿两大洲酒店举行的晚宴中勾勒了他的同名曲线，时任美国副总统迪克·切尼和时任国防部长唐纳德·拉姆斯菲尔德都出席了那场晚宴。

最后，减税加大了国会限制支出的压力。根据谷歌 Ngram Viewer（浏览器插件）的数据，在 20 世纪八九十年代，人们所熟知的"饿死野兽"一词的引用率一直在较低的水平上波动，直到 2001 年急剧上升，恰逢小布什总统任期开始。[36] 很明显，这一战略在当时的政策制定者口中很流行，但并不是说真正实现了该战略的预期效果。[37]

政府可支配支出增长如此强劲的原因很难解释。可能是执政党所支持的可支配支出的形式存在差异（共和党支持国防项目，民主党支持社会项目），并且趁着时机好的时候加速实现。自20世纪70年代以来，政治一直在加剧两极分化，表明了两党政治倾向的差异（见图11-3）。我们知道政策偏好的差异越大，就越有动机在执政时期加大对自己所支持项目的支出，并把政策造成的后果留给继任者。[38] 这一情况刺激了21世纪初美国债务的上升。

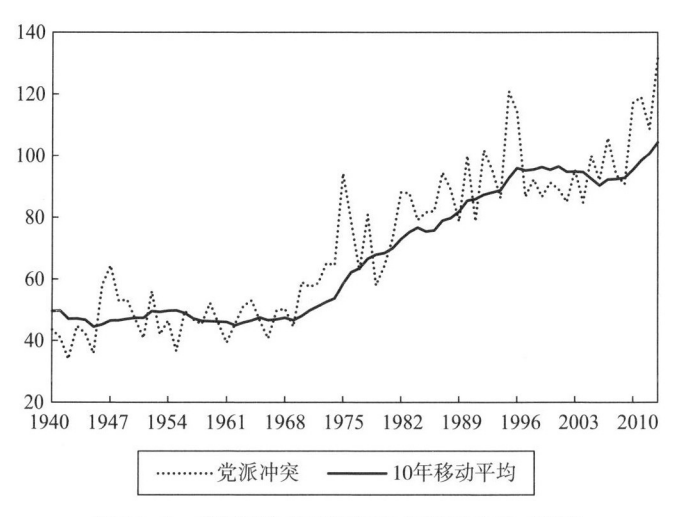

图 11-3 美国政治的两极分化（1990年为100）

注：政治两极分化以党派冲突指数衡量。它是指美国主要报纸上提及党派冲突的文章数量相对文章总数的比例。参见 http://marina-azzimonti.com/datasets/。
资料来源：费城联邦储备银行（2021）。

马斯特里赫特的"紧身裤"

对于欧洲而言，自20世纪70年代开始，即使收入增长出现下降，政府也需要应对来自社会项目的支出压力，因此，政府债务占GDP的比例一直呈现上升趋势。在20世纪80年代，不同国家在财政削减方面所做的努力出现分化，并涌现出一些成功的案例。其中,最成功的是 1982 年的丹麦和 1987 年的爱尔兰,在不中断经济增长的情况下降低了政府债务和赤字比例。

这些成功的经验催生了扩张性财政紧缩理论,其内容如下:如果支出处于失控状态,那么削减政府支出会增强民众的信心并对投资起到鼓励作用,这种信心层面的积极影响可能会压倒政府削减支出所带来的直接负面影响,从而不会导致经济衰退。因此,从宏观经济的视角来看,削减政府赤字可以是无痛的。[39]

如果是这样,很多欧洲国家没有享受到这顿免费的午餐就会变得很奇怪。这可能是因为,尽管从宏观经济的视角来看,债务削减是没有成本的,但国内政治的先决条件并不支持强制削减支出。工人、养老金领取者和企业主都会为自己可以受益的政府支出项目做辩护,但都不承认他们的需求会增加政府债务,进而抑制经济增长。[40] 我们知道,在一个分散的政治体系中,当存在许多潜在的否决主体且政府是联合政府时,是很难就削减支出达成共识的,而这正是许多欧洲国家所面临的情形。[41]

此外,欧洲面临的财政问题并非都是过度的公共支出。如果政府减掉的是肌肉而不是脂肪,那么削减支出就不会有好的效果。或者,削减财政支出所带来的信心积极效应会超过需求负面效应的理论本身,可能也是有缺陷的。

结果是,许多欧洲国家的债务仍然高得令人头痛。在意大利,1989 年债务占 GDP 的比例为 96%,而且还在上升。在比利时,作为欧洲的"债务冠军",这一比例高达 131%。与美国 54% 的债务占 GDP 的比例相比,这些国家的债务水平更让人担忧,即使是日本,当时债务占 GDP 的比例也只有 69%。[42]

事实上,欧洲的问题与其说是财政支出过度,不如说是经济增长缓慢,从而导致了不利的利率-增长率差。比利时是欧洲债务最高的国家,其基本预算实际上是有盈余的,意大利也在 20 世纪

80年代将其主要赤字率减少至GDP的1.5%，但在1981—1989年，比利时和意大利的GDP平均增长率分别为1.9%和2.3%。相比之下，在此期间美国的经济增长了一半，年增长率为3.5%。

作为政策应对，欧洲推出了《单一市场法案》。单一市场计划于1992年实施，旨在提高欧洲大陆的国际竞争力，迫使企业在全欧洲范围内相互竞争，为了生存而提高效率。[43] 可以肯定的是，单一市场既有政治动机，也有经济目的。[44] 理论也支持这样的说法。

单一市场反过来给创造单一货币带来了压力。如果企业和政府能够通过货币贬值走出困境，它们就不会感受到竞争带来的"寒意"。此外，如果一些欧盟成员国被认为操纵汇率，其他成员国就会抗议给予它们参与单一市场的全部特权。贬值可能通过关税来实现，如果关税被禁止，则可能通过监管壁垒来实现。如果汇率可以被操纵来代替补贴和国家援助，那么欧盟禁止补贴和国家援助将毫无意义。此外，在《德洛尔报告》中提出建立货币联盟以补充欧洲经济联盟蓝图的发起者，不仅受到来自经济学理论的激励，而且从逻辑上进行了分析。[45] 将经济联盟与货币联盟相结合是一个关键设计因素。

反过来，"单一货币"（既然它是一种潜在制度，因此用双引号标注）的发展前景给财政紧缩带来了压力。欧盟中对债务和通货膨胀更为厌恶的成员国（德国）对放弃本国货币表现得犹豫不决，它担心单一的欧洲货币和欧洲央行将成为通货膨胀的引擎，尤其是其他负债更为沉重的成员国可能会向欧洲央行施压，要求其购买债券。它们担心欧洲央行可能被迫支持弱势成员国的债务市场，而且可能不仅是在特殊情况下，而是成为一种常态。

因此，作为推进货币联盟的一个条件，德国和其他持有相同忧虑的成员国，要求货币联盟候选国展示它们的通货膨胀和赤字诚意（更准确地说，是它们反对通货膨胀和反对赤字的诚意）。它们在《马斯特里赫特条约》中写入了后来被称为"趋同标准"的内容，要求希望加入的成员国保持汇率稳定，保持低利率和低通货膨胀率。最重要的是，要把预算赤字控制在 GDP 的 3% 以内，将公共债务降低至 GDP 的 60% 以内，并在 1997 年底之前实现，届时将对其是否具有成员资格做出决定。[46]

这些目标，用欧盟的话说，所设定的 3% 和 60% 的参考值，旨在过滤那些财政稳定能力不足的国家。它们提供了一个关于规则和程序的模板，用于欧元推出后的债务和赤字管理。毫不奇怪，将趋同标准扩展至货币联盟的想法来自德国。1995 年，德国财政部长特奥·魏格尔提出了这一建议。根据受到魏格尔的倡议启发形成的《稳定与增长公约》，欧盟委员会将监督成员国遵守这些要求。在发现违约行为时，它将提议进行制裁和罚款。在欧盟的合议氛围中，制裁和罚款在实际操作中是否可行是另一回事，因为对罚款投赞成票的国家也可能会在另一年因其他事项违约。[47]

3% 和 60% 的参考值看起来是随意定下来的，事实上也确实是这样。《马斯特里赫特条约》签署时，60% 恰好是整个欧盟的债务比率。3% 的赤字率则是基于对增长率和通货膨胀率的粗糙假设，符合保持债务比率稳定的要求。[48]

结果是显而易见的，图 11-4 将英国和美国进行比较，显示了 11 个欧元创始国经过周期性调整后的财政预算相对 GDP 的比重（从分子和分母中去除了商业周期效应）。从 1993 年开始，在《马斯特里赫特条约》生效后，欧元区国家的周期性预算调整开始改善。虽然改善程度不如美国强劲，因为美国的财政预算改善受益于 1990 年的《预算加强法案》、"鲁宾经济学"和"新经济"的推动，但已经接近了。[49] 在决定谁有资格加入欧元区的 1997 年，欧洲的财政预算继续改善。表 11-4 显示，这一时期的债务缩减主要是通过紧缩政策实现的。只有爱尔兰，其财政调整早在20世纪80年代就开始了，在经济增长的帮助下，债务比率才有所下降。

就像一个体重增加但仍然喜欢一条旧裤子的人一样，欧洲各国政府为了适应《马斯特里赫特条约》的紧身裤而吸气收紧肚子。然而，一旦它们获准加入欧元货币联盟，就会大舒一口气，释放出所屏气息，以应对支出压力。进入21世纪，虽然经过周期性调整后的预算平衡表的恶化程度不像美国那么严重，但事实确实如此。针对违反《稳定与增长公约》的成员国，对其进行罚款和制裁的讨论断断续续，但在具体行动方面收效甚微，因为两个政治大国——法国和德国都在违约国的行列。

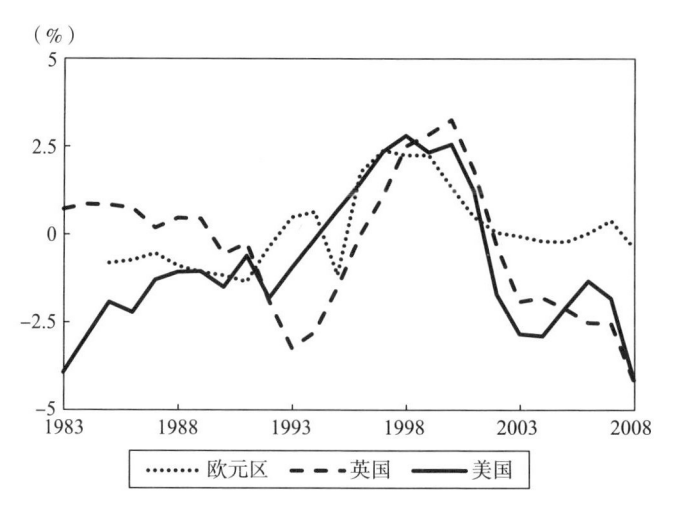

图11-4 周期调整预算余额（潜在产出的百分比）

注：欧元区数据按奥地利、比利时、芬兰、法国、德国、爱尔兰、意大利、卢森堡、荷兰、葡萄牙和西班牙2007年购买力平价调整GDP加权平均数计算。

资料来源：《OECD经济展望》（2019），第106期，2019年11月。

表 11-4　成立欧元区期间债务缩减的分解

国家	时期	债务占 GDP 的比例（%）开始水平	结束水平	减少	对债务减少的贡献（%）基础财政收支	利率 - 增长率差	存量 - 流量调整
奥地利	1996—1997	68.4	64.4	4.0	1.2	-2.3	5.1
比利时	1993—1999	134.1	113.8	20.3	28.5	-18.6	10.3
芬兰	1994—1999	57.7	46.6	11.1	-1.1	-0.2	12.4
法国	1998—1999	59.4	58.9	0.6	1.0	-1.1	0.6
爱尔兰	1993—1999	94.1	48.5	45.6	25.4	27.7	-7.5
意大利	1994—1999	121.8	113.7	8.1	22.6	-15.7	1.2
卢森堡	1996—1999	8.6	7.1	1.5	7.2	0.4	-6.0
荷兰	1993—1999	78.5	61.1	17.4	8.4	-5.0	14.0
葡萄牙	1995—1998	59.2	50.4	8.8	0.2	1.6	6.9
西班牙	1996—1999	67.4	62.3	5.1	3.2	1.3	0.6
简单平均数（所有国家/地区）		74.9	62.7	12.2	9.7	-1.2	3.8
加权平均数（所有国家/地区）		82.6	75.0	7.6	9.5	-4.8	2.9
简单平均数（4 个国家）		91.1	67.5	23.6	15.3	1.0	7.3
加权平均数（4 个国家）		92.8	71.7	21.1	14.8	-3.7	9.9

注：从高峰到低谷（每个国家的年份不同）。表中加灰底阴影的 4 个国家在此期间债务减少幅度最大。德国被排除在外，因为其债务比率在此期间有所上升。
资料来源：IMF《世界经济展望》数据库（IMF 不同年份），作者计算。

结果是，1999—2008 年，财政紧缩和增长都不足以降低债务占 GDP 的比例（见图 11-5）。

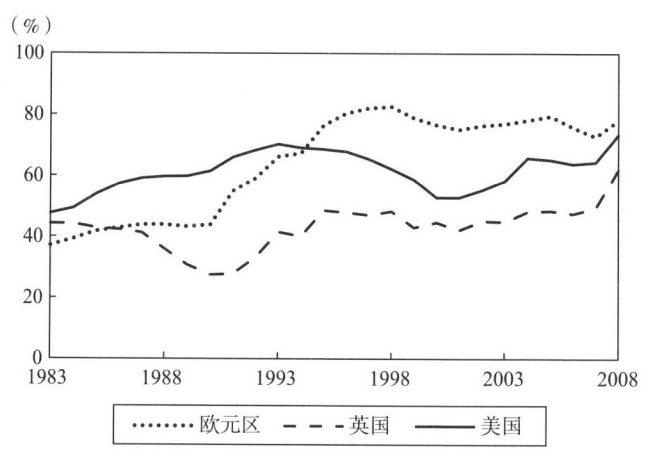

图 11-5 政府总债务（占 GDP 的百分比）

注：欧元区数据按奥地利、比利时、芬兰、法国、德国、爱尔兰、意大利、卢森堡、荷兰、葡萄牙和西班牙 2007 年购买力平价调整 GDP 加权平均数计算。
资料来源：《OECD 经济展望》（2019），第 106 期，2019 年 11 月。

事后来看，政策制定者无法为财政扩张留出余地，是数十年内财政和债务管理失败，并最终出现全球金融危机的原因。1995 年左右是美国生产率相对快速增长的时期之一，对于欧洲而言，与之前和之后的阶段相比，也是经济和金融相对稳定的时期。常识告诉我们，政府应该在经济状况好的时候保持预算盈余并偿还债务，这样它们就可以在有需要的时候保持赤字并发行债务。因此，全球金融危机前的几十年本应是盈余和债务缩减的时期。事实上，20 世纪 90 年代后半期，大多数发达经济体都是这样的，美国根据 1990 年的《预算加强法案》和"新经济"提高了财政收入。欧洲国家则保持财政盈余并减少债务，以获得加入欧元区的资格。

但这一现象并没有持续多久。"9·11"恐怖袭击事件后，美国新政府开始减税并加大国防支出。在获得加入货币联盟的资格后，欧洲各国政府也开始放松以应对民生支出的压力。在 2001 年短暂的衰退之后，虽然经济恢复增长，但债务没有继续削减，反而增加。

因此，在全球金融危机爆发时，债务高得令人不安。当政府通过增加公共支出应对紧急情况时，这一数字进一步上升，使各国面临痛苦的选择，而当10多年后另一场危机爆发时，这些选择会带来更加痛苦的后果。

虽然这样说有些"事后诸葛亮"，但历史告诉了我们一件事，那就是危机确实会发生。经济和金融危机总会出现，在这种情况下，为财政扩张留出余地是谨慎的选择，但总是说起来容易做起来难。

12

债务救援

纵观历史，国家发行债务是为了满足经济、财政和生存方面的需求。因为这些需求仅靠当前收入无法满足，需要靠发债来支持。前面的章节展示了政府在应对异常事件时公共债务是如何飙升的，这些异常事件包括战争、经济灾难、金融危机等。在这些情形下发行的债务不仅关乎国家建设，更关乎国家的稳定。[1] 值得一提的是，在 20 世纪，债务增长幅度最大的两个事件与两次世界大战有关，其他政府大规模发债的例子也都是在"等同于战争"的情况下发生的。[2]

当然，对于什么情况可以称为"等同于战争"，每个人的看法都是不一样的。除此之外，发债的成本合理性问题也饱受争议。人们担心发债会挤占投资并削弱公共财政，削弱政府和社会应对更严重威胁的能力。人们也担心发债会掩盖问题本身，致使社会忽略问题产生的根源。人们还会抱怨发债所带来的再分配效应，将纳税人的收入和资源转移到公共项目的受益者身上，因为债务最终要靠纳税人来偿还。人们还意识到发债是将当代人的负担转移给后代人。他们怀疑那些以危机为理由发行债务的人，是把危机当作借口，用来追求利己的政治议程和分配目标。不妨类比一下家庭资产负债

表：正如一个家庭必须量入为出，一个政府也应该量入为出。人们从道德的角度审视债务积累问题的本能是根深蒂固的，正如德语中表示债务的单词"Schuld"，同样也表达了愧疚的意思。

在 21 世纪，当遭遇金融危机、欧元区危机和新冠肺炎疫情危机之苦时，道德扮演着越发重要的角色，政策辩论也从未像现在这样激烈。这些是自 20 世纪 30 年代以来，和平时期所经历的最严重的经济和金融危机。政府借由宏观经济、金融稳定和人道主义的要求来增加支出，通过发行债务来应对这些危机。但这是在与危机斗争最激烈的时候所采取的措施，一旦热度消退，就会引发一系列反应。批评者警告称，债务积累加剧了公共财政的脆弱性，扭曲了激励机制，而且从根本上讲是不道德的，有理由并且确实需要尽早恢复紧缩政策。

因此，在 2009 年为应对全球金融危机而采取"奥巴马刺激计划"之后，美国共和党重新控制了众议院。众议院新上任的议长约翰·博纳借此机会提出了以下观点：

> 在这里，我们必须说实话。是的，这种债务水平是不可持续的，也是不道德的。是的，这种债务是对我们国家的致命威胁，也是一种道德威胁。它将我们的孩子束缚在具有吸血性和破坏性的债务上，这是不道德的。它剥夺我们孩子的未来。没有哪个社会会这样卑鄙地对待自己的孩子。箴言提醒我们："好人会为子孙留下遗产。"长期以来，华盛顿一直无视这一历史悠久的原则。在没有限制的政府设计下，华盛顿利用我们的公民、我们最丰富的资源，作为其主要收入来源。通过更多的税收和更多的监管，将人们的金钱和自由抽走，并转移到华盛顿，然后再分配这些资源。[3]

然而，还有另一种观点认为，我们应该从经济角度看待债务，而不是从道德角度。债务的发行应该被视为解决问题的方法，而不是问题的根源。

起源和扩散

2008—2009年的金融危机被看作20世纪30年代以来最严重的金融危机。这场危机并没有最终导致如20世纪30年代那样严重的经济后果，这反映出发达国家的政府拥有政策空间，并在当时做好了使用这些政策的准备。[4]

正如我们在第11章中所了解的，财政状况在2008年危机爆发前就已经开始恶化。随着2002—2003年减税、国防以及其他支出的增加，美国的财政赤字扩大。当初为满足加入欧元区的条件而缩减支出的欧洲政府，在加入欧元区后得以放松支出。但这种恶化是有限的，因为GDP增长使国民收入增加了。在欧元区，预算赤字在2003年经济增长放缓时上升到GDP的3%以上，随着经济扩张加速，预算赤字占GDP的比例大约下降到原来的一半。[5]美国的赤字在2003年超过GDP的4.5%，这一数字在2005—2006年也下降了大约一半，降至2.5%。英国的情况与之类似，2003—2006年GDP增速从未低于2%，但稍显不同的是，在这期间预算赤字占GDP的比例基本没有下降。[6]

然而，在这些数字的背后，一切都不是那么完美。监管松懈再加上过度冒险加剧了金融市场的失衡。金融机构利用杠杆并创建了表外子公司，以规避要求它们保持充足的资本缓冲的规则。美联储为应对"9·11"事件而放松监管，鼓励投资者在金融市场的"黑暗角落"寻找收益。低利率和宽松的贷款标准满足了住房需求，将地区乃至整个国民经济的财富与动荡的房地产市场联系了起来。

因此，出于多种原因，支撑财政账户的经济增长是否可持续尚不能确定。言下之意是，政府本应在被视为"好时代"的时期保持财政盈余。他们本应保持财政储备充足，以便在发生冲击时能够减税和增加支出，并在不刺激到债券持有人和政治批评家的必要时刻，维持财政支持政策。

一开始，美国是这个故事中最引人注目的部分。美国开创了最臭名昭著的金融实践，随后爆发了罕见的金融危机，其间房价受挫，住房抵押贷款证券化市场问题暴露。[7] 2007年春天，次级贷款机构首先暴雷，它们向购房者发放贷款，而这些购房者偿还贷款的唯一希望是通过不断上涨的房价实现资本收益。当房价停止上涨时，这些贷款人发现自己无法将贷款打包出售给其他投资者[8]。

到了夏季，这种困境已经蔓延到投资早期次贷证券的对冲基金和投资银行。首先是投资银行贝尔斯登，它运营的两只内部基金在6月暂停赎回，接着，法国巴黎银行运营的3只基金在8月暂停赎回。危机在2008年3月爆发，当时贝尔斯登不得不接受美联储的救助，并被摩根大通以低价收购。[9] 2008年9月，危机达到顶峰，投资银行雷曼兄弟申请破产，引发了一场系统性危机。此后，为了应对危机，美联储和美国财政部采取了一系列史无前例的干预措施，首先便是救助保险巨头美国国际集团。

美国于2007年12月正式进入衰退期。到2008年底，经济下行压力很大，凸显了财政应对措施的必要性。

一场跨大西洋的危机

这场危机不仅仅出现在美国，这样的财政应对措施也不仅仅局限于美国。实际上，法国巴黎银行的问题便是欧洲金融危机的一个早期迹象。这场最初被视为局限于美国的金融危机，实际是一场横跨大西洋的危机。[10]和美国一样，欧洲的房地产市场也存在泡沫。爱尔兰、西班牙和英国经历了与美国相当，甚至在某些情况下超过美国房地产的繁荣和萧条。[11]西班牙、葡萄牙、爱尔兰和希腊经历了超过美国的信贷繁荣。这其实反映出在采用欧元后，欧洲银行融资成本的大幅下降，当时投资者押注利率将在整个欧元区内收敛。就欧洲银行而言，它们与美国银行一样，从事着许多不可靠的抵押贷款业务。西班牙的银行提供超过购买价格100%的住房贷款，偿还期限为50年。[12]前身是建房互助协会的北岩银行提供"共同贷款"，允许房主可以获得其房屋价值125%的贷款，这样的银行注定是要失败的。[13]

此外，欧洲的银行杠杆率甚至比美国的银行还要高。美国的银行资产超过银行资本的12倍，而欧洲的银行投资是其资本的20倍。欧洲的银行通过在批发货币市场（通常是在美国）借款来加杠杆。美国证券交易委员会支持了这些做法，并扩大了可作为回购协议抵押品的证券种类。[14]具体地说，欧洲银行可以把它们持有的大量政府主权债券作为抵押，在美国借钱。[15]这些银行随后又转过身来，把借来的资金投资于同样在美国的抵押贷款支持证券和被称为"债务抵押债券"（CDO）的衍生工具。我们已经多次看到，公共债务作为抵押品是如何促进其他风险较高的证券交易的发展以及金融发展的。在这里，我们要提醒大家，金融发展并不总是好的。

一些有问题的债务抵押债券是由美国金融机构创造的，专门出售给倒霉的欧洲银行，如德国半公共工业义务银行。与其他曾经稳健的金融机构一样，它们也开始投资金融创新工具。在某些情况下，债务抵押债券是由欧洲银行的美国证券子公司发起的，以便更广泛地进行分销。然而，随着金融市场进入动荡时期，销售抵押贷款支持证券说起来容易做起来难，最终沉积在银行的资产负债表中。[16]

欧洲银行的资金还来源于希腊、爱尔兰、意大利、葡萄牙和西班牙。一旦欧元的汇率风险消除，或至少人们感觉到汇率风险消除，原本微量的资金流就会如洪水般放大。投资者似乎没有注意到，消除货币风险并不能自动消除信用风险（违约风险）。在西班牙和爱尔兰，外国资金为过剩住房提供融资。在希腊，外国资金为预算赤字提供资金。在葡萄牙，外国资金不仅为过剩住房提供融资，同时为预算赤字提供资金。通常，资金在到达目的地之前会在当地银行间流动。因此，如果资金流中断，或者（更糟的是）出现逆转，它不仅会让最终的借款者——建筑行业、房地产市场或政府——陷入困境，还会让银行本身陷入困境。

这正如一捆只需要一点火花便可点燃的干柴。[17]事实证明，这一点火花来自雷曼兄弟破产后批发货币市场的溃败。由于不确定谁有偿付能力，银行之间停止了相互贷款。曾经依赖批发货币市场融资的机构，发现自己无法筹集资金以偿还债权人，同时也无法出售资产。政府被迫介入，对银行进行资本重组，购买其不良资产，并为其存款提供担保（在某些情况下，还为银行其他负债提供担保）。

比利时的直接财政成本接近 GDP 的 10%，荷兰和爱尔兰的这一指标分别为 20% 和 40%。[18]这些巨额账单反映出在这些小型经济体中的银行，其规模是多么大，杠杆率是多么高。然而，尽管维持经济和金融稳定的代价高昂，但却是非常必要的。[19]

一套组合拳

自此，财政应对政策开始分阶段展开。首先，收入下降，赤字扩大，导致自动稳定器发挥作用。随着增长的下行，以前有利的利率-增长率差变得不利，债务比率甚至比赤字上升得更快。美国首先进入衰退期，联邦政府预算的波动极大，从 2007 年占 GDP 的 2.9% 上升到 2008 年的 6.6%。英国政府预算的波动幅度略小，从

2.7%上升到5.1%。欧元区和日本的变化趋势相同，但幅度较小。[20]

在第二阶段（2008年底至2009年初），各国政府启动了新的大规模支出计划。美国通过了价值7 870亿美元的《美国复苏和再投资法案》，众议院按照各政党方针投票，共和党人反对该方案，因为他们认为这个方案会增加债务。（2008年初，美国已经通过了规模较小的1 520亿美元刺激计划，这是经济衰退的早期表现，对一些国会议员来说，这样已经足够了。）英国在削减了增值税和所得税的同时，推进了公共投资。[21] 2009年，欧元区赤字再次增加了GDP的4%，英国增加了GDP的5.5%，美国增加了GDP的6.5%。日本在陷入危机时已经负债累累（见图12-1），其赤字增加幅度达到GDP的5.5%。

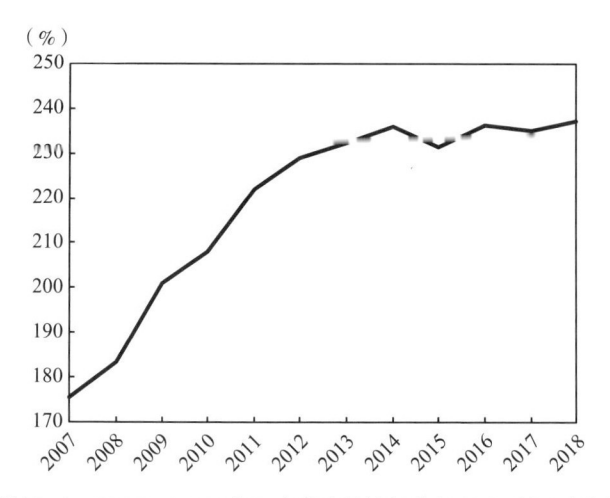

图12-1 2007—2018年日本政府总债务（占GDP的百分比）

资料来源：IMF《世界经济展望》。

表12-1中，经周期调整的基本预算余额占GDP的百分比衡量了政府可支配支出变化的规模，该比例中的分子和分母剔除了商业周期的影响。从表中可以看出，2009年赤字率的大部分变化是

由于财政政策的变化。[22]

表12-1 2007—2014年周期性调整后的政府基本预算余额（占GDP的百分比）

	2007	2008	2009	2010	2011	2012	2013	2014	变化 2010—2014
法国	-1.51	-1.2	-3.3	-3.42	-2.2	-1.48	-0.74	-0.5	2.92
德国	1.38	1.27	1.31	-1.21	0.82	1.73	1.58	1.65	2.87
希腊	-5.93	-9.08	-12.26	-5.45	0.21	2.24	-1.42	6.02	11.47
爱尔兰	-2.51	-6.95	-10.13	-27.81	-8.28	-2.02	0.7	0.02	27.83
意大利	1.77	1.45	1.09	1.18	1.66	4.23	4.55	3.97	2.79
葡萄牙	-1.4	-1.7	-5.89	-8.13	-2.25	1.69	3.09	0.5	8.63
西班牙	0.1	-5.35	-8.07	-5.44	-4.03	-2.02	2.96	3.34	8.78
欧元区（16国）	**0.19**	**-0.7**	**-2.06**	**-2.57**	**-0.85**	**0.59**	**1.5**	**1.57**	**4.14**
日本	-3.29	-3.75	-6.74	-7.67	-7.18	-6.75	-6.88	-4.62	3.04
英国	-2.67	-3.6	-6.18	-4.72	-2.85	-3.91	-1.84	-2.71	2
美国	-2.26	-4.62	-7.67	-7.31	-5.69	-4.27	-1.63	-1.03	6.28

资料来源：OECD估计值，由Alesina、Favero和Giavazzi（2019）整理。

事实上，推出一揽子大规模刺激计划的国家是中国，而非这些发达经济体。中国的经济刺激计划持续了27个月，约占2008年GDP的12.5%。总额中约有1/4是中央政府支出，其余是地方政府支出以及国有企业和银行为建筑和相关项目提供的信贷。[23]这是按相同方法换算后的《美国复苏和再投资法案》规模的两倍之多（24个月内占GDP的5.4%）。

在新兴市场借贷能力普遍受限的情况下，中国是如何推出如此大规模的刺激计划的呢？一个原因是在2008年，中国中央、省级和地方政府的总债务仅占GDP的较小部分。诚然，中国企业的债务更重，其中很大一部分是国有企业和相关企业的债务，这些企业太重要以至于不能破产。换句话说，这些都是政府的隐性债务。

与之前的日本一样，中国是一个高储蓄国家，这是能够启动如此大规模刺激计划的关键。家庭和企业储蓄流入国有银行，银行利用这些资源购买中央政府的债券，并向地方和省级政府放贷。由于资本管制限制了可供选择的替代资产范围，这些储蓄流入银行，进而流入债券市场。这规避了因赤字支出和大规模流动性刺激可能造成的资本外逃以及货币贬值的风险。

随着中国经济的复苏，2009年GDP增长接近9%，中国的能源和大宗商品进口也随之复苏。这与以往的全球衰退和复苏过程不同，那时的救市政策几乎只靠发达国家政府。[24] 诚然，人们担心这种支出计划可能引至长期的结构性问题，尤其是加剧了对建筑业和重工业部门的依赖，而高层正试图减轻对这些部门的依赖。尽管如此，中国的刺激政策仍是2008—2009年金融危机没有导致更严重的全球经济衰退的重要原因。

总之，这些国家的案例既有共性，也有差异。这些差异反映了危机的严重程度（早期房地产和金融化繁荣的规模及其遗留问题的程度）、继承的债务是高还是低，以及对赤字和债务的态度等方面的差异。例如，爱尔兰的债务比率大幅上升，它在对银行进行资本重组时付出了巨大成本，并经历了严重的衰退，但也因此换取了仅占GDP 25%的债务，赢得了财政空间。另一个极端的例子是，意大利起初的债务负担很重，担心债务进一步增加会引发不良市场反应，所以将赤字占GDP的比例的增长幅度限制在欧元区平均水平的一半。德国也不愿意看到债务上升，因为担心赤字支出会引发通货膨胀。

决斗乘数

财政刺激在多大程度上帮助缓解了经济下行是备受争议的。例如，在美国，对财政政策乘数（财政政策每增加一个百分点，GDP增加的百分点）的估计值区间为0~2——也就是说，从微不足道到非常可观。这显示出经济分析仍不是一门科学。

这一范围内所估计的最小值是对李嘉图等价理论的误用，并一厢情愿做出假设，认为家庭在借贷时不受约束。李嘉图等价理论认为，如果政府通过借款增加支出（即使是短期的），那么家庭将被迫随着时间的推移减少支出，以支付偿还债务所需征收的税款，由此产生的公共和私人支出的变化将相互抵消。[25]这样对经济活动就不会产生明显的影响。

之所以称为误用，是由于其忽视了家庭将随着时间的"推移"而减少支出。虽然增加政府支出的积极影响是可以直观感受到的（在2009年），但家庭支出的减少可能会平摊至许多年，与债务偿还进度相匹配。[26]因此，即使私人支出的减少会立刻抵消一部分公共支出的增加，但并不能完全抵消。

同样，那些否认政府向家庭转移支付会影响消费这一观点的人认为，个人"会用这些钱支撑耗尽的银行账户或偿还超支的信用卡账单"[27]。他们的假设是，想消费的人就可以消费，因为他们要么有储蓄，要么可以借贷。政府借款为退税支票融资，只是"从池子的深处取一桶水，然后把它倒进浅水区"[28]。这些怀疑论者同样质疑联邦向各州转移资金的影响，认为各州政府只是相应地减少了借款。

当然，这是假设州政府能够借款——它们也没有受到信贷限制。事实上，50个州中有49个州制定了平衡预算的法律。[29]由于某些州有可使用的备用资金，来自联邦政府的转移支付实际上部分取代了这些备用资金。但备用资金只有在少数情况下可以使用。[30]对各州和地方实际行为的研究表明，联邦政府转移支付所产生的效果各不相同，其赤字支出乘数总额"约为1.7或以上"[31]。2009—

2010年，美国政府每年直接支出和向州政府的转移支付达到0.9%。乘以1.7的乘数意味着如果没有财政支持，GDP将下降1.5%。

这一做法是假设利率不会因预期通货膨胀加剧而上升，也不会有货币层面的反应。这些假设使人们放大了对财政乘数的估计，因为它们消除了因利率上升而对其他支出的挤出。这种假设是准确的。2009—2010年，由于经济疲软和美联储的政策，利率实际上注定会保持低位。在这种情况下，乘数很大，财政政策也最具价值，因为利率不能再低了。

我们使用密歇根大学的消费者调查和尼尔森消费数据对政府向家庭的支付进行了分析。由于时间特殊，2008年的经济刺激计划可以进行非常精准的分析。美国国税局一周只能处理一定数量的支票，支票存入家庭银行的周数随机取决于纳税人社会保障号码的倒数第二个数字。经济学家克里斯蒂安·布罗达和乔纳森·帕克利用这一细节发现，在资金到账的那一周，家庭支出平均提高了10%，随后的3个月支出仍然保持高位。[32]这种现象集中体现在有低资产和低收入历史的家庭中。它是在资金到账时发生的，而不是在家庭得知资金即将到账时发生的。所有这些都与信贷约束的存在以及刺激措施至关重要的观点相一致。

赤字支出的地理分布

相比之下，在欧洲，政府借贷和支出的影响更为有限。首先，政府的刺激措施较少，减税和增加可支配支出的力度仅为美国的一半。[33]这反映出部分欧洲国家不喜欢债务，另一些国家则面临有限的财政空间，并没有意识到这场危机不仅仅是美国的危机，也蔓延到了欧洲，所以并没有采取相应的刺激措施。

还有一些因素削弱了政府刺激措施的效果。欧洲中央银行在

2008年和2011年加息，但在实施量化宽松方面与美联储相比相对较慢。[34]因此，对利率敏感的私营部门支出受到一些挤出。欧洲央行创立之初就是为了抵御通货膨胀，即便是在通货紧缩时期，也很难改变其鹰派风格。

此外，欧洲陷入危机时背负着更多的公共债务。当背负的债务规模较大时，政府信用评级可能会被下调，利率会随着赤字支出而更快上升。[35]因此，较高的债务水平与较小的财政乘数有关。[36]有些人甚至认为，在较高的债务比率下，增加赤字支出会使乘数变为负数。[37]他们认为，欧洲负债最重的国家接近甚至超过这一临界值。

最后，经济衰退最严重的国家通常是预期乘数最大，但财政能力最差的国家，或具有财政能力，但乘数却最小的国家。与美国不同的是，在欧洲大陆层面，联邦财政系统并没有将资源转移到财政最拮据的州和地区。

紧缩性财政紧缩

从2010年开始，对市场准入的担忧加上意识形态和政治压力，迫使政府转向财政紧缩。在对这些问题的详细研究中，克里斯蒂娜·罗默与戴维·罗默将西班牙、葡萄牙、意大利和希腊列为因市场准入问题迫使政府进行财政紧缩的国家，将英国、法国、丹麦和奥地利列为因意识形态和政治压力而转变的国家。[38]

一些理论家认为，以欧洲的情况，其财政紧缩政策将具有扩张效果。[39]如果欧洲处于债务增长会导致经济增长放缓的阶段，那么财政紧缩使债务减少就应该意味着经济增长加快。如果欧洲或至少一部分欧洲国家走上了一条不可持续的道路，不加以纠正的话，就会导致债务违约，那么有序地进行纠正可能会提升信心，从而鼓励投资。直观地看，如果欧洲各国政府正朝着财政的悬崖飞奔，那么踩下刹车将增强信心。如果过度赤字是因为国家自身臃肿，那么削减支出才是最好的解决办法，而非提高税收。

无论如何，这是一种在政策圈获得了相当大的影响力的理论。[40]不幸的是，想要去验证它并不容易。事实上，削减公共支出的决定，即使在短期内也可能对经济活动产生积极影响，正如扩张性财政紧缩的倡导者设想的那样。然而，同样地，对经济活动产生积极影响的第三个因素，可能会通过增加收入进而降低对失业者的补助等达到减少赤字的效果。在这种情况下，赤字的下降将是经济状况改善的结果，而不是原因。[41]

区分原因和结果的一种方法是所谓的叙事法。利用预算演讲和文件，将为了缩小赤字目标所进行的财政调整和为了应对经济状况所采取的财政调整区分开来。[42]国际货币基金组织内部进行的一项研究，利用中央银行、经济合作与发展组织、国际货币基金组织的报告以及财政部长的预算公告等，识别了17个经济合作与发展组织国家的173项外源性财政调整（因希望缩小赤字而进行的财政调整）。它发现财政整合往往是紧缩性的，而且紧缩幅度很大。[43]这表明美国逐渐减少刺激措施，以及欧洲转向紧缩的政策抑制了消费、投资和增长。

财政紧缩的收缩效应在固定汇率国家最为明显。这些国家无法通过货币贬值扩大出口，或以国外需求取代国内需求。同样，当中央银行为了增加支出而缓慢降息时，收缩效应将会更大。

这些正是从2010年开始实施最大规模赤字削减政策的南欧国家所面临的挑战。作为欧元区成员国，它们没有可以用来贬值的本国货币。[44]这些国家的中央银行是欧洲央行的附属机构，欧洲央行于2011年开始实施加息而不是降息的政策，鉴于法律禁止为预算赤字融资，欧洲央行不愿支持这些国家的债券市场。这些国家银行系统的脆弱性和银行不愿放贷意味着，企业几乎没有能力通过借贷和投资来弥补公共支出减少造成的缺口。这些国家最后的结果是二次衰退，2009年中期开始的复苏在2011年就中断了。

大萧条

希腊人对所发生的这一切都不会感到惊讶。从2010年开始，希腊共和国遭受了大萧条般的衰退。实际GDP下降了28%，失业率达到28%，甚至超过了20世纪30年代的美国。到2013年，希腊的人均GDP低于该国2002年加入欧元区时的水平。

像欧元区周边其他国家一样，希腊在危机爆发前经历了巨大的信贷繁荣。它的银行享受着欧元留下来的信誉，在银行同业市场上借款，并向家庭和企业提供贷款。雅典的房价在2001—2008年翻了一番，而这只是冰山一角。与此同时，政府能够向包括法国和德国银行在内的机构投资者发行债券来为赤字融资。

2008年，当房价开始下跌时，情况开始恶化。雷曼兄弟破产后不久，希腊保守的卡拉曼利斯政府被迫投入280亿欧元，即GDP的12%来救助银行。危机在2009年末爆发，当时希腊新任社会党总理乔治·帕潘德里欧透露，希腊的债务和赤字比前任总理所承认的要大。公共债务已经攀升至GDP的110%的预警水平（见图12-2）。赤字占GDP的13%，远远高于欧盟过度赤字程序规定的3%的上限。[45]这不是财政支出第一次突破上限，但确实是在最近一次选举前爆发的"变相支出"规模最大的一次。

削减支出和增加税收是国际货币基金组织、欧盟委员会和欧洲央行规定的教科书级的补救措施——拯救希腊的"三驾马车"。这与20世纪20年代欧洲大国呼吁国际联盟为陷入困境的国家提供稳定性贷款的做法如出一辙。[46]当时和现在一样，债权国政府不愿要求主权国家来应对这一艰难的挑战，宁愿将这项任务外包给一个声称拥有公正的技术专家官员的国际组织。然而，20世纪20年代的国际联盟和现在的国际货币基金组织仅仅提供了很少一部分资金。这其实应该引起我们的警惕，即当其他债权人寻求优先兑现其债权时，国际组织是否愿意提供帮助。

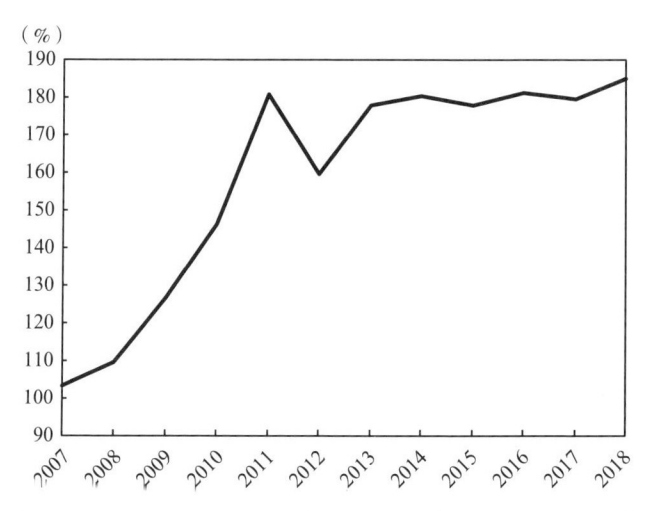

图12-2　2007—2018年希腊政府总债务（占GDP的百分比）

资料来源：IMF《世界经济展望》。

2010年5月，欧洲各国政府和国际货币基金组织向希腊提供了1 100亿欧元的紧急贷款，为期3年。[47]在这一阶段，它们很少讨论重组希腊债务的可能性。人们更希望这笔贷款足以维持银行和债务的运转，直到经济复苏。希腊政府同意削减300亿欧元的支出并增加税收。希腊政府的措施包括：提高增值税税率，增加燃料、酒精、香烟和奢侈品的税收；利用谷歌地球打击未申报的游泳池和其他未缴税的房地产；减少了假期奖金，削减了养老金，缩减了失业救济金。这些紧缩措施在2009—2010年将不包括利息支付在内的赤字减少了一半，然后在2011年又减少了1/3（降至GDP的3.4%）。[48]

如果人们有信心和条件增加生产性消费和投资，那么情况就会明显好转。债务和赤字如果走上了不可持续的道路，纠正这种情况的措施就是提升信心。如果信心足以促进经济增长，则会振兴经济。许多公共支出是非生产性的，公共支出中有很大一部分不可被观测到就证明了这一点。1999—2007年，公共部门工资上涨了50%，上涨速度远远快于其他欧元区国家。仅仅对于2004年的雅典奥运会，希腊政府就投入了近5%的GDP。

早期的公共支出狂潮通过创造繁荣的外表刺激了投资和消费。2000—2007年，按欧洲标准衡量，人均实际GDP每年增长近4%，速度很快。除了欧元之外，这种增长的表象也是希腊能够以适度利率举债的另一个原因。但当全球金融危机来袭，赤字的严重程度暴露出来时，这些原本脆弱的基础就崩溃了。正是这些因素造成了危机。

根据扩张性财政紧缩理论，在这种情况下，削减财政支出和打击避税本应提升信心，刺激私人支出。它们本应对经济增长产生积极影响，或至少应将衰退的影响降至最低。然而，事实上，消费和投资的反应却是消极的，而不是积极的。国际货币基金组织2010年的预测显示，希腊经济当年将萎缩4%，2011年将进一步萎缩2.6%，然后在2012年恢复增长。实际数据是2010年收缩4.9%，2011年收缩7.1%，2012年收缩6.4%，2013年收缩4.2%。如表12-2所示，2007—2013年，希腊不仅债务增幅最大，而且完全是由增长大幅下行和利率上升造成的。[49]

虽然最初方案中削减赤字的60%是通过削减支出完成的，但剩下的是增加税收。[50]人们可能会认为这样的政策组合是不适当的，但考虑到希腊拥有逃税文化，打击逃税应该和削减支出一样鼓舞人心。国际货币基金组织得出的结论是，以其人均收入和其他经济特征，希腊只能筹集其他国家能筹集的收入的80%。[51]

表12-2 2007—2013年大萧条期间大规模债务积累的分解

国家	债务占GDP的比例（%）开始水平	结束水平	增长	对债务增长的贡献（%）基础财政收支	利率-增长率差	存量-流量调整
澳大利亚	9.7	30.5	20.8	19.6	0.5	0.7
奥地利	64.7	81.0	16.3	5.0	6.5	4.7
比利时	87.0	105.5	18.4	2.5	8.9	7.0
加拿大	66.9	86.2	19.4	11.7	5.9	1.7
芬兰	34.0	56.5	22.5	7.3	3.7	11.4
法国	64.5	93.4	28.9	17.3	8.1	3.4
德国	64.0	78.6	14.6	-3.7	4.9	13.4
希腊	103.1	177.9	74.8	24.9	75.9	-25.9
爱尔兰	23.9	120.0	96.1	66.0	17.3	12.8
意大利	99.8	129.0	29.2	-5.6	28.7	6.1
日本	175.4	232.5	57.0	44.4	23.5	-10.9
荷兰	42.0	67.8	25.9	13.1	8.5	4.2
新西兰	16.3	34.6	18.3	10.9	3.6	3.8
葡萄牙	68.4	128.9	60.4	22.2	26.8	11.5
西班牙	35.5	95.5	59.9	40.5	18.2	1.3
英国	41.7	85.2	43.4	33.1	5.4	4.8
美国	64.6	104.8	40.1	40.7	1.8	-2.4
简单平均数	62.5	100.5	38.0	20.6	14.6	2.8
加权平均数	77.2	115.8	38.6	29.9	8.9	-0.2

注：根据债务增长至少占GDP的10个百分点的标准来定义每一段时期。债务增长由开始年份（2007年）和结束年份（2013年）之间债务比率的变化来计算。
资料来源：IMF《世界经济展望》数据库（IMF不同年份），作者计算。

另一个可能的反对意见是，希腊，或者更确切地说是"三驾马车"，削减了惠及穷人的社会性项目，这本身就是不正确的，违背了公平准则，引发了政治动荡。这推动了反紧缩政党——左翼激进联盟党的崛起和2015年的选举胜利。目前还不清楚左翼激进联盟党是否会继续致力于推动该国的"三驾马车"计划。甚至在2015年之前，人们就有理由问希腊政府是否准备坚持到底，选民是否会同意。

这种不确定性削弱了民众对降低赤字的信心，并不利于投资。

最后，国际货币基金组织在经历了这一经验教训后承认，为了实现政治上的持续性，调整计划必须保护穷人。[52]但这一转变对希腊来说为时已晚。

教　训

那么，债务管理和可持续性的经验教训是什么？第一个教训是，债务不可持续时应进行重组。希腊主权债务危机旷日持久，具有破坏性，因为主要负责人否认重组的必要性。由于未能大幅削减偿债成本，希腊政府被迫在社会项目、养老金和失业福利方面实施更大的削减。这些削减引发了政治动荡，削弱了对改革方案的支持和投资者的信心。

为什么不愿意重组？有人认为，发达经济体不会重组，这一观点并没有从历史中得到充分证明。希腊领导人急于保住该国作为发达经济体的地位。他们不愿把损失强加给同样是选民的国内投资者，并担心会破坏银行的稳定。欧洲领导人也是出于同样的理由。德国和法国的银行大量投资希腊政府债券。法国的银行对希腊的敞口超过600亿欧元，德国的银行超过350亿欧元。[53]此外，欧洲央行行长让-克洛德·特里谢担心一次重组可能导致另一次重组，导致西班牙和爱尔兰的债务挤兑。[54]国际货币基金组织听命于"三驾马车"的其他成员，欧洲各国政府提供了大部分救助资金。

到2012年，有大量的证据表明，希腊的债务难以为继，如果不重新规划其债务，那么贷款将会是一笔又一笔的浪费。因此，债券持有人接受了利率的降低和到期期限的延长，相当于他们的债权减记60%~75%。延长受希腊法律管辖的债券的到期期限很简单，希腊议会仅仅通过修改条款的立法就能完成。替换在外国市场发行并受外国法律管辖的债券会更加困难。幸运的是，这些债券中的大多数都包含了集体交换条款，使合格的多数债券持有人能够把交换条款塞进违约条款中。[55]

显然，重组的障碍更多是政治上的，而不是技术上的。那么，从2010年重组被认为是无足轻重的，到2012年重组成功结束，这期间发生了什么变化？在国内，工人阶级家庭遭受了巨大的痛苦，债券持有人想要从中幸免的想法已经站不住脚了。在国际上，法国和德国的银行减少了对希腊的风险敞口，并加强了资产负债表，使它们能够承受这一打击。

这指向了此次危机的第二个教训，即打破将银行与主权债务危机联系在一起的恶性循环的重要性。[56]当鼓励金融机构持有一国政府的债券时，无论是作为降低偿债成本的一种方式，还是出于其他原因，政策制定者都会犹豫是否要进行重组。此外，任何让人怀疑政府偿债能力的事情都会给银行带来麻烦。储户将会挤兑，批发市场会缩减资金。政府将不得不注入资本、扩大担保，并将不良贷款从银行资产负债表中剥离，这些操作将削弱公共财政。随着投资者怀疑政府为这些措施提供资金的能力，融资危机将会加剧。这就是为什么这个可怕的过程被称为恶性循环。

我们在第9章中看到，在类似于战争的情况下如何促使中央银行采取政策，并竭尽全力防止利率上升。当我们谈到应对新冠肺炎疫情时，我们将再次看到这一点，新冠肺炎疫情被广泛视为一场类似于战争的危机。这也是为什么在正常时期，谨慎的监管者禁止银行集中持有政府债券。这就是为什么最近一次为国际活跃银行设定资本标准的协议（《巴塞尔协议Ⅲ》），试图取消激励银行持有政府债券的零资本要求。[57]在高度紧张的环境中区分正常和异常时期并不容易，因为政客们正在争取他们在营销债务方面所能获得的所有帮助。出于这个原因，欧盟在2013年决定设立一个不受各国政府约束的单一监管机构,来监管其具有系统重要性的银行,这是至关重要的一步。

第三个教训是,中央银行需要为债务市场提供支持。当债务与GDP之比、预算或利率–增长率差发展不利时,波动性可能会加剧。但简单的信心丧失也能引发波动性,正如20世纪20年代的法国(见第8章)和20世纪90年代的亚洲(见第10章)所发生的那样。届时,政府将无法展期到期债务。看到债券价格暴跌,投资者将逃离市场。当投资者不确定当局和彼此的意图时,恐慌就会发生。在这种情况下,中央银行的角色是充当流动性提供者和债券的最后买家,直到情况正常化,届时中央银行可以将其持有的债券卖回市场。

直到2012年,欧洲央行一直否认这一责任。欧洲央行认为目标显而易见是控制通货膨胀。[58] 特里谢坚称,欧洲央行的职责不是支持债券市场。相反,政府有义务"单独或集体管理自己的事务,以确保金融稳定。这是欧洲的建设方式,在我们所有人看来,这是我们必须继续前进的方式。如果政府不这样做,那将不可信。……关于最后贷款人的概念……我们不要因为财务状况不佳而进行干预。我们认为这是各国政府的责任"[59]。

2012年马里奥·德拉吉作为特里谢的继任者承诺,将"不惜一些代价"维护欧元区的完整性。在这种情况下,完整性意味着防止债务挤兑。欧洲央行董事会授权该行交易员直接购买陷入困境的国家的债券。[60] 仅仅宣布欧洲央行准备支持市场,就足以稳定价格,银行不必进行实际购买。

发行和管理公共债务的能力是国家建设甚至国家生存所面临的重要问题,这一点我们在本书中一直在强调。但是,希腊政府因发行债务的能力和支持市场的能力之间的不匹配而受到限制,前者取决于国家层面,后者则取决于一个由19个国家共同管理的机构——欧洲央行。这场危机清楚地表明，至少在2012年之前，希腊政府和欧洲央行的利益并不一致。希腊遭遇的是前所未有的衰退、暴乱和极右翼政治运动的兴起。希腊目前的民主制度是否会继续存在，以及希腊是否会继续在欧盟中做一个有良好声誉的成员，才是真正的问题。[61]

在欧元诞生之初，各国领导人试图通过限制政府发行债务的能力来解决这个问题，创建了欧盟的过度赤字程序和占GDP 60%的债务目标。这样，同一级别的政府，即欧洲联盟，既负责确定可接受的债务水平，又负责提供财政支持。（欧盟执行机构——欧盟委员会负责第一项任务，欧洲央行负责第二项任务。）但这种和解效果不佳。尤其是，过度赤字程序被证明是写起来容易执行起来难，而欧洲央行不愿充当最后贷款人。

另一种方法是由欧盟发行债券，这样发行债务的实体和支持市场的实体都将是欧洲的机构，因此对欧洲负责。如此一来，发行者和中央银行的激励措施就会一致。但这种被称为"债务共同化"的选择，对于更多不愿承担债务的欧盟成员国来说，是一座太过遥远的桥梁。这项建议立即被否决。2020年需要一场更严重的危机才能为这一想法注入新的活力。

13

新冠肺炎疫情对债务的影响

新冠肺炎疫情引发了一场债务发行海啸。截至 2020 年 9 月，危机爆发还不到 6 个月，G20 国家的政府已经动用了多达 15 万亿美元的财政资源，其中包括 7 万亿美元的直接财政预算支持，以及 8 万亿美元的公共部门贷款和向企业注资（见图 13-1）。[1] 这 15 万亿美元的财政救助规模，几乎占到全球 GDP 的 14%。它体现了债务发行在赋能政府解决紧迫的社会需求，以及国家在紧急情况下提供关键公共服务的重要作用。但它同时引发了债务可持续性方面令人担忧的问题。一旦出现债务可持续性问题，我们该如何解决？

应对新冠肺炎疫情冲击的财政政策反应，其规模之大、速度之快，令人震惊。2008—2009 年金融危机带来的一个教训就是，面对危机，拖延的时间越长，最终付出的代价越大。面对 2008 年金融危机，政策制定者几乎都缺乏应对全面危机的第一手经验。这导致政策制定者在为争论最佳的应对方式而犹豫不决时，就已经经历了一段毫无作为的时期。2020 年面对新冠肺炎疫情的冲击时，这样的延误没有再次出现。10 多年前的冲击令人记忆犹新，政策制定者可以立刻翻出当年的金融危机"应对手册"，找到对应的章节直接采取行动。在 2008—2009 年采取财政救助举措之后，并没有出现政府债务困境或通货膨胀失控，这些经验对此次应对新冠肺炎疫情冲击有所帮助。

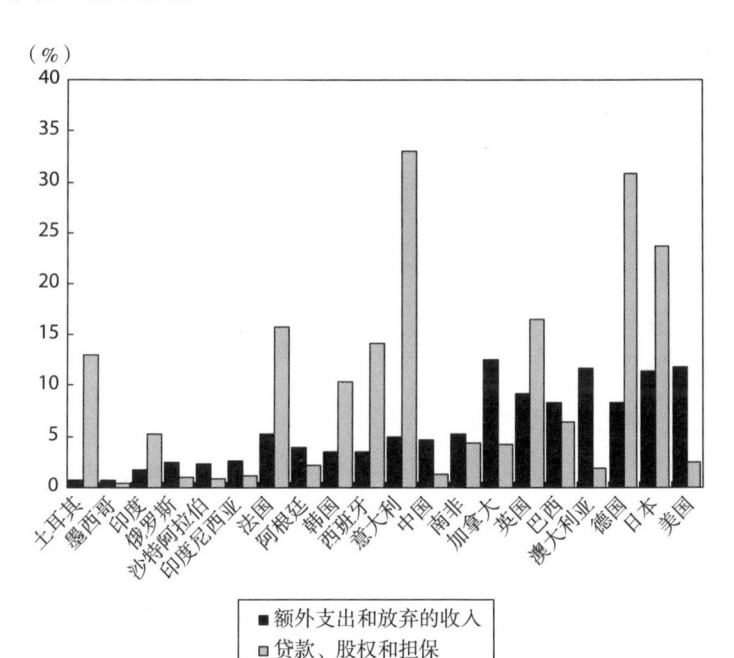

图 13-1 G20 经济体应对新冠肺炎疫情冲击的财政措施概要（占 GDP 的百分比）

注：G20 经济体总量数据是使用经 PPP 调整后的 GDP 权重计算的。这里的估计侧重于在现有的发挥"自动稳定器功能"的政策之外，政府酌情采取的措施。这些措施的广度和范围因国家而异。

资料来源：IMF《财政监测报告》，10 月（IMF 2020a），截至 2020 年 9 月 11 日的估计。

到 2020 年 5 月，美国因为新冠肺炎疫情造成的死亡人数，已经超过在越南战争和朝鲜战争中丧生的人数总和。[2] 人们对这样的结果已经见怪不怪。这次新冠肺炎疫情的冲击类似战争爆发，特殊情况值得而且也需要特殊应对。如果采取行动会带来财政风险，那么这些风险可以暂时为必要的行动让步。新冠肺炎疫情的暴发并不是遭受经济和金融影响的家庭和企业的错,这意味着面对这一冲击时,政策制定者几乎不会因为担忧道德风险而犹豫不决。

起初,政府能够发行大量债务募集资金,而不带来利率的上行压力。显然,中央银行购买债券是背后非常重要的原因。在本章后面的部分,我们将分析欧洲央行在稳定债券市场方面的作用,而美联储的政策举措,比包括欧洲央行在内的其他中央银行更快、更激进。除了承诺在较长时期内保持低利率以外,美联储的政策干预对金融体系的稳定至关重要,特别是对政府债务市场来说。美国国债因为流动性好而被中央银行和企业资金部门广泛持有作为储备。当新冠肺炎疫情危机袭来时,许多国债持有者为了获取现金,都在争先恐后地卖掉其中一部分储备。美国国债收益率因此而跳升,这也让那些笃定国债收益率将保持在低位的对冲基金措手不及。[3] 某些交易方可能出现巨幅亏损,引致追加保证金,反过来也迫使对冲基金和其他机构进一步抛售持有的美国国债头寸。在最坏的情况下,国债价格可能暴跌,不仅带来流动性问题,还会损害美国国债作为安全资产的声誉,甚至可能导致政府自身无法筹集资金。

因此,通过压低美国国债收益率并恢复金融市场至有序状态,美联储的干预对稳定金融和投资者对美国国债的看法至关重要。[4] 这一点提醒人们,政府债务市场在受到扰动时并不一定会自动纠正。市场需要最终的流动性提供者这一形式的支持。如果没有这一点,即使是高质量的主权债务证券的抵押价值也会丧失。更糟糕的是,银行通过以国债为抵押品相互提供短期流动性的回购市场可能会停摆,银行贷款和经济可能会陷入停滞。

因为美联储的及时干预,美元和美国国债在全球金融市场中的主导地位得以维持,甚至得到了加强。之所以如此,是因为美联储了解在关键时刻采取措施支持市场的重要性,并在这种理解的基础上采取了协调一致的行动。

发达与新兴市场的财政对比

图 13-1 中除了发债规模庞大很显眼之外，还有其他几点也引人关注。最明显的是，发达国家比新兴市场国家实施了更大规模的财政刺激计划。这并不是因为预见这些新兴市场可能会避免新冠肺炎疫情的冲击和经济衰退。恰恰相反，在 2020 年头几个月，超过千亿美元的证券投资类资金从新兴市场流出，是 2008 年全球金融危机期间前几个月的 3 倍还多，国际汇款还减少了 1 000 亿美元。[5] 全球贸易下降的速度比 2009 年还要快。当前这场危机可能没那么快蔓延到新兴市场和发展中市场，但毫无疑问它最终还是会到来。

巴西、土耳其和南非这 3 个遭受重创的新兴市场，在 2020 年的基本预算赤字甚至高于 2008 年全球金融危机期间。但是，与发达经济体的财政刺激力度相比，这些国家的刺激力度依然很小。而印度、印度尼西亚和墨西哥等其他新兴市场的财政刺激力度就更小了，这可能反映了这些国家相对更加有限的财政政策空间以及对金融稳定的更深层担忧。少数新兴市场经济体，比如危地马拉和秘鲁，能够在新冠肺炎疫情暴发初期发行新的外币债券。[6] 但是，它们往往是在本国内部发行并依赖本地投资者。另外，巴西、土耳其和南非等新兴市场在 2020 年上半年的确成功地在国内进行了债务发行融资，但由于利息成本急剧上升、GDP 下降，债务负担显得更加危险。除了少数例外，这些新兴市场与发达市场利差甚至比 2008 年全球金融危机时期更大。信用评级机构比在 2008 年全球金融危机期间更快地降低了新兴市场的信用评级。到 2020 年夏天，随着病毒传播到越来越多的新兴市场，一个非常紧迫的问题是，人们开始担心债务的可持续性以及这些新兴市场将以多快的速度被迫转向紧缩。

令人不安的是，面对这些问题，全球政策制定者的反应与面对 20 世纪 80 年代拉丁美洲债务危机的反应有些相似。回想一下，当年拉丁美洲债务危机从爆发到启动布雷迪计划花了 7 年时间，最终债务才得到重组。[7] 在此期间，发达国家政府鼓励银行展期，而不是确认损失，因为确认损失会损害银行资产负债表。这种方法当然会减少发达国家政府进行银行资本重组的成本，但对拉丁美洲国家来说，这意味着它们将面临很少的新增资金、很少的债务重组机会，以及债务持续积压乃至在经济增长上失去的 10 年。

2020 年 4 月，G20 国家政府意识到最贫穷国家的困境，提议暂时暂停双边（政府对政府）债务。[8] 国际货币基金组织提供赠款，为低收入成员国提供它们的借款利息偿付需要的资金。[9] 虽然这么做能有一些帮助，但是有一家主要的评级机构威胁说，它将降低任何愿意接受使用这一工具的政府的评级，这使各国不愿参与。

然而，事实是，G20 国家没有暂停低收入国家私人部门的债务偿还，对中等收入国家也没有提供帮助。G20 将这些问题抛给了私人部门的资金提供方。更具体地说，它们将问题抛给了债权国的贸易组织，由国际金融协会（IIF）来组织谈判。[10]

这种应对方法好比让狐狸来处理鸡窝里的问题。国际金融协会的处理原则，看起来像是由持有债务的对冲基金、共同基金以及类似的机构投资者编写的。不可否认，它们的确也持有这些债务。在这些原则里，国际金融协会提示各国政府，债务重组可能导致市场准入受到限制，不仅对它们自己，对它们同等的机构也是如此。这些机构投资者的受托责任是对它们的客户负责，而不是对政府或国际社会负责。并且，它也强调需要采用"一事一议"的方式来进行处理。

发达国家认为，新冠肺炎疫情冲击导致的公共债务急剧增加是可以应付的，这可能为新冠肺炎疫情冲击后，发达市场债务快速上升提供了看似合理的解释。通过在较长一段时间内逐渐推进，它们可以通过综合利用预算盈余、温和的通货膨胀或稳定持续的经济增长等条件，将债务占GDP的比例逐步降低。而对于新兴市场来说，类似的推测就不一定可靠了。新兴市场的通货膨胀和利率水平往往更高，维持预算盈余的政治能力更加有限，新冠肺炎疫情及其带来的经济衰退和逆全球化，对经济前景的冲击更大。

因此，对于现有的处理债务违约和重组的临时机制无法应对即将到来的新兴市场债务危机浪潮缺乏足够的认知，这令人深感担忧。这个问题可能对发达国家政府的威胁相对较小，因为债务不再集中于少数几家大型商业银行手中。但这并没有降低认知不足对新兴市场自身的威胁。作为少数几个特殊的案例，阿根廷和厄瓜多尔在疫情冲击中依然能够实现债务重组。在这两个案例中，它们的债券都包含集体行动条款，只要求大多数合格的债券持有人就重组条款达成一致，防止少数"秃鹫基金"利用这一过程。但是这类谈判复杂且漫长。同一批机构投资者能否应对一波又一波的重组谈判，是值得怀疑的。[11] 正是因为这些因素，缺乏强有力的官方干预来组织这些进程可能对未来不是好事。[12]

中国债务问题的应对

面对全球金融危机，2009年，中国实施了大规模财政刺激措施。[13] 大幅的政策刺激举措迅速扭转了经济下滑的局面，但部分举措也带来了一些问题。这些举措被诟病留下了低效的基础设施项目，在产能已经过剩的行业扩大投资。[14] 政策制定者在金融危机之前已经决定寻求从重工业和建筑类转向高科技方向的经济再平衡，并且采取措施将支出结构从投资转向消费。政府也尝试减少经济对银行信贷的依赖。

另外，尽管中国的公共债务负担水平并不高（2019年底，中央政府债务占GDP的比例略高于40%，而包括地方债务在内的广义政府债务占GDP的比例约为50%），但非金融企业部门的负债占GDP的160%。①相较于2008年遭受全球金融危机的冲击时，政府债务规模以接近翻倍。政府努力发展私营部门，国有企业以及其他实体依然是重要的就业机会来源。这些企业也为员工和社区提供社会服务支持。随着新冠肺炎疫情的暴发，政府要求这些国有企业为零售商店等商业租户提供租金减免。而如果国有企业经营遇到困难，中央和地方政府都不愿让它们倒闭。政府部门提供支持的结果可能是国有企业债务的一部分最终会出现在政府的资产负债表上。

采取相对审慎的举措是有理由的。2020年，面对新冠肺炎疫情的冲击，全球陷入衰退，中国政府推出了约占GDP 5%的一揽子救助计划。[15]这比2009年的刺激政策力度要小得多。[16]如2020年中国的李克强总理所说，"特殊时期要有特殊政策，我们叫作'放水养鱼'。没有足够的水，鱼是活不了的。但是如果泛滥了，就会形成泡沫"②。[17]

中国已经有一些重组政府间债务的经验。2007—2016年，中

---

① 根据国务院新闻办公室在2020年新闻发布会上公布的数据，截至2019年末，我国地方政府债务21.31万亿元，如果以债务率（债务余额/综合财力）衡量地方政府债务水平，2019年地方政府债务率为82.9%，低于国际通行的警戒标准。加上截至2019年底的中央政府债务16.8万亿元，按照国家统计局公布的GDP数据计算，全国政府债务的负债率（债务余额/GDP）为38.5%，低于欧盟60%的警戒线，也低于主要市场经济国家和新兴市场国家水平。参见 http://www.scio.gov.cn/xwfbh/xwbfbh/wqfbh/42311/42832/wz42834/Document/1676734/1676734.htm。——编者注
② 引自2020年"李克强总理出席记者会并回答中外记者提问"的原话实录，参见 http://www.gov.cn/gongbao/content/2020/content_5517496.htm。——编者注

国进出口银行向斯里兰卡政府提供了多轮贷款,用于在汉班托塔建设一个深水港。当港口无法产生足够的流量和收入来偿还债务时,斯里兰卡将汉班托塔港和周边15 000英亩[①]的土地租给了一家中国公司,即招商局港口控股有限公司,为期99年,所得款项刚好还清中国进出口银行的借款。人们可能会认为这是另一种形式的债务重组,或者可能是一种"债转股"。类似地,2020年老挝国有电力公司将其电网的多数股权出售给了中国南方电网公司,以换取免除老挝政府和国有企业的债务利息,这些利息产生于中国政府及政策性银行为老挝建造水坝和水电项目所提供的借款(交易条款的具体细节未披露)。

各国究竟需要多少债务减免是不确定的。其他国家的政府不知道中国是否会同意免除这些低收入国家的债务,而且它们担心免除低收入国家的债务最终可能让它们偿还欠中国的债务,所以它们不愿免除向低收入国家提供的双边贷款。因此,利息和本金的支付只是暂时被推迟,而不是被减免。国际金融架构中的这种缺陷,就像中国在国际货币基金组织的配额过少一样,反映了中国近年来作为国际债权人的崛起。当前,这些缺陷使国际官方机构陷入了无法应对新债务问题的不利地位。

解除债务约束

图13-1还显示,一些传统上不愿意甚至害怕债务融资的国家准备放弃过于谨慎的态度。2020年3月,德国政府暂停了宪法规定的债务约束,这一约束将联邦政府的预算赤字限制在GDP的0.35%,并实施了一项非常庞大的支出计划。这与2009年的情形

---

① 1英亩≈4047平方米。——编者注

形成鲜明对比，当时可自由支配的刺激措施仅占 GDP 的 1.6%。新冠肺炎疫情冲击是特殊的紧急情况，只是背后的一部分原因，这场危机还满足了债务约束免责条款中"不是国家自己造成的"条件，这意味着几乎没有道德风险方面的担忧。另外，在 2008—2009 年的大幅财政刺激之后，并没有爆发大规模通货膨胀，这也起到了一定的积极作用。此外，对福利社会、政府有责任限制失业和公司倒闭的社会承诺，为应对全球性大流行病而增加支出创造了广泛的政治支持。总而言之，这提醒人们，正常时期在财政上不可想象的事情，在危机中变得完全可行。

最后，图 13-1 也显示整个欧洲财政和准财政措施的构成非常不同。意大利的支出和收入指标只相当于德国的 1/3，反映出较高的历史遗留债务和脆弱的投资者信心。意大利政府被迫将精力集中在其他方面：政策举措偏向于向私人部门提供贷款，政府便可以宣称这些贷款将得到偿还；政府举措也倾向于注入资本，它认为一旦这些股权最终变现，这些资金将用来收回成本。

然而，与全球金融危机期间甚至 2018 年民粹主义的极右翼政党联盟党和反建制政党"五星运动"联合执政时相比，意大利政府债券的利差在 2020 年上半年的上升幅度较小。2020 年意大利政府债务与 GDP 之比超过 130%，比 2008 年高出近 1/3，是除希腊以外的所有发达国家中债务比率最高的。

如果人们注意到，当经济面对大流行病的冲击，欧洲央行仍通过增加购买包括意大利在内的欧元区国家的政府债券来应对时，这个悖论就不那么难以理解了。欧洲央行新任行长克里斯蒂娜·拉加德刚开始对这一点意识不足。她称欧洲央行"不是来缩小（债券）利差的，这不是欧洲央行的职能或使命"。这些言论与马里奥·德拉吉在 2012 年"不惜一切代价"的承诺相矛盾，或者至少淡化了其影响，从更普遍的意义上说，忽略了历史上中央银行在支持主权债务市场方面发挥的重要作用。不出所料，这些言论引发了对意大利债券的抛售和对欧元的担忧。

拉加德的顾问很快提醒她有关 2012 年欧债危机的这段历史。几天之内，欧洲央行改变了方向，宣布一项紧急抗疫购债计划（PEPP）。按照该计划，欧洲央行购买了欧洲所有主权国家的债券，以减少欧洲债券市场的"碎片化"（解读：降低部分政府债券的利差，例如意大利政府）。相对于欧洲央行早先的量化宽松政策，PEPP 规模较大。此外，与之前的一些方案不同，这次债券购买的构成不受国家在欧洲央行资本中份额的限制，它允许欧洲央行购买任意数量的意大利政府债券。

10 年期意大利国债和德国国债之间的利差，立即下降了 100 个基点（见图 13-2）。这再次凸显了中央银行作为最终流动性提供者的作用，以及在政府持续发行债务的能力变得生死攸关时，中央银行支持主权债券市场的能力。

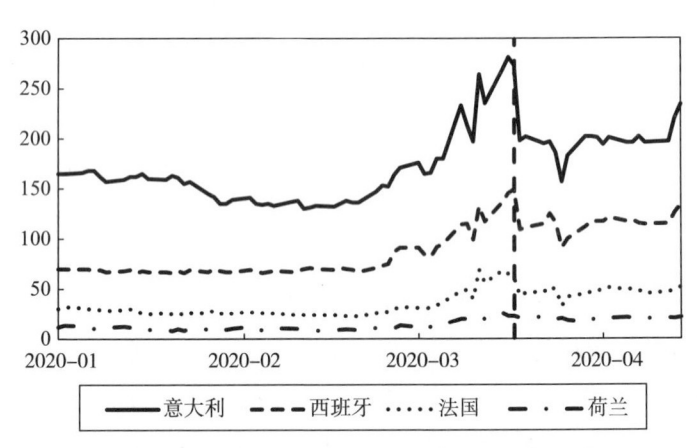

图 13-2　2020 年 1—4 月不同国家国债收益率
与德国 10 年期国债收益率的利差（每日，以基点为单位）

注：垂直虚线表示欧洲央行于 2020 年 3 月 18 日宣布 PEPP。
资料来源：Haver Analytics, http://haver.com/。

"汉密尔顿时刻"是否已经到来？

欧洲央行的行动也凸显了19个国家的财政部与单一中央银行之间的不匹配。它重新引发了担忧，即欧洲央行的特殊措施可能会更加频繁，即使没有立即出现通货膨胀，未来可能也会引发通货膨胀。这不仅引起了历史上已经得到验证的一些担心，还会对分配产生不良影响。尽管通货膨胀税将由所有欧元区国家的居民来承担，但它资助的补贴只归属于获得欧洲央行支持的债券市场国家的居民。

从根本上说，批评者主要是在指责欧洲央行正在实施的具有一级分配效果的准财政政策。如果要在成员国之间进行转移支付，会导致争论不休。这些应该由各国国家领导人和议会来决定，它们应由各国财政部和欧盟共同承担。

最终，这种不匹配促成欧盟财政政策实现突破，即授权欧盟发行债券。我们都知道，有关欧盟是否需要财政能力的争论由来已久，现在这场争论有了转机。2020年5月，新冠肺炎疫情暴发后，法国总统马克龙和德国总理默克尔提议欧盟发行5 000亿欧元债券。西班牙等其他国家也提出了自己的计划，高达1万亿欧元。欧盟委员会采取了折中方案，提议发行7 500亿欧元债券，所得款项将用于向成员国提供贷款和赠款。这与欧盟在应对2008年全球金融危机时相对吝啬的200亿欧元额外支出截然不同。[18] 意大利和其他欧元区外围国家的政府债券再次因该消息而大涨。

马克龙与默克尔的提议是一个重大改变，因为这来自欧洲一体化的双引擎——法国和德国。这被广泛描述为欧洲的"汉密尔顿时刻"（回顾一下本书第3章亚历山大·汉密尔顿1790年的提议，即美国联邦政府应承担各州的债务义务并将其合并为新的联邦债务）。但是，这是否真的是欧洲财政联盟道路上建立一个单一的欧洲财政部来支持其单一货币和中央银行的转折点,仍然是不确定的。这7 500亿欧元的债券总额不到欧盟GDP的6%。[19]向成员国的转移支付将分几年进行,其中只有10%在2021年支付,只有一半采取赠款的形式(剩下的一半是必须偿还的贷款形式,这意味着会增加贷款接受者的债务负担)。无论如何,百年一遇的大流行病中出现的先例在一般情况下可能不适用。

汉密尔顿计划的一个关键要素,是将新的负担与直接归属于联邦政府的海关税收和关税收入相匹配,以确保联邦政府有能力偿还其新债务。最初,欧盟委员会没有具体说明如何支付欧盟债券的利息,尽管有模糊的暗示指向依靠"自有资源"的增加。那可能包括对金融交易征收新税,或者对数字平台收税,这些收入将直接归属于欧盟。然而,到目前为止,领导人只同意对不可回收的塑料垃圾征收象征性的税款,并将剩余的决定推到未来。

最终,能否偿还新债务取决于是否拥有资源。美国国会于1789年建立了海关总署,为联邦收入的来源奠定了基础,联邦收入随着经济的发展而增长,并支持政府有更大的债务规模。不与单一国家税收有竞争关系的欧盟数字税或金融交易税,可能会类似地随着时间的推移而增长。征收这些税款将是欧盟的永久权限。但是,如果欧盟在偿还债券时需要依赖从各个国家的财政部转移的资源,而这些资源只能定期在预算谈判中决定,那么就无法肯定这些资源会随着时间的推移而增加或成为永久性的。在这种情况下,欧洲的财政联盟将很难因时而变。

政府债务高企带来的遗产

这些危机留下的遗产令人喜忧参半。值得欣慰的是,政府可以在必要时增加大额债务,而不会使利率飙升。它们可能只有在中央银行的支持下才能做到这一点，但到目前为止，并没有产生意料之外的后果。私人部门支出依然较为低迷，政府依然可以增加借贷和支出，中央银行依然可以在不导致通货膨胀失控的情况下加大支持力度。

问题是当私人部门支出恢复时会发生什么，什么时候需要稳定和减少债务。历史表明，政府和社会因战争、金融危机和其他紧急情况而背负的沉重债务，最好通过多种方法组合来化解，比如维持基本财政盈余、容忍适度的通货膨胀和支持经济可持续增长。当一个经济体完全依赖通货膨胀或它们可以长期维持非常大的财政盈余时，情况最终可能会变得很糟糕。高通货膨胀往往会削弱对政府的支持和对经济的信心，政治和经济环境往往阻碍维持基本财政盈余的努力。第一次世界大战后的德国，完全依靠通货膨胀来解决债务问题，这基本就注定了魏玛共和国后续的命运。21世纪的希腊完全依赖基本财政盈余，几乎产生了类似的灾难性后果。

这两个案例也提醒我们，持续性的债务整合需要共担责任和社会共识，国内必须有政治支持。在德国和希腊，管理主权债务的要求都是从外部强加的。这两种情况都不利于建立政治共识。

在后疫情时代，维持基本财政盈余、保持适度通货膨胀和促进更快的经济增长并非易事。发达经济体的人口老龄化和越来越多的新兴市场，将使经济增长放缓。为了在10年内将政府债务降低到新冠肺炎疫情发生前的水平，西班牙和意大利将不得不年复一年地维持约7%的经周期性调整的基本预算盈余。即使在最优越的经济条件下，维持如此庞大的基本预算盈余也是很困难的，而在两极分化的社会中，这将尤其困难。全球新冠肺炎疫情暴发对低收入群体的影响往往最严重，折射出社会不平等的程度，并要求公共部门提供额外的社会服务。

当高收入者及其金融资产可以实现跨国转移时，针对富人征收更高的税款来支付额外的社会服务可能也会面临问题。第 8 章所阐述的针对资本征税的历史，其启示并不是非常积极的。鉴于新冠肺炎疫情暴露出的不平等和社会断层线，最终高收入者所缴的税款可能会有所增加。但不要寄希望于由此产生的收入将填补政府债务的空缺。[20]

同样，通过通货膨胀来化解债务负担的办法似乎也不太可行。要求中央银行能够控制通货膨胀和利率的"稳定文化"已经根深蒂固。中央银行可能购买了政府发行的大部分债券，但这些债券也由家庭、商业银行和养老基金持有。这些债权人不会很好地接受那些可能严重侵蚀其储蓄价值的政策。

中央银行可能会选择在一段时间内超额完成通货膨胀目标，因为最近的危机留下了沉重的债务，且通货膨胀在很长一段时间都不及预期。这不至于引发灾难。温和的通货膨胀有助于为审慎地延长债务期限的政府降低债务负担。危险在于，如果不实现基本预算盈余，温和的通货膨胀可能会转变为快速的通货膨胀。但是，实现基本预算盈余的意愿往往不会持续太长时间，人们迟早会对紧缩政策产生疲劳感。人们对于那些有正当理由做出财政牺牲的特殊事件的记忆容易逐步淡化。这就是为什么实现经济增长尤为重要。如果没有经济增长的支持，其他的债务重组策略一般需要较长时间才可能见效。

如往常一样，债务重组的替代方案总能找到。人们往往会断言，债务重组在 G20 国家是不可想象的。但是仔细想想，阿根廷就是 G20 国家之一。

14

结 论

着手撰写本书时，我们感觉所要做的工作就像要把一块巨石往山上推。的确，大家通常认为挥霍无度的政府和高企的债务很危险，让读者相信公共债务会有危险但也可以带来好处是很困难的事情。随后全球新冠肺炎疫情不期而至，为我们提供了很好的支持例证。公共债务为政府应对突发的公共卫生事件及经济危机提供了宝贵的财政工具。通过支持各类项目，它为那些因为疫情而无法工作的雇员、需要资金抚养孩子的父母、缺乏现金流支付工资的企业带来一线生机。如果在这种情况下政府不举债施以援助，危机可能无限恶化。对比在这次疫情冲击后能够相对自由地举债的发达国家与那些缺乏相对完善的债券市场、举债受限的低收入国家的表现，这一结论不言自明。

　　这次政府为了应对疫情大幅举债，是历史上曾反复出现的政府举债应对冲击的最新实例。历史上，在面对战争、自然灾害、金融危机和经济衰退，而公共政策应对所需要的资源远远超过政府所能调动的当期收入时，政府一次又一次地通过举债来渡过难关。但政府借钱需要有意愿的资金出借人，这些资金出借人反过来要求足够的保障，以便建立公共债务市场。这种保障包括以权力分享的形式监督主权政府的任意行为。具体的安排则包括具备足够流动性的二级市场，投资者可以根据需要分散他们的头寸或退出持仓；也包括一家支持市场的中央银行，在流动性面临风险时确保市场流动性；还包括一套货币政策的规则，例如通货膨胀或者汇率目标制，以向资金出借人保证他们的债权不会被通货膨胀大幅稀释。

具有前瞻性的政府会在真正需要之前就将这些必要条件准备就绪。在某些情况下，例如在英国光荣革命期间，主权政府在危机中需要紧急借款，国家的生存岌岌可危，不得不做出让步。但是，无论哪种方式，我们不难看出公共债务融资的先决条件与更广泛的经济、金融、社会和政治变革之间的联系，其中包括加强政治制衡、市场机制的发展以及市场支持机构的形成。换句话说，这与社会科学中称为"现代化"——一个涉及经济、金融、社会和政治等多个维度的进程相联系。

这意味着主权债务已成为现代经济增长不可或缺的一部分。(再一次出现"现代"这个词。[1]) 从根本上讲，现代经济增长是非线性增长，即与正反馈导致的早期增长率相比，增长速度急剧加快。[2] 从公共债务及其在金融发展中的作用到更快的经济增长，以及更快的经济增长进一步推动金融深化和经济体系发展，这样的循环就是一种正反馈。

当然，这个逻辑不是静态不变的。在历史进程中，主权政府和国家借入资金的用途一直经历显著变化。如前文阐述，主权国家的借贷最早发生在公元第二个千年开始最初的几个世纪。这个时期，恰逢军事技术的变化增加了战争进攻和防御成本。当时欧洲的商业革命以及相对特殊的自然和政治地理环境导致经常性冲突，使欧洲主权国家在这一转变中表现突出。

主权国家举债用来资助军事冒险，也用来抵御外来威胁。因此，发行债务的能力是国家建设的核心，关系到国家存亡。寻求获得资金的主权政府可能会让渡给债权人一定的特权,以达成与债权人的合作。当这些债权人可以控制专制统治者,并成立代表大会来批准支付利息和本金所需的税收时,主权债务的发行实践推动了更广泛的政治发展进程。同样,主权国家的债权人可能会寻求建立一个二级市场,在该市场上交易其债权、分散其持仓并管理其风险。逐渐地,在这里交易的债权可以作为其他金融交易的抵押品,其价格则作为更高风险的信贷定价的基准。因此,主权债务的发展也促进了金融的发展。经济史研究中的根本性问题是,为什么欧洲能够实现"最先"?欧洲在金融和政治上与其他大陆地区有何不同?为什么它最早完成了向现代经济增长的过渡?答案有一部分就在于此。

随着收入的增长,公共财政的重点转向提供公共产品和服务。国家安全是一项重要的公共产品。因此,政府大规模举债的现象仍然存在,并且持续至今,往往集中发生在战争和其他的国家紧急情况下。但是,政府举债也越来越多地支持公共基础设施建设,例如供水和下水道工程、城市照明和交通系统等。利用债务融资支持这类项目符合它们的需求,因为经济活跃带来相关收入只是后来才逐步实现的。没有铁路连接国内和国际市场,以及将城市群结合起来作为创新的温床,很难想象会向现代经济增长过渡。同样,我们也很难想象没有债务融资支持,那些铁路和城市能够建成。[3]

这种发展模式不仅被19世纪的工业化先驱国家追求,也越来越多地被试图效仿它们的国家追求。这些追随国一般并未满足完善的债务市场的一些先决条件。因此,它们通过在国际金融中心举债,蹭了那些已经发展好债券融资市场的国家的便利。而这些国际金融中心,拥有投资银行充当守门人,并且在监管市场有着井然有序的交易所。这些金融中心的投资者为适应市场的全球特征逐步做出调整,创建专业的服务来收集和传播偏远地区的信息,设立代表资金出借方的委员会等。

到了 9 世纪末，主权债务市场明显更加全球化，表现为世界各地政府发行的主权债务经常实现跨境交易。

当然，并不是所有投资项目都经过精心设计和执行。在一些情况下，主权借款不仅支持公共投资，也支持公共消费。虽然关于这种支出的信息透明度有所改善，但并不意味着这种行为很容易被发现。某一外国主权国家出现问题，就会让债券持有人意识到他们的追索权是有限的。他们可以寻求自己政府的帮助，有些政府可能比其他政府更愿意给予支持；他们也可以禁止违约的主权债务人进入市场，尽管该债务人可能依然能够利用其他融资场所。他们能做的主要是要求足够的风险溢价来补偿还款中断的风险，一定程度上分散他们的持仓，避免把所有的鸡蛋放在一个篮子里。这些措施可能并不完美，但它们已经取得了足够好的效果。到了 19 世纪末，它们已经支持形成一个活跃且不断扩大的全球公共债务市场。

20 世纪的两次世界大战改变了这一状况。19 世纪本身就不算平静，但 20 世纪的两次世界大战带来的破坏性和代价是前所未有的。因为需要应付战争，处于战争中的国家负债累累。随着战争的结束，应对这些债务负担的顺利程度并不相同。在某些情况下，政府通过基本预算盈余来偿还债务，这一情形主要发生在第一次世界大战之后；在另外的情形下，一些国家主要靠增长逐步化解债务负担，这主要是在第二次世界大战之后。在某些国家，通货膨胀和利率上限减损了债权人的债权价值，投资者遭受了"剥削"。

两次世界大战带来的另外一个不那么直接却影响重大的"遗产"，是为福利国家机制的形成提供动力。部分国家在第一次世界大战之前就朝着引入社会保险的方向迈出了步伐。俾斯麦时期，德国已经引入了健康和工伤保险。阿斯奎斯时期，英国也引入了从核心上类似由政府提供失业保险的机制。这么做的目的之一就是阻止城市工业劳动力潜在的社会不满。这些工业劳动力质疑那些在忽视工人阶级需求的情况下，强制执行私有产权的国家的合法性。第一次世界大战进一步加剧了这些压力。因为战争中的国家将人们派往战场，如果这些政府要保持其仍然拥有的有限合法性，就不得不在士兵们返回时扩大他们的选举权。战士们在一场毫无目的的战争中充当炮灰，归来时有不满是可以理解的，俄国十月革命、德国斯巴达克团起义、意大利"红色两年"革命以及其他更早的革命运动就是例证。政府通过解决公民的合理关切来进一步巩固权威，它们扩大了公民获得社会福利的机会。

大萧条带来的影响也是类似的。大萧条之后，公众质疑政府是否兑现了承诺。作为回应，这些政府试图通过引入旨在兑现承诺的公共计划来安抚选民。例如，在美国，大萧条后的罗斯福新政强调增加失业保险、养老金和其他形式的社会保障。随后第二次世界大战进一步为这一趋势提供了动力，政府扩大已有的保障计划，以及补充政府对健康、教育和住房的投入支持来回应民众的呼声。

到了20世纪中期，这一趋势演化为政府规模不断扩大，同时民众也期待政府做得更多。从20世纪60年代后半期开始，出现一种明显的趋势，即政府支出超过政府收入，政府需要发债来弥补差额。因此，当20世纪70年代发达国家的增长放缓时，政府债务便高歌猛进。各国政府开始摸索解决这个问题，少数国家成功了，很多国家却没有。

20世纪70年代也是拉丁美洲和其他地区的发展中国家重新进入主权债务市场的时候，这些国家自20世纪30年代以来一直被拒之门外。但是，当时的生产效率和GDP增长开始放缓，因此举债时机并不理想。这些发展中国家的主要出口市场增长放缓，也使偿债变得不那么容易。同时，在这些发展中国家，举债所得资金并不会自动转化为更多的投资，因为政客为了讨好选民，可能将借来的资金用于扩大消费。即使在某些情况下进行了投资，这些投资也并不总是能帮助实现更快的经济增长。与此同时，那些提供融资的金融机构，本可以警示过度的借贷行为，但却视而不见。当沃尔克冲击（美国利率水平在保罗·沃尔克担任美联储主席时期急剧上升）来临时，它们自食其果，拉丁美洲债务危机也因此全面爆发。

这一时期的教训之一是，通过银团提供主权贷款是有风险的，因为发展中国家借款人遇到的问题可能很快成为提供贷款的银行的问题，并间接地成为这些银行所在国的政府的问题。因此，当拉丁美洲债务危机在20世纪90年代终于平息且贷款恢复时，债券市场再次成为跨境资金转移的渠道，就像19世纪的情况一样。这使贷款风险得以更广泛地分散，降低（如果不能消除）债权人出现系统性不稳定的风险。

另一个被广泛吹嘘的教训，被称为"劳森法则"。这一法则以支持它的英国财政部官员的名字命名，讲的是钱应该借给那些优先考虑投资而不是消费的国家。因为投资容易转化为未来的增长，从而使它们最终有能力偿还债务。[4]这一推论可能更成问题。只有进行有效投资，为投资举债才是合理的，而如果是为了支持建设空置的办公大楼、低效的镍冶炼厂以及各国政府可能都热衷的其他华而不实的项目，这类债务就没有什么意义。此外，即使计划构思周全，投资项目的执行往往也会被借款人无法控制的事件打断，或者由于投资项目孵化期较长，最终无法实现回报。

"亚洲四小龙"（韩国、中国台湾、中国香港和新加坡）以及其他效仿这些地区的经济体，拥有全球最高的投资率。鉴于它们的高投资率和成功实现经济增长的历史表现，债权人非常愿意满足它们的借贷需求，这些地区也充分利用了这一点。但当最终未能实现更好的增长时，这也会告诫债权人，并非所有的投资都是有效的。在这种情况下，债务国往往是首先遇到外部融资困难，紧接着可能是资本外逃，最终可能演化为金融危机。这并不是亚洲独有的现象，在墨西哥、巴西、厄瓜多尔、阿根廷和土耳其等新兴市场，也不乏类似的危机。

21世纪的前10年，拉丁美洲、亚洲和其他地方的国家继续努力解决这些问题。部分中等收入国家的政府，努力减少了对外部资金的依赖。它们改善了财政状况，同时采取其他节省支出的方式，促进国际收支的经常账户转为盈余。经常账户的盈余降低了它们对外部融资的依赖，并帮助它们积累外汇储备作为缓冲。这些国家的政府尝试建立可以以本币计价的本土债券市场，这样它们的金融条件就不再受制于外汇市场的无谓波动，也不必再看外国投资者的脸色。

可以说，它们成功了一半。越来越多的新兴市场顺利地推出了以本国货币计价的公共债务，但却没能很好地在国内推广。本地需求有限，本币债务中有很大一部分由那些被高利率吸引的外国投资者购买。因此，当出现问题时，这些债券容易遭受大幅抛售，外国投资者将受到债券价格下跌和汇率下跌的双重冲击。换句话说，外币债务转向本币债务并未解决所有问题。

相比而言，发达国家在解决危机方面的进步甚至更小。美国因为财政预算和经常账户的双赤字受到投资者检视。对此持批评看法的投资者发出警告，如果外国投资者对债务性证券的偏好减弱，依靠海外投资者为这些赤字融资将使该国陷入无序调整。欧洲为了维护欧元而进行财政紧缩，但紧缩之后欧洲则进入财政赤字。与长期衰退做斗争的日本，不得不年复一年地应对着高企的财政赤字和堆积如山的债务，这一点令所有国家望尘莫及。

紧接着，全球金融危机和新冠肺炎疫情接踵而至。尽管有这样或那样的问题，公共债务在对抗这两大挑战中都是不可或缺的手段。在全球金融危机期间，公共债务在防止支出坍塌、银行倒闭以及支持美国汽车制造商和其他大型雇主方面发挥了积极作用。当然，出于道德风险的考虑，当时人们对借助债务融资一度犹豫不决。对举债持批评态度的人认为，使用借来的资金救助那些过度借贷而为危机埋下祸根的银行只会激励不良行为。政策制定者则担心扩大债务最终会推高通货膨胀和利率并抑制投资。尽管如此，公共债务在控制危机方面仍发挥了关键作用，与它在此前的危机中所发挥的作用类似。及时的公共债务防止了事态进一步失控，从而维护了国家的合法性。

对举债应对危机的批评不少，其中大部分是合理的。比如，财政举措动力不足。各国政府往往选择救助金融行业而不是普通民众。政府在帮助无法偿还贷款而失去住房的购房者方面做得远远不够。某些情况下，政府过早地收缩了财政支持。这些应对举措无论从哪个角度看可能都不太理想。但是试想，如果根本不采取财政救助举措，这种批评会更加激烈。

当新冠肺炎疫情来袭时，人们对增加公共支出和发行债务的犹豫就少了很多。一个国家抵御外国军事威胁时将利用所有可用资源，包括财政资源。与此类似，政府在面对威胁生命的病毒入侵时，也毫不犹豫地调动所有可用资源（包括债务）来应对。在应对病毒突变引发的危机中，道德风险根本不是问题。无论如何，全球金融危机的应对经验表明，增加债务并不必然导致通货膨胀、高利率和财政危机，这与此前的担心刚好相反。

应对疫情的情况与 12 年前的全球金融危机在其他方面也不尽相同。最明显的是，当前的债务压力更大。例如，美国在新冠肺炎疫情暴发前，私营部门持有的联邦政府债务占 GDP 的 80%，是 2008 年的两倍。[5] 尽管如此，应对疫情的财政举措在规模和速度上更加显著。美国国会预算办公室估计，由于危机以及相应的应对措施，到 2020 年底（危机发生不到一年），公众持有的政府债务将上升到 GDP 的 100%，到 2021 年将达到 102%。[6] 到 2030 年，它将接近 GDP 的 105%，后续可能继续上升。[7]

如果某件事不能永远持续下去，它终将停止，这就是斯坦因定律。不确定的是何时以及如何停止。至少在一段时间内，债务可能会继续上升，而不是带来重大破坏。日本的经验与这一观点一致。由于新冠肺炎疫情冲击和为应对疫情而采取的财政措施，日本政府的总债务在 2020 年达到 GDP 的 250%。净债务是衡量财政状况的更好的指标，它已攀升至占 GDP 的比例超过 170% 的水平，这虽然不是天文数字，但仍远高于美国的水平。[8] 然而，随后并没有出现恶性的金融冲击。日本政府债券的利率也没有飙升，日元没有崩盘，日经指数的表现甚至优于其他主要指数。可以肯定的是，日本央行的资产购买和债券收益率上限与这种稳定性有很大关联。但这也并未带来类似通货膨胀上升的代价，并不像纯粹的货币主义学者批评的那样，通货膨胀是央行购买债券不可避免的后果。

尽管如此，即使日本有可能负担如此高的债务，但对其他国家来说可能是不太可行的。经过长达 30 年与通货紧缩的斗争，日本央行持有的国债份额达到约 50% 的水平，比任何其他发达国家的央行都高。目前尚不清楚美联储的政治专家是否允许美国的这一比例达到如此高的水平。日本家庭储蓄率较高，他们将储蓄投资于政府债券。日本公司治理的框架带来了保守的管理风格，这导致不那么进取的态度和有限的投资，而通货紧缩和不利的人口结构进一步抑制了投资。所有这些都带来了可投资于政府债券市场的大量储蓄资金。

可能有人会反驳说，充足的家庭储蓄和保守的企业管理并非美国的标志。然而，事实是，美国私营部门在过去 20 年的大部分时间里，储蓄超过投资的幅度不断增长。这在实际利率（经通货膨胀调整的名义利率）的趋势中表现得很明显，为了使储蓄和投资相对匹配，实际利率一直稳步下降。只是有关实际利率在美国和全球范围下降的原因是有争议的。有一些观点认为，这背后的原因在于德国、沙特阿拉伯和中国等快速增长的新兴市场的高储蓄。在一体化的全球市场中，这些国家充足的储蓄压低了全球利率。人口结构的变化带来的影响也是同向的。在近 30 年里，发达经济体的人均预期寿命增加了近 5 年。活得更久，同时期待时间更长的退休生活，会导致人们在工作时积累更多的储蓄。还有一些观点认为，利率下降是因为，随着从制造业向服务业以及从实物平台向数字平台的转变，对实物投资的需求已经下降。[9] 不管是什么原因，结果都是以更少的投资需求面对更多的储蓄供应，利率因此下降。

这些较低的利率反过来意味着，美国和其他发达国家政府尽管背负更多的债务，但它们支付的利息占 GDP 的比例实际上更小。2020 年美国联邦政府偿债成本仅占 GDP 的 2%，与 2001 年相比几乎没有变化，但当时债务占 GDP 的比例几乎不到现在的一半。换言之，在当前的低利率环境中，不存在即刻的债务可持续性危机。

事实上，在名义利率仅略高于零的情况下，试图缩减债务可能导致灾难性的后果。通常，减少公共部门支出会导致利率下降，从而鼓励私人部门的支出。但是，当利率已经接近零时，利率不会大幅下降。在这种情况下，将财政预算转向盈余并减少借贷可能会抑制总需求，从而实际上提高债务占 GDP 的比例，就像 20 世纪 90 年代和 21 世纪头 10 年的日本一样。[10] 有些人会反驳说，中央银行可以通过购买债券并以货币支持代替财政支持。但我们知道，通过限制安全资产回报，央行的此类政策会鼓励储户涌向风险更高的投资，例如股票市场，拼命寻求收益。2020—2021 年有大量证据支持这类行为。这类政策有产生资产泡沫的风险，一旦泡沫破裂，就会导致金融危机和混乱。这一手段只是用私人部门的金融脆弱性来代替公共部门的弱点。

当然，利率并不一定一直保持在低位。随着原油需求的减少，石油出口经济体的储蓄率可能下降。随着政府逐步建立社会保障网络，中国的消费可能会上升到一个与中等收入国家相匹配的水平。拜登政府和美国国会采取的扩大财政预算赤字以支持支出的举措可能会大大刺激需求，从而带来利率上行压力。但即使类似的事情真的发生并且利率确实上升，也不一定意味着灾难性后果。如果债务管理得当，它们可以发行超长期债券来锁定低利率。

如果债务管理不那么得当，利率走高将导致需要降低债务占GDP的比例。比较显而易见的方法是，施行财政盈余政策。近年有少数国家成功地在较长时期内实现了大规模财政盈余。大致是将西班牙和意大利等国家的债务比率降低到新冠肺炎疫情发生前所需的规模。[11] 最近的一项研究发现，只有3个国家能够在长达10年的时间里实现平均占GDP 5%的基本财政盈余：1990年以后的新加坡、1995年以后的比利时和1999年以后的挪威。[12] 这几个案例都很特殊。挪威的盈余与北海石油的额外收入相关，这些石油开采已经投产了几年，为了后代的利益，政府也将这些收入转入石油基金。新加坡没有这样的意外之财，但有一个强大的技术官僚政府，不受民粹压力的影响，一直操心建立储备以应对突发事件。政府将当期收入转入主权财富基金，如淡马锡控股和新加坡政府投资公司。[13]

1995年，比利时的政府债务占GDP的比例是欧洲国家中最高的。为了说服欧洲其他伙伴相信比利时将成为欧元区负责任的可靠成员，它不得不降低这一比率。比利时无疑是幸运的，它10年前就进行了预算改革，扩大了税基，限制了地方政府支出，并授权国家财政委员会监督联邦和地方财政政策。现在它对是否采用欧元悬而未决，但比利时能够将财政预算转为盈余并保持。尽管如此，这些改革举措也花了近10年时间才带来可观的预算盈余，发人深省。

显然，除非有特殊情况，否则在后疫情时代，为降低高额公共债务所需的大量、持续的基本财政盈余是罕见的。如我们在第 8 章中解释的，在两极分化的政治环境中，实现这种盈余的能力尤其有限。当政党在必要和合理的改革上意见相左时，实现改革落地所需的妥协是难以达成的。因此，对于美国这样的国家，自 20 世纪 60 年代以来政治两极分化一直在加剧，而新冠肺炎疫情进一步加剧了两极分化，应对后疫情时代的债务压力可能尤其具有挑战性。美国一定会面临在医疗保健、儿童保育、老年护理和其他方面增加公共支出的需求，而新冠肺炎疫情危机已经暴露了社会保障网络的漏洞。这次危机也并未减少对为此类服务提供资金需要更高税收的长期反对声音。2021 年春天，当美国总统拜登提议增加资本利得税以支付儿童和家庭的额外支出时，美国国会中的共和党人迅速表达反对意见。

危机往往使克服这种反对意见变得相对容易。为了应对拿破仑战争危机，当时的英国首相小威廉·皮特获得议会同意征收所得税。美国于 1862 年为应对内战的特殊需求第一次引入所得税。为了满足第一次世界大战和第二次世界大战的迫切需要，美国及其他地方的所得税率被提高到前所未有的高度。按照这样的逻辑，新冠肺炎疫情危机似乎也可以帮助实现这一点。[14]

但是，即使提高税收来应对疫情发生后大众所需的更多的社会服务，依然是不够的。必须进一步提高税收，或者找到新的财政收入来源，产生偿还债务所需的持续且充足的基本财政盈余。有些观点以战争做类比，建议征收财富税、一次性新冠肺炎疫情团结税或数字税，以解决新冠肺炎疫情冲击留下的新增财政负担。[15] 但这类建议在政治上是否可行值得商榷。同样还拿战争做类比，一旦大流行病的紧急情况过去，这些新增的税收能否继续赢得民众的广泛支持是不太确定的。[16]

利率急剧上升是危机的一个潜在触发因素，危机会带来早该发生的调整。利率越高，意味着到期债务展期时的成本越高。[17] 利率越高，为持续赤字融资而发行债券的成本也就越高。但如果进行财政整顿的意愿不高，财政赤字将持续存在。

对应地，中央银行可以不设上限地购买国债来压低利率，类似美联储在第二次世界大战后所采取的举措。但如我们在第9章中谈到的，这一做法的后果是，美联储失去了对价格的控制。问题是当前是否会发生同样的情况。当新冠肺炎疫情危机带来的财政压力在2020年初更为明显时，各国央行加大了债券购买计划，以防止国债价格下跌和收益率上升。然而，尽管如此，在2020年底，也就是新冠肺炎疫情暴发快一年的时候，金融市场参与者仍然预计美联储、欧洲央行和日本央行将无法实现通货膨胀率上升至2%的目标，并且可能在未来10年都无法实现。[18]

显然，与1946—1948年和1951年相比，投资者认为私人部门支出可能继续维持在低位，以至于公共支出的增加，无论通过何种方式融资，都不会导致过高的通货膨胀率。早期这些通货膨胀的爆发是私人部门及公共部门支出急剧变化的结果，这些变化的背后是当时军队复员、战时价格管制取消以及朝鲜战争的爆发。[19] 相比之下，投资者显然没有预料到在后疫情时代会出现类似的剧烈冲击以及持续的私人部门支出的爆发。[20]

我们知道，战争、大流行病及危机等往往会对经济中的储蓄、投资行为以及其他经济决策带来永久性影响。[21] 居民家庭在面临储备不足的情况时，可能会通过提高预防性储蓄和维持相对保守的支出来应对新冠肺炎疫情的冲击。这意味着，在新冠肺炎疫情之后，美国的居民家庭可能表现得更像日本的居民家庭。这种趋势的影响，并非全都是积极的，但其中一种可能的含义是，美国在不面临显著通货膨胀压力的情况下维持更高水平的债务。至少，从资产价格来看，似乎投资者在2020年末和2021年初就是这么预期的。[22]

投资者就曾犯过错。试想，如果私人部门支出急剧上升并保持高位将会怎么样？[23] 再以美国为例，应对这种状况，美联储可以允许加速通货膨胀。在这种情况下，相对于政府债务的名义利率，名义 GDP 的增长将更快，因为一部分政府债务是长期的，其利率在到期之前都是固定的。[24] 维持利率－增长率差的有利水平，是历史上政府解决沉重债务负担的方法之一。如果能够维持一定的通货膨胀水平，这种情况可能再次发生。

这里的问题是，投资者需要多长时间才能转换至短期债券？也就是说，多长时间之后他们才会要求更高的期限溢价？因为当投资者要求更高的期限溢价时，名义利率就可能赶上或超过名义增长率。[25] 我们可以确信的是，如果通货膨胀持续，这种转变肯定会发生。为了以这种方式大幅削减债务，中央银行必须做好通货膨胀率大幅上升的准备，它们必须准备好面对通货膨胀率上升的速度比投资者预期的要快得多。[26]

那么，美联储和其他中央银行会准备好制造更高的通货膨胀吗？它们背后的政治主导方和选民是否会认可？很多人说，新冠肺炎疫情的冲击改变了一切。尽管如此，我们仍然怀疑新冠肺炎疫情会带来更高的通货膨胀容忍度。通货膨胀率可以在一段时间内略高于 2%，就如美联储本身所倡导的。[27] 但仅限于此。中央银行如果容忍通货膨胀率大幅上升，将会给养老基金、保险公司和持有政府债券的银行造成损失，更不用说个人投资者了。美国人口正在逐步老龄化，老年人出于自身的财务原因不喜欢通货膨胀，比如老年人往往是债券投资者。他们往往更热衷于参与投票，施加政治影响力。

而另外一些观点认为，随着债务被通货膨胀抵销，通货膨胀率会很快上升到"超过 5%，甚至是 10% 左右"。[28] 他们认为，非金融类公司和政府的游说力量，比养老基金、保险公司和投资于固定收益证券的退休人员的储户等更强大。他们认为,为了将债务比率降低到适当的水平,中央银行需要允许通货膨胀在这些更高的水平上持续更长时间,甚至可以达到几十年。时间能证明这一观点是否正确。

另一种选择是,中央银行提高利率以抑制通货膨胀,而不管其对偿债的影响。在这种情况下,利率－增长率差将变得不太有利。根据债务的期限结构以及经济对紧缩货币条件的反应等情况,名义利率可能超过也可能低于名义增长率。1952—1953 年,美联储在重新获得政策自主权后,采取了控制通货膨胀的政策举措,它提高贴现率并允许国债利率上升。在当时的情况下,并没有发生债务持续性危机。利率－增长率差依然是相对有利的。在 20 世纪 50—70 年代,经济增长条件相对有利,投资者的选择也相对有限。这段时间,环境只是不如之前那么优越而已。

但这种"两边都刚刚好"的结果比较难重现。随着经济从新冠肺炎疫情中逐步复苏,发达国家政府正在考虑——某些情况下已经在实施——大规模的持续财政刺激计划。例如,在美国,即使按照美联储在 1952—1953 年应对朝鲜战争的赤字标准,新冠肺炎疫情带来的债务增量也是很大的。政策制定者希望这些举措能够"让经济活跃起来",同时也不引发严重的通货膨胀,这就不需要大幅提高利率。如果他们错了,"两边都刚刚好"的结果就难以实现。[29]

此外,与第二次世界大战之后相比,当前投资者拥有比投资国债更丰富的投资选择。有些观点认为,金融抑制可能是减少主权债务的一种方式,但这需要对投资选择做出大幅限制,这是难以想象的。很难想象禁止美国投资者在国外投资,或者加征如 1963 年通过的新的投资均衡税,以降低美国人进行此类投资获取的利润。[30] 当然,也有可能只是我们缺乏想象力。

同时,与战后的黄金增长年代相比,今天的增长前景没那么乐观。人口结构正在逐步变差，以公司进入和退出率来衡量的经济活力也已经下降，落后的公司已经更难缩小与技术领先者之间的生产力差距。受教育程度的上升速度较慢，当然这可能是因为它已经达到相对较高的水平。实现更快的经济增长一直都是降低债务占GDP的比例相对轻松的方式。但是，我们缺乏实现更快增长的灵丹妙药。

这并不是要否认债务越少越好。债务越重，利率越高，应对下一次紧急情况而借贷的空间就越小。与全球金融危机一样，新冠肺炎疫情冲击是一个警告，即金融术语中所谓的"肥尾事件"可能比以前想象的出现得更频繁，这也使借贷能力享受溢价。话虽如此，还是要回顾一下凯恩斯在1927年对科尔文委员会所说的话（如第8章所述）。凯恩斯指出，在政府需要全力以赴才能应对的危机中，内部债务高或内部债务非常高，二者对政府应对能力的影响没有差异。受全球金融危机的影响，美国已经背负大量内债，但这并不妨碍它为应对疫情而继续加大财政政策和发债力度。

另外，债务越重，利率水平越高，向银行和其他金融公司强行提供政府债务性证券的诱惑就越大，一旦债券价格出现下跌，就会给金融体系造成不稳定的后果。尽管如此，这并不是放弃有效公共投资，或过早地以经济和政治上都不可持续的方式转向财政整顿的理由。

所有这一切都是在说，对债务没有简单的解决方案。这也是我们在第13章收尾时得出的基本判断。我们将这个判断再重复一次，成功解决债务可持续性问题而没有发生重大经济、金融和政治混乱的国家通过3个角度来实现：保持稳定的金融状况，在适当（而不是过早）的时候转向财政紧缩，实现经济增长。未能兼顾这3个角度来解决问题，将导致灾难。

用这一警示来为本书收尾再合适不过了，但不要忽视我们是如何走到当前这一步的。主权政府和国家通过公共债务来支持与敌对因素、经济和金融危机以及大流行病的斗争。在应对新冠肺炎疫情冲击时产生的巨额债务,就是一个很好的例子。保护公民的健康和福利免受此类威胁是国家的合法角色,实际上也是必不可少的角色。不能动员所有可用资源来遏制和消除此类危险的政治政权,将无法获得民众的支持。

  一个经久不衰的国家能培养并在必要时动用债务融资的能力,并且足够有远见,能未雨绸缪。我们现在就需要做好准备了。

致　谢

这个项目始于2018年，是阿里·阿巴斯、亚历克斯·皮恩科夫斯基和肯尼思·罗戈夫委托我们为一场主权债务会议贡献一章介绍历史的内容，后来这个章节变成了艾兴格林、加奈尼、埃斯特韦斯和米切埃内尔合著的这本书。没有这个委托和鼓励，我们可能不会踏上这条路。在学术和生活中，一件事会引发另一件事。新冠肺炎疫情打断了我们的进度，导致图书馆和档案资料暂时无法查访。同时也加重了完成手稿的紧迫感，因为应对大流行病的公共政策导致和平时期出现了前所未有的债务发行水平。我们认为，无论是回顾历史还是展望未来，将这种公共政策的反应置于历史背景中，对于理解政府的选择是非常重要的。

对于手稿的评论，我们感谢扎米·阿里吉希耶夫、马克·德布勒克、贾恩·德弗里斯、马克·丁切科、维托尔·加斯帕、理查德·格罗斯曼、久长卓真、里克·霍尔曼、伊藤隆敏、柏濑研、特雷弗·莱萨德、彼得·林德尔、德班·马、穆斯塔法·姆博侯·马马、乔瓦尼·梅利纳、持田信记、野崎正广、谢夫凯特·帕穆克、洪世范、米娅·皮内达、戴维·斯塔萨维奇、拉里·萨默斯、约翰·唐、彼得·特明、克里斯托夫·特雷贝施、特德·杜鲁门、阿里·焦时昆·通切尔、弗朗西斯·维特克、尤金·怀特，以及牛津大学出版社的两位匿名评论员。艾克哈德·凯勒和安德列亚斯·沙布慷慨地分享了数据。胡列塔·玛丽安娜·孔特勒拉和杰米·安德烈斯·萨尔米恩托·蒙罗伊协助绘图和计算，法蒂玛·易卜拉欣协助准备手稿，安德鲁·维利协助分发手稿，戴夫·麦克布赖德提供了宝贵的编辑指导，埃米·惠特默布莱协助出版。我们还感谢多萝西·鲍霍夫和托马斯·芬尼根出色的编辑工作。

鉴于共同作者中，有一位在现在，以及另一位在过去和国际货币基金组织有过联系，我们迫切地补充说明，此书的任何内容都不代表国际货币基金组织及其成员的观点。本书表达的观点仅代表作者本人。

相信大家都已知晓。

注 释

1. 前 言

[1] 完整的演讲见 The Hill（Dec. 21, 2020, 5:00 pm EST），https://the.hill.com/blogs/congress-blog/economy-budget/531173-debt-is-not-a-sustainable-policy-decision。

[2] 外国人受到的司法保护是最少的，因为根据国家主权豁免原则，国家只能在本国法庭成为被告，而本国法庭并不倾向于为外国当事人的利益受理案件。

[3] Phillipson（2010）基于亚当·斯密对公共债务的担忧提供了一种分析。

[4] Smith（1904 [1776]），vol. II, p. 396.

[5] 彼得森是一位商人兼投资银行家，曾担任尼克松总统的商务部长，在 2008 年创立了彼得·G. 彼得森基金，以促进对于美国的财政稳定性问题的公共认识。

[6] Smith（1904 [1776]），op.cit. 应该指出，亚当·斯密本人的偏好是，产生的政府义务应该通过收取用户费用来解决，而不是

通过直接的税收。

[7] 相反，对于州政府、地方政府和国有机构债务的偿债责任，有时被假定为由中央政府承担。这使州政府和地方政府债务有所区别，也导致难以准确定义和衡量中央政府债务。我们认为应该把那些由中央政府机构承担的州和地方政府债务归入中央政府债务，而把其他州和地方政府债务排除在外。当然，现实中这条线很难划分清楚。公共债务和私人债务之间的分界线也很难划分清楚，因为政府会在某些危急时刻承担起银行或者私人部门的债务。Graeber（2011）探讨了公共债务和私人债务的这种模糊关系。

[8] 20世纪有一些主权国家在与债权人的合约中自愿接受某个法庭的司法管辖，特别是与外国债权人的合约，以此增加自己的借债能力。正如本章第二个注释提到的，这种情况只是例外，并非一般原则。

[9] 这里我们可以看到主权债务更多的复杂性，主权的性质是随着时间变化的。在现代民族国家出现之前，主权被界定为对于领土以及居民的最高权力，被赋予国王或王室，使主权债务成为一项个人义务。之后，主权与最高政府的权力相联系，主权债务被理解为是国家的而不是其领导人的义务。参见 Walker（2003）。我们在第2章和第3章讨论了这种主权债务的"去人格化"。

[10] 另一个区别在于，公共债务一方面被定义为主权部门、国家、公共部门的义务，另一方面被定义为公众持有的债权。对于采取后面这个定义的人来说，存在投资人可以交易的二级市场是公共债务的本质特征。从这个观点来看，在现代早期建立二级市场之前，并不存在公共债务。我们在第2章指出，君主和国家早在现代早期之前就开始借钱，借钱的原因与今天大致类似，而当时并没有二级市场。因此，我们采用更广泛的公共债务定

义,并思考更长的历史时期。

[11] 对外借债和经济增长之间的正相关证据,在20世纪相对要弱一些。Schelarick 和 Steger(2010)对这两个时期进行了比较,我们之后还会讨论到。事实上,这种正相关并非在任何情况下都成立,我们后面将展开讨论这一现象。

[12] 这是 Karl Polanyi(1944)对国家与市场之间关系的著名表述。

2. 为国家服务的债务

[1] Graeber(2011)对国家、主权国家和宗教基金会与债务相关的交易活动的更早的历史进行了描述。他认为,债务先于金钱产生,起源于公民对统治者的义务,这些义务(税收和贡品)是公民对统治阶级的债务,而本文关注的则是统治阶级对公民的债务。

[2] Aristotle(1920),1349b。

[3] Bogaert(1968)对这一事件进行了描述。

[4] 读者可以参考 https://www.atticinscriptions.com/inscription/AIUK3/3。

[5] Winkler(1933)断言最终的结果是违约。然而,他的解释可能是错误的,因为他叙述的其他部分有问题。他认为,在斯巴达将军斯福德里亚斯攻击雅典港口比雷埃夫斯后,以雅典为首的希腊城邦组成的第二次雅典联盟从神庙借钱,发动了一场对抗斯巴达将军的战争。但是我们并没有找到类似菲茨威廉博物馆的大理石这样的证据,可以证实这是贷款的实际情况。

[6] 贷款可以转让,说明这是一个运转良好的信贷市场,贷款可以买卖。

[7] 此外,合伙企业不能发行流通股。参见 Sosin(2001)和 Harris(2006)。相反,公共管理机构能够发行可交易的有限责任股票。

注 释

[8] 参见 Reden（2013）的讨论。

[9] Kessler 和 Temin（2008），以及 Temin（2012）对此进行了讨论。

[10] 对于一个认为自己拥有无限生命力的机构来说，保持资本完整是一项适当的政策，就像今天的大学捐赠基金一样。

[11] 参见 Tacitus（1931）*Histories* IV: 47；Frederiksen（1966）；以及 Lo Cascio（2006）。相比之下，市政当局则定期举债，主要是为了资助公共工程。中央政府非常担心市政债务违约，因此禁止以未来市政收入为担保借款（Temin 2012）。

[12] 现代德国的观点，参见 Tooze（2015）。我们将在第 13 章进一步探讨黑零学说及其例外。

[13] 参见 Kent（1920）。

[14] Stasavage（2011）比较了这些贷款的利率与土地租金的隐含收益率（无风险利率的代理变量），发现这些贷款的利率相当高。

[15] 参见 Tracy（2003）和 von Glahn（2013）。中国统治者有时会因延迟支付而招致隐性债务。Tracy（2003）描述了为明朝军队提供补给的商人，报酬往往会被延迟支付，延迟时间有时长达 30 年。

[16] 关于奥斯曼帝国的案例，参见 Pamuk（2013）和本书第 5 章。

[17] Scheidel（2019）将加洛林王朝的崩溃归因于王室中缺乏长子继承，导致查理大帝的儿子和孙子之间发生争执，最终产生"权力的严重分裂"（第 240 页），领主、小贵族和教会领袖都建立了自己的城堡。

[18] 正如 Dincecco 和 Onorato（2018）指出的，加洛林王朝与罗马帝国是欧洲政治分裂的一个例外。

[19] Tilly（1992），或者正如他在其他地方总结的那样，"战争造就国家，国家造就战争"（1975，第 42 页）。为什么政治上和地理上都很分散的日本没有借更多的钱？这是一个有趣的问题。原

因包括日本的商业和金融较不发达，人均收入较低，因此对火药技术的投资能力较低，以及将外国人排除在国门之外。

[20] 参见 Ehrenberg（1928）和 Hoffman（2015）。

[21] 中国的地理位置（巨大中心平原的存在）使中央集权更强，政治派系更少。Scheidel（2019，第 245 页）强调了这种地理位置有利于骑兵而不利于步兵，从而集中了军事力量。此外，长城还保护中国朝廷免受外来军事威胁。结果是，直到 19 世纪，中国的军事支出水平都低于欧洲（Hoffman、Postel-Vinay 和 Rosenthal，2007）。Hoffman（2015）强调了欧洲和中国不同的政治历史是如何导致其对战争和对国家服从的不同态度的。这也导致了欧洲和中国分别为削弱和支持帝国的政治文化而产生投资军备的不同动机。这一切最终随着 1851—1864 年的太平天国运动而改变。镇压太平天国运动的代价非常高，以至于在中国封建王朝历史上，政府第一次出现财政赤字，我们将在第 5 章详细讨论。

[22] "彼得便士"是每年向拥有最低价值土地的英国家庭征收一便士税。它可以追溯到盎格鲁-撒克逊时代，在 1534 年亨利八世与罗马决裂后中断。

[23] 这些是伦巴第联盟的城邦。

[24] 正如 Padgett（2009，第 4 页）所说："宗教通过战争架起了国家和市场的桥梁。"

[25] 这些交易通常是在香槟集市进行结算的，该集市的功能相当于一个欧洲票据交换所（Neal 2015）。

[26] 由于在国际支付中计算汇率时可以隐藏利率，因此汇票很方便地规避了教会对高利贷的限制。参见 Denzel（2006）和 Goldthwaite（2009）。

[27] 参见 Del Punta（2010）。

[28] Goldthwaite（2009，第 246 页）解释说，教皇青睐佛罗伦萨人，

是因为其支持教皇而反对帝国吉伯林主义的继承人，而佛罗伦萨人的财政对手锡耶纳人则袖手旁观。

［29］参见 Sapori（1970）。但请注意，Padgett（2009）对 Sapori 的一些细节描述提出了疑问。

［30］Epstein（2000）和 Stasavage（2011）强调了这一发现。

［31］正如 Mueller（1997，第 455 页）所说，城市"比皇家政府更值得信赖，因为城市贵族可以保证债务的连续性，而新任君主很可能不会承认前任君主的债务"。

［32］Blockmans（1997）强调了这一观点。

［33］1407—1408 年，热那亚让圣乔治之家（Casa di San Giorgio）银行管理其债务，这是一家由全部主理人持有股权的公共银行。圣乔治之家银行股权的年化收益率为 7%，这些股权是可以转让的，主理人将其持有的股份出售给其他投资者，使这些证券在公民之间被广泛持有和交易。由于债权人首先会从科西嘉岛等财产中要求清偿，热那亚将包括科西嘉岛在内的财产管理权移交给了圣乔治之家银行。大约 3 个世纪后，英格兰银行成立，英国也采用类似的方法对政府债务进行整合。我们将在第 4 章对此进行描述。

［34］第一笔贷款用于资助一支舰队与拜占庭皇帝曼努埃尔·科穆宁作战。

［35］参见 Tracy（2003）。Alfani 和 Tullio（2019）描述了威尼斯本地和共和国外围省份之间的税收差异。这里我们主要关注前者。

［36］并非偶然的是，议会也在 1172 年成立，也就是首次贷款的日期。

［37］IMF（2018），p. v.

［38］参见我们在第 6 章中对债券持有人委员会的讨论和在第 9 章中对巴黎俱乐部的讨论。

[39] 参见 Tracy（2003）。

[40] 示例参见 Stasavage（2003）。

[41] 更高的名义收益率可能反映了黑死病的负供给冲击所导致的通货膨胀。在图 2-1 中，我们统一根据 5% 的票息率进行调整。

[42] 早在 1442 年，在通过一项新的税法时，参议院就批评了那些拒绝接受强制贷款的"傲慢、大胆和放肆"的人，还煽动大家一起抵制这些人（Mueller 1997，第 505~506 页）。

[43] 利率随贷款期限变化，从终身年金的 14% 到 5 年期存款的 5% 不等（Pezzolo 1990）。

[44] 参见 Goldthwaite（2009），第 495 页。

[45] 参见 Najemy（2006），第 121 页。在巴黎，尾税（一种财富税）同样由城市的各个行政区代为征收，并由当地的评估人员管理。纳税名单是公开的，如果居民认为纳税评估不公平，他们可以提出疑问。这使讲真话成为一种均衡（Slivinski 和 Sussman 2019）。

[46] 参见 Becker（1965），第 443 页。

[47] 参见 Najemy（2006），第 118 页。

[48] 这表明经济正处于拉弗曲线向下倾斜的部分（拉弗曲线刻画了税率和总税收之间的抛物线关系，据说在 1974 年华盛顿两大洲酒店的一次晚宴上，经济学家拉弗在一张餐巾纸上画了这条曲线，拉弗曲线由此得名）。我们将在第 11 章重新讨论这次会议。

[49] 经济学家认为这是信贷供给曲线反向弯曲的根源（Jaffee 和 Russell 1976）。

[50] 两年后，巴尔迪和佩鲁齐受到了更具破坏性的冲击，我们将在下一节进行描述。

[51] 若当前持有人同意，蒙特的债权可以被转让给另一方，通过降低利率和证券化对债务进行重组，并创建蒙特科穆内，这与

注 释

1989年的布雷迪计划十分相近，在布雷迪计划中，有问题的银行贷款被减记，并转换为有价证券。关于布雷迪计划，请参阅第9章。

［52］无论如何，嫁妆基金让佛罗伦萨的债务性证券价格稳定了一段时间。但到15世纪末，公民已投资的嫁妆基金被延期偿还，国家迫使嫁妆基金的所有者接受其他债券进行账户清算（Marks 1954）。证券价格相应地做出反应。

［53］据估计（Pezzolo 2003），直到1641年，威尼斯的合并债务中只有1/7为外国人所有。

［54］正如Slater（2018，第20页）所言："一个君主不太可能在公众的反感中幸存下来，因为他失去了一个国家的声望和遗产的宝贵象征，所以一个能拿到这些资产作为抵押品的金融家不太可能被骗。"

［55］此外，佛罗伦萨的银行家向英国国王索取了一项垄断特许权，可以交易英国最重要的出口产品：羊毛。

［56］与意大利半岛的共和城邦不同，这些城镇不是自治的政治实体。但国王和王子可以授予他们法律人格的特权，这允许他们拥有资产、提高税收，并作为一个集体签订合同。但国王能给予的，也能随时拿走，这是一个问题。

［57］相比之下，终身年金会随着原始购买者的死亡而到期，导致其流动性下降。同时还存在两期年金，这种年金可以一次性遗赠给受让人，并向受让人继续支付，直到其死亡。

［58］Munro（2013）描述了在13世纪30年代，巴塞罗那发行的永续年金收益率为7.2%，而两期年金收益率为14.3%。

［59］虽然在这一点上有一些争议，但在15世纪达成了最终的神学解决方案。这为永续年金的合法性增加了新的条例，但这些条例比最初的贷款利息禁令更容易规避。参见Munro（2013）。

［60］ 相比之下，向城市和主权国家提供的短期贷款并没有免除宗教对高利贷的禁令。高利贷禁令不仅限制了利率的调整，城市依靠此禁令借助教会权威而拒不偿还"高利贷"的事件也并不少见。

［61］ 主权债券首次被用作抵押品的时间尚不确定。然而，De Luca（2008）认为，在16世纪晚期的米兰，主权债券就成为抵押贷款的首选质押品。到了18世纪，主权债券已成为短期信贷的主要抵押品。

［62］ 关于抵押品在金融发展中作用的讨论，参见Singh（2013）。

［63］ 政府还制定了其他保证机制，其中"共同责任规则"将汇票中的交易各方约束在一起（De Roover 1953；Santarosa 2015）。

［64］ Neal（2015）阐述了这一观点。

3. 不同的国家与借债的上限

［1］ 用van Zanden 和 van Reil的话来说（2004，第35页），进行统治的精英阶层"在很大的意义上已经将他们的个人财富投资于公共债务"，于是，那些精英"完全致力于保障国债的利息能够被继续偿付"。

［2］ 关税在1582年被采纳。有5个海军部，其中3个在荷兰省，泽兰省和弗里斯兰省各有1个。

［3］ de Vries 和 van der Woude（1997），第97页。

［4］ 最富裕的荷兰省贡献了60%~70%（de Vries 和 van der Woude 1997）。

［5］ Israel（1995），第285页。

［6］ Lefevre Pontalis（1885）描述了这一机构的演变。

［7］ 参见Gelderblom 和 Jonker（2011）。

［8］ 议长也是三级会议事实上的行政长官。那里的决定不仅要求多

数,而且要求一致同意,使此类合谋至关重要。

[9] 他计算的结果令他相信终身年金是更好的投资,尽管根据 Rowen(1986,第61页)的说法,"一般的外部公众发现公开发行的条款解释过于深奥难懂,大部分人继续选择可赎回债券"。

[10] 参见 Gelderblom 和 Jonker(2006),图2。

[11] 通常我们要计算实际利率,需要减去通货膨胀率。我们用 Engle(1982)介绍的方法推算未来一个时期的预期通货膨胀率。因为这一时期的价格波动非常大,我们的模型不仅考虑平均通货膨胀率,还考虑通货膨胀率的方差。我们使用的是 ARMA(1,1)GARCH(4,1)模型,感兴趣的读者可以进行了解。

[12] de Vries 和 van der Woude(1997),第116页。

[13] 它们也在毗邻区域征收关税。

[14] 而且,征收更少的税强化了这种观点,各省的代表认为,他们的配额是从西班牙时代继承下来的,现在应该削减。

[15] de Vries 和 van der Woude(1997),第123页。或者,参考 van Zanden 和 van Riel(2004,第40页)刻画的18世纪晚期的荷兰,"荷兰共和国不断下降的信贷信用使其无力防御,因此法国军队得益于河流冰冻,几乎没有遇到任何抵抗,就让共和国投降了"。

[16] 参见 North 和 Weingast(1989)。

[17] Sacks(1994),第18页。

[18] Cox(2016)强调这些改革所具有的整体性特征。

[19] 参考第2章中关于14世纪佛罗萨共和国借钱的讨论。

[20] 所引用的短语来自 Drelichman 和 Voth(2014,第274页),我们关于这个案例的其余大部分计算都来自这本书。

[21] 按照 Drelichman 和 Voth(2014)的估算,他们的短期贷款的实

际收益率要超过 10%。

[22] Álvarez-Nogal 和 Chamley（2014，2016）不同意对费利佩二世所经历事件的这一解释，认为这些事件是西班牙议会抵制国王借债的结果。影响费利佩二世借债能力的关键不在于热那亚的卡特尔，而在于预期国王将把对热那亚银行的短期负债转为由城市税收担保的长期负债，而代表城市的正是议会。1575 年，国王停止了对短期债务的偿付，但没有停止对长期债务的偿付。问题的根源在于，城市拒绝同意增加税收以赎回存量的短期债务。这不仅打乱了国王的财政计划，也扰乱了商业信贷市场。国王和城市之间其实在进行"胆小鬼博弈"，直到商业危机迫使城市屈服。事实上，费利佩二世的财政状况类似于美国因为国会不同意提高债务上限而导致的周期性政府关门，而不是那些债务不耐的发展中国家的反复违约。

[23] 参考 van Zanden、Buringh 和 Bosker（2012）。在 17 世纪以前，西班牙议会每个世纪有 50 年的时间都会召开，但是法国议会最大的召开频率出现在 15 世纪，约有 19% 的时间会召开，之后就更少了。根据 Ormrod（1995），部分原因是，国王自己的领地拥有巨大的财富，这推迟了引入直接税的必要性，直到普瓦捷战役惨败后约翰二世被英国人俘虏囚禁，后来法国交了 400 万埃居的赎金，国王才被放回来。

[24] 还有一些法院也拥有登记国王法令的特权，被称为高等法院，这表明它们的立法功能。但是巴黎高等法院是最令人敬畏的。

[25] 他们这么做的理由是，只有三级会议才有权设立新的进口税。

[26] 他的继任者路易十五在类似的愤怒时刻，于 1771 年废除了巴黎高等法院。这一政变（悲伤的法官们对此事的称呼）持续了 3 年。当国王于 1774 年驾崩后，他的继任者路易十六为表达善意重建了古老的法官体系。但是后者并没有回报以同样的宽容，

继续反对新王的各项财政决议，导致国王没有其他选择，只能诉诸三级会议所代表的国家。讽刺的是，就是这群自视为守护自由免受专制权力侵犯的精英法官，却是法国大革命爆发后最早失势的人（Ford 1953）。

［27］ 按照 Strayer（1970）的描述，这是一种"类似马赛克的碎片镶嵌式"财政状况。

［28］ 由一个集中的辛迪加向皇家委员会报告的主意来自 Jean-Baptiste Colbert，他于 1661 年承担帮王室管理财务的责任。

［29］ 从经济意义上说，进入壁垒是很高的。

［30］ 最后，在 1780 年，由于极度需要收入，财政部长开始对包税人实行税收分配规则，无视收入波动性造成的不便。国王另一种增加税收的方法是花钱雇用官员收税。但是这需要假设那些官员会尽心尽力征收应收税款。科尔伯特对一些税收取消了包税而由自己征收，但是他的继任者没有继续他做出的榜样，因为这使王室的收入变得更不稳定，更依赖于借债来平滑支出（White 2004）。

［31］ 教会以自愿赞助的形式为国王的预算做出了贡献。最初，这是用来资助对胡格诺教派和其他新教国家的战争的，后来法国国王每年都习惯性地索取这一贡献。数额必须谈判决定，但最终由教会自由裁量。

［32］ 用 White（2001，第 95 页）的话说："特权造就了法国社会，而且造就了财政体系。"

［33］ 两个国家都同意的一点是，它们应避免通过铸币提高收入。由于实行的是基于金和银的货币体制，尽管法国政府可以暗中降低铸币的成色，但政府通过通货膨胀来获取实际资源的能力是有限的。降低铸币成色是中世纪法国国王常用的招数，但到了现代早期就较少出现了。路易十四在进行全欧洲范围的战争时

这么干过，但他的继任者们都避免这么做，只有他身后的摄政王是一个例外，此人同意苏格兰的冒险家约翰·劳发行纸币来推升国债市场。本章还会提到这一场失败，约翰的失败强化了法国国王对坚挺的金属货币的依赖，阻碍了运用少量准备金发行货币的银行体系的发展，后者直到19世纪才发展起来。

［34］这一观点类似于把活期存款作为约束银行的工具（例如Calomiris和Kahn 1991），如果投资人发现有问题可以随时撤资。短期债券与银行存款的这种类似之处，也意味着它作为制约君主的工具和银行存款一样存在缺陷。更详细的讨论请参见Velde（2008）。

［35］这类似于前文提到的西班牙国王用地方税为长期债券融资。

［36］Stasavage（2011）把它的作用比作一个城市的代表会议。

［37］参考Vam Malle（2008）和Slater（2018）。尽管最初很不顺利，但是永续长期债仍然是法国王室主要的外部资金来源，直到大革命爆发。

［38］另外，购买公职在当时很流行，因为公职的收入比做生意和搞产业稳定，而且能带来名望（Doyle 1984）。

［39］然而，销售公职在政治上是不光彩的，这种行为在当代有另一个名称：贪污（Descimon 2006）。虽然法国大革命有效地终结了这种行为，但它在19世纪初又小范围地出现了。

［40］"Mémoire sur l'état actuel des offices tant casuels qu'à survivance," Bibliothèque Nationale de France BNF Ms Fr. 11440，作者的翻译。

［41］更有吸引力（也更昂贵）的公职，给它们的拥有者带来进入名流圈子的机会。其回报不仅是名望，还有诸多税收豁免，这也导致税基进一步减小。

［42］参见Weir（1989），以及Velde和Weir（1992）。

［43］Wilson（2016），第405页。

[44] Wilson 和 Schaich（2011），第 4 页。

[45] 理论上，这些被抵押的领土仍然是帝国的王室领土，但是其附庸必须宣誓效忠他们的新主人（Fryde 和 Fryde 1963，第 508~509 页）。

[46] Isenmann（1999），第 253 页。结果到了 15 世纪中期，皇权被削弱到只能依靠质押皇城税收和对犹太人征税而延续下去。

[47] 根据 Drelichman 和 Voth（2014）的计算。

[48] 荷兰省在哈布斯堡王朝统治期间就开始从国际资本市场融资，其他的省则从荷兰省借钱。参见 Tracy（1985）和 Gelderblom（2009）。

[49] 相反，土地税必须反复与地主们谈判博弈。另一个建立专业税收体系的困难在于，税收由地方的治安法官来评估。"这帮人由于面临着本地的压力，对当地社区的财富评估越来越失真"（Braddick 2000，第 236 页）。Coffman（2013b）进一步强调了先前提出的观点，他指出国内消费税的增长以及将特定消费税收入分配给特定偿债工具的做法，在长期议会（1640—1660）时期就发展起来了，这比光荣革命还要早。

[50] 参见 Boynton（1967）。常备海军的发展进步更大。以前依赖的是动员武装的民用商船，到了 1520 年，海军有了 30 条可用的船。这种补贴民用商船在战时征用的做法一直持续到 18 世纪初。

[51] 1660 年查理二世复辟后，常备军规模比以前要小一些。

[52] 我们遵循 Dincecco 的定义（2009，第 52 页）："中央政府开始运用全国统一的税制来确保财政收入，财政集权才算完成。"根据这位作者和其他作者（特别是 Brewer 1988）的研究，自 1066 年的诺曼征服后，英国君主制一直处于中央集权状态，而其他欧洲国家是在法国大革命后才取得这个成果的。

[53] Braddick（2000），第 9 页。

[54] Brewer（1988），第 17 页。

[55] 如 Coffman（2013a，第 84 页）所说："一个稳健的货币市场围绕这一体系发展壮大起来。"

[56] 英国政府恢复了此类活动来为战争融资，一直到 19 世纪。作为对银行购买更多债务的回报，英国政府一次又一次地扩大银行的执照范围和特权。

[57] 效果与 2013 年欧洲央行开始的资产购买计划以稳定欧元计价的资产价格没什么不同。关于与欧洲央行资产购买的比较，参见 Hammermann 等人（2019）和本书第 13 章。

[58] 参见 O'Brien 和 Palma（2020）。

[59] 到底有多少私人投资被政府借债挤出了，这是有争论的。关于争论的细节，参见 Williamson（1984），Heim 和 Mirowski（1987），以及 Temin 和 Voth（2005）。

[60] 这次债转股与 Casa di San Giorgio 在 1408 年的做法类似，那次是把热那亚的债务重组，用银行的股份作为回报（参见第 2 章）。

[61] 技术上，公司大批购买政府债券，同意接受较低的利率，因此君主对这项交易很满意。公司用发行股票来为购买债券筹资，分红来自债券的利息和南美洲的贸易收入。参见 Neal（1990）。

[62] 后来发现乔治一世为贪便宜也抓住了首付 20% 的机会。但是，后续的股票发行进一步把首付降低到了 10%。

[63] 参见 Roberds 和 Velde（2016），以及 Ugolini（2018）。

[64] 这一事件后来被称为"谢斯起义"。

[65] 宪法在一年后开始实施。

[66] Sylla（2011），第 67 页。

[67] 杜尔的一位传记作家认为，他的名誉毁于"一种轻率的诋毁、盲目的乐观和一点点令人不快的体臭"（Davis 1917，第 280 页）。

注释

4. 民主化与全球化

[1] Ahsan、Panza 和 Song（2019）记录了国家之间冲突的减少，但是 1792 年开始的法国大革命战争是一个明显的例外。当时英国、普鲁士、奥地利、俄国和其他国家卷入了与法国革命军的长期冲突中。与上述观察一致，Sargent 和 Velde（1995）以及 Sonenscher（2007）将法国大革命时期的政权受到外国势力的攻击（以防止其蔓延），与法国财政体系的薄弱之处和路易十六（Louis XVI）推行的包含较少豁免和特权的新税收制度联系在一起，我们在第 3 章中提到了这一点。法国大革命战争和拿破仑战争结束后召开的维也纳会议巩固了国家体系。

[2] 参见 Acemoglu（2005）的模型。

[3] Grafe 和 Irigoin（2006）探讨了是否因为西班牙殖民主义和殖民统治遗留下来的脆弱财政体系，而使政府无法提供资金。

[4] 中央银行可以在其拥有外汇储备的范围内，在二级市场购买政府债券。但是，正如我们稍后讨论的那样，外汇储备的积累和持有成本都很高，因此外汇储备往往是有限的。

[5] 关于老牌国家和新主权国家进入国际资本市场支付溢价的区别，参见 Tomz（2007）。

[6] 正如 Landes（1958）所述，欧洲国家经常依赖业余领事的服务。这些人是寻求在欧洲发行债券的新兴国家的商人，有时滥用外交地位谋取私利，以换取对政府筹资活动的支持。

[7] Byron（1823），Canto XII，verse 6.

[8] 来自 Fetter（1947，第 143 页）对这一事件的经典描述。

[9] 波亚斯贷款通常被称为"历史上最大的欺诈"（引自 2012 年 12 月 22 日版《经济学人》）。Clavel（2019）最近试图将这一事件改写为在中美洲建立个人殖民地的失败尝试，而不是彻头彻

的欺诈。尽管如此，在西班牙殖民美洲的最后的日子里，主权是不稳定的，许多企业家试图通过与资源丰富但主权模糊的拉丁美洲当局打交道来取得成功（Flandreau 2016）。

[10] Fetter（1947），第 144 页。

[11] Neal（1998）将这些干预称为扩张性公开市场操作。此外，财政部还将尚未偿还的长期债券转换成收益率较低的证券，这鼓励了寻求收益的投资者购买拉丁美洲债券。这种债务交换类似于美国后来的"扭转操作"。1961 年，美联储出售短期债务，同时购买长期债券，其目标是在吸引短期资本流入的同时鼓励长期固定投资。我们在第 8 章讨论过这一行为。2011 年，为了应对全球金融危机，美联储再次尝试了类似的举措（第 12 章）。

[12] Jenks（1927），第 57~58 页。

[13] Dornbusch、Goldfajn 和 Valdés（1995）推广了这位银行家的格言："速度不是致命的，资本流动突然停止才是。"

[14] 这是 Marichal（1989）关于这一时期的章节标题。同样，19 世纪 20—50 年代在文献中被称为拉丁美洲"失落的 10 年"。

[15] Bignon 等人（2015）认为，拉丁美洲政府的财政空间与铁路投资和贸易之间存在着正反馈。更多的贸易导致海关收入增加，这反过来又允许政府补贴或保证新的铁路连接，并鼓励更多的贸易。

[16] 这一数字借鉴了 Obstfeld 和 Taylor（2004），他们将 Woodruff（1967）对欧洲国家和美国拥有的外国资产存量的估计与 Maddison（2001）对世界 GDP 的估计相结合。

[17] 根据 Edelstein（1982）的估计。

[18] 这个数字包括英国自己的殖民地和欧洲其他国家的殖民地。

[19] 这是根据 Stone（1999）、Bent 和 Esteves（2016）的数据得出的。

[20] 参见 Davis 和 Huttenback（1986），以及 Accomonitti 等人

（2010）。

[21] 股票和债券数据来自 Michie（1999）。

[22] 参见 Tomz 和 Wright（2013）。相比之下，1913 年，国内政府债务占伦敦证券交易所所有报价证券的 14%。

[23] Jackson（1977）在第 72 页讨论了文献中对净资本流入的不同估计。

[24] 我们很快就会回到对这场危机的探讨中。

[25] 参见 Fitz-Gibbon 和 Gizycki（2001）。

[26] 他们是不愿意还是没有能力违约，这一点是有争议的。McLean（2013）对此展开了讨论。

[27] 澳大利亚被英国殖民时期，同样面临着没有单一政府来进行债务重组协调的问题。如果殖民地政府形成统一战线，它们可能会在与伦敦银行的谈判中取得更好的进展。这一经验对 1901 年结成同盟的决定起到了重要的推进作用。

[28] 例如，1793 年，最高法院裁定美国各州不享有主权豁免权。这一决定随后被美国宪法第十一条修正案所取代。然而，即使在那时，最高法院仍裁定，国会可以根据第十四条修正案赋予的权力废除各州的主权豁免权。

[29] Hillhouse（1936），第 169~170 页。

[30] Davis 和 Cull（1994）估计，41% 的期末借款流向银行融资，44% 用于改善交通（其中 25% 用于运河，15% 用于铁路，4% 用于公路）。

[31] 1836 年，美国第二银行的章程到期（安德鲁·杰克逊总统否决了续约），解释了这一时机。该银行以前是营运资金的重要来源。作为回应，州立法机构发行债券（或银行自己发行的担保债券）以帮助后续机构资本化（McGrane 1935，第 6 页）。

[32] 这是根据 English（1996）的计算得出的。

[33] Gayer、Rostow 和 Schwartz（1953），第 297 页。

[34] 欧洲人突然对美国债券缺乏兴趣，部分原因在于低迷的棉花价格。正如我们在其他地方讨论过的那样，大宗商品出口价格水平低，往往与流向新兴市场的资本突然停止同时发生。

[35] 尽管这些债券以美元计价，但面向英国和荷兰投资者的债券都有预先设定的汇率，从而将利息付款从美元转换为英镑和荷兰盾（金融家称之为汇率或黄金条款），这意味着货币贬值不会有所帮助。

[36] 有时会有人认为，这种拒绝承担州债务的做法反映了对道德风险的顾虑。这里的道德风险是指人们认为 1790 年国家如果选择承担州债务，会导致各州预期这种做法可能重演，从而鼓励过度借贷。事实上，道德风险似乎并未在国会辩论中占据重要地位。

[37] *Floridian*，引自 McGrane（1935），第 39~40 页。

[38] 因此，联邦政府债务在 19 世纪上半叶从未达到同样的高度。在代价高昂的 1812 年战争之后，这一数字上升到了 1.27 亿美元。然而，自那以后，它从未超过 6 400 万美元，不到 19 世纪 40 年代各州累计债务的 1/3。

[39] 布宜诺斯艾利斯省同时选择违约以及与债权人清算债务，并于 1870 年重返市场申请新的贷款。

[40] Platt（1983），第 40 页。

[41] 巴林兄弟持有部分已成问题的阿根廷债券，这是投资银行业务的标准做法，我们将在下文中解释。鉴于其系统重要性，该银行不允许倒闭，因为担心风险会蔓延到其他金融机构。它被英国央行协调的救生艇行动拯救，并幸存下来直到下一个世纪（White，2018）。不幸的是，1995 年它迎来了终结，当时银行一名交易员的欺诈交易导致这家银行倒闭，而这一次没有被救援

行动拯救。

［42］ Williams（1920），第 98~99 页。

［43］ 1891 年，为了应对巴尔的摩危机（两名美国海军士兵在瓦尔帕莱索遇刺），阿根廷向美国提供了萨尔塔省作为对智利发动军事攻击的基地，并要求美国支持其与智利的边界争端作为回报，阿根廷和智利之间的外交紧张局势进一步升级，这显然增加了维持市场准入的紧迫感。1896 年和 1898 年军事支出拨款导致的巨额预算赤字可归于边界争端，并由三笔外国银行的短期贷款提供资金（Shepherd 1933，第 45 页）。

［44］ Ferns（1992），第 263 页。

［45］ 详情参见 della Paolera 和 Taylor（2001）。

［46］ 数据来自 Bent 和 Esteves（2016）。

［47］ *Journal of Commerce*，1905 年 1 月 31 日，引自 Best（1972），第 322 页。

［48］ 这些贷款的发放不仅出于经济原因，也出于非经济原因，比如对日本的贷款，贷款是由批评俄国社会政策的美国投资者安排的，这些投资者希望通过支持俄国的敌人来煽动政权更迭（参见第 5 章）。俄国也曾试图开拓纽约市场，比如沙皇曾向纽约证券交易所赠送一个银制花瓶，但其债券并没有售出。

［49］ Committee on Banking, Finance and Urban Affairs（1980），第 502 页。

［50］ 具体来说，它们无法通过吸收存款来增加资本。这些公司将英国等国的政府发行的有限数量的债券转售给美国投资者。我们将在第 8 章再次讨论这种做法。

［51］ 实际的国家数量是不同的，因为我们只考虑独立国家。在最后一个时期，我们增加了三个新的主权国家（澳大利亚、新西兰和南非），减少了一个主权国家（埃及，原因在第 6 章中讨论）。

同一时期，主权国家（包括英国的自治领土）的总数从 36 个增加到 44 个。

[52] 世界主权债务总量（国内和国外）在 GDP 中的占比非常稳定。根据 Nash（1874，1883）的数据，1873 年世界主权债务总量占全球 GDP 的 17%，1883 年占 16%。

[53] 同样，参见 Nash（1883）。按人均计算，五大债务国中有四个是殖民地，其次是法国。按照这一标准，欧洲其他最大的借款国是英国、葡萄牙、西班牙和比利时。

[54] 该表对 12 个欧洲国家的数据进行了平均：比利时、丹麦、芬兰、法国、德国、意大利、荷兰、挪威、葡萄牙、西班牙、瑞典和英国。

[55] 我们将在第 8 章中再次讨论这一发展。

[56] 参见 Fishlow（1985），以及 Davis 和 Huttenback（1986）。

[57] 有关证据，参见 Schularick 和 Steger（2010）。

[58] 从 Feis（1930）到 Fishlow（1985），这一直是经济历史学家研究的主题之一。我们将看到也有例外；即使收支平衡，同样意味着要分析这些案例。

[59] 人们对 1873 年欧洲危机的最佳理解是信贷和房地产繁荣的崩溃，在这场危机中，银行为开发欧洲大陆不断增长的城市外围的农业用地过度放贷。促成这一事件的原因是美国的"粮食入侵"，造成粮食价格疲软，进而导致农业用地的价值下降。中南欧铁路建设的贷款也很困难，是除美国粮食入侵外的另一个因素。

[60] 对这种现代观点的总结参见 Crafts 和 Harley（1992），由 Crafts（2019）更新。

[61] 这在相信 Maddison（2001，第 126 页）的粗略估计的情况下才成立。

[62] 第 5 章讨论了中国的义和团运动。

[63] 这个平均值背后隐藏着相当大的异质性,亚洲内部和亚洲与欧洲之间的贸易成本急剧下降,而欧洲内部和美国内部的贸易成本下降幅度则较低。部分原因是苏伊士运河于 1869 年通航,而巴拿马运河要等到 1914 年才开通。其他作者(例如,North 1958;Harley 1988)收集了 19 世纪的前 2/3 的时间里,国际(海上)贸易成本的同比减少的证据。

[64] López-Córdova 和 Meissner(2003)记录了这种趋势。

[65] 证据参见 Mitchener 和 Weidenmier(2015)。

[66] 拉丁美洲的违约使交易萎缩之后,伦敦证券交易所在 1832 年吸收了外国证券市场。因此,当交易恢复时,主要还是在伦敦证券交易所进行。

[67] 关于伦敦证券交易所的治理,参见 Neal 和 Davis(2006),以及 Flandreau(2013)。第 6 章将进一步分析其中的一些创新点,我们将重点讨论违约和重组。

[68] 标准描述来自 Jenks(1927),第 47 页。

[69] 在业务蓬勃发展、许多银行都在竞争客户的时期,这种招揽可能会朝着相反的方向发展。

[70] 这句话出自 Suzuki(1994),第 25 页。

[71] 关于这种声誉平衡的细节讨论,参见 Flandreau 和 Flores(2009)。

[72] 一个多世纪以后,从 1973 年开始,银行对新兴市场的银团贷款再次出现,当时货币中心银行开始回收石油出口国的石油美元作为新兴市场的主权贷款循环利用。从 19 世纪 60 年代的视角来看,这种做法并没有创新或新颖之处。

[73] 这段话引自 Suzuki(1994),第 28~29 页。银团贷款有时也有不太光彩的一面:它是限制银行之间业务竞争的一种方式,推高了佣金。

[74] 我们在第5章描述了汇丰银行如何为清政府发行债券提供这种功能。也有一种不太讨好的解释，即银行家操纵债券价格，牺牲其他投资者的利益，参见 Marichal（1989，第38~39页）关于拉丁美洲的案例。

[75] 银行凭借其信誉放贷并从中获得高昂的报酬。这就产生了经济学家所说的分离均衡，即只有能够支付顶级承销商佣金的国家，才会以合适的收益率发行债券，而投机性较强的国家则由规模较小（且价格较低）的银行推向市场，但不得不以较大的折扣发行债券。对于主权国家来说，雇用昂贵的承销商的选择并不总是有利可图的（扣除佣金后）。

[76] 关于新闻媒体的发展，参见 Poovey（2002），以及 Schefferes 和 Roberts（2014）。

[77] 欧洲大陆的投资者能够获得类似的信息，这要归功于介绍英国模式的出版物。法国的参考出版物包括 *Le Rentier*（自1869年出版）和 *L'économiste français*（1873），而德国投资者则查阅 *Den Deutschen Ökonomist*（1882）和 *Die Bank*（1908）。主要手册是 Courtois 的 *Manuel des fonds publics*（自1855年出版）、*Annuaire des valeurs admisesà la cote officielle*（1881）和 *Salings Börsen-Papiere*（1884）。由于美国是最后出现的贷款国家，因此在这个拥挤的出版物市场中，美国评级机构的出版物登场最晚，比如 *Fitch Record of Government Finances*，从1916年开始每年发行。

[78] 当时和现在一样，并不是所有公布的信息都是可信的，因为某些报纸准备对外国主权国家的社评路线进行调整，以换取宣传收入，甚至是直接索取贿赂（Bignon 和 Flandreau 2011）。

[79] Hyde Clarke（1878），第306页。作者接着说："以前只有几家稳定的公司从事贷款交易。最近，很多人都在这样做，而不仅

仅是为了公众利益服务。"应该指出的是，海德·克拉克是第 6 章讨论的外国债券持有人公司的创始秘书。

[80] Flandreau 等人（2010）对此进行了直接比较。

[81] 根据我们的统计，伦敦有 107 种，巴黎和柏林有 61 种。

[82] 数据引自 Esteves 和 Flandreau（2019）。

[83] 更多细节参见 Hutson（2005）、Rouwenhorst（2005），以及 Chabot 和 Kurz（2012）。

[84] 外国和殖民地投资信托基金至今仍以相同的结构，即封闭式基金继续交易（Chambers 和 Esteves 2014）。1837 年，苏格兰金融家亚历山大·安德森和商业合伙人乔治·史密斯在阿伯丁成立了更早、更专业的基金，以促进对伊利诺伊州房地产的投资。乔治·史密斯在房地产繁荣时期的前几年刚刚移民到芝加哥。

[85] 同时代的例证可参见 Lowenfeld（1910）。

[86] 这是根据 Scratchley（1875）的列举统计得出的。

[87] Hutson（2005，第 448 页）讨论了对其数量的各种估计。美国直到 20 世纪 20 年代末才建立投资信托业，反映了它作为外国债权人出现的时间较晚（Bullock 1959）。

[88] 参见 Chabot 和 Kurz（2012）。

5. 购者自慎

[1] MacClintock（1911），第 216 页。

[2] Flandreau 和 Flores（2012）将比肖夫海姆和戈尔德施密特公司的贷款收益率与其他更知名的公司进行了带有倾向性的比较。他们形容这家投资银行被广泛认为是"这个繁荣－萧条周期中的恶棍"（第 363 页）。

[3] 发行价为 60 英镑，意味着面值为 100 英镑的债券，以 60 英镑的

价格卖给了最初的购买者。由于这 100 英镑支付了 10% 的利息,投资者的有效回报——假设后续没有困难——明显高于 10%。

[4] 引自下议院特别委员会议事录（下议院 1875 年,第 44 页）。

[5] 为了巩固比肖夫海姆和戈尔德施密特公司与贷款流通的联系,洪都拉斯的代表唐·卡洛斯·古铁雷斯购买了两批桃花心木,并将它们大张旗鼓地交付给比肖夫海姆和戈尔德施密特公司,让它们在伦敦销售,参见 Miranda（2017）。

[6] 像其他缺乏记录的借款人一样,统一后的意大利新政府被迫向投资者提供比早期分裂的意大利各州更高的收益率（Collet 2012）。

[7] 这里与第 2 章讨论的托斯卡纳银行家有相似之处。

[8] 详情可参见 Pamuk（2018）。

[9] Cottrell（2008）,第 65 页。

[10] Clay（2001）,第 26 页。

[11] 在更早的时候由罗斯柴尔德家族以纯商业条款承销的一笔贷款未能找到市场。

[12] 有关埃及的情况参见第 6 章。当奥斯曼帝国的债务被重组,英国在 19 世纪 80 年代占领埃及时,年度贡品会直接从埃及运往伦敦。

[13] 奥斯曼政府在欧洲被称为"崇高的门",意指苏丹在君士坦丁堡的宫殿正门。

[14] Anderson（1964）,第 58 页。

[15] 后来此项政策在逼迫下被延续。相关的描述可参见 Angell（1901）。

[16] Cottrell（2008）,第 69 页。然而,作者接着说:"尽管如此,在商业和金融领域,流散的希腊人和犹太人,通过为西方银行家控制的机构工作,或直接在西方资本的支持下建立公司银

行，继续发挥着作用。"我们将在后面讨论加拉塔银行家的长期作用。

[17] Tunçer（2015），第 56 页。

[18] 在君士坦丁堡也有一位总干事以及几个地方助理，负责处理与政府的日常关系，他们直接向法国和英国的董事会报告。

[19] 我们在之前的第 4 章中也注意到这个事件。

[20] 它还吸收了另一个机构，即奥地利–奥斯曼银行。

[21] 这些数据是 1876 年的美元和英镑。

[22] 这句话的下半句是："尽管它很少被承认是这样的。"Clay（2001），第 1 页。

[23] Tunçsiper 和 Abdioğlu（2018），第 9 页。

[24] 本金减少反映出奥斯曼政府被要求偿还的金额不超过它从贷款人那里实际收到的金额。这意味着将债务减少到面值的 59.5%，即向投资者出售债券的平均价格，或者减少到面值的 42%，即政府实际收到的面值份额。双方最终平分了差额，将名义债务减少了一半。

[25] Pamuk（2018）估计，行政部门事实上控制了国家收入的 1/3 还多。在这方面，奥斯曼帝国并非唯一。例如，埃及也在 1876 年拖欠外债，并接受了与奥斯曼帝国债务管理局类似的英法控制，我们将在后面讨论。1869 年，外国控制首次在突尼斯应用，并被复制到其他违约案例中，特别是在塞尔维亚（1881）、希腊（1898），以及某种意义上的中国（1911）。我们在本章后面和第 6 章中分析了其中的一些案例。

[26] Tunçsiper 和 Abdioğlu（2018），第 11 页。

[27] 这是根据 Thomson（2019）的说法。Sexton（2005，第 129~130 页）讨论了其他估计。

[28] 如第 4 章所述，此前可销售的联邦债券一直很匮乏。

[29] 在第4章中也已经指出。

[30] 欧洲投资者有各种动机来支持这一由新政府发行的投机机会。一些英国投资者的动机是，他们的经济对美国南方出口的棉花的依赖性，他们倾向于支持其运动，希望避免棉花禁运（Sexton，2005）。Blackett（2001）认为，除此之外，英国贵族和中上层阶级认同保守的、"有绅士风度"的南方邦联。具有启示意义的是，联邦政府在欧洲大陆的借贷比在英国更成功。12%的利率估计遵循了Grossman和Han（1996）的计算方法。

[31] 从1862年开始就是这种情况。

[32] Hall（1998），第149页。

[33] Todd（1954），第49页。

[34] 参见Gentry（1970）。

[35] 引自 *New York Times*（Nov. 9，1865），第4页。

[36] 这也就是第2章中提到的太平天国运动，它使清政府向本地商人和外国资本家打开了借贷的大门。

[37] 这些债务中的3/4以逐渐降低的利率发行并卖给英国投资者。该债券收益率的下降甚至大于其票面利率的下降，从1875年的10.4%下降到1885年的6.3%、1896年的5.1%，以及1899年的5.2%。

[38] 美国将其份额的一部分用于赴美中国留学生的教育，另一部分则用于建设清华学堂。

[39] 中国在向金本位制过渡方面进展缓慢是有原因的。历史上它曾是亚洲的贸易中心，且附近的经济体都在使用白银，存在网络效应。有关讨论参见Mitchener和Voth（2011）。

[40] 参见Goetzmann、Ukhov和Zhu（2007），以了解作为外国贷款担保的税收的完整清单。此外，总税务司署还承担了其他职责，例如邮政投递、灯塔维护和贸易路线的治安，这也与奥斯曼人

的公共债务管理局的活动类似。

[41] 随着德国对华贸易的增加，汇丰银行于1889年在港口城市汉堡增设了一家分行，随后在旧金山、纽约和里昂也设立了办事处。

[42] 另外1/3以白银计价（King 1987，第549~550页）。有时，汇丰银行通过与另一家公司（通常是设立在上海的德国公司Telge & Co.）签订合同，承担兑换风险，以换取5%的佣金，从而分散在伦敦发放黄金贷款而从中国政府获得白银的风险。

[43] 银行危机的根源在于大宗商品泡沫，这导致了上海证券交易市场的投机活动。当泡沫破裂时，本地银行无力偿还，迫使省级官员向外国银行寻求支持（King 1988，第458页）。

[44] 1928年11月1日，国民政府成立中央银行，总行设在上海。

[45] 作为回应，英国银行利益集团与德国伙伴合作，组织了1896年和1898年的英德贷款。这些贷款的票面利率分别为5%和4.5%，它们的发行价格相对于票面价值有10%的折扣，因此使投资者的收益率相应提高。

[46] King（1988），第48~90页。

[47] 例如Ma（2019）。

[48] 随后一部分被转存到上海其他外国银行。

[49] 引自Van de Ven（2014），第163页。

[50] 中国内部的动荡和与日本的战争最终迫使政府暂停了付款，其中在1932年部分暂停，在1938年之后完全暂停（Lee 1997；Ho和Li 2014）。

[51] 可以说，这种因果关系实际上是相反的：只有在二级市场存在并且其证券可以交易之后，向武士发放债券才有意义。Jha、Mitchener和Takashima（2015）讨论了其中的联系。

[52] 日本证券研究所（2014），第15页。

[53] Asakura（1970，第278页）描述了政府债券如何迅速地"与土

地一起成为极好的信贷担保，因此与过去相比，接受信贷变得尤其容易"。

［54］政府试图引起美国金融家杰伊·库克的兴趣，并派代表团到他家说服其承销美国部分债券。库克对北太平洋铁路的融资更感兴趣，而这个项目最终导致了他的破产和1873年的恐慌。

［55］日本直到19世纪90年代都不再从外国借款（参见后面的讨论）。

［56］在一段时间里，政府仍然无法建立一个全国性的税收制度，而只能被迫依靠商人的雇员和网络。政府征召他们来收税以换取分成。税收最初用大米支付，1873年后改为以货币形式支付。

［57］引自 Suzuki（1994），第64页。

［58］Eichengreen 和 Hausmann（1999）在这方面使用的"原罪"一词，是指新政府没有天然的能力向外国投资者投放长期的以国内货币计价的债务。

［59］准确的产量是4.4%。

［60］Sussman 和 Yafeh（2000）认为，1897年金本位制的采用加强了市场准入，压缩了收益率。事实上，1897年和1899年的债券收益率差异很小，如表5-1所示。Mitchener、Shizume 和 Weidenmier（2010）得出结论，认为金本位制在其中的作用相对较小，因为当局保证了债券的外币价值。

［61］Best（1972）和 Smethurst（2007）分别对这一事件展开了叙述和讨论。

［62］这些额外的银团成员分别得到了约翰·D. 洛克菲勒和 J. P. 摩根的支持。

［63］国内债券的80%以上都被外国投资者购买（Best 1972，第316~317页）。

［64］Bordo、Meissner 和 Redish（2005）考虑了美国和英国五个领地的类似转型。他们的结论是，这些经济体到20世纪中期才达到

日本的成就。

6. 管理问题债务

［1］ 图6-1显示的是10年平均值。在第一次世界大战前的一个世纪，主权国家的数量上升至47个。我们按照每年独立国家的数量来等比例调整债务违约数量，从而计算违约频率。

［2］ 这占拉丁美洲所有国家的3/4以上。违约概率是指，在给定年份，随机选择的国家发生违约的可能性。

［3］ 同样，每年2.5%的数据计算的是新发生的违约概率，而非持续的违约。

［4］ 第4章中描述了阿根廷-巴林危机对澳大利亚的影响。Mitchener和Weidenmier（2008）分析了阿根廷-巴林危机对其他拉丁美洲国家的影响。

［5］ 参见Suter（1992）。

［6］ 参见Feis（1930），Reinhart和Rogoff（2009），Tomz和Wright（2013）。

［7］ 参见Flandreau和Zumer（2004），Flores（2011）。

［8］ Hyde Clarke（1878）提供了关于当代人是如何看待这种情况的经典讨论。

［9］ 参见Lindert和Morton（1989）。Tomz（2007）则提供了相反的证据，这在本章的后面会再次进行讨论。

［10］ 此外还有偶尔的债转股。在这种情况下，债权人通常会免除息票或将违约债券一笔勾销，以换取农田、铁路或海鸟粪肥料（对于秘鲁而言）。

［11］ 在消耗战模型中，延迟偿债是由另一方偏好的不确定性驱动的。模型涉及的博弈双方包括：工会和罢工（Kennan和Wilson

1988）、工会和中央银行（Backus 和 Driffill 1985），以及政府和纳税人（Alesina 和 Drazen 1991）。

[12] 当某一组债权人更容易获得担保贷款的抵押物时，各方债权人很难维持团结。1875 年土耳其的违约说明了这一点。两个"贡品贷款"的所有者能够比其他外国债券持有人更早（1877 年，而不是 1881 年）获得偿付，并且折扣更小（参见 Borchard 和 Wynne 1951，Esteves 2013）。这些贷款由埃及每年支付的贡品担保，以向奥斯曼帝国政府换取政治自治权。如下文所述，尽管埃及的违约发生在土耳其违约 6 个月之后，但通过释放担保贡品贷款的款项，埃及于 1876 年底就达成了和解，而土耳其债券的持有人到 1881 年才对其债权进行不那么慷慨的和解。

[13] 如第 7 章所述，他们的立场大致反映了英联邦国家自身的巨额债务。Waibel（2011）对 19 世纪主权国家的法律原则进行了分析。

[14] 参见 Billyou（1948）。Chabot 和 Gulati（2014）发现了一个更早的案例：在 1843 年的墨西哥债券中，包含了一个与之神似但形不似的条款，尽管其并未遵循先例。平等条款持续有效，参见 Buchheit 和 Gulati（2017）。

[15] 详情参见 Sraffa（1955）和 Flandreau（2013）。

[16] 这些困难不应该被夸大。正如 Flandreau（2013）观察到的，同一群债券持有人经常在处理不同国家债务的委员会中任职。尽管散户投资者经常在繁荣时期投资主权债务，但他们往往会在违约后通过将主权债券出售给专业投资者减少损失，而专业投资者中的许多人彼此都认识（Jenks 1927，第 121 页）。

[17] 因此，担任第一届希腊债券持有人委员会主席的雅各布·李嘉图多也是伦敦证券交易所的成员。

[18] 开创先例的案件是 1831 年代表葡萄牙政府申请新的贷款，该国自 1828 年以来一直拖欠债务。

[19] 乔治的父亲是该公司的创始人，他反对这些贷款，认为这会为他的遗产带来风险。由于急于扩大家族企业，乔治和他的兄弟查尔斯不同意父亲的意见。关于埃及债券，参见 Jenks（1927），第 284~291 页。Spinner（1973）在第 8~9 页讨论了这一家族分歧。

[20] 重组为非营利性组织，是为了使公司员工和管理人员免受促使协议尽早达成以便在后续债券交易或融资贷款中获取佣金的诱惑。出于类似原因，支付给国家专门委员会官员和成员的费用也保持在较低水平。

[21] *Economist*（1897）no. 55，第 1624 页，引自 Esteves（2013），第 392 页。Flores（2020）记录了（部分）发行机构为获取新业务而过早达成债务和解的倾向，并认为这导致了连续违约的问题。

[22] 自该日起，理事会共有 21 名成员，其中 6 名由英国银行家协会任命，6 名由伦敦商会任命，另外 9 名为"证书持有人"。

[23] 截至 1913 年，其图书馆保存了 18 卷关于巴西的简报，总计超过 500 卷（Mauro 和 Yafeh 2003，第 13 页）。

[24] 在外国债券持有人公司的成立大会上也提出了同样的担忧。作为大会中最高级别的政治家，戈申再次提出反对公司与英国政府之间过于密切的关系，认为"如果一个英国人把钱借给外国政府，他就是在创造一项由英国政府全权担保的国家义务，这种想法会很危险"（引自 Jenks 1927，第 291 页）。

[25] 批评人士认为，这些专门处理债务违约的委员会的运作成本过于高昂。除去对银行主导地位的批评外，他们的论点也与德意志银行行长乔治·西门子一致。乔治·西门子曾三次试图为德国债券持有人协会争取支持。但对于一个金融业务由少数几家大银行主导的国家，这些银行可以抵御削弱其控制权的压力，即使这样做会推动创建一个更高效、更具代表性的债权人组织。

主要金融机构之间也存在竞争。因此，西门子的提议遇到了来自迪斯孔托·格则尔沙夫特和 S. 布莱希罗德的反对，他们对由德意志银行领导的组织表示担忧（Barth 1995）。

［26］Mauro 和 Yafeh（2003），第 20 页提供了示例。

［27］在英国军事干预的威胁下，危地马拉的债务最终于 1913 年得到解决（参见本章后面关于炮艇外交的讨论）。

［28］Kelly（1998），第 34 页和第 42 页。

［29］Esteves（2013）为这种效应提供了证据。

［30］指结算后收益率与违约前收益率之间的比较。当谈判在 1899 年后的外国债券持有人公司、设有代表的常设委员会的结构下进行时，收益率也提高了 7%。显然，常设委员会的行政和信息效率，以及与承销银行相平衡的治理，都能够使投资者受益。

［31］1987 年，约 3 700 名沙皇债券的英国持有人在英国外交部的斡旋下获得了部分偿付，金额为债券原始面值的 10%。作为代价，英国外交部同意释放自 1917 年以来英政府冻结的俄罗斯资金。几年后，（英国）与法国达成了类似协议（Oosterlinck 2016）。这与英国同期和中国政府达成的交易形成了对比（参见第 5 章）。

［32］这是 1854—1855 年奥斯曼帝国政府用于为其外部贷款提供担保的"贡品"（参见第 5 章叙述）。

［33］然而，由于埃及的税收是在奥斯曼苏丹的权力下征收的，未来埃及发放贷款也需要得到苏丹的许可。

［34］巴黎贴现银行的成立是由于出版商意图为其书商及客户提供信贷，说明公众干预金融市场可能产生意料之外的后果。

［35］美国内战带来的"棉花饥荒"的影响在第 5 章中有说明。

［36］关于债务的数据来自 Tunçer（2015）。我们根据 Yousef（2002）的估计值来推测埃及 GDP，基于 GDP 增长率与出口增长率相同的假设。

[37] 正如我们所见，奥斯曼帝国和埃及是两个独立的财政国，但投资者依旧担心前者发生的事情会影响后者。

[38] 这笔转让发生于1876年。意大利和奥地利的债权人也参与其中。

[39] 戈申此前曾向外国债券持有人公司提供服务，并被任命为其代表，参与埃及债券持有人大会的后续谈判。个人投资者对这种利益冲突视而不见，显然已经知晓戈申与保守党政府的关系（Spinner 1973，第50~51页）。戈申发表了一篇关于自己在埃及的冒险经历的报告，题为《外国债券持有人委员会》（1876）。

[40] 突尼斯政府于1868年违约后，发生了一次特别的干预行动（Tunçer 2015）。

[41] 英国和法国政府通过确保任命两名总控制人（一名负责政府收入，另一名负责审计和债务）的控制权，获得了对埃及剩余财政的双重控制，并有权收取埃及的国家收入、管理其国家支出。

[42] 即便如此，在票面利率3年后降至4%之前，埃及政府也难以持续支付利息。

[43] 尽管法国人持有2/3的埃及债务，早期法国和英国的双重控制也变成完全由英国政府控制（Feis 1930）。

[44] 此外，早期奥斯曼帝国的让步使治外法权延伸至所有欧洲强国。从英国的角度来看，英国的军事干预有效终止了其他国家的治外法权，从而使这个问题得到解决。

[45] Esteves 和 Tunçer（2016）提供了具体说明。

[46] 参见 Tunçer（2015）。尽管埃及政府的收入出现了增长，但其增速依旧低于土耳其、塞尔维亚和希腊，这些国家也受到了国际金融控制。

[47] 出自 Mitchener 和 Weidenmier（2010）。

[48] 这些债务得到解决的速度比其他违约情况快一倍，根据

Mitchener 和 Weidenmier 的计算。Esteves（2013）也得出了相近的结果。

[49] 正如 Platt（1968，第 346~347 页）所述（也许他的语气过于激烈）："对于债券持有人而言，放任和不干预的传统是残酷且恶劣的。债券持有人抱怨的不仅是他们常常未能说服外交部采取行动，而是他们即使有权获得官方支持，也得不到应有的协助。"

[50] Borchard 和 Wynne（1951），vol. 2，第 239 页，用帕默斯顿的话说（引自 Tomz 2007，第 144 页），"毫无疑问，对于债券持有人而言，英国政府发表意图代表他们进行干预的声明可能是有用的，但这种声明将与英国政府在所有此类案件中的固定规则相矛盾"。

[51] 该条 1856 年的引文出自 Steele（1991），第 357 页。投资者试图以多种方式将政治力量牵扯进来。1875 年，他们促使议会开启一场正式调查，即外国贷款特别委员会。该调查的结论是，放贷人"不顾借款人的利益，滥用贷款收益，佣金过高以至于没有诚实的借款人接受他们的条件，政府代表和发行人官商勾结，以及伪造市场来处置债券"（Feis 1930，第 105~106 页）。帕默斯顿主义以"不干涉"的主张而著称，但在其他地方却没有得到同等的认可。一些欧洲政府鼓励国内投资者进行海外金融投资，以此巩固外交关系，因此，当出现问题时，政府有义务代表投资者进行干预。

[52] 在随后的协议修正案中，德国和英国获得了超过其他国家要求的 30% 的额外付款，理由是它们曾经为委内瑞拉支付了军事费用。

[53] *New York Times*, "The President's Annual Message," Dec. 7, 1904, p. 4.

[54] 可以说,"他们得到了'大棒子'的支持……罗斯福总统是股票暴发户"。New York Times, "Mr. President Roosevelt as a Stock Boomer," May 5, 1905. 引自 Corporation of Foreign Bondholders(1905),第 186 页。Mitchener 和 Weidenmier(2005)分析了这一事件中债券价格的表现。

[55] 率先使用这种方法的文章来自 Romer 和 Romer(1989)。

[56] 两种情况下,GDP 的平均变化都位于各自 95% 的置信区间内。

[57] 1880—1913 年,这 10 个国家总共占新兴市场主权国家发行债务的 90% 以上。根据表 4-2 的资料,在第一次世界大战前夕,这些国家的外债占世界外债存量的 64%。Lindert 和 Morton(1989)计算了每一笔贷款的内部收益率(使投资现金流现价为零的贴现率)。

[58] 这提醒我们,债权国政府的影响力可以双向抵消。此外,在计算 1914 年前发行的债券收益率时,可能需要跟踪这些债券在第一次世界大战后的表现(如果它们届时仍有效)。

[59] 此外,该国的融资需求碰巧集中在英国债券利率相对较高的年份,这使其借贷成本也相对较高。

[60] 英国政府债券的同期收益率为 2.5%。

[61] 总收益率等于息票支付率与年度累计资本收益率之和。这种方法的优点是,可以将平均回报与其波动率进行比较。

[62] Chabot 和 Kurz(2010)提供了完整的分析。

[63] 这一结论表明,外国政府债券价格的标准差为 1.8%,仅略高于英国债券的 1.2%。Meyer、Reinhart 和 Trebesch(2019)在分析更长时间跨度的数据后得出了相同的结论。

[64] 最后一点出自 Goetzmann 和 Ukhov(2006)。Cairncross(1953)和 Kennedy(1987)提供了相关的视角。

[65] Mitchener 和 Pina(2020)记录了古典金本位时期的模式。

[66] 由于货币贬值导致了通货膨胀，居民投资者的收益没有得到多大改善，因为通货膨胀也降低了利息收入的实际价值。

[67] 这是根据 Mitchener 和 Weidenmier（2015）的计算结果得出的，他们考察了1914年之前17个新兴市场的本币债务，并将其借贷成本与核心金本位国家（如法国和德国）的借贷成本进行了比较。请注意，220个基点意味着 2.2%。

[68] 参见 Flandreau 和 Sussman（2005）。

[69] 由于规模较大，这笔债券不仅在国内销售，也在伦敦销售。因此其包括一项汇率条款，保证以不变的英镑汇率进行偿付。

[70] 如第5章所述，中国的情况也相同。

[71] 如果能知道外国投资者持有的本币债券份额，那将是一件好事，但关于这点几乎没有证据。我们猜测这些债券大多数由本国居民持有，但并非全部。

[72] 此处呈现的证据引自 Mitchener 和 Weidenmier（2008）。

7. 成功的债务整合

[1] 完整案例清单包含加拿大和意大利，这两个案例我们将在后面提到。

[2] 我们将在第14章新冠肺炎大流行的背景下再次讨论此问题。

[3] Khan（2020，第202~203页）将美国内战和之前的战争称为技术和"更加资本密集型武装战争"的"分水岭"。详情参见 Bacon（1997）。

[4] 正式做法参见 Barro（1987, 1989）。

[5] 美联储在新冠肺炎大流行中也是这样做的。美联储通过购买商业票据、市政债券和其他证券来保持市场运作。Antipa 和 Chamley（2017）强调了英格兰银行在确保支付系统平稳运行

方面的作用。英格兰银行的资产负债表数据来自该银行网站的"研究数据集"（https://www.bankofengland.co.uk/statistics/research-datasets）。

［6］ 由于政府的大部分债务都采取了前文所述的永续债券（永续年金）的形式，所以没有履行债务的期限。

［7］ 通过建立偿债基金为偿还债务预留资金，是意大利城邦在14世纪开创的另一项金融创新。在英国，早期的偿债基金是由罗伯特·沃波尔在1716年建立的，并有效地运作了几十年（Hargreaves 1967）。

［8］ Bordo和White（1991）指出，政府没有反驳1810年金条委员会报告中对英格兰银行的批评，表明其有意恢复战前的可兑换性。

［9］ 这又与最佳税收平滑理论相一致。到1815年，皮特的税收约占总税收的20%。1816年，在滑铁卢战役结束后，该税种被废除，并预示着对税收财政的需求将相应减少。皮尔在1841年又恢复了该税种。

［10］ 皮特的3%的永续债券，是以60%的面值为平均价格发行的。随着战后利率的下降，永续债券的价格攀升，并于1824年达到面值的90%，在19世纪40年代达到100%。Hutchinson和Dowd（2018）认为，投资者的这些资本收益是一个重要的收入来源，为英国工业革命提供资金来源。

［11］ 这里的价格水平是Gayer、Rostow和Schwartz的国内和进口商品价格指数（1953）。

［12］ 债券价格和物价水平的波动体现了交易的或有性。Antipa（2015）表明，战争失败会导致债券价格的下降和物价水平的上升。因为投资者将不再持有政府债券，迫使英格兰银行回购更多债券，这将带来通货膨胀。而战场上的成功则会产生相反的结果。

[13] Pollack（2014）描述了随着战争的拖延，人们对所得税的态度是如何转变的。
[14] 这里的价格是Warren和Pearson（1933）所有商品的指数。
[15] In Giffen（［1872］1904）.
[16] 5倍的估算来自O'Brien（1989）。法国GDP的估值来自Lévy-Leboyer和Bourguignon（1985），美国的估值来自Goldin和Lewis（1975）。
[17] 当代分析引自Hozier（1872）。
[18] 战时总借款为45亿法郎，比吉芬估计的战争直接费用少了一半。因为政府还必须弥补战时收入的不足。中期国债在随后的10年里逐渐不再被使用。
[19] 据说，居住在巴黎的银行董事们也担心他们的安全（Liesse 1909，第141页）。
[20] 该银行还试图通过尽可能缓慢地向公社支付资金来削弱革命的力量（Jellnick 2008），并效仿拿破仑时期英格兰银行的做法。银行通过增加对私人票据的贴现，保证私人信贷机制的运作，虽然贴现仅限于高质量的私人票据。
[21] White（2001），表5。
[22] 如第6章所述，有相当一部分在伦敦浮动。一旦法国的财政状况恢复正常，后者的一部分就被法国投资者回购了。Machlup（1976）从国际收支平衡中经常项目的波动推断出这一点，该项目甚至大于向德国转移所需的数额。
[23] Liesse（1909），第152~153页。随后，第二笔贷款甚至更加成功。
[24] 此处利率–增长率差乘以滞后的债务占GDP的比例，因为影响的大小取决于继承的债务水平（如本章附录所述）。在债务比率上升时，我们用利率减去增长率。因为在这种情况下，利率超

过增长率会导致债务上升。相反，在债务比率下降时，我们用增长率减去利率。因为在这种情况下，增长率超过利率的部分会导致债务下降。基于此，正的差额对两种情况下的利息结果都有积极的作用。

［25］换句话说，这是使资助当前政府支出而发行的新债务流与债务存量的增加相协调所需的调整。

［26］更多细节参见附录。

［27］国民收入的历史估算的确存在不确定性，这些是通过早期的增长率和现代的 GDP 水平反推得出的。就英国而言，这些增长率近期已被学者们下调了，导致 GDP 水平上调。例如，1822 年 GDP 水平被上调，而这正是我们对英国进行研究的起点。我们使用了最新的估值，将 Broadberry 等人（2015）对英国的估算与 Andersson 和 Lennard（2018）对爱尔兰的估算综合计算。

［28］速率对分解结果很重要。如表 7-1 所示，虽然法国的利率超过增长率的部分比美国大，但利率-增长率差对整体债务减少的负面贡献较小，因为该差值影响的年份较少。

［29］Mehrotra（2017）的论点正好相反——在 19 世纪的部分时间里，利率低于增长率。他的结论似乎取决于他用来将名义利率转化为实际利率的 GDP 平减指数：他使用 GDP 平减指数来平减名义 GDP，同时使用消费者价格指数的变化来将名义利率转化为实际利率。Mauro 和 Zhou（2020）与我们采取的方式一样，通过比较名义利率和名义增长率来避免这个问题。在他们的国家样本中，1800—1938 年，利率平均高于增长率，与这里情况不同。第二个区别是 Mehrotra 使用过去通货膨胀的 3 年移动平均值，而不是当前的通货膨胀来计算通货膨胀预期。使用这一方法对本章中的分解没有什么影响。

［30］因此，我们的观点与 Slater（2018）的观点不同，他强调

1815—1914 年英国 GDP 的 6 倍增长是该国债务占 GDP 的比例下降的原因。

[31] 虽然美国的平均增长率和平均利率之间的差值很小,但利率-增长率差仍然对债务减少做出了比较大的(负)贡献。在债务合并的前 20 年,利率-增长率差大多是正的,后来,当存量债务较小时,它常为负值。因此,早期的正差值抵消了后期的负差额,尽管平均利率-增长率差很小,但也留下了对债务合并相对较大的(负)贡献。

[32] 我们在第 6 章指出了这一点,可以肯定的是,法国的对外投资不仅仅受政府的影响。Parent 和 Rault(2004)认为,法国的资本输出也受到经济、金融及政治的影响。关于外国投资和联盟政治之间的联系,参见 Fei(1930)和 Camero(1961)。

[33] 这是 Campbell(2004)的一个研究主题。

[34] 英国国家档案馆的网站(http://www.nationalarchives.gov.uk/currency-converter/#)告诉我们,1800 年的 40 先令相当于一个熟练工匠 12 天的工资,所以这些人并非都是大土地所有者。

[35] Antipa 和 Chamley(2017),第 5 页。

[36] 引自 MacDonald(2003),第 351 页。

[37] Daunton(2001)和 Maloney(1998)阐述了这种隐性交易的性质。

[38] Lindert(1994)对此进行了论证。

[39] 参见 Bloch(1940)。所得税在 1914 年才通过,并在 1916 年实施。与第 8 章所述的第一次世界大战经验相符。

[40] Bloch(2014)也强调了这一点。

[41] 我们在第 3 章讨论了这个问题的历史。

[42] 基本盈余占 GDP 的比例和债务率年度下降的百分比平均值均为 2.5%。这两个数值相等,因为初始债务率接近 100%。对现代数

据的分析（例如，Eichengreen 和 Panizza 2016）表明，这是能长期维持的基本盈余的政治极限（我们在第 14 章中会再次讨论这个问题）。相比之下，英国的债务减少速度为每年 1.8%，美国为 0.8%。

［43］ 除了永续债券之外，还有少量固定的收益率为 3% 的债务（"减三"和"新三"）。

［44］ 在意大利，债务占 GDP 的比例从 1894 年的 125% 下降到 1913 年的 77%，这几乎是由于基本盈余（利率－增长率差再次对减少债务产生负面贡献）。同一时期，加拿大的债务比率从 42% 下降到 21%。因为加拿大经历了大量的移民涌入，基本盈余和利率－增长率差都起了作用，这两个国家的债务合并经验分别被 Marzano（2012）和 Di Matteo（2017）讨论。

［45］ i_t 有时被称为隐性利率，而不是简单的利率。这反映了混合金融债务的利率。

［46］ 换句话说，它取决于初始的债务存量。Mauro 和 Zilinsky（2016）讨论了拓展的分解式，其解决了高（低）增长率如何减少（增加）财政基本平衡的政治限制。此方法需要对财政变量如何响应增长做出强有力的假设，以便通过对财政变量的影响量化增长对债务变化的间接影响。因此，我们在这里不做探讨。

［47］ 政府总债务和净债务之间的区别将在第 11 章中得到重要体现。

［48］ 详情参见欧洲中央银行（2015a）、Maurer 和 Grussenmeyer（2015）。

［49］ 参见 Abbas 等人（2011）和 Weber（2012）的讨论。

8. 从战争到福利

［1］ Meltzer 和 Richard（1981）发展了这个论点。Acemoglu 和 Robinson

（2000）以及 Aidt 和 Jensen（2014）认为，扩大特许经营权被政治精英视为避免社会动荡和革命的方式，通过使未来对福利国家再分配的承诺变得可信来实现。

［2］ 因此，福利国家的增长与人口老龄化有关，因为发达国家经历了向低生育率的转型，同时，一些国家如美国，关闭了移民的大门。限制移民也可能减少人们所感知的社会距离和对转移支付的反对，理由是限制移民之前，这些福利覆盖了外来群体。

［3］ Abrams 和 Settle（1999）认为，在妇女承担了大量护理负担的情况下，她们是公共部门提供更多护理服务的主要受益者，并相应投票支持。Miller（2008）发现，美国妇女的选举权使代表倾向于支持在针对儿童的公共卫生项目上增加支出。两者的观点是一致的。

［4］ 即使老年人也可以为农业做出贡献，并由此获得食物。因此，相对农业化的法国在 1956 年才建立了其第一个非缴费型国家养老金制度。

［5］ 经济合作与发展组织（1985）提供了 19 个发达国家的统计数据。其之后发布的报告表明，这一比例在 2000 年进一步上升到 18%，在 2018 年上升到 20% 以上。后来这些数字因加入了社会支出比例相对较低的经济合作与发展组织新成员（韩国、智利、墨西哥和土耳其）而被拉低。

［6］ 瓦格纳法则（1883）可用于解释这个趋势，它认为社会项目是一种奢侈品，对它的需求甚至比收入的增长还要快。

［7］ Yared（2019）对发展这些观点的政治经济学文献进行了概述。Aidt 和 Mooney（2014）提供了与这些理论一致的证据，分析了英国在 1918 年扩大特许经营权前后的支出。

［8］ 当然，这个数字还不包括赔偿金，这些赔偿金后来才被解决。

［9］ 相比之下，英国的这一数字仅为 20%。这里的统计数据来自

Ferguson（1999），第 326 页。

[10] 我们在第 10 章讨论 1994 年的墨西哥危机和 1997—1998 年的亚洲金融危机的时候，也重点讨论了短期债务的风险。

[11] 美国发达的娱乐产业起到了很大的帮助作用：一个成功的广告活动，有着特别委托制造的海报和以道格拉斯·费尔班克斯和玛丽·皮克福德等电影明星为主角的集会，都被认为是对自由贷款的热情和煽动（Sutch，2015）。

[12] Brown（1940），第 122~123 页，描述了这个机制。

[13] Strachan（2004），第 145 页。

[14] 相比之下，即使在美国参战前，德国能够进入美国市场的机会也非常有限。国家城市银行表示，有兴趣为德国和英国的进口提供资金，但当英国政府威胁要把与德国做生意的中立国的银行列入黑名单时，它又退出了。

[15] 英国利用其进入美国市场的机会，向其他盟国输送财政资源，为它们在英国和中立国购买物资提供担保。法国政府则将部分资金借给其他国家，如俄罗斯、比利时、塞尔维亚和希腊，尽管它要求这些国家将资金用于购买法国的商品和货物。其中包括英国和法国向俄罗斯提供的 57 亿美元的贷款，而俄罗斯政府在 1918 年违约。

[16] 此外，寿险公司在第一次世界大战结束时持有大量政府债券，以英国的寿险公司为例，它们被要求出售美国和加拿大的证券，将其收益投资于政府债券。参见 Morecroft（2017），第 145 页。

[17] 这里指的是广义（M3）货币供应量。数据来自 Holtfrerich（1986）。

[18] Fisk（1922），第 14 页。

[19] 表 8-2 中的计算不包括德国。德国是一个极端的例子，如果包括它，它将主导整个结果——并且只是加强了文中的利率 – 增

长率差这一要点的重要性。

[20] 更准确地说,1923—1924 年是 4 000 万英镑,1924—1925 年是 4 500 万英镑,之后是 5 000 万英镑。

[21] 此外,工党作为一个少数派政府,需要议会中的中间派自由党的支持。

[22] 这是 Alesina(1988)在第 63 页和后面内容中的结论。

[23] Oakley(2011),第 84 页。

[24] 一位签署人在保留意见中主张大幅提高税收,以更快地偿还债务,同时增加社会支出。

[25] 出自凯恩斯发表的对科尔文报告的评论(Keynes 1927,第 212 页)。

[26] Keynes(1927),第 210 页。

[27] 例如,参见 Dulles(1929),第 125~152 页等关于法郎贬值的叙述。

[28] 事实上,正如 Prati(1991)所观察到的,包括利息支付在内的预算是平衡的,这在当时是被公认的。

[29] 官员们将短期债务的利率固定为低于市场通行的利率,导致这种债务即使出售也是打折出售,这种做法并没有什么帮助(Makinen 和 Woodward 1989)。这是战时试图人为将债务置于低利率区间的一种延续。

[30] 这种潜规则是通过让财政部向银行出售票据来实现的,前提是中央银行将对这些票据进行再贴现。

[31] 此外,普恩加莱允许短期债务的利率上升,这也消除了上面提到的问题。

[32] 这种通货膨胀和其带来的货币贬值解释了表 8-2 中存量 - 流量调整的负贡献。法国在战争期间产生了大量以美元计价的债务。货币贬值增加了该债务的负担,这表现为负的存量 - 流量调整

和债务比率的增加。另一个影响的方向是，根据1926年的伦敦债务协议和相关协议，政府间债务的现值降低了。欧洲国家得到了偿还期的延长和利率的适度降低，但本金没有减少。这种情况在1932—1933年发生了变化，当时除芬兰外的欧洲国家拒付它们对美国的战争债务。这是在1931年6月的胡佛延债宣言和1932年的洛桑会议之后发生的，有效地终止了德国的赔款。

[33] 详情参见Zamagni（1993），第244~246页。表8-2表明，前一期的基本预算赤字和后一期的盈余相互抵销了。

[34] 表8-2中意大利的存量-流量调整的巨大贡献也说明了这一点。

[35] 意大利的短期和长期利率都是如此。

[36] 换句话说，名义GDP的增速大大超过了名义利率，而名义利率的调整是有一定滞后性的。

[37] 一个经典的说法来自Maier（1975）。Alesina和Drazen（1991）提出了这一过程的一个模型。奥地利、匈牙利和波兰都遭遇了类似的问题。除了关于赔偿和税收负担的争议，还有关于奥匈帝国债务分摊的分歧，以及持续的边界争端，这都使财政负担更具不确定性（Lopez和Mitchener 2021）。

[38] 1920—1929年，名义GDP平均增长3%，有效利率为4%。

[39] 1920—1929年也是4.2%。

[40] 对这一时期信贷热潮的解释，可以追溯到哈耶克和米塞斯，正如Eichengreen和Mitchener（2004）所描述的那样。

[41] Jacobson、Leeper和Preston（2019）提出了同样的观点。

[42] 在保加利亚和希腊，联盟的贷款也帮助政府应对难民流入的管理费用。

[43] 美国没有得到政府的许可，不是联盟成员。

[44] Flores和Decorzant（2016）记录了这种模式。

[45] 此外，它为第二次世界大战后国际货币基金组织的贷款创造了

范本，我们将在后面讨论。

[46] 根据 Ritschl（2012），德国政府圈子里的人都理解其中的含义。美国政府可能也理解这一逻辑，因为美国政府与欧洲政府不同，它不拖欠赔款。这就是美国商务部和国务院在 20 世纪 20 年代很少反对美国向德国提供贷款的原因之一（Eichengreen 1989）。

[47] 尽管如此，Mintz（1951）表明，依靠有信誉的投资银行是不一样的：由这些银行承保的贷款的损失比由新的经营者支持的贷款的损失要小。

[48] 一些历史学家认为，在 1928 年纽约联邦储备银行创始行长本杰明·斯特朗去世之前，美联储已经更好地适应了这些需求。他们指出，1927 年德国、法国、英国和美国的央行行长举行了长岛会议，会议的成果是纽约联邦储备银行削减了贴现率，旨在维持流向欧洲的资本。关于斯特朗，参见 Friedman 和 Schwartz（1963）。关于长岛会议，参见 Clarke（1967）。

[49] 同时期的资料显示，德国、澳大利亚和巴西的经济周期顶峰为 1928 年中期，波兰、加拿大和阿根廷的经济周期顶峰为 1929 年初——这些经济体都依赖外国，特别是美国的融资。

[50] Lewis（1949），第 56 页。

[51] 引自 Palma（2000），第 65 页。该联盟指出，在货币贬值 50% 的基础上，生产的比索价值下降了 30%。在阿根廷、巴西和秘鲁，出口的美元价值下降较少，但仍然在 30%~40% 之间（Abreu 2006，第 105 页）。

[52] Fetter（1947），第 147 页。

[53] 多米尼加共和国、危地马拉、海地和洪都拉斯是其他没有违约的拉美国家，尽管在一些情况下它们的政府推迟了付款。委内瑞拉没有违约，因为它未持有外国政府债务。

[54] 相比之下，种植小麦的农民通常是佃户，没有投票权（Solberg,

1987，第 226 页和 229 页等）。

［55］参见 Bulow 和 Rogoff（1989）。证据参考 Rose 和 Spiegel（2004），以及 Rose（2005）。

［56］参见 Campa（1990）以进行比较。

［57］参见 Eichengreen 和 Portes（1989）。图 8-5 中的作者挑选的"严重违约者"不包括那些只在短期内延迟支付利息的国家。

［58］Eichengreen（1991），第 157~158 页等有所记载。

［59］对比第 6 章第一次世界大战前对违约的分析——这个全球商品和信贷市场都很繁荣的较早时期，我们发现，那时的违约有显著的产出成本。

［60］在继续前面引用的那段话时，费特注意到了这一点，同时也注意到拉丁美洲的情况是复杂的，"当债权人是外国人时，可以理解的支付意愿的下降无疑使这种情况变得复杂。然而，似乎很明显的是，即使拉美政府对外国和国内债权人的支付意愿一样大，拉美国家的公共债务状况也有一些制度上的特点，这些特点在很大程度上解释了 20 世纪 30 年代外国持有的公共债务几乎前所未有的违约记录"（Fetter 1947，第 147 页）。

［61］我们在第 7 章讨论戈申在 1888 年对英国政府债务的转换时，也涉及了这种争议。

［62］参见 Reinhart 和 Rogoff（2011）。还包括墨西哥拖欠的民用和军用养老金。

［63］Grossman 和 van Huyck（1988）将此称为"可原谅的违约"，其原因不是政府自己造成的，因此不会造成声誉上的损害。

［64］Ho 和 Li（2014），第 413 页。

［65］如第 7 章所述，莱因哈特和罗戈夫的观点是一致的：他们将戈申的贷款转换归为国内违约。

［66］Schedvin（1970，第 201~202 页）强调了转换的自愿性质，以

及爱国主义和宣传的作用,这与第一次世界大战期间的贷款筹资活动并无不同。

[67] 关于债券价格,参见 Kroszner(1998)。另一种观点参见 Edwards(2018)。

[68] 而我们在第2章中也同样描述了威尼斯和佛罗伦萨当局更早的国内债务重组。

[69] 纳粹上台后,德国的情况就不同了。另一个例外是日本。高桥(我们在第5章提到过他)领导的财政部从1932年开始增加军事支出,并为农村地区提供紧急救济计划;预算急剧转向赤字,日本央行通过购买政府债券来资助。美国联邦政府为基础设施项目、公共救济和新政下的其他社会支出提供资金而出现基本预算赤字。瑞典在1932年组建社会民主党政府后也出现了基本预算赤字。它借钱投资于发电、交通和通信。尽管有这些例子,赤字支出也并不是普遍的做法。

[70] 对国家的案例研究得出了同样的结论。例如,Crafts 和 Mills(2015)以英国为例,该国在20世纪30年代末之前,基本盈余占GDP的5%以上,当时军备支出占主导地位。他们证实了,其直接效果是对债务占GDP的比例施加了下行压力。

[71] 这也同样体现在大量将大萧条的深渊部分归因于财政政策的失败的文献中(Brown 1956)。

9. 债务周期

[1] Field(2012)重点关注组织变革和技术在这一时期生产率增长中的作用。

[2] Abramovitz(1986)和 Temin(2002)认为,随后的增长加速完全可以用资源从低生产率农业转向高生产率制造业以及现代大

规模生产方法的广泛应用来解释。Temin 没有将日本包括在他的样本中，但他的观点同样适用于该国。参见 Ohkawa、Rosovsky（1973）和 Maddison（1969），第 52 页及之后。这一解释最不适用于美国，因为它是技术领先者，农业转移相对有限（两个相关点）。

[3] 活期存款和现金一样不付利息，而定期存款的利率则有上限。

[4] 参见 Jafarov、Maino 和 Pani（2019）。

[5] 根据这一解释，利率上限是一种由战略互补和协调问题驱动的产业政策形式（如 Eichengreen 1996）。Wyplosz（2001）对该问题的界定更加狭义，但为这一观点提供了系统性支持。

[6] Meyer、Reinhart 和 Trebesch（2019）统计了 1950—1990 年新发行的 73 种主权债券，其中大部分来自欧洲借款人，而不是发展中国家。

[7] 详见 Cooper 和 Truman（1971）。

[8] 参见 Broadberry 和 Harrison（1998）。这是指战时相对于战前水平的支出。

[9] 这些国家的数据分别来自 Lindholm（1947）1942、1944、1945 财政年度的研究，参见第 122 页。

[10] 估算结果来自 Ritschl（2012）测算的德国 GDP 占 1938 年 GDP 的比例，1944—1945 年的 GDP 估算不可靠。

[11] 这些债务包括未偿付的道威斯贷款和清算债务。清算债务指的是德国央行与中东欧国家以及意大利、挪威和丹麦等国建立的账户，用于为帝国战时进口融资。这是一种规避德国无法向国外借款的限制的手段，这也是它在第一次世界大战期间遭遇的问题。这些国家名义上在转让商品和物资时积累了对德国的债权。在实践中，它们的要求是无法实现的，它们被德意志银行冻结了。到战争结束时，如果按照德意志银行对交易所附汇率

计算，这些冻结的余额大约相当于德国 GDP 的 40%。如果以更市场化的汇率计算，它们可能会达到两倍。如果将这些额外债务作为德国公共债务的一部分，那么债务负担——大约相当于战前 GDP 的 400%——甚至比第一次世界大战之后还要重，当时国内债务相当于 GDP 的 100%，赔款又增加了 250%。赔款计算包括所谓的 A、B 和 C 债券，如 Ritschl（2013）表 1 所示。

[12] 此外，德国的转移上限为出口收入的 3%。

[13] 引自 Office of the Historian（n.d.）。

[14] 因此，它支持战争的方式不同于第一次世界大战，当时它通过贴现窗口向提供国库券作为抵押品的银行放贷。自那以后，美联储发展了公开市场业务，现在从投资者手中购买美国国债。从 1942 年 2 月开始，美联储还直接从财政部购买新发行的债券，推翻了 1935 年《银行法》限制美联储在二级市场购买债券的规定。

[15] 票据利率之所以保持在较低水平，是因为这在 20 世纪 30 年代已经成为惯例，当时高流动性偏好和低迷的经济状况将短期利率推向了零。

[16] Meltzer（2003）的图表指出，第一次世界大战和第二次世界大战期间 M1 货币供应量分别增长了 10.2% 和 16.9%。

[17] 更高的债务占 GDP 的比例。官员称这是一场"3% 的战争"，以区别于美国的 2.5%。

[18] 根据英格兰银行报告的英国政府债券在合并资产负债表中所占的份额，相比战前最后一年不到 50% 而言有所上升。

[19] 与之最接近的是现代的日本银行，大约在 2020 年，日本政府债券占其资产的 70% 左右。尽管这一比例很高，但还没有达到英格兰银行 98% 的水平。

[20] 沙赫特在 1937 年早些时候辞去了经济部长的职务，以抗议希特勒的计划专员赫尔曼·戈林所采取的行动。

[21] 这些基本数据来自 Ferguson、Schaab 和 Schularick（2014）。我们感谢作者提供这些信息。

[22] 参见 James（1999），第 42 页。

[23] 所讨论的时期是 1939—1944 年。

[24] 也有一些例外，比如美联储在 1949 年出售政府债券，当时利率因衰退而下降。这种在公开市场卖出债券（收缩性公开市场操作）的行为，并不完全是衰退条件下人们所希望的。

[25] 新增资产由国内证券组成，中央银行在重建国际储备的同时，满足增长中的经济体对额外信贷、额外黄金和外汇的需求。

[26] 同样，德国的情况是特殊的；在整个 20 世纪 50 年代，政府债券在中央银行资产中所占的比例一直徘徊在 9% 左右。

[27] 事实上，这是在不损害美元与黄金挂钩的情况下而尽力刺激投资的办法。Swanson（2011）估计，"扭曲操作"将长期收益率降低了 15 个基点。

[28] 当然，这是记账损失，而不是已经完全国有化的英格兰银行和法国银行等机构的经济损失，这是政府自身债务市值的下降。

[29] 宏观经济学家将其称为"财政主导"，我们在最后一章会重述此点。

[30] 在某些情况下，这些目标还延伸到金融稳定（要求信贷政策旨在防止资产价格暴涨和暴跌）和促进社会目标（如增加住房准入）。

[31] 对这一事实和相关争议的评论包括 Hackett 和 Hackett（1964）、Zysman（1977）、Estrin 和 Holmes（1990）、Loriaux 等人（1997）和 Monnet（2018）。

[32] 参见 Avramovic（1958），第 12~13 页。

[33] Casella 和 Eichengreen（1996）认为马歇尔计划是削减债务战的解决方案。类似的第一次世界大战后的削减战在第 8 章中进行

了描述。

[34] 随着经济的复苏，欧洲经济体也向它们在非洲和亚洲的前殖民地提供了类似的转移支付。到 1960 年，法国对非洲和印度支那的对外援助占 GDP 的比例超过了美国，而英国和德国的比例与美国相当。

[35] 事实上，世界银行确实在 1947 年——也就是说，在马歇尔计划之前——向法国、丹麦、荷兰和卢森堡提供了约 5 亿美元的贷款用于重建。这一贷款计划随后被规模大得多的美国援助计划所取代。1948 年，世界银行首次向发展中国家贷款 260 万美元，用于智利的电力和灌溉项目。

[36] 这是根据 Boughton（2000）第 4 页的计算得出的。

[37] 这一数字甚至包括再出口，即英国为了出口而必须从国外购买的商品，这意味着债务存量相对于英国赚取净出口收入的能力更高。

[38] 各国都有自己的理由同意这些温和的条件。一些国家需要依靠英国的军事提供安全保护伞。其他国家则认为，英镑在国际货币和金融体系中的作用很有价值，但担心英镑债权的突然清算可能会损害其作用。英国殖民地在这件事情上没有发言权。一些持有"英镑余额"的国家获得了外汇或黄金条款，以保护它们免受相对较高的英国通货膨胀的影响，但其他国家却没有，比如仍然依赖英镑的印度——第二次世界大战后唯一重要的英镑持有者。

[39] 参见 Reinhart 和 Sbrancia（2015）。

[40] 不同的日期取决于对"急剧"的准确定义。

[41] 参见 Frey（2019）。

[42] 这并不是否认为提高工资而罢工的普遍性，这是另一回事。有关观点参见 Barbash（1976）、Ebbinghaus 和 Visser（2000）。

[43] 这是 Wilensky（1975）的结论之一，第 55 页及之后。我们将在下一节再讨论这些社会支出水平上升的决定因素。

[44] 这些数字来自 Merriam（1955）的联邦、州和地方实体的总和。

[45] 因此，在 1944—1948 年，医疗、劳工和保险支出翻了一番。

[46] 准确来说，占 GDP 的 0.8%。

[47] 甚至希腊政府的赤字也在这 10 年的后半段有所下降。

[48] 这是 Galofré-Vilá 等人（2019）的主要发现。

[49] Vonyó（2018）分析了这些要点，强调了住房方面的内容。

[50] 讨论的记录来自 Eichengreen 和 Bordo（2003）。

[51] 货币危机更加频繁，正如早些时候提到的 1956 年英镑危机所预料的那样。Eichengreen 和 Bordo（2003）对发达国家进行了讨论，Edwards 和 Santaella（1993）对新兴市场和发展中国家进行了讨论。即便这样，这些危机比后来的危机成本更低，破坏性也更小，反映跨订单投资组合资本流动和外汇头寸在很大程度上受到限制。

[52] 根据下议院两名成员来自不同政党的概率衡量，立法分置程度在这一时期也达到了一个世纪以来的低点（Yared 2019，第 126 页）。

[53] 10 年移动平均线来自 Funke、Schularick 和 Trebesch（2016），以及 Yared（2019）。

[54] 参见 Roubini 和 Sachs（1989），以及 Tujula 和 Wolswijk（2004）关于这一关联的论述。

[55] 这一时期的实证研究发现，欧洲预算平衡/GDP 比率对增长的弹性为 0.5。也就是说，GDP 增长率每减速 1%，赤字率就会增加 0.5%。这一弹性在美国和日本较小，但仍显著，为 0.25%。估算汇总参见 Van den Noord（2000）。

[56] 在经合组织中，一般政府支出总额占 GDP 的比例，从 1965 年

的29.5%上升至1973年的33%。文件参见Roubini和Sachs（1989）。

[57] 法国和芬兰是经合组织成员国中唯一的例外。法国当时已经是经合组织中公共支出占GDP的比例最高的国家。芬兰银行（1989年）评论了20世纪60年代公共服务增长缓慢的问题，并指出了小规模农业在解释转移需求有限方面的重要性，这与第8章的观点一致。

[58] 这些国家的趋势与传统农业的衰落，以及制造业和服务业就业的相对不稳定性有关。与此同时，女性劳动力参与率上升，这就产生了育儿和养老支出需求。

[59] Lindbeck（1997，第1275页）对瑞典的结论是，"直到20世纪60年代中期和70年代初，瑞典才（在政府支出率和劳动法规方面）与其他西方国家的分歧达到谈论瑞典特殊模式的适当程度"。亨德里克森（n.d., n.p）指出，"丹麦经济增长在黄金时代最显著的特征是，20世纪70年代中期以来福利相关成本急剧增加，尤其是公共雇员数量相应增加。尽管斯堪的纳维亚半岛的现代福利国家的种子传播得更早，但20世纪60年代是公共支出占GDP的比例首次超过大多数其他国家的时候"。类似地，到20世纪60年代中期，荷兰已经成了欧洲国家中规模最大、成本最高的福利国家（Wilensky 1975，第11~12页；Cox 1993，第3~4页）。

[60] 这反映了凯恩斯主义反周期财政政策观点的盛行。谷歌数据显示，从1969年开始，书中对"凯恩斯主义"的引用急剧增加。理查德·尼克松对于"我们现在都是凯恩斯主义者"的评论始于1971年。

[61] 在一些国家，比如沙特阿拉伯，初始经常账户盈余几乎是GDP的50%，这并不令人惊讶。

[62] 欧洲美元市场诞生于20世纪50年代，当时苏联将其美元收益存放在伦敦而不是纽约，以使它们远离美国监管机构。随后，当通货膨胀加速，监管阻止国内利率上升时，美国银行进入了欧洲美元市场。

[63] 事实上，美国银行和外国银行之间的区别可能模糊不清，比如花旗银行在伦敦成立了投资银行子公司花旗国际银行有限公司。花旗是第一家实施跨境向主权国家放贷优先于国内扩张战略的美国银行（Friedman 1977；Cleveland 和 Heurtas 1985）。

[64] 一个条件是美国和英国银行向德国出口商和进口商提供大量商业信贷，因此德国在1931—1932年的延期偿付和违约（参见第6章）损害了它们的资产负债表。关于这些案例，参见 Ritschl 和 Sarferaz（2014）、Accomonitti（2012）。

[65] 巴西就是一个很好的例子，它的 *milagre econômico* 得到了很多评论（Veloso、Villela 和 Giambiagi，2008）。

[66] 参见 Lubin（2015），第27页。

[67] 商业票据市场的增长受到了美国证券相关法律的一项条款的鼓励，该条款规定短期（270天或更少）债务性证券不受美国证券交易委员会更严格的登记要求的约束，就像1970年的一项司法裁决一样。

[68] 参见 Seidman（1993）。

[69] 英国的情况也不例外：英国大型银行的最不发达国家风险敞口约为资本的250%（Dicks 1991）。法国、德国、瑞士和日本的银行的风险敞口较小，但只是略有下降。

[70] 参见 Seidman（1993），第38页。

[71] 参见 Avery（1990），第506页。

[72] 1979年10月沃尔克利率冲击后，伦敦银行同业拆借利率（LIBOR，国际金融交易基准利率）从1980年的10%上升到

1981—1982 年的 16%。此外，来自拉丁美洲国家的资本外逃也在增加（参见 Cumby 和 Levich 1987）。

［73］参见 Cline（1995）。

［74］此外，由于 1981—1982 年的全球衰退，墨西哥面临着油价下跌的问题。该国在一个月前举行了总统选举，在此之前货币和财政政策有所放松。因此，有很多指责。

［75］主权国家和其他收入以本币计价的借款人都是如此。

［76］参见 Dicks（1991），第 500 页。

［77］在债务可持续性方面，人们期望这是一个流动性问题，而不是偿付能力或可持续性问题。

［78］这些安排是在 8 月 15 日星期日宣布的，当时市场关闭。9 天后，美国又以有利于美国战略石油储备的价格，向墨西哥提供了 10 亿美元的石油进口预付款。

［79］瑞士和西班牙也参与了这些信贷，通过国际清算银行提供。

［80］在某些情况下，国际货币基金组织贷款由世界银行和地区开发银行的调整贷款以及官方双边贷款人的进一步贷款补充。

［81］按照墨西哥的先例，1982 年底至 1984 年，银行重新安排了时间表，将另外 31 个国家的债务进一步延期。

［82］这就是所谓的多年重组谈判。

［83］国际货币基金组织预计，当新资金从其他来源获得担保时，其过渡性贷款将得到偿还。1985 年，最不发达国家从国际货币基金组织的净提款降至零，尽管 1986 年建立了结构调整机制，但在 1989 年之前，每年都保持负值。Pastor（1989）描述了拉丁美洲国家对国际货币基金组织政策建议的强烈反对。

［84］Seidman（1993），Eisenbeis 和 Horvitz（1993）估计，美国十大银行中有多达 8 家在 20 世纪 80 年代上半叶因贷款损失而破产。

［85］此外，1985 年 9 月的墨西哥城地震造成了金融和物质损失，使

墨西哥成为吸引新资金的目的地。除此之外，非石油商品价格的疲软和1986年开始的油价暴跌使发展中国家的前景黯淡。总而言之，贝克计划所设想的新资金中有一半多已经到位（Cline 1995），大部分来自多边开发银行，而不是私人金融机构。结果，这还不足以恢复增长。

［86］这些委员会被称为伦敦俱乐部，早在1982年8月危机爆发时就成立了，并一直延续到布雷迪计划期间（参见下文的讨论）。它们反映了欧洲美元市场在最不发达国家贷款中的作用。实体谈判是在主要银行总部所在地纽约进行的。

［87］不言而喻，这些债券被称为"贴现债券"，在某些情况下，当利息支付而不是本金规模成为紧迫问题时，政府发行了全额银行债务的"平价债券"，其利率为次级市场利率。这是为了扩大可选余地，以适应各种银行会计和监管约束。

［88］要想获得资格，各国政府必须获得国际货币基金组织对其改革的批准。

［89］该俱乐部被称为巴黎俱乐部，是因为它的会议在巴黎举行，在法国财政部设立了秘书处，并且由一位法国官员担任主席。

［90］批评来自77国集团的发展中国家，其成员推动在联合国的主持下成立国际债务委员会，以取代巴黎俱乐部的特设机构。主导巴黎俱乐部的七国集团政府对此的回应是给予其更慷慨的重组条款，这一点将在下文加以描述，并使巴黎俱乐部的运作原则更加透明，同时邀请联合国贸易和发展会议派观察员参加讨论。

［91］按现值计算，这些本金平均减少33%。它们是通过部分注销逾期债务、延长到期期限和优惠利率实现的。然而，与布雷迪计划相反，穷国没有得到本金减免，七国集团政府认为，它们缺乏重组发展贷款的法律授权（Dasking和Powell 1999，第17页）。

10. 水火不相容

[1] "不容忍债务"一词由Reinhart、Rogoff和Savastano（2003）提出。

[2] 我们在第5章中提到了日本金融发展的"原罪"。

[3] 参见Greenspan（1999a）和Guidotti（1999）。严格来说，这是该规则的扩展版本，最初的规则侧重于12个月的到期债务，而不是经常项目赤字。还有其他更复杂的指标，如Jeanne和Rancière（2006）所示的指标。

[4] 例如，参见Rodrik（2006年）的观点。

[5] 2008年，这一术语首次出现在谷歌Ngram Viewer上，当时正值欧洲出现严重债务问题，此后提及的数字呈指数级增长。

[6] Gennaioli、Martin和Rossi（2018）使用Bankscope数据库1998—2012年191个国家的数据，发现新兴市场银行通常持有近13%的政府债券资产，而经合组织国家只有5%。

[7] 我们在第9章描述了1982年的事件。

[8] Lustig（1995），第13页。

[9] 正如我们所看到的那样，这一规则是在后来才明确提出的，但在当时是可以理解的。Calvo（1994，第302页）在上半年警告说："墨西哥的短期高流动性政府和银行负债与净国际储备的比率是拉丁美洲国家中最高的，且相差很大。1993年，公众持有的cetes占国际净储备的近100%，这是衡量政府和银行短期债务的更全面的衡量标准，例如M3（包括cetes）是净国际储备的6倍。M3的大部分可以迅速转向迈阿密。"

[10] 包括利息支付在内的总赤字仅占GDP的2%。这是1993年，就在tesobono相关金融操纵之前。

[11] 这也是1993年底的情况。即使是那些将新兴市场定性为本质上不容忍债务的人也不会对这些数字有疑问。Reinhart、Rogoff和

Savastano（2003）指出外债与 GDP 之比为 35% 是新兴市场债务成为问题的门槛。

［12］这些外部竞争力问题也是墨西哥外汇储备低的原因之一。Dornbusch 和 Werner（1994）在危机前强调了该国的竞争力问题。这些作者和其他作者可能通过关注墨西哥－美国的相对价格水平夸大了问题的严重程度。事实上，美元对其他主要货币已经贬值，这意味着墨西哥竞争力的损失在全球范围内要小一些，而不仅仅是对美国的竞争力降低了。

［13］从技术角度讲，中央银行"冲销"了资本外流。

［14］汇率走弱在这里很重要，因为外币贷款约占墨西哥银行贷款总额的 1/3，许多贷款被发放给没有外币收入的公司（Krueger 和 Tornell 1999）。

［15］墨西哥银行约有 20% 的贷款组合来自银行间贷款，其主要来自外国银行，以美元计价（Haber 2005）。

［16］资本重组成本由 Caprio 和 Klingebiel（1996）估算。

［17］我们专注于这两个国家，因为它们的情况不同，并且在时机上，它们对危机进行了预测。关注金融和政治经济的亚洲危机更全面的描述详见 Goldstein（1998）和 Haggard（2000）。

［18］这些数字以及观点来自 Burnside、Eichenbaum 和 Rebelo（2000）。

［19］Burnside、Eichenbaum 和 Rebelo（2000）再次明确阐述了这一观点。

［20］Dasgupta 等人（2000），第 337 页。

［21］值得注意的是，曼谷国际银行设施不受资本要求的约束。这一监管补贴最终转变为财政补贴，因为政府被迫将其不良贷款从表上注销（参见下文讨论）。

［22］Dasgupta 等人（2000），第 327 页。

［23］实际上，他们是客户的前台。

[24] 我们的标准分解表明，1996—2000 年，两国债务比率的上升几乎完全是由存量 – 流量调整所推动的。

[25] 1998 年，FIDF 发行政府担保债券补充国库，政府将 FIDF 早期的贷款转换为银行股权，很明显这在本质上是一种财政操作——它是私人债务的社会化。10 年后，FIDF 仍在偿还由此产生的债务。

[26] 当地中介机构对这些贷款的违约没有信心，此外，还可能严重损害美国或日本的主要商业银行（Blustein 2001；Copelovitch 2010）。

[27] 1998 年 9 月，韩国资产管理公司转而采用更接近当前贷款市场价格的支付系统（Chopra 等，2002）。

[28] Greenspan（1999b）就提到了这一点。

[29] 同样，这是全球金融危机和欧元区债务危机中最主要的恶性循环。

[30] 另一种思考方式是，外国投资者负债以美元计，资产以外币计，因此外币贬值会导致投资者遭受损失，并引发寻求流动性恢复的抛售行为。这个问题是 Hofmann、Shim 和 Shin（2020）关注的重点。作者指出，即使在今天，外国持有新兴市场本币主权债券的比例仍在 25%~30%，而在某些国家，比如哥伦比亚和秘鲁，这一比例接近 50%。

11. 错失良机

[1] 同时期包含州和地方当局的一般政府债务增长速度更为惊人，从 68% 上升至 175%。

[2] 超过日本债务增速的案例只有两个：一个是截至 1993 年的 15 年间的比利时，我们稍后再讨论这个案例；另一个是在 19 世

纪的最后 20 年中，希腊的债务增速也超过了这个案例，并于 1893 年以违约告终。

［3］ Fuerbringer（2001）。

［4］ 参见 Schinasi、Smith 和 Kramer（2001）对这个问题的讨论。

［5］ 之所以称为"广场协议"，是因为签订该协议的场所是纽约市的广场酒店。

［6］ 更准确地来讲，货币升值了 46%。即使在通货膨胀和其他货币币值调整后，日元的实际有效汇率也升值了 30%。

［7］ 银行将这个利率水平保持了 3 年。

［8］ 这里指的是银行的一级资本或核心资本，主要包括普通股权和留存收益。

［9］ 根据谷歌 Ngram Viewer 的数据，对"泡沫经济"的搜索频率在 1988 年飙升，并在 2000 年达到顶峰。

［10］ 经济增长在接下来的 10 个季度内下跌了 3%。

［11］ 这一循环有时被称为 CRIC 循环，其中 C 代表危机（crisis），R 代表政策响应（response），I 代表改善（improvement），C 代表自我满足（complacency）。

［12］ Ito（2003）发现相较一年前，经济增长率下降 1% 会导致财政赤字增加 2.4%。

［13］ 根据经济合作与发展组织（2010）的数据。

［14］ 可以肯定的是，其他因素使这个问题变得更加复杂。通货紧缩加大了维持增长和债务可持续性的难度。这一通货紧缩问题与公共债务的上升有关，因为日本央行官员担心发债会引发通货膨胀，导致他们收紧货币。此外，日本的人口结构也起到了助推作用。但当局的财政缩减措施使通货紧缩更为恶化。

［15］ 事后实际利率（依据真实的 GDP 平减指数调整后）也出现下降，从 1990 年的 4.2% 下降至 1998 年的 2.4%。基于预期通货

膨胀率而非真实通货膨胀率计算出的事前实际利率也呈现相同的趋势。当然，并没有统一的衡量预期通货膨胀率的方法。Ito（2003）基于当前可观测变量对预期通货膨胀率进行建模，进而估计了事前实际利率，他发现事前实际利率和事后实际利率在1995年之前走势相一致。在1995年之后，事前实际利率的下降滞后于事后实际利率，因为市场没有充分预期通货紧缩的发生。但这些都没有改变实际利率在债务上升时期迅速下降的事实。

[16] 在第12章中我们会看到类似的情景，在全球金融危机发生后其他主要发达经济体的债务出现上升。

[17] 这包括日本央行从1997年开始购买的政府债券和商业票据。中央银行持有的政府债券是否应该被视为公共部门资产，取决于人们认为这些债券将被无限期持有还是会被出售，也就是说取决于对于未来货币政策的预测。中央银行持有的政府债券在这些图表中并没有从总债务中扣除。

[18] 本段文字所涉及的图表是从20世纪90年代末开始计算的。

[19] 虽然不是所有土地都可以被轻松出租，也不是所有证券都可以被出售，但净债务和总债务的对比仍然是故事的一部分。当考虑总债务与净债务时，利率–增长率差和存量–流量调整的相对重要性需要进一步对比分析。在分解净债务的增加，计算一般财政余额时，需要从总收入和总支出中分别减去利息收入和利息支付。

[20] 唯一的例外发生在1996年，财政支出因为1995年的财政刺激政策而增加。

[21] 时至今日，生活成本自动调节机制保障了这些更高的福利支出。

[22] 后者的路径经过调整，目的是降低1991财年的赤字。一些有限的支出项目可免于削减支出，包括国防计划、社会保障金支付以及8个针对穷人和退伍军人的支出计划。

［23］引自 Meyers（1998）。

［24］参见 Oliner 和 Sichel（2000），更长时间区间可以参见 Fernald 和 Wang（2015）。

［25］同期经济增长速度从 2.5% 提升至 5.1%（根据 Basu、Fernald 和 Shapiro，2001）。作者在估计时对要素利用率、要素积累和规模收益进行了调整。

［26］根据 Cohen 和 Follette（2000）的估计。

［27］参见 Auerbach（2001）。与此密切相关的是，由于股市飙升，资本利得税收入也有所增加。

［28］参见 Rubin（2003），第 124~211 页。

［29］Baker（2005）对这些时期进行了比较。

［30］美国国会预算办公室的预测是基于立法保持不变的假设，因此包括了 1990 年预算法案的影响。Elmendorf、Liebman 和 Wilcox（2002）对美国国会预算办公室的预测进行了描述和分析。

［31］这些减税政策是在 2001 年经济衰退的背景下进行的，衰退区间一般认为是从 3 月开始一直持续到 11 月，无论如何这都会减少政府收入。

［32］此段中的数据来源于 Rugy（2009）。

［33］在小布什的第一个总统任期内，实际国防支出累计提升了 36%。

［34］Rugy 的数据显示，在克林顿的第一个和第二个总统任期内，国防支出先下降了 8%，后上升了 8.9%。

［35］在 2000 年，这一差异分别为 37% 和 27%（Pew Research Center 2009，第 24 页）。

［36］Bartlett（2007）对"饿死野兽"的理论进行了历史诠释。

［37］Romer 和 Romer（2009）基于美国第二次世界大战后的数据进行了检验，并否定了"饿死野兽"的假说。

［38］参见 McCarty、Poole 和 Rosenthal（2016）关于两极分化的讨论，

以及在第 8 章中提及的 Yared（2019）对于债务和赤字应用的讨论。Alesina 和 Tabellini（1990）提出了一个模型，其中赤字支出随着政治两极分化和支出构成的分歧而增加。

[39] 参见 Alesina 和 Perotti（1996）。我们将在第 13 章中讨论支撑和反对这一理论的后续证据。

[40] Roubini 和 Sachs（1989）强调这一共同体问题是欧洲赤字的原因，我们在第 9 章曾引用过。更广泛的讨论参见 Pavlović 和 Xefteris（2020）。

[41] Tsebelis（2002）对有否决权的财政调整进行了经典分析。Alesina、Perotti 和 Tavares（1998），Persson、Roland 和 Tabellini（2007）分析了联合政府做出的调整。

[42] 这些数字来自经济合作与发展组织统计的公共债务总额占 GDP 的比例。需要提示的是之前我们讨论的关于日本总债务和净债务之间的区别（此处强化了这一点）。

[43] 限制国家对国内企业的援助和补贴等措施将平衡竞争环境。

[44] 特别是单一市场有时被视为从关税同盟到单一市场，再到货币联盟的过程中的一个阶段，所有这些都旨在建立一个政治联盟，将德国与欧洲进行和平绑定。正如德国前总理赫尔穆特·科尔在 1991 年所说，"期望长期保持经济和没有政治联盟的货币联盟"（Spolaore 2016，第 442 页）。

[45] 在官方层面，德洛尔委员会是经济和货币联盟的研究委员会（1989）。

[46] 确切地说，赤字必须不超过 3% 或仅略高于该限制，但"在达到接近 3% 限制的水平之前持续大幅下降"，或者由于"特殊情况"而临时高于该限制。同样，如果负债率超过 60%，则必须"充分降低"，并"以令人满意的速度接近参考值"。

[47] 除了政治会使政府难以相互惩罚这一事实之外，征收罚款还会

进一步削弱本就脆弱的预算（Eichengreen 和 Wyplosz 1998）。在货币联盟内部引发争议的罚款，也可能引发对该条款能否留存的怀疑。出于同样的原因，驱逐成员的威胁是不可信的。

［48］由于马斯特里赫特标准指的是总体预算赤字（不是基本赤字），因此与债务比率如何演变相关的是通货膨胀，而不是利率。3%的赤字率的另一个理由是，3% 是公共投资在 GDP 中所占的比例，从债务动态的角度来看，能够收回成本的公共投资可能被认为是无害的。有关此逻辑的缺陷，参见 Buiter、Corsetti 和 Roubini（1993）。

［49］英国的情况不同，如图 11-4 所示，因为它从来都不希望采用欧元并选择退出该进程。

12. 债务救援

［1］在这里，"国家的稳定"指的是是否可以连任或继续执政，当然它也可以意味着更多。

［2］在新冠肺炎疫情危机中尤其如此，参见 Detrixhe（2020）对哈佛大学教授肯尼思·罗戈夫的引用。

［3］来自 James（2011）。

［4］在这里，我们转述 Brown（1956，第 863~864 页）的话："那么，财政政策在 30 年代似乎是一种不成功的复苏手段——不是因为它没有奏效，而是因为它没有被尝试过。"可以肯定的是，财政政策只是危机之间有差异的部分原因。此外，货币政策的反应也截然不同（Bordo 和 Sinha，2016）。而这一次，作为三大经济体之一的中国，在金融上只是部分开放就恢复了强劲增长，并拉动了其他新兴市场（Zheng 和 Tong，2010；另参见后面的讨论）。

[5] 各级政府净借款数据来自国际货币基金组织 2020 年 4 月版《世界经济展望》数据库。除非另有说明，本章所引用的其他赤字数据均来自同一数据库。

[6] 也就是说，它从未低于每年 2%。

[7] 此外，美国的房价比欧元区早两年开始下跌（根据欧洲中央银行 2015b 的数据，欧洲仅在 2008 年第四季度下跌）这一事实引起了人们对美国的关注。这一时机来自欧洲外围国家的利率水平。这些不仅反映了中央银行的政策（因为美联储的紧缩政策抑制了美国房价），还反映了由于采用欧元而导致的实际利率下降。它们反映了欧元区外围地区的实际利率最低，因为其通货膨胀率最高（Walters 1986，1990），这为这些经济体及其房地产市场赢得了更多时间。

[8] 联邦存款保险公司（2009）描述了越来越多的私人证券化抵押贷款是如何成为非传统（所谓的负担能力）抵押贷款的。这些贷款包括负摊销贷款（抵押贷款本金随着时间的推移而增长）、气球式支付贷款（最后一次性支付大笔款项）和纯利息贷款（在贷款的头几年不需要摊销）。

[9] 美联储首先同意向贝尔斯登提供 250 亿美元的流动性资金，并以该行持有的住房相关证券作为抵押。律师告知美联储无权向非成员银行贷款后，美联储创建了一个特殊目的载体（后来更名为 Maiden Lane LLC），该特殊目的载体购买了贝尔斯登 300 亿美元的资产。

[10] 这场跨大西洋危机的范围是 Bayoumi（2017）的主题。

[11] 美国的房地产繁荣集中在某些州和地区，其中最重要的是所谓的"沙州"，如亚利桑那州、加利福尼亚州、佛罗里达州和内华达州。因此，房地产泡沫对欧洲部分地区的影响大于其他地区，这一事实并非欧洲大陆独有。

注　释

[12] Hopkin（2020），第 189 页。

[13] 北岩银行在繁荣时期大举扩张，但由于美国金融市场的问题，它发现自己无法将贷款证券化并出售。从英格兰银行获得流动性支持的延迟导致了储户挤兑（这是 150 年来在英国发生的第一次）、财政部支持的机构存款担保和国有化（Walters 2008）。

[14] 美国证券交易委员会在 2003 年采用了这项新规定。

[15] 回购协议是短期借款的主要工具之一，借款方（通常是银行）借出安全资产，并约定日后回购。美国证券交易委员会监管规则的变化是由美国证券经纪交易商的游说驱动的，这些经纪交易商抱怨称，回购市场受到抵押品（即美国国债）供应有限的限制（Bayoumi 2017，第 74 页）。回想一下，那是在金融市场参与者对美国国债消失感到焦虑之后不久（参见第 11 章）。

[16] 详细的处理方法参见 McCauley（2018）。

[17] 一个重要的问题是，欧洲监管机构是如何允许这种情况发展的。答案包括，欧洲金融体系严重依赖银行，导致其经济依赖银行，这反过来鼓励监管机构放松对银行的监管；全能银行可以因为其业务种类的多样性而声称是安全的；许多银行与国家或地区政府有联系，并认为它们享有隐性担保。此外，相当一部分资产被隐藏在关联公司和表外工具中，因此没有被监管机构发现。

[18] 这些银行救助的直接财政成本估算来自 Amaglobeli 等人（2015）。欧洲中央银行的估计（2015a）对参与救助的政府略显恭维。

[19] 这并不是否认更精明的政策制定者可能已经找到了降低财政成本的方法。一个令人震惊的案例是爱尔兰，政府以纳税人的钱偿还了零售存款，还包括银行从债券持有人和其他人那里批发的借款（Donovan 和 Murphy，2013）。

[20] 在欧洲，预算赤字与 GDP 之比从 2007 年的 0.6% 上升到 2008

年的 2.2%，日本的这一指标从 3.2% 上升到 4.5%。

［21］欧盟的经济刺激方案主要是国家层面的，反映出欧盟自身资源有限，但欧盟也有 200 亿欧元的额外支出。

［22］此外，这也凸显出爱尔兰和西班牙在 2008—2009 年财政赤字大幅增加，因为这两个国家仍在与银行和房地产危机做斗争。

［23］很难在公共部门和私营部门之间划清界限，因此也很难知道究竟应该计算什么。根据一些估计（例如，Wong 2011），包括增加对经济的信贷在内的总刺激甚至更大，高达 GDP 的 27%。其他仅计算中央政府支出的，作者将其缩小。

［24］为了应对亚洲金融危机，中国在 1998 年实施了财政刺激计划（参见第 10 章）。尽管该刺激计划被认为帮助中国避开了危机，但它对世界其他国家的作用较小。

［25］这一理论最初由英国政治经济学家大卫·李嘉图在 1820 年提出，当时英国政府在战时积累了大量公共债务。这一理论在第 7 章中有讨论。李嘉图的文章被麦卡洛克于 1888 年转载。他的弟弟雅各布出现在第 6 章。

［26］正如最优税收平滑理论（如 Barro 1979）所指出的那样，这假设了为公共支出的爆发提供资金而发行的债务的期限比刺激计划本身要长。

［27］引用自 Cogan 和 Taylor（2011），第 24 页。

［28］这句话出自 Roberts（2008）。

［29］其中许多是在第 6 章讨论的 19 世纪 40 年代国家债务违约之后采用的。

［30］2008 年，储备基金平均仅占普通基金年度支出的 4.8%（Edwards 2020）。

［31］Chodorow-Reich（2019），第 3 页。现在有很多这样的研究，就像这篇文章所调查的那样。他们采取了各种各样的方法来解决

刺激支出的地区差异内生的问题。一些人利用地区代表在国会中的资历作为刺激经济收入的工具变量，而另一些人则将转移资金的相对规模与该地区的人口特征联系起来。他们得出了大致相似的结论。

[32] 他们在 Broda 和 Parker（2014）的研究中报告了这一发现。

[33] 这是 2008 年 GDP 的份额。

[34] 从技术上讲，没有货币抵销的假设并不适用。

[35] 如果评级下调和利率上调让人们对政府的偿债能力产生怀疑，那么可能会引发债务挤兑，迫使财政当局改变路线，而这种预期中的逆转将进一步抑制支出。当中央银行不愿支持市场时，这种风险最大，就像 2012 年之前的欧洲那样。

[36] 参见 Nickel 和 Tudyka（2013）。

[37] 除了刚刚引用的 Nickel 和 Tudyka 的文章，还可以参考 Reinhart 和 Rogoff（2010），以及 Cecchett 等人（2011）。

[38] 参见 Romer 和 Romer（2019）。

[39] Alesina 和 Ardagna（2010，2013）主要倡导这一观点。

[40] 正如英国财政部在英国 2010 年的预算中所说，"这些（财政整顿的影响）将会促进需求增长，可能改善经济的基本表现，甚至可能足够强劲以至于超过负面影响"（HM Treasury 2010，第 19 页）。

[41] 政策制定者甚至可能在经济好转之前撤销财政刺激，因为他们预计不再需要这种支持。赤字的下降可能是经济状况改善的结果，即使经济改善还不明显。通过关注预算中的"非政策"变化（例如，由于股市繁荣和与资本收益相关的收入，财政平衡得到改善）来巧妙解决这个问题的努力，建立在这样一个事实之上：外生的改善可能不是外生的。例如，股市可能只是对经济状况预期的未来改善做出反应，这也将对消费和投资产生有

利的影响。财政整顿、私人支出和经济增长之间的相关性将朝着积极的方向前进。

［42］我们在第 6 章中做了类似的事情来识别违约对后续经济结果的影响。

［43］参见 Guajardo、Leigh 和 Pescatori（2014）。公平地说，我们应该注意到 Alesina、Favero 和 Giavazzi（2019）采用了相同方法的同一个版本，并且与他们先前的研究一致。他们发现强调削减支出的财政整顿是扩张性的，而基于税收增加的整顿则不是。为了完整起见，我们应该提到另一种广泛使用的方法，即合成控制法，它涉及将启动急剧财政整顿的国家与具有相同经济特征的其他国家匹配，也指出了紧缩性财政举措具有紧缩性的结论。参见 Rayl（2020）。

［44］20 世纪 80 年代，多个拉丁美洲国家同时陷入危机，我们在第 9 章讨论促进出口的困难时指出了同样的问题。

［45］根据经济合作与发展组织随后的数据，赤字占 GDP 的 13%，最终又上调至 GDP 的 15%，债务占 GDP 的 110%，又上调至 GDP 的 127%。

［46］参见第 8 章。

［47］最初的协议经过了一系列的重新谈判和延长。截至 2013 年底，国际货币基金组织和欧洲各国政府向希腊提供的官方援助总额为 2 830 亿欧元，相当于希腊 GDP 的 150%。援助金额来自独立评估办公室（2016），第 4 页。

［48］总的赤字下降较慢，这反映出该国日益增长的债务和相应的利息支付。事实上，这两个"三驾马车"计划对赤字的预测（即目标）更为雄心勃勃，但最终都没有实现。

［49］可以肯定的是，希腊也存在基本预算赤字，但它们对债务的影响因重组甚微。表格中出现的其他模式包括，美国和日本采取

注　释　377

了比欧元区更强有力的行动，以及其他危机国家（如希腊）遭受了利率–增长率差缩小的后果。

［50］这是根据 Alesina、Favero 和 Giavazzi（2019，第 154 页）的计算得到的。

［51］参见 Fenochietto 和 Pessino（2013）。

［52］国际货币基金组织（2019）就是一个例子。

［53］参见 Bastasin（2015），第 13 章。

［54］Blustein（2016）对此有详细的描述。

［55］回顾我们在第 6 章中对这些条款的起源的讨论。在 21 世纪初，欧洲主权债券再次出现了将此类条款纳入其中的热潮。

［56］我们已经在第 10 章中遇到过这个可怕的循环。

［57］零资本要求意味着银行在投资政府债券时不需要持有资本。关于这一点，Meyland 和 Schafer（2017）有很好的参考。

［58］在形式上，欧洲央行有一个双支柱战略，目标是通货膨胀和货币总量（最后一个目标是从德国央行继承而来的）。关于"需要一个不只是遵循货币规则的中央银行"的早期预警，参见 Folkerts-Landau 和 Garber（1992）。

［59］引自特里谢在欧洲议会的证词（2011）。

［60］该计划被称为直接货币交易（OMT）。

［61］在指责我们夸张之前，请参考 Anastasakis（2012, n.p.）："希腊议会的做法是在紧急程序下运作的，政府在一夜之间被推翻，并绕过了宪法。国民议会是希腊代议制和竞争性民主的象征，它投票支持紧缩法案的方式已经纯粹是象征性和程序性的。外部压力迫使希腊任命一名特别专员来管理该国的财政，并就全国选举的日期提出建议。这些都在攻击希腊民主的核心，即主权。"

13. 新冠肺炎疫情对债务的影响

［1］ 在这一阶段，并非所有提供的债务都已经偿还。另外，在第一种情形下，有些借款是在财政担保下由中央银行提供融资的。在后一种情形下，借款损失及相关成本可能最终会反映到公共部门的资产负债表中。

［2］ 到了 2020 年 9 月，这一情形已经演化为"比第一次世界大战及第二次世界大战中失去的美国人口加在一起还要多"。

［3］ 从技术上说，在当前现货收益率与期货收益率分离，而基金经理们预期目前的债券收益率水平未来将逐步与期货显示的水平一致的情况下，这些基金经理在短期回购市场借入资金。在短期回购市场借入资金意味着，当前以现价借入国债，并承诺以未来的价格卖出。跟期货市场价格显示的一样，他们预期未来的价格会更高。就是这种预期，在当前的环境下可能会带来失望。可以翻看我们在第 12 章有关全球金融危机的内容中对回购市场的讨论。

［4］ 除了购买国债之外，美联储也启动了与其他中央银行的互换机制，使外国中央银行能够在满足美元流动性需求的同时，不需要在美国市场外继续抛售美国国债。美联储及时提供美元互换，对于巩固美国国债作为安全资产的地位、维护其抵押品价值非常关键。

［5］ 这是截至 4 月底，世界银行对 2020 年的预测。

［6］ 其他发达市场的中央银行也像美联储一样，支持其他风险资产的价格，但是不包括新兴市场债券。随着危机的蔓延，发达市场的投资者寻求收益的势头就扩展到新兴市场债券，美联储持续的债券购买就逐步有了外溢效应。

［7］ 进一步回顾，不同国家进行实际重组的时间先后有多么不同。

注 释

有些国家在布雷迪计划宣布5年甚至更长时间之后才开始债务重组。

[8] 最初计划在2020年12月31日到期，最终暂停期一直延续到2021年底。

[9] 国际货币基金组织启动了灾后债务减免基金（后来改名为灾害限制及救助基金）来为这些转移支付融资，这些融资覆盖了长达两年的利息支付。这样的灵活安排是必要的，因为国际货币基金组织的规则不允许其简单地取消支付。

[10] 国际金融协会在1983年成立，就是为了应对当时的拉丁美洲债务危机，就跟1826年为了应对早期的希腊债务危机时，成立希腊债券持有人委员会一样（参见第6章的讨论）。

[11] 表明这一事实的是，有另外4个国家，包括黎巴嫩、苏里南、伯利兹及赞比亚也在2020年违约了，但在债务重组上并未取得太多进展。

[12] 至于国际货币基金组织领导的多边参与方具体能做什么，Hagen（2020）指出在债务重组中，激励资金出借方参与程度最大化的激励机制是必要的。其中包括一些举措，例如英国有法律禁止顽固的债权人起诉在国际货币基金组织计划中获得债务减免的主权国家，以及美国有行政命令防止重组背景下的诉讼。这些举措是美国和英国——全球金融中心所在地——并不愿意执行的，而更可能由多边参与方迫使它们接受。与之相关的还有Bolton、Gulati和Panizza（2020）建议引入联合国安理会的决议，以此保护受影响国家的资产，使其避免遭到起诉和扣押。

[13] 也就是说，按照占GDP的比例来算，中国当时引入了最大力度的刺激政策。当然，对中国当时引入的刺激力度，不同的人用不同的指标得出的结论并不一样。我们是把中央政府、地方政府及以国家调动的银行贷款加总在一起。

[14] 参见 Wong（2011），Huang、Pagano 和 Panizza（2020），还有 Cong 等人（2019）。

[15] 这包括中央政府的支出及预算外的债务（包括特别国债发行以及支持地方政府额外发行的债务）。参见 Huang 和 Lardy（2020）。

[16] 有些人认为需要加上国有银行及其他机构的准财政信贷扩张，这可能会达到占 GDP 8.5% 的规模，使总的财政刺激力度达到大约占 GDP 13.5% 的规模。但是这并没有改变我们的主要观点：GDP 的 13.5% 的刺激，也只有当时在全球金融危机中，中国引入的以同样口径计算的占 GDP 的 27% 一半的刺激力度（参见第 12 章中的解释）。

[17] 引自 Tang、Mai 和 Zheng（2020）。

[18] 参见第 12 章的阐述。

[19] 另外，在对冲失业风险的方案的支持下有 1 000 亿美元的贷款，这些贷款使成品国能够继续补贴那些临时性就业，这并不能改变我们的主要观点。

[20] 这类税收收入的上限预测参考了 Saez 和 Zucman（2019）。对此持怀疑观点的思路，可以参考 Gleckman（2019）。

14. 结　论

[1] "现代经济增长"一词由经济学家西蒙·库兹涅茨在一本同名著作（Kuznets 1966）中提出。库兹涅茨用这个词来描述 19 世纪及 20 世纪发生在一些国家的案例，在这些经济案例中，这些国家实现了快速、持续并伴随结构性变化的经济增长。

[2] 我们在第 3 章开始时提到了这一点。经济学家已经开发了一些经济增长模型，来刻画这些非线性及反馈如何影响经济增长的过程。Azariadis 和 Drazen（1990）列出了一个具有影响力的形

式，Cohen-Cole、Durlauf 和 Rondina（2012）提供了这方面的文献综述。

[3] 其中一些借款来自私人部门的公司，反映了此类投资带来的回报是对私人部门和公共部门回报的混合。考虑其投资范围，大部分私人部门借款只有在国家担保的情况下才有可能发生。

[4] 这是 1983—1989 年的英国财政大臣奈杰尔·劳森的观点。劳森的观点遭到 Reisen（1998）的严厉反驳。

[5] 根据美国国会预算办公室（2020）的数据，新冠肺炎疫情危机前夕的数据截至 2019 年 9 月 30 日（2019 财年末）。本段中的其他数据（也是本财年末的数据）来自美国国会预算办公室（2021）。

[6] 这是假设没有更灵活的财政举措，并且自 2020 年 3 月以来实施的紧急支出措施也已到期。例如，这些数字不包括拜登总统签署的 1.9 万亿美元新冠肺炎疫情救助法案对债务的任何影响。2021 年 3 月，在本书的英文版付印时，美国国会预算办公室尚未计算成本。请注意，这些比率包括美联储持有的债务，大概是假设美联储将缩减其资产负债表并将这些资产卖回市场。到 2020 年底，公众持有的债务除去美联储持有的部分，预计相当于 70% 的 GDP。

[7] 这里又是假设有关收入和支出的法律没有变化。这些预测取决于美国国会预算办公室对全要素生产率及 GDP 增长的估计，而这在未来 10 年及更长的时间内是不容易预测到的。有关注意事项，可以参阅 Shackleton（2018）。债务的路径还取决于未来的利率，同样是不确定的。美国国会预算办公室预计，10 年期美国国债的利率将恢复到历史上的典型水平。这意味着美国国会预算办公室认为，国债利率在 2020—2030 年将增加两倍多。如果居民部门通过最近的经验重新认识到经济环境的风险，他们可能会增加预防性储蓄。在这种情况下，需求处于通货紧缩状

态，利率将保持较低水平。如果居民部门变得更加厌恶风险，他们将在其投资组合中持有更多安全资产，而美国国债被认为是安全的。这又意味着相关利率面临下行压力。我们将在本章的后面讨论这些要点。

［8］ 第 11 章强调了区分总债务和净债务的重要性，尤其是对日本而言。

［9］ 这些观点是伯南克（2005）的"过剩储蓄"和萨默斯（2014）的"长期停滞"。

［10］ 更多细节参见第 11 章。

［11］ 可能不是每个人都会认同这种思维实验。有些人会反对其中的观点。从近期的事件中可以看到，政府可以平稳地管理比之前预期的更高的债务水平。相反，有些人则不认同，在新冠肺炎疫情之前，较重的债务负担已经带来问题。作为思考所面临的挑战的出发点，区分差异并考虑如何才能扭转最近的危机的影响是有意义的。同时，重要的是强调，正如我们在本书中指出的，债务没有单一的最佳目标水平。

［12］ 参见 Eichengreen 和 Panizza（2016）。

［13］ 这些应急预案与这一经济所依赖的医药及金融部门的高度波动，以及该国与北部邻国马来西亚的关系有时很棘手有关。Krishmadas（2013）讨论了新加坡主权财富基金在国防战略中的作用。

［14］ Alesina、Ardagna 和 Trebbi（2006）阐述了在更一般的情况下，危机促进必要的财政调整的趋势。

［15］ 例如，参见 Landais、Saez 和 Zucman（2020），以及 Bloomberg Tax（2020）。国际货币基金组织同样考虑将个人所得税附加税（可能仅限于最高收入水平）或对超额公司利润征税作为新冠肺炎疫情的"恢复贡献"。参见 Klemn 等（2021）。

［16］ 当人们注意到政府的软弱和分裂时，财政调整最不可持续，在

这种情况下，前景尤其不妙，在当前两极分化的政治环境中就是这种情况。Alesina、Ardagna 和 Trebbi（2016）分析了财政调整与政府实力之间的关联。

[17] Mauro 和 Zhou（2020）关注到了这一点。

[18] 这些预期可以根据克利夫兰联邦储备银行（2020）的方法，从国债收益率、实际通货膨胀、通货膨胀掉期以及基于调查的指标中估算。或者，可以从名义国债与同期限的通货膨胀挂钩债券指数收益率（所谓国债盈亏平衡通货膨胀率）之间的差异来推断。2021年初，当我们的书稿送达出版商时，美国财政部10年盈亏平衡通货膨胀率已经略高于2%。在欧洲和日本，类似的5年和10年收支平衡利率仍低于各自央行的通货膨胀目标。

[19] 另一种思考方式是，考虑支出的波动，将储蓄和投资等同起来需要实际利率的急剧变化。由于名义利率是挂钩的，这些只能通过实际和预期的通货膨胀的变化来实现（McCallum 1986, Barro 1989）。

[20] 这里的修饰语"持续的"是很重要的。有很多建议表明，当新冠肺炎疫情的封锁解除、疫苗接种广泛传播以及外出就餐等活动再次变得安全时，可能会出现短暂的支出激增。但中央银行的行长们都声称，要"穿越"由此导致的暂时的通货膨胀压力。参见 Powell（2021）。

[21] 参见 Malmendier 和 Nagel（2011），以及 Giuliano 和 Spilimbergo（2014）。

[22] 另外，新冠肺炎疫情危机有可能进一步提升中央银行储备及企业财务主管对安全资产的需求，其中美国国债是安全资产的主要形式。据说，这种额外的需求将使美国国债收益率更长时间保持在较低水平。然而，在新冠肺炎疫情暴发后，在储备投资组合中发挥不同作用的欧洲债券的收益率甚至低于美国债券的

收益率，这表明这一因素并不是最重要的。无论如何，早期储备货币的经验，例如第二次世界大战后的英镑，表明这种"过高的特权"，即使长期存在，也可能会失去。

［23］一些观察者指出"K形"衰退和复苏，其中受危机重创的低收入家庭增加了预防性储蓄，但在新冠肺炎疫情暴发后财富增加的高收入家庭则相反。因此，Remes 和 Kohli（2021）"预计美国中等收入和高收入群体的支出将在 2021—2022 年反弹至疫情前的水平，而一旦刺激政策结束，低收入群体的支出可能降至疫情前水平以下"。Hannon（2021）观察到，在疫情发生后积累了大部分财富，月收入增长的老年人和更富有的人具有很高的储蓄倾向，这表明支出的复苏相对缓慢。

［24］这忽略了受通货膨胀保护的 5 年、10 年及 30 年期国债的份额相对较小。

［25］期限溢价是投资者因为持有更长时间的债务而额外需要的补偿。

［26］换句话说，只有在投资者开始期待更高的期限溢价之前，允许利率–增长率差大幅扩大，才算取得成功。

［27］参考美联储在 2020 年秋季宣布的"平均通货膨胀目标方法"，这表明为了弥补此前低于目标的通货膨胀率，并且在单位劳动力成本并无压力的情况下进一步降低失业率，中央银行有意愿容忍通货膨胀率在 2% 以上。

［28］Goodhart 和 Pradhan（2020），第 214 页。他们讨论的例子是英国，但论点更为笼统。

［29］这并不是尽早回归紧缩的理由。更确切地说，考虑到经济中有限的生产能力，问题是多少赤字支出算太多。答案在一定程度上取决于私人部门支出的水平，但如我们上面提到的，这一部分的未来前景较为不确定。

［30］如第 9 章所述。

注 释

参考文献

Abbas, S. M. Ali, Nazim Belhocine, Asmaa El-Ganainy, and Mark Horton. 2011. "Historical Patterns and Dynamics of Public Debt—Evidence from a New Database," *IMF Economic Review* 59: 717–42.

Abbas, S. M. Ali, Nazim Belhocine, Asmaa El-Ganainy, and Andreas Weber. 2014a. "Current Crisis in Historical Perspective," in Carlo Cottarelli, Philip Gerson, and Abdelhak Senhadji eds., *Post-Crisis Fiscal Policy*. Cambridge, MA: MIT Press, pp. 161–91.

Abbas, S. M. Ali, Laura Blattner, Mark De Broeck, Asmaa El-Ganainy, and Malin Hu. 2014b. "Sovereign Debt Composition in Advanced Economies: A Historical Perspective," IMF Working Paper no. 14/162 (September).

Abramovitz, Moses. 1986. "Catch Up, Forging Ahead, and Falling Behind," *Journal of Economic History* 46: 385–406.

Abrams, Burton, and Russell Settle. 1999. "Women's Suffrage and the Growth of the Welfare State," *Public Choice* 100: 289–300.

Abreu, Marcelo de Paiva. 2006. "The External Context," in Victor Bulmer-Thomas, John Coatsworth, and Roberto Cortés Conde, eds., *The Cambridge Economic History of Latin America*, Vol. II: *The Long Twentieth Century*. Cambridge: Cambridge University Press, pp. 101–34.

Accominotti, Olivier. 2012. "London Merchant Banks, the Central European Panic, and the Sterling Crisis of 1931," *Economic History Review* 64: 385–407.

Accominotti, Olivier, Marc Flandreau, Riad Rezzik, and Frederic Zumer. 2010. "Black Man's Burden, White Man's Welfare: Control, Devolution and Development in the British Empire, 1880–1914," *European Review of Economic History* 14: 47–70.

Acemoglu, Daron. 2005. "Politics and Economics in Weak and Strong States," *Journal of Monetary Economics* 52: 1199–1226.

Acemoglu, Daron, and James Robinson. 2000. "Why Did the West Extend the Franchise? Democracy, Inequality and Growth in Historical Perspective," *Quarterly Journal of Economics* 115: 1167–99.

Ahsan, Reshad, Laura Panza, and Yong Song. 2019. "Atlantic Trade and the Decline of Conflict in Europe," CEPR Discussion Paper no. 14206 (December).

Aidt, Toke, and Peter Jensen. 2014. "Workers of the World, Unite! Franchise Extensions and the Threat of Revolution in Europe, 1820–1938," unpublished manuscript, University of Cambridge and University of Southern Denmark (August).

Aidt, Toke, and Graham Mooney. 2014. "Voting Suffrage and the Political Budget Cycle: Evidence from the London Metropolitan Boroughs 1902–1937," *Journal of Public Economics* 112: 53–71.

Alesina, Alberto. 1988. "The End of Large Public Debts," in Francesco Giavazzi and Luigi Spaventa, eds., *High Public Debt: The Italian Experience*. Cambridge: Cambridge University Press, pp. 34–79.
Alesina, Alberto, and Silvia Ardagna. 2010. "Large Changes in Fiscal Policy: Taxes versus Spending," *Tax Policy and the Economy* 24: 35–68.
Alesina, Alberto, and Silvia Ardagna. 2013. "The Design of Fiscal Adjustments," *Tax Policy and the Economy* 27: 19–67.
Alesina, Alberto, Silvia Ardagna, and Francesco Trebbi. 2006. "Who Adjusts and When? On the Political Economy of Reforms," *IMF Staff Papers* 53: 1–49.
Alesina, Alberto, and Allan Drazen. 1991. "Why Are Stabilizations Delayed?" *American Economic Review* 81: 1170–88.
Alesina, Alberto, Carlo Favero, and Francesco Giavazzi. 2019. *Austerity: When It Works and When It Doesn't*. Princeton, NJ: Princeton University Press.
Alesina, Alberto, and Roberto Perotti. 1996. "Reducing Budget Deficits," *Swedish Economic Policy Review* 3: 113–34.
Alesina, Alberto, Roberto Perotti, and José Tavares. 1998. "The Political Economy of Fiscal Consolidations," *Brookings Papers on Economic Activity* 1: 197–248.
Alesina, Alberto, and Guido Tabellini. 1990. "A Positive Theory of Fiscal Deficits and Government Debt," *Review of Economic Studies* 57: 403–14.
Alfani, Guido, and Matteo Di Tullio. 2019. *The Lion's Share: Inequality and the Rise of the Fiscal State in Preindustrial Europe*. Cambridge: Cambridge University Press.
Álvarez-Nogal, Carlos, and Christophe Chamley. 2014. "Debt Policy under Constraints: Philip II, the Cortes and Genoese Bankers," *Economic History Review* 67: 192–213.
Álvarez-Nogal, Carlos, and Christophe Chamley. 2016. "Philip II against the Cortes and the Credit Freeze of 1575–1577," *Revista de Historia Económica* 34: 351–82.
Amaglobeli, David, Nicolas End, Mariusz Jarmuzek, and Geremia Palomba. 2015. "From Systemic Banking Crises to Fiscal Costs: Risk Factors," IMF Working Paper 15/166 (July).
Anastasakis, Othon. 2012. "Has Greece's Democracy Regressed?" *CNN* (Mar. 1), https://edition.cnn.com/2012/03/01/opinion/greece-democracy/index.html
Anderson, Olive. 1964. "Great Britain and the Beginnings of the Ottoman Public Debt, 1854–55," *Historical Journal* 7: 47–63.
Andersson, Fredrik, and Jason Lennard. 2019. "Irish GDP between the Famine and the First World War: Estimates Based on a Dynamic Factor Model," *European Review of Economic History* 23: 50–71.
Angell, James. 1901. "The Turkish Capitulations," *American Historical Review* 6: 254–59.
Antipa, Pamfili. 2015. "How Fiscal Policy Affects the Price Level: Britain's First Experience with Paper Money," unpublished manuscript, Banque de France (May).
Antipa, Pamfili, and Christophe Chamley. 2017. "Monetary and Fiscal Policy in England during the French Wars (1793–1821)," unpublished manuscript, Banque de France and Boston University.
Aristotle, and Edward Seymour Forster, trans. 1920. *Oeconomica*. Oxford: Clarendon Press.
Arslanalp, Serkan, and Takahiro Tsuda. 2014. "Tracking the Global Demand for Emerging Market Sovereign Debt," IMF Working Paper 14/39 (March).
Asakura, Kokichi. 1970. "The Characteristics of Finance in the Meiji Period," *Developing Economies* 5: 274–300.
Auerbach, Alan. 2001. "U.S. Fiscal Policy in a (Brief?) Era of Surpluses," *Japan and the World Economy* 13: 371–86.
Avery, William. 1990. "The Origins of Debt Accumulation among LDCs in the World Political Economy," *Journal of Developing Areas* 24: 502–33.
Avramovic, Dragoslav. 1958. *Debt Servicing Capacity and Postwar Growth in International Indebtedness*. Baltimore: Johns Hopkins University Press.
Azariadis, Costas, and Allen Drazen. 1990. "Threshold Externalities in Economic Development," *Quarterly Journal of Economics* 105: 501–26.

Backus, David, and John Driffill. 1985. "Inflation and Reputation," *American Economic Review* 75: 530–38.

Bacon, Benjamin. 1997. *Sinews of War: How Technology, Industry and Transportation Won the Civil War.* Novato, CA: Presidio Press.

Baker, Dean. 2005. "Short-Term Gain for Long-Term Pain: The Real Story of Rubinomics," unpublished manuscript, Center for Economic and Policy Research (November).

Bank of England. 2017. "A Millennium of Macroeconomic Data for the UK." Version 3.1. London: Bank of England, https://www.bankofengland.co.uk/statistics/research-datasets/

Bank of Finland. 1989. *The Finnish Economy 1860–1985: Growth and Structural Change.* Helsinki: Bank of Finland.

Barbash, Jack. 1976. "The Labor Movement after World War II," *Monthly Labor Review* 99: 34–37.

Barro, Robert. 1979. "On the Determination of the Public Debt," *Journal of Political Economy* 87: 940–71.

Barro, Robert. 1987. "Government Spending, Interest Rates, Prices, and Budget Deficits in the United Kingdom, 1701–1918," *Journal of Monetary Economics* 20: 221–47.

Barro, Robert. 1989. "Interest Rate Targeting," *Journal of Monetary Economics* 23: 3–30.

Barth, Boris. 1995. *Die deutsche Hochfinanz und die Imperialismen. Banken und Außenpolitik vor 1914.* Stuttgart: Franz Steiner.

Bartlett, Bruce. 2007. "'Starve the Beast': Origins and Development of a Budgetary Metaphor," *Independent Review* 12: 5–26.

Bartoletto, Silvana, and Elisabetta Marzano. 2012. "The Sustainability of Fiscal Policy in Italy: A Long-Term Perspective," unpublished manuscript, Parthenope University of Naples (May).

Bastasin, Carlo. 2015. *Saving Europe: Anatomy of a Dream.* Washington, DC: Brookings Institution Press.

Basu, Susanto, John Fernald, and Matthew Shapiro. 2001. "Productivity Growth in the 1990s: Technology, Utilization and Adjustment," *Carnegie-Rochester Conference Series on Public Policy* 55: 117–65.

Bayoumi, Tamim. 2017. *Unfinished Business: The Unexplored Causes of the Financial Crisis and the Lessons Yet to Be Learned.* New Haven, CT: Yale University Press.

Becker, Marvin. 1965. "Problemi della finanza pubblica fiorentina della seconda metà del trecento e dei primi del quattrocento," *Archivio Storico Italiano* 133: 433–66.

Bent, Peter, and Rui Esteves. 2016. "Capital Pull Factors at the Turn of the 20th Century: A Sectoral Analysis," unpublished manuscript, University of Oxford.

Bernanke, Ben. 2005. "The Global Saving Glut and the U.S. Current Account Deficit." Speech presented at the Federal Reserve Bank of St. Louis, *Homer Jones Lecture*, Apr. 14, www.federalreserve.gov/boarddocs/speeches/2005/20050414/default.htm

Best, Gary Dean. 1972. "Financing a Foreign War: Jacob H. Schiff and Japan, 1904–05," *American Jewish Historical Quarterly* 61: 313–24.

Bignon, Vincent, and Marc Flandreau. 2011. "The Economics of Badmouthing: Libel Law and the Underworld of the Financial Press in France Before World War I," *Journal of Economic History* 71: 616–53.

Bignon, Vincent, Alfonso Herranz-Loncán, and Rui Esteves. 2015. "Big Push or Big Grab? Railways, Government Activism and Export Growth in Latin America, 1865–1913," *Economic History Review* 68: 1277–1305.

Billyou, De Forest. 1948. "Corporate Mortgage Bonds and Majority Clauses," *Yale Law Journal* 57: 595–612.

Blackett, R. J. M. 2001. *Divided Hearts: Britain and the American Civil War.* Baton Rouge: Louisiana State University Press.

Bloch, Henri-Simon. 1940. "The Evolution of French Taxation: An Historical Sketch," *Bulletin of the National Tax Association* 25: 266–73.

Blockmans, Wim. 1997. *A History of Power in Europe: Peoples, Markets, States.* Brussels: Fonds Mercator of the Banque Paribas.

Bloomberg Tax. 2020. "Digital Tax Even More Important in Pandemic: France's Le Maire," *Bloomberg Tax* (May 4), https://news.bloombergtax.com/daily-tax-report-international/digital-tax-even-more-important-in-pandemic-frances-le-maire

Blustein, Paul. 2001. *The Chastening: Inside the Crisis That Rocked the Global Financial System and Humbled the IMF*. New York: Public Affairs.

Blustein, Paul. 2016. *Laid Low: Inside the Crisis That Overwhelmed Europe and the IMF*. Waterloo, ON: CIGI Press.

Bogaert, Raymond. 1968. *Banques et banquiers dans les cités grecques*. Leiden: A. J. Sijthoff.

Bolt, Jutta, Robert Inklaar, Herman de Jong, and Jan Luiten van Zanden. 2018. "'Rebasing Maddison': New Income Comparisons and the Shape of Long-Run Economic Development," Maddison Project Working Paper no. 10. Groningen: University of Groningen.

Bolton, Patrick, Mitu Gulati, and Ugo Panizza. 2020. "Legal Air Cover," Duke Law School Public Law & Legal Series, No. 2020-63 (October).

Borchard, Edwin, and William Wynne. 1951. *State Insolvency and Foreign Bondholders*, 2 vols. New Haven, CT: Yale University Press.

Bordo, Michael, Christopher Meissner, and Angela Redish. 2005. "How Original Sin Was Overcome: The Evolution of External Debt Denominated in Domestic Currencies in the United States and the British Dominions, 1800–2000," in Barry Eichengreen and Ricardo Hausmann, eds., *Other People's Money: Debt Denomination and Financial Instability in Emerging Market Economies*. Chicago: University of Chicago Press, pp. 122–53.

Bordo, Michael, and Arunima Sinha. 2016. "A Lesson from the Great Depression That the Fed Might Have Learned: A Comparison of the 1932 Open Market Purchases with Quantitative Easing," NBER Working Paper no. 22581 (August).

Bordo, Michael, and Eugene White. 1991. "A Tale of Two Currencies: British and French War Finance during the Napoleonic Wars," *Journal of Economic History* 51: 303–16.

Boughton, James. 2000. "Northwest of Suez: The 1956 Crisis and the IMF," IMF Working Paper no. 00/192 (December).

Boynton, Lindsay. 1967. *The Elizabethan Militia, 1558–1638*. Toronto, ON: University of Toronto Press.

Braddick, Michael. 2000. *State Formation in Early Modern England, c. 1550–1700*. Cambridge: Cambridge University Press.

Brewer, John. 1988. *The Sinews of Power: War, Money and the English State, 1688–1783*. New York: Alfred A. Knopf.

Broadberry, Stephen, Bruce Campbell, Alexander Klein, Bas van Leeuwen, and Mark Overton. 2015. *British Economic Growth 1270–1870*. Cambridge: Cambridge University Press.

Broadberry, Stephen, and Mark Harrison, eds. 1998. *The Economics of World War II: Six Great Powers in International Comparison*. Cambridge: Cambridge University Press.

Broda, Christian, and Jonathan Parker. 2014. "The Economic Stimulus Payments of 2008 and the Aggregate Demand for Consumption," *Journal of Monetary Economics* 68: S20–S36.

Brown, E. Cary. 1956. "Fiscal Policy in the Thirties: A Reappraisal," *American Economic Review* 46: 857–79.

Brown, William Adams. 1940. *The International Gold Standard Reinterpreted, 1914–1934*, 2 vols. New York: National Bureau of Economic Research.

Buchheit, Lee, and Mitu Gulati. 2017. "Restructuring Sovereign Debt after NML v. Argentina," *Capital Markets Law Journal* 12: 224–38.

Buiter, Willem, Giancarlo Corsetti, and Nouriel Roubini. 1993. "Excessive Deficits: Sense and Nonsense in the Treaty of Maastricht," *Economic Policy* 8: 57–100.

Bullock, Hugh. 1959. *The Story of Investment Companies*. New York: Columbia University Press.

Bulow, Jeremy, and Kenneth Rogoff. 1989. "Sovereign Debt: Is to Forgive to Forget?" *American Economic Review* 79: 43–50.

Burnside, Craig, Martin Eichenbaum, and Sergio Rebelo. 2000. "Understanding the Korean and Thai Currency Crises," in *Economic Perspectives*. Chicago: Federal Reserve Bank of Chicago, pp. 45–60.

Byron, Lord George Gordon. 1823. *Don Juan*, 1973 ed., T. G. Steffan, E. Steffan, and W. W. Pratt eds. Harmondsworth: Penguin.

Cairncross, A. K. 1953. *Home and Foreign Investment*. Cambridge: Cambridge University Press.

Calomiris, Charles, and Charles Kahn. 1991. "The Role of Demandable Debt in Structuring Optimal Banking Arrangements," *American Economic Review* 81: 497–513.

Calvo, Guillermo. 1994. "Comment on Dornbusch and Werner," *Brookings Papers on Economic Activity* 1: 298–303.

Cameron, Rondo. 1961. *France and the Economic Development of Europe 1800–1914*. Princeton, NJ: Princeton University Press.

Campa, José. 1990. "Exchange Rates and Economic Recovery in the 1930s: An Extension to Latin America," *Journal of Economic History* 50: 677–82.

Campbell, Todd. 2004. "Sound Finance: Gladstone and British Government Finance, 1880–1895," unpublished Ph.D. dissertation, London School of Economics.

Caprio, Gerard, and Daniela Klingebiel. 1996. "Bank Insolvencies: Cross Country Experience," World Bank Policy Research Working Paper no. 1620 (July).

Carreras, Albert, and Xavier Tafunell, coords. 2005. *Estadísticas históricas de España. Siglos XIX–XX*. Bilbao: Fundación BBVA.

Carter, Susan, Scott Sigmund Gartner, Michael R. Haines, Alan Olmstead, Richard Sutch, and Gavin Wright, eds. 2006. *Historical Statistics of the United States: Earliest Times to the Present*. New York: Cambridge University Press.

Casella, Alessandra, and Barry Eichengreen. 1996. "Can Foreign Aid Accelerate Stabilisation?" *Economic Journal* 106: 605–19.

Cecchetti, Stephen, Madhusudan Mohanty, and Fabrizio Zampolli. 2011. "The Real Effects of Debt," BIS Working Paper no. 352 (September).

Chabot, Benjamin, and Mitu Gulati. 2014. "Santa Anna and His Black Eagle: The Origins of Pari Passu?" *Capital Markets Law Journal* 9: 216–41.

Chabot, Benjamin, and Christopher Kurz. 2010. "That's Where the Money Was: Foreign Bias and English Investment Abroad, 1866–1907," *Economic Journal* 120: 1056–79.

Chabot, Benjamin, and Christopher Kurz. 2012. "British Investment Trusts: The Precursors of Modern Structured Finance," mimeo.

Chambers, David, and Rui Esteves. 2014. "The First Global Emerging Markets Investor: Foreign & Colonial Investment Trust 1880–1913," *Explorations in Economic History* 52: 1–21.

Chodorow-Reich, Gabriel. 2019. "Geographic Cross-Sectional Fiscal Spending Multipliers: What Have We Learned?" *American Economic Journal: Economic Policy* 11: 1–34.

Chopra, Ajai, Kenneth Kang, Meral Karasulu, Hong Liang, Henry Ma, and Anthony Richards. 2002. "From Crisis to Recovery in Korea: Strategy, Achievements and Lessons," in David Coe and Se-Jik Kim, eds., *Korean Crisis and Recovery*. Washington, DC: IMF, pp. 13–104.

Clarke, Stephen V. O. 1967. *Central Bank Cooperation, 1923–1931*. New York: Federal Reserve Bank of New York.

Clavel, Damian. 2019. "Fraude financière, dette souveraine et impérialisme d'affaires: Une microhistoire de l'échec de Poyais 1820–1824," unpublished Ph.D. dissertation, Geneva: Graduate Institute of International and Development Studies.

Clay, Christopher 2001. *Gold for the Sultan: Western Bankers and Ottoman Finance, 1856–1881*. New York: I. B. Tauris.

Cleveland, Harold van, and Thomas Heurtas. 1985. *Citibank, 1812–1970*. Cambridge, MA: Harvard University Press.

Cline, William. 1995. *International Debt Reexamined*. Washington, DC: Institute for International Economics.

Coffman, D'Maris. 2013a. "Credibility, Transparency, Accountability, and the Public Credit under the Long Parliament and Commonwealth, 1643–1653," in D'Maris Coffman, Adrian Leonard, and Larry Neal, eds., *Questioning Credible Commitment: Perspectives on the Rise of Financial Capitalism*. Cambridge: Cambridge University Press, pp. 76–103.

Coffman, D'Maris. 2013b. *Excise Taxation and the Origins of Public Debt*. London: Palgrave Macmillan.

Cogan, John, and John Taylor. 2011. "Where Did the Stimulus Go?" *Commentary* (January), https://www.commentarymagazine.com/articles/commentary-bk/where-did-the-stimulus-go/

Cohen, Darrel, and Glenn Follette. 2000. "The Automatic Fiscal Stabilizers: Quietly Doing Their Thing," *Federal Reserve Bank of New York Economic Policy Review* 6: 35–68.

Cohen-Cole, Ethan, Steven Durlauf, and Giacomo Rondina. 2012. "Nonlinearities in Growth: From Evidence to Policy," *Journal of Macroeconomics* 34: 42–58.

Cole, Harold, and Timothy Kehoe. 1996. "A Self-Fulfilling Model of Mexico's 1993–94 Debt Crisis," Research Department Staff Report no. 210. Minneapolis: Federal Reserve Bank of Minneapolis.

Collet, Stéphanie. 2012. "A Unified Italy? Sovereign Debt and Investor Scepticism," unpublished manuscript, Frankfurt University.

Committee for the Study of Economic and Monetary Union (Jacques Delors, chairman). 1989. *Report on Economic and Monetary Union in the European Community*. Brussels: European Community.

Committee on Banking, Finance and Urban Affairs, US Congress. 1980. *Foreign Bank Operations and Acquisitions in the United States*. Hearings before the Subcommittee on Financial Institutions Supervision, Regulation and Insurance, Part 1, Serial no. 96-77. Washington, DC: Government Printing Office.

Committee on National Debt and Taxation [Colwyn Committee]. 1927. *Report*, Cmd. 2800. London: HMSO.

Cong, William, Haoyu Gao, Jacopo Ponticelli, and Xiaoguang Yang. 2019. "Credit Allocation under Economic Stimulus: Evidence from China," *Review of Financial Studies* 32: 3241–60.

Congressional Budget Office. 2020. "CBO's Current Projections of Output, Employment and Interest Rates and a Preliminary Look at Federal Deficits for 2020 and 2021." Washington, DC: CBO (Apr. 24).

Congressional Budget Office. 2021. "The Long-Term Budget Outlook." Washington, DC: CBO (Mar. 4).

Conti, Elio. 1984. *L'imposta diretta a Firenze nel quattrocento (1427–1494)*. Rome: Nella Sede Dell'Istituto Palazzo Borromini.

Cooper, Richard, and Edwin Truman. 1971. "An Analysis of the Role of International Capital Markets in Providing Funds to Developing Countries," *Weltwirtschaftliches Archiv* 106: 153–83.

Copelovitch, Mark. 2010. *The International Monetary Fund in the Global Economy: Banks, Bonds and Bailouts*. Cambridge: Cambridge University Press.

Corporation of Foreign Bondholders. 1905. *Annual Report*. London: Corporation of Foreign Bondholders.

Cottrell, Philip. 2008. "A Survey of European Investment in Turkey, 1854–1914: Banks and the Finance of the State and Railway Construction," in Philip Cottrell, ed., *East Meets West: Banking, Commerce and Investment in the Ottoman Empire*. London: Routledge, pp. 59–96.

Council of Foreign Bondholders. 1876. *Egyptian Debt: Mission of the Right Hon. G.J. Goschen, M.P.* London: Council of Foreign Bondholders.

Cox, Gary. 2016. *Marketing Sovereign Promises: Monopoly Brokerage and the Growth of the English State*. Cambridge: Cambridge University Press.

Cox, Robert. 1993. *The Development of the Dutch Welfare State from Workers' Insurance to Universal Entitlement*. Pittsburgh: University of Pittsburgh Press.

Crafts, N. F. R. 2019. "The Sources of British Economic Growth since the Industrial Revolution: Not the Same Old Story," *Journal of Economic Surveys* 33: 1–13.

Crafts, N. F. R., and C. K. Harley. 1992. "Output Growth and the British Industrial Revolution: A Restatement of the Crafts-Harley View," *Economic History Review* 45: 703–30.

Crafts, Nicholas, and Terence Mills. 2015. "Self-Defeating Austerity? Evidence from 1930s Britain," *European Review of Economic History* 19: 109–27.

Cumby, Robert, and Richard Levich. 1987. "On the Definition and Magnitude of Recent Capital Flight," in Donald Lessard and John Williamson, eds., *Capital Flight and Third World Debt*. Washington, DC: Institute for International Economics, pp. 27–67.

Daseking, Christiana, and Robert Powell. 1999. "From Toronto Terms to the HIPC Initiative: A Brief History of Debt Relief for Low-Income Countries," IMF Working Paper no. 99/142 (October).

Dasgupta, Dipak, Dilip Ratha, Dennis Botman, and Ashish Narain. 2000. "Short-Term Debt in Financial Crises," in Charles Adams, Robert Litan, and Michael Pomerleano, eds., *Managing Financial and Corporate Distress: Lessons from Asia*. Washington, DC: Brookings Institution Press, pp. 325–60.

Daunton, Martin. 2001. *Trusting Leviathan: The Politics of Taxation in Britain, 1799–1914*. Cambridge: Cambridge University Press.

Davis, Joseph Stancliffe. 1917. *Essays in the Earlier History of American Corporations*. Cambridge, MA: Harvard University Press.

Davis, Lance, and Robert Cull. 1994. *International Capital Markets and American Economic Growth 1820–1914*. Cambridge: Cambridge University Press.

Davis, Lance, and Robert Huttenback. 1986. *Mammon and the Pursuit of Empire: The Political Economy of British Imperialism, 1860–1912*. Cambridge: Cambridge University Press.

De Luca, Giuseppe. 2008. "Government Debt and Financial Markets: Exploring Pro-Cyclical Effects in Northern Italy during the Sixteenth and the Seventeenth Centuries," in Fausto Caselli, ed., *Government Debts and Financial Markets in Europe*. London: Pickering and Chatto, pp. 45–66.

De Roover, Raymond. 1953. *L'Evolution de la Lettre de Change, XIVe–XVIIIe siècles*. Paris: Armand Colin.

De Rugy, Veronique. 2009. "Spending under President George W. Bush," Working Paper no. 09-04, Mercatus Center, George Mason University (March).

De Vries, Jan, and Ad van der Woude. 1997. *The First Modern Economy: Success, Failure, and Perseverance of the Dutch Economy, 1500–1815*. Cambridge: Cambridge University Press.

Del Punta, Ignazio. 2010. "Tuscan Merchant-Bankers and Moneyers and Their Relations with the Roman Curia in the XIIIth and early XIVth Centuries," *Rivista di storia della Chiesa in Italia* 64: 39–53.

Della Paolera, Gerardo, and Alan Taylor. 2001. *Straining at the Anchor: The Argentine Currency Board and the Search for Macroeconomic Stability, 1880–1935*. Chicago: University of Chicago Press.

Denzel, Markus. 2006. "The European Bill of Exchange," paper presented to the International Economic History Conference, Helsinki (August).

Descimon, Robert. 2006. "La venalité des offices comme dette publique sous l'Ancien Régime français. Le bien commun au pays des intérêts privés," in J. Andreau, G. Béaur, and J.-Y. Grenier, eds., *La dette publique dans l'histoire*. Paris: Institut de la gestion publique et du développement économique.

Detrixhe, John. 2020. "Investors Are Bracing for an Epidemic of Government Borrowing," *Quartz* (Mar. 18), https://qz.com/1820632/bond-yields-climb-as-governments-plan-2-8-trillion-coronavirus-stimulus/

Di Matteo, Livio. 2017. *A Federal Fiscal History: Canada, 1867–2017*. Vancouver, BC: Fraser Institute.

Dicks, M. J. 1991. "The LDC Debt Crisis," *Bank of England Quarterly Bulletin* (November): 498–507.

Dincecco, Mark. 2009. "Fiscal Centralization, Limited Government, and Public Revenues in Europe, 1650–1913," *Journal of Economic History* 69: 48–103.

Dincecco, Mark. 2011. *Political Transformations and Public Finances: Europe, 1650–1913*. New York: Cambridge University Press.

Dincecco, Mark, and Massimiliano Gaetano Onorato. 2018. *From Warfare to Wealth: The Military Origins of Urban Prosperity in Europe*. Cambridge: Cambridge University Press.

Donovan, Donal, and Antoin Murphy. 2013. *The Fall of the Celtic Tiger: Ireland and the Euro Debt Crisis*. Oxford: Oxford University Press.

Dornbusch, Rudiger, Ilan Goldfajn, and Rodrigo Valdés. 1995. "Currency Crises and Collapses," *Brookings Papers on Economic Activity* 2: 219–70.

Dornbusch, Rudiger, and Alejandro Werner. 1994. "Mexico: Stabilization, Reform and No Growth," *Brookings Papers on Economic Activity* 1: 253–315.

Doyle, William. 1984. "The Price of Offices in Pre-Revolutionary France," *Historical Journal* 27: 831–60.

Drelichman, Mauricio, and Hans-Joachim Voth. 2014. *Lending to the Borrower from Hell: Debt, Taxes, and Default in the Age of Philip II*. Princeton, NJ: Princeton University Press.

Dulles, Eleanor. 1929. *The French Franc, 1914–1928: The Facts, and Their Interpretation*. New York: Macmillan.

Dyson, Kenneth. 2014. *States, Debt and Power: "Saints" and "Sinners" in European History and Integration*. New York: Oxford University Press.

Ebbinghaus, Bernhard, and Jelle Visser. 2000. *Trade Unions in Western Europe since 1945*. London: Macmillan.

Edelstein, Michael. 1982. *Overseas Investment in the Age of High Imperialism: The United Kingdom, 1850–1914*. New York: Columbia University Press.

Edwards, Chris. 2020. "State Rainy Day Funds," Cato Institute (Apr. 13), https://www.cato.org/blog/state-rainy-day-funds

Edwards, Sebastian. 2018. *American Default: The Untold Story of FDR, the Supreme Court, and the Battle over Gold*. Princeton, NJ: Princeton University Press.

Edwards, Sebastian, and Julio Santaella. 1993. "Devaluation Controversies in Developing Countries: Lessons from the Bretton Woods Era," in Michael Bordo and Barry Eichengreen, eds., *A Retrospective on the Bretton Woods System: Lessons for International Monetary Reform*. Chicago: University of Chicago Press, pp. 405–55.

Ehrenberg, Richard. 1928. *Capital and Finance in the Age of the Renaissance: A Study of the Fuggers and Their Connections*. London: Jonathan Cape.

Eichengreen, Barry. 1989. "The U.S. Capital Market and Foreign Lending, 1929–1955," in Jeffrey Sachs, ed., *Developing Country Debt and Economic Performance*, Vol. 2. Chicago: University of Chicago Press, pp. 107–58.

Eichengreen, Barry. 1990. "The Capital Levy in Theory and Practice," in Rudiger Dornbusch and Mario Draghi, eds., *Public Debt Management: Theory and History*. Cambridge: Cambridge University Press, pp. 191–221.

Eichengreen, Barry. 1991. "Historical Research on International Lending and Debt," *Journal of Economic Perspectives* 5: 149–69.

Eichengreen, Barry. 1996. "Institutions and Economic Growth: Europe since 1945," in Nicholas Crafts and Gianni Toniolo, eds., *Economic Growth in Europe since 1945*. Cambridge: Cambridge University Press, pp. 38–72.

Eichengreen, Barry. 2018. *The Populist Temptation: Economic Grievance and Political Reaction in the Modern Era*. New York: Oxford University Press.

Eichengreen, Barry, and Michael Bordo. 2003. "Crises Now and Then: What Lessons from the Last Era of Financial Globalization?" in Paul Mizen, ed., *Monetary History, Exchange Rates and Financial Markets: Essays in Honour of Charles Goodhart*, Vol. 2. Cheltenham, UK: Edward Elgar, pp. 52–91.

Eichengreen, Barry, Asmaa El-Ganainy, Rui Esteves, and Kris James Mitchener. 2020. "Public Debt Through the Ages," in S. Ali Abbas, Alex Pienkowski, and Kenneth Rogoff, eds., *Sovereign Debt: A Guide for Economists and Practitioners*. New York: Oxford University Press, pp. 7–55.

Eichengreen, Barry, and Ricardo Hausmann. 1999. "Exchange Rates and Financial Fragility," in Federal Reserve Bank of Kansas City, ed., *New Challenges for Monetary Policy*. Kansas City, MO: Federal Reserve Bank of Kansas City, pp. 329–68.

Eichengreen, Barry, and Kris James Mitchener. 2004. "The Great Depression as a Credit Boom Gone Wrong," *Research in Economic History* 22: 183–237.

Eichengreen, Barry, and Ugo Panizza. 2016. "A Surplus of Ambition: Can Europe Rely on Large Primary Surpluses to Solve Its Debt Problem?" *Economic Policy* 31: 5–49.

Eichengreen, Barry, and Richard Portes. 1989. "Dealing with Debt: The 1930s and the 1980s," in Ishrat Husain and Ishac Diwan, eds., *Dealing with the Debt Crisis*. Washington, DC: World Bank, pp. 69–86.

Eichengreen, Barry, and Charles Wyplosz. 1998. "The Stability Pact: More than a Minor Nuisance?" *Economic Policy* 13: 66–113.

Eisenbeis, Robert, and Paul Horvitz. 1993. "The Role of Forbearance and Its Costs in Handling Troubled and Failed Depository Institutions," in George Kaufman, ed., *Reforming Financial Institutions and Markets in the United States*. Dordrecht, the Netherlands: Kluwer Academic, pp. 49–68.

Elmendorf, Douglas, Jeffrey Liebman, and David Wilcox. 2002. "Fiscal Policy and Social Security Policy during the 1990s," in Jeffrey Frankel and Peter Orszag, eds., *American Economic Policy in the 1990s*. Cambridge, MA: MIT Press, pp. 61–119.

Engle, Robert. 1982. "Autoregressive Conditional Heteroscedasticity with Estimates of the Variance of United Kingdom Inflation," *Econometrica* 50: 987–1007.

English, William. 1996. "Understanding the Costs of Sovereign Default: American State Debts in the 1840s," *American Economic Review* 86: 259–75.

Epstein, Stephan. 2000. *Freedom and Growth: The Rise of States and Markets in Europe, 1300–1750*. London: Routledge.

Esteves, Rui. 2013. "The Bondholder, the Sovereign and the Banker: Sovereign Debt and Bondholders' Protection before 1914," *European Review of Economic History* 17: 389–407.

Esteves, Rui, and Marc Flandreau. 2019. "The Value of a Quote: Stock Market Listing for Sovereign Bonds, 1872–1911," mimeo.

Esteves, Rui, and Ali Tunçer. 2016. "Feeling the Blues: Moral Hazard and Debt Dilution in Eurobonds before 1914," *Journal of International Money and Finance* 65: 46–68.

Estrin, Saul, and Peter Holmes. 1990. "Indicative Planning in Developed Economies," *Journal of Comparative Economics* 14: 531–54.

European Central Bank. 2015a. "The Fiscal Impact of Financial Sector Support during the Crisis," *Economic Bulletin* 6: 74–87.

European Central Bank. 2015b. "The State of the House Price Cycle in the Euro Area," *Economic Bulletin* 6: 9–24.

European Parliament, Committee on Economic and Monetary Affairs. 2011. "Trichet Testimony" (Oct. 4), https://www.ecb.europa.eu/press/key/date/2011/html/sp111004.en.html

Federal Deposit Insurance Corporation. 2009. "The Sand States: Anatomy of a Perfect Housing-Market Storm," *FDIC Quarterly* 3: 30–32.

Federal Reserve Bank of Cleveland. 2020. "Inflation Expectations," Cleveland: Federal Reserve Bank of Cleveland, accessed June 9, 2020, https://www.clevelandfed.org/our-research/indicators-and-data/inflation-expectations.aspx

Federal Reserve Bank of Philadelphia. 2021. "Partisan Conflict Index," Philadelphia: Federal Reserve Bank of Philadelphia, https://www.philadelphiafed.org/surveys-and-data/real-time-data-research/partisan-conflict-index

Federico, Giovanni, and Antonio Tena. 2017. "A Tale of Two Globalizations: Gains from Trade and Openness 1800–2010," *Review of World Economics (Weltwirtschaftliches Archiv)* 153: 601–26.

Feis, Herbert. 1930. *Europe, the World's Banker, 1870–1914: An Account of European Foreign Investment and the Connection of World Finance with Diplomacy before the War*. New Haven, CT: Council on Foreign Relations.

Feldman, Robert. 2003. "Japanese Realities: Challenges to Macroeconomic Theory," Center on Japanese Economy and Business, Columbia Business School, Jan. 28.

Fenochietto, Ricardo, and Carola Pessino. 2013. "Understanding Countries' Tax Effort," IMF Working Paper 13/244 (November).

Ferguson, Niall. 1999. *The Pity of War*. New York: Basic Books.

Ferguson, Niall, Andreas Schaab, and Moritz Schularick. 2014. "Central Bank Balance Sheets: Expansion and Reduction since 1900," paper for the ECB Forum on Central Banking (May 26).

Fernald, John, and Bing Wang. 2015. "The Recent Rise and Fall of Rapid Productivity Growth," *Economic Letter 2015-04*. San Francisco: Federal Reserve Bank of San Francisco (February).

Ferns, H. S. 1992. "The Baring Crisis Revisited," *Journal of Latin American Studies* 24: 241–73.

Fetter, Frank. 1947. "History of Public Debt in Latin America," *American Economic Review* 37: 142–50.

Field, Alexander. 2012. *A Great Leap Forward: 1930s Depression and U.S. Economic Growth*. New Haven, CT: Yale University Press.

Fishlow, Albert. 1985. "Lessons from the Past: Capital Markets during the 19th Century and the Interwar Period," *International Organization* 39: 38–93.

Fisk, Harvey Edward. 1922. *French Public Finance in the Great War and To-Day*. New York: Bankers Trust Publications.

Fitz-Gibbon, Bryan, and Marianne Gizycki. 2001. "A History of Last Resort Lending and Other Support for Troubled Financial Institutions in Australia," Research Discussion 2001-07. Sydney: Reserve Bank of Australia (October).

Flandreau, Marc. 2013. "Sovereign States, Bondholders Committees, and the London Stock Exchange in the Nineteenth Century (1827–68): New Facts and Old Fictions," *Oxford Review of Economic Policy* 29: 668–96.

Flandreau, Marc. 2016. *Anthropologists in the Stock Exchange: A Financial History of Victorian Science*. Chicago: University of Chicago Press.

Flandreau, Marc, and Juan Flores. 2009. "Bonds and Brands: Foundations of Sovereign Debt Markets, 1820–1830," *Journal of Economic History* 69: 646–84.

Flandreau, Marc, and Juan Flores. 2012. "Bondholders versus Bond Sellers? Investment Banks and Conditionality Lending in the London Market for Foreign Government Debt 1815–1913," *European Review of Economic History* 16: 356–83.

Flandreau, Marc, Juan Flores, Norbert Gaillard, and Sebastián Nieto-Parra. 2010. "The End of Gatekeeping: Underwriters and the Quality of Sovereign Bond Markets, 1815–2007," *NBER International Seminar on Macroeconomics* 6. Chicago: University of Chicago Press: 53–92.

Flandreau, Marc, and Nathan Sussman. 2005. "Old Sins: Exchange Clauses and European Foreign Lending in the 19th Century," in Barry Eichengreen and Ricardo Hausmann, eds., *Other People's Money: Debt Denomination and Financial Instability in Emerging Market Economies*. Chicago: University of Chicago Press, pp. 154–89.

Flandreau, Marc, and Frederic Zumer. 2004. *The Making of Global Finance, 1880–1913*. Paris: OECD.

Flora, Peter, Franz Kraus, and Winfried Pfennig. 1983. *State, Economy and Society in Western Europe, 1815–1975*. Frankfurt: Campus Verlag.

Flores, Juan. 2011. "Information Asymmetries and Conflict of Interest during the Baring Crisis, 1880–1890," *Financial History Review* 18: 191–215.

Flores, Juan. 2020. "Explaining Latin America's Persistent Defaults: An Analysis of Debtor-Creditor Relations in London, 1822–1914," *Financial History Review* 27: 319–39.

Flores, Juan, and Yann Decorzant. 2016. "Going Multilateral? Financial Markets' Access and the League of Nations Loans, 1923–8," *Economic History Review* 69: 653–78.

Folkerts-Landau, David, and Peter Garber. 1992. "The ECB: A Bank or a Monetary Policy Rule?" in Matthew Canzoneri, Vittorio Grilli, and Paul Masson, eds., *Establishing a Central Bank: Issues in Europe and Lessons from the US*. Cambridge: Cambridge University Press, pp. 86–110.

Ford, Franklin. 1953. *Robe and Sword: The Regrouping of the French Aristocracy after Louis XIV*. Cambridge, MA: Harvard University Press.

Frederiksen, Martin. 1966. "Caesar, Cicero and the Problem of Debt," *Journal of Roman Studies* 56: 128–41.

Frey, Carl Benedikt. 2019. *The Technology Trap: Capital, Labor, and Power in the Age of Automation*. Princeton, NJ: Princeton University Press.

Friedman, Irving. 1977. *The Emerging Role of Private Banks in the Developing World*. New York: Citicorp.

Friedman, Milton, and Anna Schwartz. 1963. *A Monetary History of the United States, 1867–1960*. Princeton, NJ: Princeton University Press.

Fryde, E. B., and M. M. Fryde. 1963. "Public Credit, with Special Reference to North-Western Europe," in M. M. Postan, E. E. Rich, and Edward Miller, eds., *The Cambridge Economic History of Europe, Vol. III: Economic Organization and Policies in the Middle Ages*. Cambridge: Cambridge University Press, pp. 430–543.

Fuerbringer, Jonathan. 2001. "U.S. Treasury: No Lending; With Big Budget Surpluses, Some See the End of New Bonds and Notes," *New York Times* (Apr. 6), https://www.nytimes.com/2001/04/06/business/us-treasury-no-lending-with-big-budget-surpluses-some-see-end-new-bonds-notes.html

Funke, Manuel, Moritz Schularick, and Christoph Trebesch. 2016. "Going to Extremes: Politics after Financial Crises, 1870–2014," *European Economic Review* 88: 227–60.

Galofré-Vilà, Gregori, Christopher Meissner, Martin McKee, and David Stuckler. 2019. "The Economic Consequences of the 1953 London Debt Agreement," *European Review of Economic History* 23: 1–29.

Gayer, Arthur, Walt Whitman Rostow, and Anna Schwartz. 1953. *The Growth and Fluctuation of the British Economy, 1790–1850*. Oxford: Clarendon Press.

Gelderblom, Oscar, ed. 2009. *The Political Economy of the Dutch Republic*. Farnham, UK: Ashgate.

Gelderblom, Oscar, and Joost Jonker. 2006. "Exploring the Market for Government Bonds in the Dutch Republic (1600–1800)," unpublished manuscript, Utrecht University.

Gelderblom, Oscar, and Joost Jonker. 2011. "Public Finance and Economic Growth: The Case of Holland in the Seventeenth Century," *Journal of Economic History* 71: 1–39.

Gennaioli, Nicola, Alberto Martin, and Stefano Rossi. 2018. "Banks, Government Bonds and Default: What Do the Data Say?" *Journal of Monetary Economics* 98: 98–113.

Gentry, Judith. 1970. "A Confederate Success in Europe: The Erlanger Loan," *Journal of Southern History* 36: 157–88.

Giffen, Robert. [1872] 1904. *Economic Inquiries and Studies*. London: G. Bell and Sons.

Giuliano, Paola, and Antonio Spilimbergo. 2014. "Growing Up in a Recession," *Review of Economic Studies* 81: 787–817.

Gleckman, Howard. 2019. "Can a Wealth Tax Raise the Revenue Its Sponsors Hope?" Tax Policy Center (Sep. 24), https://www.taxpolicycenter.org/taxvox/can-wealth-tax-raise-revenue-its-sponsors-hope

Goetzmann, William, and Andrey Ukhov. 2006. "British Investment Overseas 1870–1913: A Modern Portfolio Theory Approach," *Review of Finance* 10: 261–300.

Goetzmann, William, Andrey Ukhov, and Ning Zhu. 2007. "China and the World Financial Markets 1870–1939: Modern Lessons from Historical Globalization," *Economic History Review* 60: 267–312.

Goldin, Claudia, and Frank Lewis. 1975. "The Economic Cost of the American Civil War: Estimates and Implications," *Journal of Economic History* 35: 299–326.

Goldstein, Morris. 1998. *The Asian Financial Crisis: Causes, Cures and Systemic Implications*. Policy Analyses in International Economics, no. 55. Washington, DC: Institute for International Economics.

Goldthwaite, Richard. 2009. *The Economy of Renaissance Florence*. Baltimore: Johns Hopkins University Press.

Goodhart, Charles, and Manoj Pradhan. 2020. *The Great Demographic Reversal*. Zurich: Springer Nature.

Graeber, David. 2011. *Debt: The First 5,000 Years*. London: Melville House.

Grafe, Regina, and Maria Alejandra Irigoin. 2006. "The Spanish Empire and Its Legacy: Fiscal Redistribution and Political Conflict in Colonial and Post-Colonial Spanish America," *Journal of Global History* 1: 241–67.

Greenspan, Alan. 1999a. "Currency Reserves and Debt," Remarks to the World Bank Conference on Recent Trends in Reserve Management, Washington, DC (Apr. 29), https://www.federalreserve.gov/boarddocs/speeches/1999/19990429.htm

Greenspan, Alan. 1999b. "Do Efficient Financial Markets Mitigate Financial Crises?" Remarks before the 1999 Financial Markets Conference of the Federal Reserve Bank of Atlanta, Sea Island, GA (Oct. 19), https://www.federalreserve.gov/boarddocs/speeches/1999/19991019.htm

Grossman, Herschel, and Taejoon Han. 1996. "War Finance, Moral Hazard, and the Financing of the Confederacy," *Journal of Money, Credit and Banking* 28: 200–215.

Grossman, Herschel, and John van Huyck. 1988. "Sovereign Debt as a Contingent Claim: Excusable Default, Repudiation, and Reputation," *American Economic Review* 78: 1088–97.

Guajardo, Jaime, Daniel Leigh, and Andrea Pescatori. 2014. "Expansionary Austerity: New International Evidence," *Journal of the European Economic Association* 12: 949–68.

Guidotti, Pablo. 1999. "Remarks at G33 Seminar in Bonn, Germany," unpublished manuscript (Mar. 11).

Haber, Stephen. 2005. "Mexico's Experiments with Bank Privatization and Liberalization," *Journal of Banking and Finance* 29: 2325–53.

Hackett, John, and Anne-Marie Hackett. 1964. *Economic Planning in France*. Cambridge, MA: Harvard University Press.

Hagen, Sean. 2020. "Sovereign Debt Restructuring: The Centrality of the IMF's Role," Working Paper no. 20-13. Washington, DC: Peterson Institute of International Economics (July).

Haggard, Stephan. 2000. *The Political Economy of the Asian Financial Crisis*. Washington, DC: Institute for International Economics.

Hall, Nigel. 1998. "The Liverpool Cotton Market and the American Civil War," *Northern History* 34: 149–69.

Hammerman, Felix, Kiernan Leonard, Stefano Nardelli, and Julian von Landesberger. 2019. "Taking Stock of the Eurosystem's Asset Purchase Programme after the End of Net Asset Purchases," *ECB Economic Bulletin* (Mar. 18).

Hannon, Paul. 2021. "Savings to Fire up Growth—If Spent," *Wall Street Journal* (May 3), p. A2.

Hargreaves, Eric. 1967. *The National Debt*. London: Routledge.

Harley, C. Knick. 1988. "Ocean Freight Rates and Productivity, 1740–1913: The Primacy of Mechanical Invention Reaffirmed," *Journal of Economic History* 48: 851–76.

Harris, William. 2006. "A Revisionist View of Roman Money," *Journal of Roman Studies* 89: 62–75.

Heim, Carol, and Philip Mirowski. 1987. "Interest Rates and Crowding-Out during Britain's Industrial Revolution," *Journal of Economic History* 47: 117–39.

Hendriksen, Ingrid. n.d. "An Economic History of Denmark," *EH.net Encyclopedia*, https://eh.net/encyclopedia/an-economic-history-of-denmark/

Hillhouse, Albert Miller. 1936. *Municipal Bonds: A Century of Experience*. New York: Prentice-Hall.

HM Treasury. 2010. *Budget 2010*. London: HMSO.

Ho, Chun-Yo, and Dan Li. 2014. "A Mirror of History: Chinese Bond Market from 1921 to 1942," *Economic History Review* 67: 409–34.

Hoffman, Philip. 2015. *Why Did Europe Conquer the World?* Princeton, NJ: Princeton University Press.

Hoffman, Philip, Gilles Postel-Vinay, and Jean-Laurent Rosenthal. 2007. *Surviving Large Losses: Financial Crises, the Middle Class, and the Development of Capital Markets*. Cambridge, MA: Belknap Press of Harvard University Press.

Hofmann, Boris, Ilhyock Shim, and Hyun Song Shin. 2020. "Emerging Market Economy Exchange Rates and Local Currency Bond Markets Amid the Covid-19 Pandemic," *BIS Bulletin* no. 5 (Apr. 7).

Holtfrerich, Carl. 1986. *The German Inflation 1914–1923*. Berlin: De Gruyter.

Hopkin, Jonathan. 2020. *Anti-System Politics: The Crisis of Market Liberalism in Rich Democracies*. New York: Oxford University Press.

Horn, Sebastian, Carmen Reinhart, and Christoph Trebesch. 2019. "China's Overseas Lending," NBER Working Paper no. 26050 (July).

House of Commons. 1875. *Report from the Select Committee on Loans to Foreign States; with Proceedings of the Committee*. London: Ordered by the House of Commons to be printed, July 29.

Hozier, Henry Montague, ed. 1872. *The Franco-Prussian War: Its Causes, Incidents and Consequences*. London: William Mackenzie.

Huang, Tianlei, and Nicholas Lardy. 2020. "China's Fiscal Stimulus Is Good News, But Will It Be Enough?" China Economic Watch (May 26). Washington, DC: Peterson Institute for International Economics, https://www.piie.com/blogs/china-economic-watch/chinas-fiscal-stimulus-good-news-will-it-be-enough

Huang, Yi, Marco Pagano, and Ugo Panizza. 2020. "Local Crowding Out in China," *Journal of Finance* 75: 2855–98.

Hutchinson, Martin, and Kevin Dowd. 2018. "The Apotheosis of the Rentier: How Napoleonic War Finance Kick-Started the Industrial Revolution," *Cato Journal* 38: 655–78.

Hutson, Elaine. 2005. "The Early Managed Fund Industry: Investment Trusts in 19th Century Britain," *International Review of Financial Analysis* 14: 439–54.

Hyde Clarke, Henry Harcourt. "On the Debts of Sovereign and Quasi-Sovereign States, Owing by Foreign Countries," *Journal of the Statistical Society of London* 41: 299–347.

Independent Evaluation Office. 2016. "The IMF and the Crises in Greece, Ireland, and Portugal." Washington, DC: IMF.

International Monetary Fund (IMF). 2010. "Historical Public Debt Database," Washington, DC: IMF, https://data.imf.org/?sk=806ED027-520D-497F-9052-63EC199F5E63.

International Monetary Fund (IMF). 2013. "Historical Public Finance Database," Washington, DC: IMF, https://www.imf.org/external/np/fad/histdb/.

International Monetary Fund (IMF). 2018. *Fiscal Transparency Handbook*. Washington, DC: IMF.

International Monetary Fund (IMF). 2019. "A Strategy for IMF Engagement on Social Spending: Staff Report." Washington, DC: IMF (June).

International Monetary Fund (IMF). Various years. *World Economic Outlook*. Washington, D.C.: IMF.

International Monetary Fund (IMF). 2020a. *Fiscal Monitor*. Washington, DC: IMF (October).

International Monetary Fund (IMF). 2020b. "The Evolution of Public Debt Vulnerabilities in Lower Income Countries," IMF Policy Paper (February).

International Monetary Fund (IMF). 2021. "Sovereign Debt Investor Base for Emerging Markets." Washington, DC: IMF (February).

Isenmann, Eberhard. 1999. "The Holy Roman Empire in the Middle Ages," in Richard Bonney, ed., *The Rise of the Fiscal State in Europe, c. 1200–1815*, New York: Oxford University Press, pp. 243–80.

Israel, Jonathan. 1995. *The Dutch Republic: Its Rise, Greatness, and Fall, 1477–1806*. Oxford: Clarendon Press.

Ito, Hiro. 2003. "Was Japan's Real Interest Rate Really Too High during the 1990s?" unpublished manuscript, Claremont McKenna College (November).

Jacks, David, Christopher Meissner, and Denis Novy. 2011. "Trade Booms, Trade Busts and Trade Costs," *Journal of International Economics* 83: 185–201.

Jackson, R. V. 1977. *Australian Economic Development in the Nineteenth Century*. Canberra: ANU Press.

Jacobson, Margaret, Eric Leeper, and Bruce Preston. 2019. "Recovery of 1933," unpublished manuscript, Indiana University and University of Melbourne.

Jafarov, Etibar, Rodolfo Maino, and Marco Pani. 2019. "Financial Repression Is Knocking at the Door, Again," IMF Working Paper no. 19/211 (September).

Jaffee, Dwight, and Thomas Russell. 1976. "Imperfect Information, Uncertainty, and Credit Rationing," *Quarterly Journal of Economics* 90: 651–66.

James, Frank. 2011. "Speaker Boehner: National Debt Level Is Immoral," *It's All Politics: Political News from NPR* (Feb. 28), https://www.npr.org/sections/itsallpolitics/2011/02/28/134127811/speaker-boehner-national-debt-is-immoral

James, Harold. 1999. "The Reichsbank 1876–1945," in Deutsche Bundesbank, ed., *Fifty Years of the Deutsche Mark: Central Bank and the Currency in Germany since 1948*. Oxford: Oxford University Press, pp. 3–54.

Japan Securities Research Institute. 2014. *Securities Market in Japan 2014*. Tokyo: Japan Securities Research Institute.

Jeanne, Olivier, and Romain Rancière. 2006. "The Optimal Level of International Reserves for Emerging Market Countries, Formulas and Applications," IMF Working Paper no. 06/229 (October).

Jellnick, Frank. 2008. *The Paris Commune of 1871*. Hong Kong: Hesperides Press.

Jenks, Leland. 1927. *The Migration of British Capital to 1875*. New York: Knopf.

Jha, Saumitra, Kris James Mitchener, and Masanori Takashima. 2015. "Swords into Bank Shares: Finance, Conflict, and Political Reform in Meiji Japan," unpublished manuscript, Santa Clara University.

Jordà, Oscar, Moritz Schularick, Alan Taylor, and Felix Ward. 2018. "Global Financial Cycles and Risk Premiums," NBER Working Paper no. 24677 (June).

Kelly, Trish. 1998. "Ability and Willingness to Pay in the Age of Pax Britannica, 1890–1914," *Explorations in Economic History* 35: 31–38.

Kennan, John, and Robert Wilson. 1988. "Strategic Bargaining Methods and Interpretation of Strike Data," unpublished manuscript, New York University.

Kennedy, William. 1987. *Industrial Structure, Capital Markets, and the Origins of British Industrial Decline*. Cambridge: Cambridge University Press.

Kent, R. G. 1920. "The Edict of Diocletian Fixing Maximum Prices," *University of Pennsylvania Law Review* 69: 35–47.

Kessler, David, and Peter Temin. 2008. "Money and Prices in the Early Roman Empire," in W. V. Harris, ed., *The Monetary Systems of the Greeks and Romans*. New York: Oxford University Press, pp. 137–59.

Keynes, John Maynard. 1927. "The Colwyn Report on National Debt and Taxation," *Economic Journal* 37: 198–212.

Khan, Zorina. 2020. *Inventing Ideas: Patents, Prizes and the Knowledge Economy*. New York: Oxford University Press.

King, Frank. 1987. *The Hongkong Bank in Late Imperial China, 1864–1902*, Vol. 1. Cambridge: Cambridge University Press.

King, Frank. 1988. *The History of the Hongkong and Shanghai Banking Corporation*, Vol. 2. Cambridge: Cambridge University Press.

Klemm, Alexander, Shafik Hebous, Geerten Michielse, and Narine Nersesyan. 2021. "COVID-19 Recovery Contributions," Fiscal Affairs Department, Special Series on COVID-19. Washington, DC: IMF (Apr. 16).

Krishmadas, Devadas. 2013. "Sovereign Wealth Funds as Tools of National Strategy: Singapore's Approach," CIWAG Case Study 11-2013. Newport, RI: US Naval War College.

Kroszner, Randall. 1998. "Is It Better to Forgive Than to Receive? Repudiation of the Gold Index Clause in Long-Term Debt during the Great Depression," unpublished manuscript, University of Chicago.

Krueger, Anne, and Aaron Tornell. 1999. "The Role of Bank Restructuring in Recovering from Crises: Mexico 1995–98," NBER Working Paper no. 7042 (March).

Kuznets, Simon. 1966. *Modern Economic Growth*. New Haven, CT: Yale University Press.

Landais, Camille, Emmanuel Saez, and Gabriel Zucman. 2020. "A Progressive European Wealth Tax to Fund the European COVID Response," *VoxEU* (Apr. 3), https://voxeu.org/article/progressive-european-wealth-tax-fund-european-covid-response

Landes, David. 1958. *Bankers and Pashas: International Finance and Economic Imperialism in Egypt*. Cambridge, MA: Harvard University Press.

Lee, Tahirih. 1997. *Chinese Law: Social, Political, Historical and Economic Perspectives*. New York: Garland.
Lefevre Pontalis, M. Antonin. 1885. *Johan De Witt: Grand Pensionary of Holland*, S. E. and A. Stephenson, trans. Boston: Houghton, Mifflin.
Lévy-Leboyer, Maurice, and François Bourguignon. 1985. *L'économie française au XIXe siècle. Analyse macro-économique*. Paris: Economica.
Lewis, W. Arthur. 1949. *Economic Survey 1919–1939*. London: Allen & Unwin.
Liesse, André. 1909. *Evolution of Credit and Banks in France from the Founding of the Bank of France to the Present Time*. Washington, DC: Government Printing Office.
Lindbeck, Assar. 1997. "The Swedish Experiment," *Journal of Economic Literature* 35: 1273–1319.
Lindert, Peter. 1994. "The Rise of Social Spending, 1880–1930," *Explorations in Economic History* 31: 1–37.
Lindert, Peter, and Peter Morton. 1989. "How Sovereign Debt Worked," in Jeffrey Sachs, ed., *Developing Country Debt and Economic Performance*, Vol. 1. Chicago: University of Chicago Press, pp. 39–106.
Lindholm, Richard. 1947. "German Finance in World War II," *American Economic Review* 37: 121–34.
Lo Cascio, Elio. 2006. "The Finances of the Roman Empire: Budgetary Policy," in Anne Kolb, ed. *Herrschaftsstrukturen und Herrschaftspraxis. Konzepte, Prinzipien und Strategien der Administration im römischen Kaiserreich*. Berlin: Akademie Verlag, pp. 32–44.
Lopez, Jose, and Kris James Mitchener. 2021. "Uncertainty and Hyperinflation: European Inflation Dynamics after World War I," *Economic Journal* 131, pp. 450–75.
López-Córdova, J. Ernesto, and Christopher Meissner. 2003. "Exchange-Rate Regimes and International Trade: Evidence from the Classical Gold Standard Era," *American Economic Review* 93: 344–53.
Loriaux, Michael, Meredith Woo-Cumings, Kent Calder, Sylvia Maxfield, and Sofia Perez. 1997. *Capital Ungoverned: Liberalizing Finance in Interventionist States*. Ithaca, NY: Cornell University Press.
Lowenfeld, H. 1910. *All about Investment*, 2nd ed. London: Financial Review of Reviews.
Lubin, David. 2015. *Dance of the Trillions: Developing Countries and Global Finance*. Washington, DC: Brookings Institution Press.
Lustig, Nora. 1995. "The Mexican Peso Crisis: The Foreseeable and the Surprise," Brookings Discussion Papers in International Economics no. 114 (June).
Luzzatto, Gino. 1963. *Il Debito pubblico della Repubblica di Venezia: Dagli ultimi decenni del XII secolo alla fine del XV*. Milan: Istituto Editoriale Cisalpino.
Ma, Debin. 2019. "Financial Revolution in Republican China during 1900–37: A Survey and a New Interpretation," *Australian Economic History Review* 59: 242–62.
MacClintock, Samuel. 1911. "Refunding the Foreign Debt of Honduras," *Journal of Political Economy* 19: 216–28.
MacDonald, James. 2003. *A Free Nation Deep in Debt: The Financial Roots of Democracy*. New York: Farrar, Straus and Giroux.
Machlup, Fritz. 1976. "The Transfer Problem: Theme and Four Variations," in Fritz Machlup, *International Payments, Debts and Gold*. New York: New York University Press, pp. 374–95.
Maddison, Angus. 1969. *Economic Growth in Japan and the USSR*. London: Allen & Unwin.
Maddison, Angus. 2001. *The World Economy: A Millennial Perspective*. Paris: OECD.
Maier, Charles. 1975. *Recasting Bourgeois Europe: Stabilization in France, Germany and Italy in the Decade after World War I*. Princeton, NJ: Princeton University Press.
Makinen, Gail, and G. Thomas Woodward. 1989. "A Monetary Interpretation of the Poincaré Stabilization of 1926," *Southern Economic Journal* 56: 191–211.
Malmendier, Ulrike, and Stefan Nagel. 2011. "Depression Babies: Do Macroeconomic Experiences Affect Risk-Taking?" *Quarterly Journal of Economics* 126: 373–416.
Maloney, John. 1998. "Gladstone and Sound Victorian Finance," in John Maloney, ed., *Debt and Deficits: An Historical Perspective*. Cheltenham, UK: Edward Elgar, pp. 154–89.

Marichal, Carlos. 1989. *A Century of Debt Crises in Latin America: From Independence to the Great Depression, 1820–1930*. Princeton, NJ: Princeton University Press.

Marks, Louis. 1954. "La crisi finanziaria a Firenze dal 1494 al 1502." *Archivio Storico Italiano* 112: 40–72.

Mata, Eugénia. 1993. *As finanças públicas portuguesas da Regeneração à Primeira Guerra Mundial*. Lisbon: Banco de Portugal.

Maurer, Henri, and Patrick Grussenmeyer. 2015. "Financial Assistance Measures in the Euro Area from 2008 to 2013: Statistical Framework and Fiscal Impact," Statistics Paper Series no. 7. Frankfurt: European Central Bank.

Mauro, Paolo, and Yishay Yafeh. 2003. "The Corporation of Foreign Bondholders," IMF Working Paper 03/107 (May).

Mauro, Paolo, and Jing Zhou. 2020. "r-g<0: Can We Sleep More Soundly?" IMF Working Paper no. 20/52 (March).

Mauro, Paolo, and Jan Zilinsky. 2016. "Reducing Government Debt Ratios in an Era of Low Growth," Policy Brief 16-10. Washington, DC: Peterson Institute for International Economics (July).

McCallum, Bennett. 1986. "Some Issues Concerning Interest Rate Pegging, Price Level Determinacy, and the Real Bills Doctrine," *Journal of Monetary Economics* 17: 135–60.

McCarty, Nolan, Keith Poole, and Howard Rosenthal. 2016. *Polarized America: The Dance of Ideology and Unequal Riches*, 2nd ed. Cambridge, MA: MIT Press.

McCauley, Robert. 2018. "The 2008 Crisis: Transpacific or Transatlantic?" *BIS Quarterly Review* (December): 39–58.

McCulloch, John Ramsey, ed. 1888. *The Works of David Ricardo*. London: John Murray.

McGrane, Reginald. 1935. *Foreign Bondholders and American State Debt*. New York: Macmillan.

McLean, Ian. 2013. *Why Australia Prospered: The Shifting Sources of Economic Growth*. Princeton, NJ: Princeton University Press.

Mehrotra, Neil. 2017. "Debt Sustainability in a Low Interest Rate World," Hutchins Center Working Paper no. 32 (June 2).

Meltzer, Allan. 2003. *A History of the Federal Reserve*, Vol. 1: *1913–1951*. Chicago: University of Chicago Press.

Meltzer, Allan, and Scott Richard. 1981. "A Rational Theory of the Size of Government," *Journal of Political Economy* 89: 914–27.

Merriam, Ida. 1955. "Social Welfare in the United States, 1934–54," *Social Security Bulletin* 18 (October): 3–31.

Meyer, Josefin, Carmen Reinhart, and Christoph Trebesch. 2019. "Sovereign Bonds since Waterloo," NBER Working Paper no. 25543 (February).

Meyers, Roy. 1998. "Regulatory Budgeting: A Bad Idea Whose Time Has Come?" *Policy Science* 31: 371–84.

Meyland, Dominik, and Dorothea Schäfer. 2017. "Risk Weighting for Government Bonds: Challenge for Italian Banks," *DIW Economic Bulletin* 7: 283–90.

Michie, Ranald. 1999. *The London Stock Exchange: A History*. Oxford: Oxford University Press.

Miller, Grant. 2008. "Women's Suffrage, Political Responsiveness, and Child Survival in American History," *Quarterly Journal of Economics* 123: 1287–1327.

Mintz, Ilse. 1951. *Deterioration in the Quality of Foreign Bonds Issued in the United States, 1920–1930*. New York: National Bureau of Economic Research.

Miranda, José Augusto Ribas. 2017. "Small Money, Big Problems: How an Investigation on Small Latin American Republics Shaped the Financial Market for Sovereign Debt in the 19th Century," *Estudios Históricos* 30: 55–70.

Mitchell, Brian. 2003. *International Historical Statistics: 1750–2000, Europe*, 4th ed. New York and Basingstoke: Palgrave Macmillan.

Mitchener, Kris James, and Gonçalo Pina. 2020. "Pegxit Pressure: Evidence from the Classical Gold Standard," *Journal of International Money and Finance* 107: 1–14.

Mitchener, Kris James, Masato Shizume, and Marc Weidenmier. 2010. "Why Did Countries Adopt the Gold Standard? Lessons from Japan," *Journal of Economic History* 70: 27–56.

Mitchener, Kris James, and Hans-Joachim Voth. 2011. "Trading Silver for Gold: Nineteenth-Century Asian Exports and the Political Economy of Currency Unions," in Robert Barro and Jong-Wha Lee, eds., *Costs and Benefits of Economic Integration in Asia*. Oxford: Oxford University Press, pp. 126–56.

Mitchener, Kris James, and Marc Weidenmier. 2005. "Empire, Public Goods, and the Roosevelt Corollary," *Journal of Economic History* 65: 658–92.

Mitchener, Kris James, and Marc Weidenmier. 2008. "The Baring Crisis and the Great Latin American Meltdown of the 1890s," *Journal of Economic History* 68: 462–500.

Mitchener, Kris James, and Marc Weidenmier. 2010. "Supersanctions and Sovereign Debt Repayment," *Journal of International Money and Finance* 29: 19–36.

Mitchener, Kris James, and Marc Weidenmier. 2015. "Was the Classical Gold Standard Credible on the Periphery? Evidence from Currency Risk," *Journal of Economic History* 75: 479–511.

Monnet, Eric. 2018. *Controlling Credit: Central Banking and the Planned Economy in Postwar France, 1948–1973*. New York: Cambridge University Press.

Morecroft, Nigel. 2017. *The Origins of Asset Management from 1700 to 1960*. London: Palgrave Macmillan.

Mueller, Reinhold. 1997. *The Venetian Money Market: Banks, Panics, and the Public Debt, 1200–1500*. Baltimore: Johns Hopkins University Press.

Munro, John. 2013. "Rentes and the European 'Financial Revolution,'" in Gerard Caprio, ed., *Handbook of Key Global Financial Markets, Institutions, and Infrastructure*, Vol. I. Oxford: Elsevier, pp. 235–49.

Najemy, John. 2006. *A History of Florence 1200–1575*. Oxford: Blackwell.

Nash, Robert Lucas. 1874. *Fenn's Compendium of English and Foreign Funds*, 12th ed. London: Effingham Wilson.

Nash, Robert Lucas. 1883. *Fenn's Compendium of English and Foreign Funds*, 13th ed. London: Effingham Wilson.

Neal, Larry. 1990. *The Rise of Financial Capitalism: International Capital Markets in the Age of Reason*. Cambridge: Cambridge University Press.

Neal, Larry. 1998. "The Financial Crisis of 1825 and the Restructuring of the British Financial System," *Federal Reserve Bank of St. Louis Review* (May/June): 53–76.

Neal, Larry. 2015. *A Concise History of International Finance: From Babylon to Bernanke*. Cambridge: Cambridge University Press.

Neal, Larry, and Lance Davis. 2006. "The Evolution of the Structure and Performance of the London Stock Exchange in the First Global Financial Market, 1812–1914," *European Review of Economic History* 10: 279–300.

Nickel, Christiane, and Andreas Tudyka. 2013. "Fiscal Stimulus in Times of High Debt: Reconsidering Multipliers and Twin Deficits," ECB Working Paper no. 1513 (February).

North, Douglass. 1958. "Ocean Freight Rates and Economic Development 1750–1913," *Journal of Economic History* 18: 537–55.

North, Douglass, and Barry Weingast. 1989. "Constitutions and Commitment: The Evolution of Institutions Governing Public Choice in Seventeenth-Century England," *Journal of Economic History* 49: 803–32.

Oakley, Ann. 2011. *A Critical Woman: Barbara Wootton, Social Science and Public Policy in the Twentieth Century*. London: Bloomsbury Academic.

O'Brien, Patrick. 1989. "The Impact of the Revolutionary and Napoleonic Wars, 1793–1815, on the Long-Run Growth of the British Economy," *Review (Fernand Braudel Center)* 12: 335–95.

O'Brien, Patrick, and Nuno Palma. 2020. "Danger to the Old Lady of Threadneedle Street? The Bank Restriction Act and the Regime Shift to Paper Money, 1797–1821," *European Review of Economic History* 24: 390–426.

Obstfeld, Maurice, and Alan Taylor. 2004. *Global Capital Markets: Integration, Crisis, and Growth*. Cambridge: Cambridge University Press.

Office of the Historian, US Department of State. n.d. "Lend-Lease and Military Aid to the Allies in the Early Years of World War II," https://history.state.gov/milestones/1937-1945/lend-lease

Ohkawa, Kazushi, and Henry Rosovsky. 1973. *Japanese Economic Growth: Trend Acceleration in the Twentieth Century*. Stanford, CA: Stanford University Press.

Oliner, Stephen, and Daniel Sichel. 2000. "The Resurgence of Growth in the Late 1990s: Is Information Technology the Story?" *Journal of Economic Perspectives* 14: 3–22.

Oosterlinck, Kim. 2016. *Hope Springs Eternal: French Bondholders and the Repudiation of Russian Sovereign Debt*. New Haven, CT: Yale University Press.

Organisation for Economic Co-operation and Development (OECD). 1985. *Social Expenditure 1960–1990: Problems of Growth and Control*. Paris: OECD.

Organisation for Economic Co-operation and Development (OECD). 2010. *National Accounts of OECD Countries*. Paris: OECD.

Organisation for Economic Co-operation and Development (OECD). 2019. *OECD Economic Outlook* no. 106. Paris: OECD (November).

Ormrod, W. W. 1995. "The West European Monarchies in the Later Middle Ages," in Richard Bonney, ed., *Economic Systems and State Finance*. Oxford: Clarendon Press, pp. 123–60.

Padgett, John F. 2009. "The Emergence of Large, Unitary Merchant Banks in Dugento Tuscany," Working Paper no. 8, Political Networks Paper Archive, OpenSIUC.

Palma, Gabriel. 2000. "From an Export-Led to an Import-Substituting Economy: Chile 1914–1939," in Rosemary Thorp, ed., *Latin America in the 1930s: The Role of the Periphery in the World Crisis*. Oxford: Palgrave Macmillan, pp. 50–80.

Pamuk, Şevket. 2013. "Finance in the Ottoman Empire, 1453–1854," in Gerard Caprio, ed., *Handbook of Key Global Financial Markets, Institutions, and Infrastructure*, Vol. I. Oxford: Elsevier, pp. 197–206.

Pamuk, Şevket. 2018. *Uneven Centuries: Economic Development of Turkey since 1820*. Princeton, NJ: Princeton University Press.

Parent, Antoine, and Christophe Rault. 2004. "The Influences Affecting French Assets Abroad Prior to 1914," *Journal of Economic History* 64: 328–62.

Pastor, Manuel, Jr. 1989. "Latin America, the Debt Crisis, and the International Monetary Fund," *Latin American Perspectives* 16: 79–110.

Pavlović, Dušan, and Dimitrios Xefteris. 2020. "Quantifying the Common Pool Problem in Government Spending: The Role of Positional Externalities," *Constitutional Political Economy* 31: 446–457.

Persson, Torsten, Gerard Roland, and Guido Tabellini. 2007. "Electoral Rules and Government Spending in Parliamentary Democracies," *Quarterly Journal of Political Science* 2: 155–88.

Pew Research Center. 2009. "Trends in Political Values and Core Attitudes: 1987–2009." Washington, DC: Pew Research Center for the People and the Press.

Pezzolo, Luciano. 1990. *L'oro dello Stato: Società, finanze e fisco nella Repubblica Veneta del secondo 500*. Venice: Il Cardo.

Pezzolo, Luciano. 2003. "The Venetian Government Debt 1350–1650," in K. Davids, P. Janssens, and M. Boone, eds., *Urban Public Debts, Urban Governments and the Market for Annuities in Western Europe, 14th–18th Centuries*. Leuven: Brepols, pp. 61–74.

Phillipson, Nicholas. 2010. *Adam Smith: An Enlightened Life*. New Haven, CT, and London: Yale University Press.

Platt, D. C. M. 1968. *Finance, Trade and Politics: British Foreign Policy 1815–1914*. Oxford: Clarendon Press.

Platt, D. C. M. 1983. "Foreign Finance in Argentina for the First Half-Century of Independence," *Journal of Latin American Studies* 15: 23–47.

Polanyi, Karl. 1944. *The Great Transformation*. New York: Farrar & Reinhart.

Pollack, Sheldon. 2014. "The First National Income Tax, 1861–1872," *The Tax Lawyer* 67: 311–330.

Poole, Keith, and Howard Rosenthal. 2007. *Ideology and Congress.* New Brunswick, NJ: Transaction.
Poovey, Mary. 2002. "Writing about Finance in Victorian England: Disclosure and Secrecy in the Culture of Investment," *Victorian Studies* 45: 17–41.
Powell, Jerome. 2021. "Semiannual Monetary Policy Report to the Congress," before the Committee on Banking, Housing and Urban Affairs, U.S. Senate (Feb. 23), https://www.federalreserve.gov/newsevents/testimony/powell20210223a.htm
Prati, Alessandro. 1991. "Poincaré's Stabilization: Stopping a Run on Government Debt," *Journal of Monetary Economics* 27: 213–39.
Rayl, Nelson. 2020. "Cost of Austerity: Effect of Fiscal Consolidation in Europe Post 2010," unpublished manuscript, Occidental College (May), https://privpapers.ssrn.com/sol3/papers.cfm?abstract_id=3596470&dgcid=ejournal_htmlemail_european:economics:macroeconomics:monetary:economics:ejournal_abstracnk
Reinhart, Carmen, and Kenneth Rogoff. 2009. *This Time Is Different: Eight Centuries of Financial Folly.* Princeton, NJ: Princeton University Press.
Reinhart, Carmen, and Kenneth Rogoff. 2010. "Growth in a Time of Debt," *American Economic Association Papers and Proceedings* 100: 573–78.
Reinhart, Carmen, and Kenneth Rogoff. 2011. "The Forgotten History of Domestic Debt," *Economic Journal* 121: 319–50.
Reinhart, Carmen, Kenneth Rogoff, and Miguel Savastano. 2003. "Debt Intolerance," *Brookings Papers on Economic Activity* 34: 1–74.
Reinhart, Carmen, and Belen Sbrancia. 2015. "The Liquidation of Government Debt," IMF Working Paper no. 15/7 (January).
Reisen, Helmut. 1998. "Sustainable and Excessive Current Account Deficits," *Empirica* 25: 111–31.
Remes, Jaana, and Sajal Kohli. 2021. "The Varieties of Consumer Revival," Project Syndicate (May 5), https://www.project-syndicate.org/commentary/covid19-uneven-consumer-spending-recovery-by-jaana-remes-and-sajal-kohli-2021-05
Ritschl, Albrecht. 2012. "The German Transfer Problem, 1920–33: A Sovereign-Debt Perspective," *European Review of History* 19: 943–64.
Ritschl, Albrecht. 2013. "Reparations, Deficits and Debt Default: The Great Depression in Germany," in Nicholas Crafts and Peter Fearon, eds., *The Great Depression of the 1930s: Lessons for Today.* Oxford: Oxford University Press, pp. 110–39.
Ritschl, Albrecht, and Samad Sarferaz. 2014. "Currency versus Banking in the Financial Crisis of 1931," *International Economic Review* 55: 349–73.
Roberds, Will, and François Velde. 2016. "Early Public Banks II," in David Fox and Wolfgang Ernst, eds., *Money in the Western Legal Tradition: Middle Ages to Bretton Woods.* Oxford: Oxford University Press, pp. 465–86.
Roberts, Russell. 2008. "Don't Jump the Gun on Stimulus Plans," *All Things Considered* (Jan. 16), https://www.npr.org/templates/story/story.php?storyId=18159629
Rodrik, Dani. 2006. "The Social Cost of Foreign Exchange Reserves," *International Economic Journal* 20: 253–66.
Romer, Christina, and David Romer. 1989. "Does Monetary Policy Matter? A New Test in the Spirit of Friedman and Schwartz," *NBER Macroeconomics Annual* 4: 121–84.
Romer, Christina, and David Romer. 2009. "Do Tax Cuts Starve the Beast? The Effect of Tax Changes on Government Spending," *Brookings Papers on Economic Activity* (Spring): 139–214.
Romer, Christina, and David Romer. 2019. "Fiscal Space and the Aftermath of Financial Crises: How It Matters and Why," *Brookings Papers on Economic Activity* (Spring) 239–313.
Rose, Andrew. 2005. "One Reason Countries Pay Their Debts: Renegotiation and International Trade," *Journal of Development Economics* 77: 189–205.
Rose, Andrew, and Mark Spiegel. 2004. "A Gravity Model of Sovereign Lending: Trade, Default and Credit," *IMF Staff Papers* 51: 50–63.
Roubini, Nouriel, and Jeffrey Sachs. 1989. "Government Spending and Budget Deficits in the Industrial Countries," *Economic Policy* 8: 99–127.

Rouwenhorst, K. Geert. 2005. "The Origins of Mutual Funds," in William Goetzmann and K. Geert Rouwenhorst, eds., *The Origins of Value: The Financial Innovations That Created Modern Capital Markets*. Oxford: Oxford University Press, pp. 249–70.

Rowen, Herbert. 1986. *Johan De Witt: Statesman of "True Freedom."* Cambridge: Cambridge University Press.

Rubin, Robert. 2003. *In an Uncertain World: Tough Choices from Wall Street to Washington*. New York: Random House.

Sacks, David Harris. 1994. "The Paradox of Taxation: Fiscal Crises, Parliament, and Liberty in England, 1450–1640," in Philip Hoffman and Kathryn Norberg, eds., *Fiscal Crises, Liberty, and Representative Government, 1450–1789*. Stanford, CA: Stanford University Press, pp. 7–66.

Saez, Emmanuel, and Gabriel Zucman. 2019. *The Triumph of Injustice: How the Rich Dodge Taxes and How to Make Them Pay*. New York: Norton.

Santarosa, Veronica. 2015. "Financing Long-Distance Trade: The Joint Liability Rule and Bills of Exchange in Eighteenth-Century France," *Journal of Economic History* 75: 690–719.

Sapori, Armando. 1970. *The Italian Merchant in the Middle Ages*. New York: Norton.

Sargent, Thomas, and François Velde. 1995. "Macroeconomic Features of the French Revolution," *Journal of Political Economy* 103: 474–518.

Schedvin, Boris. 1970. *Australia and the Great Depression*. Sydney: Sydney University Press.

Schefferes, Steve, and Richard Roberts, eds. 2014. *The Media and Financial Crises: Comparative and Historical Perspectives*. London: Routledge.

Scheidel, Walter. 2019. *Escape from Rome: The Failure of Empire and the Road to Prosperity*. Princeton, NJ: Princeton University Press.

Schinasi, Garry, Todd Smith, and Charles Kramer. 2001. "Financial Implications of the Shrinking Supply of U.S. Treasury Securities," IMF Working Paper no. 01/61 (May).

Schmelzing, Paul. 2020. "Eight Centuries of Global Real Interest Rates, R–G, and the 'Suprasecular' Decline, 1311–2018," Staff Working Paper no. 845, London: Bank of England (Jan. 3).

Schularick, Moritz, and Thomas Steger. 2010. "Financial Integration, Investment and Economic Growth," *Review of Economics and Statistics* 92: 756–68.

Scratchley, Arthur. 1875. *On Average Investment Trusts*. London: Shaw and Sons.

Seidman, William. 1993. *Full Faith and Credit: The Great S&L Debacle and Other Washington Sagas*. New York: Crown Books.

Sexton, Jay. 2005. *Debtor Diplomacy: Finance and American Foreign Relations in the Civil War Era, 1837–1873*. New York: Oxford University Press.

Shackleton, Robert. 2018. "Estimating and Projecting Potential Output Using CBO's Forecasting Growth Model," Working Paper 2018-03. Washington, DC: CBO (February).

Shepherd, Henry, Jr. 1933. *Default and Adjustment of Argentine Foreign Debts, 1890–1906*. Washington, DC: US Government Printing Office.

Singh, Manmohan. 2013. "The Changing Collateral Space," IMF Working Paper no. 13/25 (January).

Slater, Martin. 2018. *The National Debt: A Short History*. Oxford: Oxford University Press.

Slivinski, Al, and Nathan Sussman. 2019. "Tax Administration and Compliance: Evidence from Medieval Paris," CEPR Discussion Paper no. 13512.

Smethurst, Richard. 2007. "American Capital and Japan's Victory in the Russo-Japanese War," in John Chapman and Inaba Chiharu, eds., *Rethinking the Russo-Japanese War, 1904–5*, Vol. 2. Folkstone, Kent: Global Oriental, pp. 61–72.

Smith, Adam. [1776] 1904. *An Inquiry into the Nature and Causes of the Wealth of Nations*. London: Methuen.

Solberg, Carl. 1987. *The Prairies and the Pampas: Agrarian Policy in Canada and Argentina 1880–1930*. Stanford, CA: Stanford University Press.

Sonenscher, Michael. 2007. *Before the Deluge: Public Debt, Inequality, and the Intellectual Origins of the French Revolution*. Princeton, NJ: Princeton University Press.

Sosin, Joshua. 2001. "Accounting and Endowments," *Tyche: Beiträge zur Alten Geschichte, Papyrologie und Epigraphik* 16: 161–75.
Spinner, Thomas, Jr. 1973. *George Joachim Goschen: The Transformation of a Victorian Liberal.* Cambridge: Cambridge University Press.
Spolaore, Enrico. 2016. "The Political Economy of European Integration," in Harald Badinger and Volker Nitsch, eds., *Routledge Handbook of the Economics of European Integration.* London: Routledge, pp. 435–48.
Sraffa, Piero. 1955. *The Works and Correspondence of David Ricardo, Vol. X, Biographic Miscellany.* Cambridge: Cambridge University Press.
Stasavage, David. 2003. *Public Debt and the Birth of the Democratic State: France and Great Britain, 1688–1789.* Cambridge: Cambridge University Press.
Stasavage, David. 2011. *States of Credit: Size, Power, and the Development of European Polities.* Princeton, NJ: Princeton University Press.
Steele, E. D. 1991. *Palmerston and Liberalism 1855–1865.* Cambridge: Cambridge University Press.
Stone, Irving. 1999. *The Global Export of British Capital: A Statistical Survey.* London: Palgrave Macmillan.
Strachan, Hew. 2004. *Financing the First World War.* New York: Oxford University Press.
Strayer, Joseph. 1970. *On the Medieval Origins of the Modern State.* Princeton, NJ: Princeton University Press.
Summers, Lawrence. 2014. "U.S. Economic Prospects: Secular Stagnation, Hysteresis, and the Zero Lower Bound," *Business Economics* 49: 65–73.
Sussman, Nathan, and Yishay Yafeh. 2000. "Institutions, Reforms, and Country Risk: Lessons from Japanese Government Debt in the Meiji Era," *Journal of Economic History* 60: 442–67.
Sutch, Richard. 2015. "Financing the Great War: A Class Tax for the Wealthy, Liberty Bonds for All," Berkeley Economic History Laboratory Working Paper WP 2015-09 (September).
Suter, Christian. 1992. *Debt Cycles in the World Economy: Foreign Loans, Financial Crises, and Debt Settlement 1820–1990.* New York: Avalon.
Suzuki, Toshio. 1994. *Japanese Government Loan Issues on the London Capital Market 1870–1913.* London: Bloomsbury.
Swanson, Eric. 2011. "Let's Twist Again: A High-Frequency Event-Study Analysis of Operation Twist and Its Implications for QE2," *Brookings Papers on Economic Activity* (Spring): 151–88.
Sylla, Richard. 2011. "Financial Foundations: Public Credit, the National Bank, and Securities Markets," in Douglas Irwin and Richard Sylla, eds., *Founding Choices: American Economic Policy in the 1790s.* Chicago: University of Chicago Press, pp. 59–88.
Tacitus. 1931. *Histories,* Books IV–V, *Annals* Books I–III, Loeb Classical Library No. 248. Cambridge, MA: Harvard University Press.
Tang, Frank, Jun Mai, and Sarah Zheng. 2020. "China Pledges Largest-Ever Economic Rescue Package to Save Jobs and Livelihoods Amid Coronavirus," *South China Morning Post* (May 29), https://www.scmp.com/economy/china-economy/article/3086569/china-pledges-largest-ever-economic-rescue-package-save-jobs
Temin, Peter. 2002. "The Golden Age of European Growth Reconsidered," *European Review of Economic History* 6: 3–22.
Temin, Peter. 2012. *The Roman Market Economy.* Princeton, NJ: Princeton University Press.
Temin, Peter, and Hans-Joachim Voth. 2005. "Credit Rationing and Crowding Out during the Industrial Revolution: Evidence from Hoare's Bank, 1702–1862," *Explorations in Economic History* 42: 325–48.
Thomson, David. 2019. "Financing the War," in Aaron Sheehan-Dean, ed., *The Cambridge History of the American Civil War.* Cambridge: Cambridge University Press, pp. 174–92.
Tilly, Charles. 1975. *The Formation of Nation States in Western Europe.* Princeton, NJ: Princeton University Press.
Tilly, Charles. 1992. *Coercion, Capital, and European States AD 990–1992.* New York: Wiley-Blackwell.
Todd, Richard. 1954. *Confederate Finance.* Athens: University of Georgia Press.

Tomz, Michael. 2007. *Sovereign Debt and International Cooperation*. Princeton, NJ: Princeton University Press.

Tomz, Michael, and Mark Wright. 2013. "Empirical Research on Sovereign Debt and Default." *Annual Review of Economics* 5: 247–72.

Tooze, Adam. 2015. "Applying the 'Debt Brake': The Political Construction of the German Anti-Debt Agenda," unpublished manuscript, Columbia University (June).

Tracy, James. 1985. *A Financial Revolution in the Habsburg Netherlands: "Renten" and "Renteniers" in the County of Holland, 1515–1565*. Berkeley: University of California Press.

Tracy, James. 2003. "On the Dual Origins of Long-Term Urban Debt in Medieval Europe," in M. Boone, K. Davids, and P. Jenssens, eds., *Urban Public Debts: Urban Government and the Market for Annuities in Western Europe (14th–18th Centuries)*. Turnhout, Belgium: Brepols, pp. 13–26.

Tsebelis, George. 2002. *Veto Players: How Political Institutions Work*. Princeton, NJ: Princeton University Press.

Tujula, Mika, and Guido Wolswijk. 2004. "What Determines Fiscal Balances? An Empirical Investigation in Determinants of Changes in OECD Budget Balances," ECB Working Paper no. 422 (December).

Tunçer, Ali Coşkun. 2015. *Sovereign Debt and International Financial Control: The Middle East and the Balkans, 1870–1914*. Houndmills, UK: Palgrave Macmillan.

Tunçsiper, Bedriye, and Hasan Abdioğlu. 2018. "The Ottoman Public Debt Administration (OPDA) in the Debt Process of the Ottoman Empire," unpublished manuscript, Balikesir University of Turkey.

Ugolini, Stefano. 2018. "The Historical Evolution of Central Banking," in Stefano Battilossi, Youssef Cassis, and Kazuhiko Yago, eds., *Handbook of the History of Money and Currency*. Berlin: Springer Nature, pp. 835–56.

United Nations. 1948. *Public Debt 1914–1946*. New York: United Nations.

Vam Malle Sabouret, Camille. 2008. "De la naissance de la dette publique au plafond souverain; Rôle des gouvernements régionaux dans l'évolution de la dette publique," unpublished Ph.D. dissertation, Institut d'Études Politiques de Paris.

Van de Ven, Hans. 2014. *Breaking with the Past: The Maritime Customs Service and the Global Origins of Modernity in China*. New York: Columbia University Press.

Van den Noord, Paul. 2000. "The Size and Role of Automatic Fiscal Stabilisers in the 1990s and Beyond," OECD Economics Department Working Paper no. 230 (January).

Van Zanden, Jan Luiten, Eltjo Buringh, and Maarten Bosker. 2012. "The Rise and Decline of European Parliaments, 1188–1789," *Economic History Review* 65: 835–61.

Van Zanden, Jan Luiten, and Arthur van Riel. 2004. *The Strictures of Inheritance: The Dutch Economy in the Nineteenth Century*. Princeton, NJ: Princeton University Press.

Velde, François. 2008. "French Public Finance between 1683 and 1726," in Fausto Caselli, ed., *Government Debts and Financial Markets in Europe*. London: Pickering and Chatto, pp. 135–66.

Velde, François, and David Weir. 1992. "The Financial Market and Government Debt Policy in France, 1746–1793," *Journal of Economic History* 52: 1–39.

Veloso, Fernando, André Villela, and Fabio Giambiagi. 2008. "Determinantes do 'Milagre' Econômico Brasileiro (1968–1973): Uma Análise Empírica," *Revista Brasileira de Economia* 62: 221–46.

von Glahn, Richard. 2013. "Chinese Finance, 1348–1700," in Gerard Caprio, ed., *Handbook of Key Global Financial Markets, Institutions, and Infrastructure*, Vol. I. Oxford: Elsevier, pp. 47–56.

von Reden, Sitta. 2013. "Money and Finance," in Walter Scheidel, ed., *The Cambridge Companion to the Roman Economy*. Cambridge: Cambridge University Press, pp. 266–86.

Vonyó, Tamás. 2018. *The Economic Consequences of the War: West Germany's Growth Miracle after 1945*. Cambridge: Cambridge University Press.

Waibel, Michael. 2011. *Sovereign Defaults before International Courts and Tribunals*. Cambridge: Cambridge University Press.

Wagner, Adolph. 1883. *Finanzwissenschaft*. Leipzig: C. F. Winter.
Walker, Neil. 2003. *Sovereignty in Transition*. London: Hart.
Walters, Alan. 1986. *Britain's Economic Renaissance: Margaret Thatcher's Reforms 1979–1984*. Oxford: Oxford University Press.
Walters, Alan. 1990. *Sterling in Danger*. London: Fontana.
Walters, Brian. 2008. *The Fall of Northern Rock: An Insider's Story of Britain's Biggest Banking Disaster*. London: Harriman House.
Warren, George, and Frank Pearson. *Prices*. New York: Wiley.
Weber, Anke. 2012. "Stock-Flow Adjustments and Fiscal Transparency: A Cross-Country Comparison," IMF Working Paper no. 12/49 (January).
Weir, David. 1989. "Tontines, Public Finance, and Revolution in France and England, 1688–1789," *Journal of Economic History* 49: 95–124.
White, Eugene. 2001. "France and the Failure to Modernize Macroeconomic Institutions," in Michael Bordo and Roberto Cortés Conde, eds., *Transferring Wealth and Power from the Old to the New World: Monetary and Fiscal Institutions in the 17th through the 19th Centuries*. Cambridge: Cambridge University Press, pp. 59–99.
White, Eugene. 2004. "From Privatized to Government-Administered Tax Collection: Tax Farming in Eighteenth-Century France," *Economic History Review* 57: 636–63.
White, Eugene. 2018. "Censored Success: How to Prevent a Banking Panic—the Barings Crisis of 1890 Revisited," unpublished manuscript, Rutgers University.
Wilensky, Harold. 1975. *The Welfare State and Equality: Structural and Ideological Roots of Public Expenditure*. Berkeley: University of California Press.
Williams, John. 1920. *Argentine International Trade under Inconvertible Paper Money 1880–1900*. Cambridge, MA: Harvard University Press.
Williamson, Jeffrey. 1984. "Why Was British Growth So Slow During the Industrial Revolution?" *Journal of Economic History* 44: 687–712.
Wilson, Peter. 2016. *Heart of Europe: A History of the Holy Roman Empire*. Cambridge, MA: Belknap Press of Harvard University Press.
Wilson, Peter, and Michael Schaich. 2011. "Introduction," in R. J. W. Evans, Michael Schaich, and Peter Wilson, eds., *The Holy Roman Empire 1495–1806*. London: Oxford University Press for the German Historical Institute, pp. 1–25.
Winkler, Max. 1933. *Foreign Bonds: An Autopsy*. Philadelphia: Roland Sway.
Wong, Christine. 2011. "The Fiscal Stimulus Programme and Public Governance Issues in China," *OECD Journal on Budgeting* 11: 1–21.
Woodruff, William. 1967. *Impact of Western Man: A Study of Europe's Role in the World Economy 1750–1960*. New York: Macmillan.
World Bank. 2020. "World Bank Predicts Sharpest Decline of Remittances in Recent History," press release. Washington, DC: World Bank (Apr. 22).
World Bank. 2021. "World Development Indicators," Washington, DC: World Bank, https://datatopics.worldbank.org/world-development-indicators/
Wyplosz, Charles. 2001. "Financial Restraints and Liberalization in Postwar Europe," in Gerald Caprio, Patrick Honohan, and Joseph Stiglitz, eds., *Financial Liberalization: How Far? How Fast?* Cambridge: Cambridge University Press, pp. 125–58.
Yared, Pierre. 2019. "Rising Government Debt: Causes and Solutions for a Decades-Old Trend," *Journal of Economic Perspectives* 33: 115–40.
Yousef, Tarik M. 2002. "Egypt's Growth Performance under Economic Liberalism: A Reassessment with New GDP Estimates, 1886–1945," *Review of Income and Wealth* 48: 561–79.
Zamagni, Vera. 1993. *The Economic History of Italy 1860–1990*. Oxford: Clarendon Press.
Zheng, Tongian, and Sarah Tong, eds. 2010. *China and the Global Financial Crisis*. Singapore: World Scientific.
Zysman, John. 1977. *Political Strategies for Industrial Order: State, Market and Industry in France*. Berkeley: University of California Press.